TARÔ
E O CUBO DO ESPAÇO

CLAUDINEY PRIETO

TARÔ
E O CUBO DO ESPAÇO

As Chaves de Acesso aos Portais de Sabedoria Mágica e Oculta dos Arcanos

ARDANE

TARÔ E O CUBO DO ESPAÇO
Claudiney Prieto

Editor: Claudiney Prieto
Revisão: Denise de Albuquerque
Projeto Gráfico: Alquimia Criativa
Diagramação: Priscila Souza
Capa: Ardane

DADOS INTERNACIONAIS DE CATALOGAÇÃO NA PUBLICAÇÃO (CIP)

P949 Prieto, Claudiney
Tarô e o Cubo do Espaço / Claudiney Prieto - São Paulo, SP : Editora Ardane, 2025.

ISBN: 978-6-58537-046-2

1. Tarô. 2. Divinação. 3. Oráculos. 4 Esoterismo 5. Wicca I. Título.

CDD 133.324
CDU 133:794.45

Índice para catálogo sistêmico:
1. Tarô: Divinação 133.324

EDITORA ARDANE
www.ardane.com.br
Fone: (11) 97774-4013
E-mail: contato@ardane.com.br
Instagram: @ardanebooks

Para de Paul Foster Case, que lançou a luz na geometria do Cubo do Espaço e que me inspirou a vislumbrar esta obra.

Que seus ensinamentos possam ser alcançados por todos aqueles que ousam buscar.

SUMÁRIO

CAPÍTULO 6

CAPÍTULO 7

CAPÍTULO 8

CAPÍTULO 9

CAPÍTULO 10

CAPÍTULO 11

CAPÍTULO 12

CAPÍTULO 13

CAPÍTULO 14

INTRODUÇÃO

Durante muitos anos, o Tarô representou para mim mais do que um conjunto de cartas ilustradas ou um simples instrumento de adivinhação. Desde os primeiros contatos com os Arcanos, percebi que havia nele uma linguagem misteriosa e viva, que parecia atravessar séculos e culturas para se dirigir diretamente ao coração. Cada lâmina que eu abria falava de algo que ultrapassava o acaso, como uma força arquetípica, um movimento do espírito, um reflexo dos processos internos que eu mesmo vivia.

Ainda assim, a sensação de que os Arcanos não se moviam apenas em uma sequência linear, me inquietava. Eu sentia que eles eram como uma história contada carta após carta, mas que formavam uma arquitetura mais ampla, tridimensional, como se cada Arcano fosse uma face ou uma passagem dentro de um grande templo interior. O Tarô, com toda a sua riqueza, não se apresentava a mim somente como uma ordem pré--estabelecida de imagens, mas como parte de uma estrutura maior, uma arquitetura invisível, um espaço sagrado no qual cada Arcano ocupava o seu lugar em múltiplas direções em relação ao anterior e ao seguinte.

Essa intuição encontrou forma quando, em meio a minhas leituras e práticas mágica na Wicca, me deparei com conceito do Cubo do Espaço como um verdadeiro mapa iniciático, um modelo no qual letras hebraicas, planetas, signos e os 22 Arcanos Maiores do Tarô se organizavam como dimensões de um mesmo universo simbólico.

Com o tempo compreendi que, se o Tarô era uma linguagem simbólica capaz de revelar forças universais por meio de imagens, o Cubo do Espaço representava o cenário tridimensional onde essas forças se moviam e se entrelaçavam. Na perspectiva do Cubo, os Arcanos deixavam de ser etapas de uma narrativa linear, do Louco ao Mundo, e se revelavam como portais vivos que se abrem em múltiplas direções do espaço interior. Cada carta ocupava um ponto específico dentro dessa arquitetura sagrada. Algumas ocupavam as faces, outras as arestas, e havia aquelas, ainda, que se posicionavam em seus vértices. Todas convergiam para o centro, onde se encontra o mistério do equilíbrio. A tradição cabalística descreve esse Cubo como a própria estrutura do cosmos, selada por forças criativas em cada direção.

Essa descoberta transformou completamente a minha relação com o Tarô. Passei a enxergá-lo não mais como um simples oráculo, mas como um templo interior, um espaço que pode ser habitado pela consciência. Cada vez que analisava uma lâmina, eu já não via apenas sua imagem isolada, mas sentia-a como parte de uma rede, ligada a direções, planetas, elementos, signos e, sobretudo, às dimensões internas do ser. Percebi que os Arcanos, quando dispostos no Cubo, revelavam um dinamismo oculto. Eles não falavam apenas de futuro ou de passado, mas de alturas e profundidades do ser, de aberturas e fechamentos de ciclos, de movimentos internos e externos. O Cubo dava corpo à minha intuição inicial de que o Tarô não é linear, mas espacial, e que seu verdadeiro poder se revela quando nos permitimos entrar nele, percorrendo suas direções como quem atravessa os corredores de um templo cósmico.

A experiência de estudar e praticar com o Cubo do Espaço fez com que eu compreendesse o Tarô como uma mandala interdimensional. Ele unia o que parecia disperso: a Cabala medieval, com sua visão do cosmos como um espaço selado por letras criadoras; o Tarô esotérico, com sua linguagem arquetípica e simbólica; a astrologia, com seus planetas e signos; e a alquimia, com sua promessa de transmutação. Percebi que o Tarô, por intermédio do Cubo do Espaço, era a cápsula que contém tudo isso e que, ao mesmo tempo, também nos contém. O Cubo do Espaço está para além de ser uma mera figura geométrica. É um mapa iniciático tridimensional, uma forma viva que une a tradição cabalística, o Tarô e a geometria sagrada em uma só estrutura. Ele transforma o Tarô em uma jornada espacial, um itinerário da consciência e uma cartografia espiritual que organiza os mistérios do cosmos e da psique em uma forma visível e meditável.

Escrever este livro nasceu da necessidade de compartilhar esse caminho e essas descobertas com meus leitores, revelando os fundamentos históricos e simbólicos do Cubo do Espaço e também como ele se torna vivo através da prática meditativa com os Arcanos. Meu propósito é mostrar que cada pessoa pode entrar nesse Cubo, explorar suas direções, compreender os mistérios que ali residem e, sobretudo, encontrar no centro um espelho da própria alma.

Foram necessários muitos anos de prática silenciosa para que eu pudesse compreender o Cubo do Espaço além da teoria esotérica e transformá-lo em uma experiência viva. No início, aproximei-me dele como um estudioso curioso, interessado nas correspondências que Paul Foster Case havia sistematizado entre os Arcanos do Tarô, as letras hebraicas e a geometria sagrada. Achei fascinante que fosse possível organizar as cartas em um espaço tridimensional e que cada uma delas ocupasse uma posição específica. Contudo, apenas com o tempo, e principalmente através da contemplação, percebi que esse arranjo não era arbitrário. Tratava-se de um código energético profundo que, quando ativado, começava a ressoar dentro de mim.

Recordo-me de uma das primeiras vezes em que me coloquei, conscientemente, dentro do Cubo durante uma prática meditativa. Visualizei-me cercado por suas paredes transparentes, brilhando com as imagens do Tarô e símbolos Arcanos. Ao orientar-me para o Leste, senti a presença vibrante de Vênus, com sua energia de amor e criatividade, ligada à carta da Imperatriz. Ao voltar-me para o Oeste, encontrei a força expansiva de Júpiter, ecoando a sabedoria e a expansão do Hierofante. Acima, no zênite, a carta do Mago me inspirava com a promessa do domínio consciente da vontade. Abaixo, no nadir, a Sacerdotisa guardava os segredos do inconsciente profundo.

Essas experiências me mostraram que cada direção do Cubo corresponde não somente a um símbolo, mas a um estado de consciência que pode ser vivenciado. Em algumas práticas, senti como se o próprio espaço ao meu redor fosse impregnado por essas forças arquetípicas, como se os Arcanos deixassem de ser cartas em papel para se tornarem portais vivos, capazes de me transportar a outros níveis de percepção. O Cubo do Espaço se revelou, então, como um verdadeiro templo interior, onde cada face, cada eixo e cada aresta se tornou uma porta de acesso a dimensões ocultas do ser.

Nesse mergulho compreendi também a importância do centro do Cubo, o lugar onde todas as forças se equilibram. Saturno, representado pelo Arcano do Mundo, tornava-se o eixo em torno do qual tudo se organiza, o ponto axial que articula e sustenta a jornada. Essa percepção trouxe-me uma chave poderosa, ensinando que toda prática espiritual, para não se perder em excessos, precisa retornar ao centro. O Cubo me ensinou que cada Arcano pode expandir a consciência em uma direção, mas é sempre no centro que integramos, equilibramos e transmutamos a experiência.

Saturno ocupa essa posição axial no Cubo do Espaço por um motivo essencial. Ele é o ponto de convergência a partir do qual todas as direções se expandem e para o qual todas retornam. Saturno recorda que só podemos experimentar a vida através da lente do tempo que inclui nascimento e morte, crescimento e declínio, início e fim. Sem tempo, não existe narrativa, nem experiência ou existência. É ele quem dá forma ao invisível, sustenta a continuidade entre os momentos e transforma a infinitude em algo que pode ser vivido.

Essa compreensão modificou a forma como encaro o caminho espiritual. Muitas vezes buscamos apenas o êxtase da expansão, os vislumbres da eternidade, mas esquecemos que é o tempo que torna tudo isso possível. Saturno, no centro do Cubo, ensina que o limite é também o portal da liberdade, que a forma é o receptáculo da essência e que a disciplina é a matriz do despertar. No encontro com Saturno, entendemos que cada direção percorrida, seja o brilho solar da consciência, a profundidade lunar do inconsciente ou a intensidade marcial da vontade, só ganha sentido quando retorna ao centro e se ancora no fluxo inevitável do tempo.

Aprendi que o segredo não está em colecionar experiências extraordinárias, mas em retornar sempre ao centro para assimilá-las. Foi nesse ponto central que compreendi que o trabalho com o Cubo é um caminho de integração. Cada direção nos leva a expandir a consciência, mas é no centro que tudo se harmoniza, transmutando-se em sabedoria e força interior.

Essas vivências, repetidas ao longo de anos, transformaram profundamente a minha prática espiritual e minha relação com o Tarô. O Cubo deixou de ser uma curiosidade intelectual e passou a ser uma bússola existencial, orientando minhas meditações, meu modo de enxergar a vida cotidiana e minha forma de me conectar com o Sagrado. Percebi que os movimentos externos, os encontros, os desafios, as crises e as alegrias tinham ressonâncias com as direções internas do Cubo. Passei a ver cada situação como um Arcano vivo, pedindo para ser compreendido e integrado.

Nesse amadurecimento surgiu a decisão de escrever este livro. Senti que precisava compartilhar com outros buscadores, tarólogo, bruxos e magistas, a teoria do Cubo do Espaço e sua dimensão prática, meditativa e transformadora, que o torna um laboratório interior, o espaço em que a mente, o coração e o espírito se encontram para explorar, aprender e se transformar. O Cubo do Espaço é um mapa vivo do ser, uma arquitetura que nos convida a reconhecer que cada experiência, emoção e pensamento é uma direção a ser explorada e integrada.

Por tudo isso, este livro não trata apenas do Tarô nem apenas do Cubo. Ele aborda a dança entre espaço e tempo, entre símbolos e experiências, entre a busca individual e o mistério universal. É o meu convite para que você, leitor, entre comigo nesse templo invisível, caminhe pelas direções do Cubo, contemple os Arcanos em suas múltiplas dimensões e descubra, em cada passo, um reflexo de si mesmo.

Seja bem-vindo(a) a esta jornada. Ao abrir as páginas que seguem, imagine-se dentro do Cubo do Espaço, com seus eixos luminosos e suas faces resplandecendo em símbolos. Permita-se explorar cada uma de suas partes como se fosse um portal.

E não se esqueça do centro. Nele, tudo nasce, tudo se move e a ele tudo retorna. Pois somente através do tempo podemos viver a eternidade. É no coração do Cubo, em sua presença silenciosa, que o mistério se revela.

01

AS ORIGENS DO CUBO DO ESPAÇO

A tradição do Cubo do Espaço não pode ser compreendida sem retornar às suas origens mais remotas, que repousam no texto fundamental da mística judaica conhecido como *Sepher Yetzirah*, ou *Livro da Formação*. Este tratado enigmático, provavelmente composto entre os séculos 3 e 4 EC, é uma das mais antigas obras da Cabala especulativa e serve como ponto de partida para o desenvolvimento de inúmeros sistemas místicos posteriores. Diferentemente de outras escrituras judaicas, o *Sepher Yetzirah* apresenta-se como um manual de cosmologia sagrada. Nele, o universo é explicado não por narrativas históricas ou visões proféticas, mas através da linguagem dos números, das letras e das dimensões cósmicas. É nesse arcabouço que se encontram as sementes do Cubo do Espaço.

A base dessa visão repousa na doutrina das vinte e duas letras do alfabeto hebraico, cada qual compreendida como uma força criativa primordial. O texto descreve como, por meio delas, a divindade criadora estabeleceu as medidas do cosmos, formando tudo o que existe. Assim como a física moderna descreve a realidade em termos de partículas elementares e leis de interação, o *Sepher Yetzirah* apresenta um universo construído pela vibração das vinte e duas letras hebraicas, cada uma com seu som, sua forma e seu número. Essa visão oferece uma chave única, baseada na concepção de que a realidade não é simplesmente um ato de vontade divina, mas uma linguagem sagrada em movimento, onde letras e números são forças criativas.

Dentro desse contexto, o livro descreve o que chama de três letras mães, sete letras duplas e doze letras simples. Essa divisão corresponde às vinte e duas letras do alfabeto hebraico, vistas tanto como símbolos de escrita, quanto energias vivas, princípios estruturantes do cosmos. As três mães (א *Aleph*, מ *Mem*, ש *Shin*) são associadas aos elementos fundamentais, ar, água e fogo. As sete duplas estão ligadas aos planetas clássicos e às polaridades da existência. As doze simples refletem os signos do zodíaco e as faculdades humanas.

O *Sepher Yetzirah* apresenta, assim, uma visão em que o universo é construído a partir de combinações precisas, quase como um código ou fórmula matemática sagrada. O espaço, o tempo, o corpo humano e a alma são manifestações desse alfabeto cósmico. Não por acaso, estudiosos posteriores identificaram no texto a base para diagramas simbólicos como a Árvore da Vida e, mais tarde, o Cubo do Espaço.

Embora o *Sepher Yetzirah* seja relativamente curto, seu impacto é profundo. Durante séculos, ele foi lido, comentado e reinterpretado por sábios judeus, filósofos místicos e, mais recentemente, por ocultistas do Ocidente. A força do livro não está em oferecer explicações lógicas ou descritivas, mas em apontar para uma estrutura oculta da realidade, que só pode ser acessada pela meditação e pela intuição. Nesse sentido, ele é menos um tratado dogmático e mais um convite à contemplação do mistério da criação.

É desse solo fértil que brota o Cubo do Espaço. O arranjo tridimensional do Cubo, com suas faces, arestas e vértices é uma forma de dar imagem àquilo que o *Sepher Yetzirah* descreve em palavras, o universo como uma combinação de letras vivas que sustentam toda a existência.

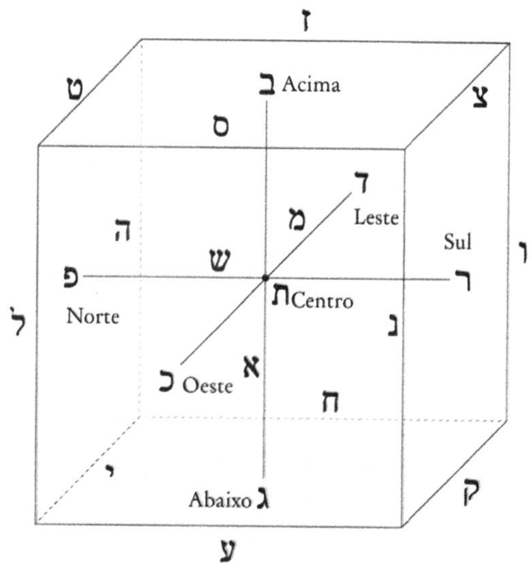

Representação tridimensional da Árvore da Vida em sua projeção espacial segundo a Cabala, mostrando as seis direções do espaço e o centro. Cada direção é associada a uma letra hebraica e a uma posição simbólica: Acima, *Beth* (ב); Abaixo, *Gimel* (ג); Leste, *Daleth* (ד); Oeste, *Aleph* (א); Norte, *He* (ה); Sul, *Resh* (ר) e o Centro, *Tau* (ת). No interior do cubo, observa-se o equilíbrio das forças, simbolizado pela letra central *Mem* (מ), que unifica todas as direções e sustenta a harmonia do espaço sagrado.

O que distingue o *Sepher Yetzirah* de outros textos antigos é o fato de pensar o cosmos geometricamente. Ele descreve a projeção de um ponto central em seis direções, Norte, Sul, Leste, Oeste, Acima e Abaixo, até formar o Cubo, símbolo da extensão do ser em todas as direções do espaço. O ponto central, primeiro gesto criador, não permanece isolado; expande-se em linha, depois em perspectiva plana e, por fim, em forma sólida. Essa sequência é vista como a própria assinatura do ato divino de emanação. O Cubo, portanto, para além de uma figura geométrica, é uma metáfora do universo em sua totalidade, a matriz na qual a vida se organiza. Ao situar as letras hebraicas e seus princípios nas faces, arestas e eixos desse Cubo, o *Sepher Yetzirah* transmite uma cosmologia de equilíbrio e integração, em que cada direção corresponde a um princípio vivo da criação.

Essa visão inaugurou um paradigma no pensamento esotérico, a ideia de que a realidade espiritual pode ser representada por um mapa geométrico, acessível tanto à mente contemplativa quanto à prática ritual. Não se trata de uma especulação meramente abstrata, mas de um modelo destinado à meditação e à transformação interior. Ao contemplar o Cubo, o estudante visualiza a estrutura do universo e reconhece sua própria existência como reflexo dessa ordem. O homem, no microcosmo, é construído segundo as mesmas proporções do macrocosmo. O *Sepher Yetzirah* sugere que conhecer as letras e sua disposição no espaço é conhecer os fundamentos da alma e do destino humano.

Com o passar dos séculos, esse texto exerceu uma influência decisiva sobre a tradição cabalística, moldando tanto os estudos teóricos quanto as práticas devocionais. Ele foi comentado, reinterpretado e traduzido em diferentes línguas, sempre suscitando debates sobre sua origem e finalidade. Para alguns, tratava-se de uma chave matemática para a criação. Para outros, de um manual de meditação mística ou, ainda, de um compêndio esotérico que antecipava os princípios da alquimia e da astrologia. Em todas essas leituras, o Cubo descrito no *Sepher Yetzirah* permaneceu como referência central, a representação arquetípica da expansão divina em seis direções, o espaço no qual a existência é possível e no qual a alma se move em seu caminho de retorno ao centro.

A tradição do *Sepher Yetzirah* não permaneceu confinada aos limites da especulação judaica antiga. Com o desenvolvimento da Cabala medieval, sobretudo entre os séculos 12 e 13, sua linguagem foi reinterpretada à luz de novas correntes filosóficas e espirituais. Os cabalistas de Provença e da Espanha encontraram no texto um mapa cosmológico e um código iniciático que podia ser aplicada ao caminho da alma em direção à união com o divino. Nesse período, o *Sepher Yetzirah* começou a ser integrado a práticas meditativas mais sistemáticas, nas quais o estudante buscava contemplar as letras como energias vivas que se combinavam para sustentar a realidade.

A noção do Cubo como matriz do espaço passou a ser compreendida também como matriz da consciência. Cada direção não era apenas uma coordenada espacial, mas um vetor de energia psíquica que influenciava o ser humano em seus aspectos físicos, emocionais e espirituais. Meditar sobre o Cubo significava, em última instância, alinhar-se às forças que estruturam o cosmos. Essa visão refletia a convicção, amplamente compartilhada pelos cabalistas, de que a linguagem divina não é algo externo ao homem; ela pulsa dentro de cada indivíduo, como os códigos que moldam sua percepção e suas possibilidades de transformação interior.

À medida que o pensamento cabalístico se espalhava para além das comunidades judaicas, a simbologia do *Sepher Yetzirah* encontrou novos interlocutores. No Renascimento, a redescoberta de textos herméticos e a difusão da tradição neoplatônica em círculos cristãos proporcionaram uma fusão inédita entre a Cabala judaica e o hermetismo ocidental. Filósofos como Pico della Mirandola e Johannes Reuchlin viram no alfabeto hebraico e em sua aplicação cabalística uma prova da universalidade da sabedoria divina. Nesse ambiente, o Cubo do *Sepher Yetzirah* foi reinterpretado como um arquétipo que unia as tradições bíblicas e pagãs, integrando a cosmologia judaica com sistemas mais amplos de correspondências astrológicas e alquímicas.

Foi também nesse período que se fortaleceu a ideia de que as letras e direções do Cubo podiam ser vinculadas a imagens simbólicas mais acessíveis ao imaginário ocidental. A tradição hermética buscava mapas que tornassem a experiência esotérica mais tangível e, nesse contexto, o Tarô, já em circulação desde a Idade Média como baralho de jogos, começou a ser lido como um repositório de arquétipos espirituais. Embora ainda não houvesse uma associação sistemática entre as cartas e o *Sepher Yetzirah*, os alicerces estavam lançados. A cosmologia do Cubo, com suas vinte e duas posições correspondentes às letras do alfabeto hebraico, oferecia um campo fértil para relacionar cada uma delas às vinte e duas lâminas dos Arcanos Maiores.

Outro ponto importante nesse desenvolvimento histórico, foi o surgimento de escolas esotéricas que transmitiam oralmente essas correspondências, muitas vezes sob o véu do segredo. A Cabala cristã e, mais tarde, as ordens iniciáticas do século 19, como a Ordem Hermética da Golden Dawn, herdaram esse impulso sincrético. No coração dessa transmissão, o *Sepher Yetzirah* permanecia como referência incontornável, sua linguagem de letras, números e direções fornecia o esqueleto de um sistema simbólico que podia ser constantemente revestido de novas camadas de significado. Dessa forma, a noção do Cubo do Espaço atravessou séculos, sempre adaptando-se ao contexto cultural em que era recebida, mas sem perder sua essência como mapa de criação e consciência.

A herança do *Sepher Yetzirah* não se resume a uma curiosidade filológica ou histórica. Ela se tornou um campo vivo, continuamente reinterpretado, que deu origem a práticas devocionais, sistemas de meditação e diferentes escolas de mistério. Ao entrarmos no período moderno, encontramos a consolidação do *Sepher Yetzirah* como fundamento de uma tradição oculta mais sistemática, sobretudo por meio da obra de Paul Foster Case[1] (1884–1954) e da escola que fundou, a Builders of the Adytum (B.O.T.A.). Foi Case quem deu ao chamado Cubo do Espaço sua formulação mais conhecida, apresentando-o como uma abstração cosmológica e um mapa detalhado da jornada da alma pela iniciação. Inspirando-se na estrutura tripartida do *Sepher Yetzirah*, as três mães, as sete duplas e as doze simples, ele associou cada letra hebraica a um dos vinte e dois Arcanos Maiores do Tarô e os dispôs dentro da matriz cúbica com três eixos internos, seis faces, doze arestas e um centro. Essa construção, pela primeira vez, deu forma concreta àquilo que durante séculos fora sugerido em comentários esparsos, revelando o Cubo do Espaço como uma forma tridimensional que expressa a evolução espiritual.

Case enxergava essa disposição como um diagrama de iniciação em sete etapas, em que cada face do Cubo representava uma provação ou grau de realização do ser. O caminho percorrido pela alma no interior da figura espelhava o ciclo de nascimento, morte e renascimento, de expansão e retorno ao Centro. Essa visão não era apenas um exercício intelectual, mas um guia prático. Contemplar as posições, meditar nas cartas e relacionar suas energias às direções do espaço significava alinhar-se com as forças criadoras que o *Sepher Yetzirah* descrevera em linguagem enigmática muitos séculos antes. Nesse sentido, o trabalho de Case não foi exatamente uma invenção, mas uma revelação daquilo que já estava latente no texto antigo. Ele deu ao Cubo uma função operacional que permitia aos estudantes da Tradição Ocidental de Mistérios trabalhar de modo mais direto com a cosmologia cabalística.

---

1 Case, Paul Foster. *The Tarot: A Key to the Wisdom of the Ages*. Richmond, VA: Macoy.

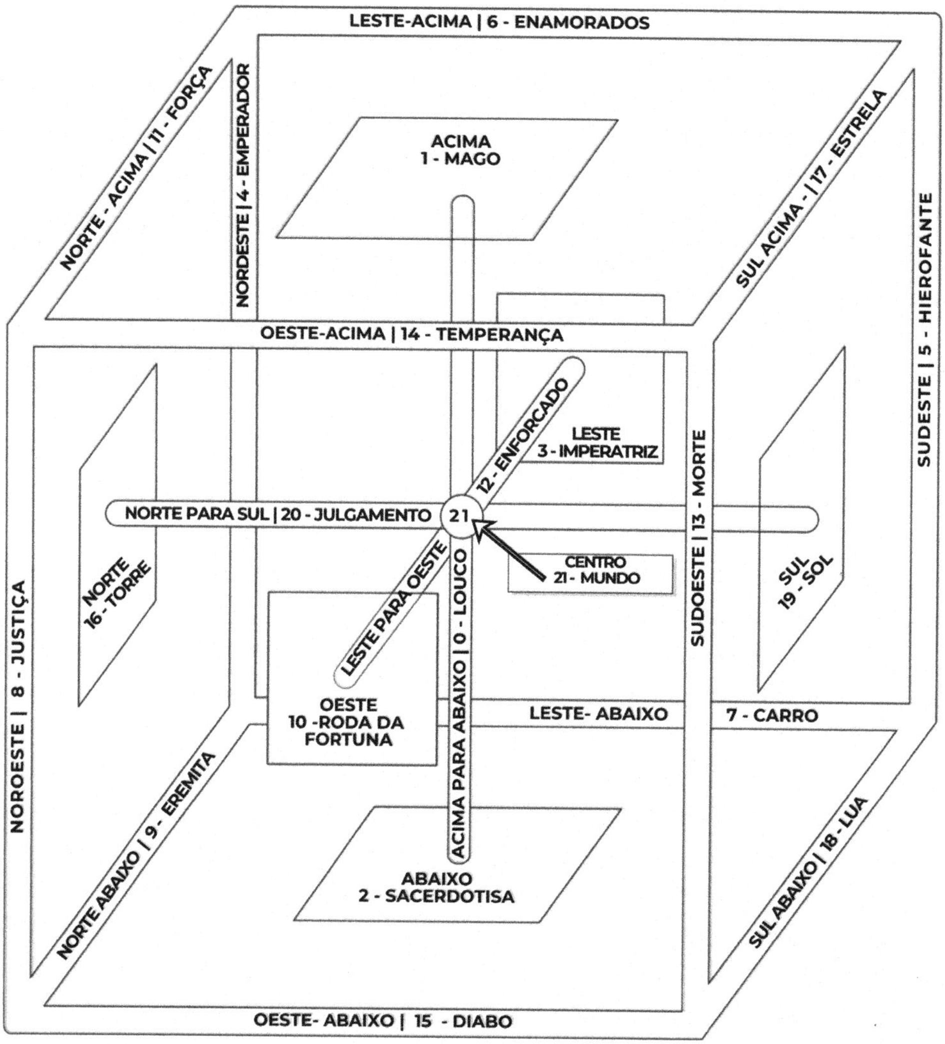

Diagrama projetado por Paul Foster Case, que relaciona os Arcanos Maiores do Tarô às direções do espaço em um cubo tridimensional. Cada posição — Acima, Abaixo, Norte, Sul, Leste, Oeste e seus cruzamentos — é associada a uma carta, representando o vínculo entre orientação espacial e simbolismo arcano.

A partir de Case, outros autores aprofundaram e expandiram esse sistema. David Allen Hulse, em *New Dimensions for the Cube of Space,* apresentou uma leitura abrangente em que descreveu o Cubo como o verdadeiro mapa iniciático oculto dentro do Tarô, mostrando como cada movimento em torno dele correspondia a graus de expansão da consciência. Kevin Townley, em *The Cube of Space: Container of Creation* e em *Meditations on the Cube of Space,* foi ainda mais longe, desenvolvendo exercícios de concentração, meditação e contemplação que transformaram o diagrama em uma prática espiritual viva. Mais recentemente, autores como Marilyn Joy Nur e Devaraj Sandberg buscaram traduzir esse sistema para novas linguagens, ligando-o a processos de mudança pessoal, bioenergética e até dinâmicas sociais. Cada um, à sua maneira, mantém a raiz no *Sepher Yetzirah*, mas demonstra como a simbologia do Cubo pode ser continuamente reinterpretada e aplicada.

02

DO SIMBOLISMO HEBRAICO AO TARÔ

A passagem do simbolismo hebraico do Cubo do Espaço para o Tarô não ocorreu de maneira abrupta, mas foi fruto de um longo processo de intersecção entre tradições espirituais distintas que, ao se encontrarem, reconheceram entre si afinidades arquetípicas. O alfabeto hebraico, com suas vinte e duas letras, sempre foi visto pela tradição cabalística como um alfabeto de poder criativo, em que cada letra não era apenas um som ou sinal gráfico, mas uma força viva que continha em si uma porção da energia original da Criação. Essas letras, quando contempladas em sequência ou combinadas em permutações, revelavam aspectos ocultos do universo, tornando-se veículos de meditação e portas para níveis mais profundos de consciência. O estudo das letras, portanto, não se limitava ao campo da linguística ou da gramática, mas se desdobrava em cosmologia, teurgia e psicologia espiritual.

Com o tempo, essa visão das letras como forças estruturantes encontrou paralelo em outros sistemas de símbolos, em especial o Tarô. Embora o baralho de cartas tenha surgido na Europa medieval como um jogo, desde cedo alguns círculos perceberam que seus vinte e dois Arcanos Maiores guardavam semelhanças numéricas e iconográficas com as vinte e duas letras hebraicas. A tradição mística ocidental, inclinada à busca de correspondências, começou a unir esses dois conjuntos de símbolos. O que no *Sepher Yetzirah* era visto como uma geometria cósmica e linguística encontrou no Tarô imagens vívidas, capazes de falar à mente racional e, também, ao inconsciente coletivo por meio de figuras, arquétipos e narrativas visuais.

Esse encontro foi potencializado pela tradição hermética renascentista, que buscava integrar o conhecimento das culturas hebraica, grega e egípcia em um corpo único de sabedoria universal. Nesse movimento, o Tarô, por sua maleabilidade simbólica, oferecia um campo fértil para a projeção das ideias cabalísticas. Cada carta passou a ser compreendida como uma porta que podia ser associada a uma letra, a um caminho da Árvore da Vida ou a uma posição no Cubo do Espaço. A relação não era apenas uma equivalência intelectual, mas um método de prática espiritual. Ao meditar em uma carta, o estudante entrava em contato com a mesma força que, na Cabala, era simbolizada por uma letra. Assim, o Tarô transformou-se em um alfabeto imagético do Ocidente, complementando e expandindo a linguagem sagrada herdada da tradição hebraica.

Os primeiros a sistematizar essa conexão perceberam que havia uma profunda harmonia estrutural entre os dois sistemas. As três letras-mães do hebraico, que representam fogo, ar e água, correspondiam naturalmente a arquétipos maiores do Tarô, ligados a princípios universais e às dimensões fundamentais da experiência. As sete letras duplas, associadas aos planetas clássicos e às polaridades, encontravam ecos nas cartas que expressam forças de transformação, movimento e decisão. As doze letras simples, relacionadas aos signos zodiacais, podiam ser alinhadas com cartas que retratam fases do desenvolvimento humano e estágios do ciclo vital. Pouco a pouco, as imagens do Tarô foram sendo reinterpretadas como veículos para as mesmas energias cósmicas que os cabalistas identificavam nas letras, permitindo que estudantes ocidentais tivessem acesso a esse universo sem a necessidade de dominar a língua hebraica.

O simbolismo hebraico, tradicionalmente reservado a iniciados e transmitido em círculos fechados, ganhou então uma nova roupagem imagética. Enquanto a letra *Aleph* (א) exigia estudo de *gematria*[2], fonética e contemplação de formas gráficas, o Louco do Tarô, associado a essa letra, permitia uma experiência imediata e intuitiva da mesma energia primordial do ar, da liberdade e do potencial criador. A transposição, portanto, não foi uma simples tradução de símbolos, mas uma verdadeira democratização da experiência mística. Através das cartas, qualquer buscador podia entrar em contato com forças arquetípicas que antes estavam escondidas sob camadas de linguagem esotérica.

A consolidação das correspondências entre as letras hebraicas e os Arcanos Maiores do Tarô aconteceu de modo gradual, mas ganhou força sobretudo a partir do século 19, quando as ordens esotéricas da Europa, como a Ordem Hermética da Golden Dawn, começaram a organizar de forma sistemática esses paralelos. O desejo de unificar as tradições antigas em uma linguagem simbólica comum levou esses grupos a procurar nos vinte e dois trunfos do Tarô imagens arquetípicas e verdadeiras chaves de acesso à estrutura do universo revelada pelo *Sepher Yetzirah*. Nesse processo, cada carta foi cuidadosamente associada a uma letra hebraica, a um caminho da Árvore da Vida e a uma posição no Cubo do Espaço, criando uma rede de correspondências que oferecia ao estudante múltiplos pontos de entrada para a mesma realidade espiritual.

---

2 A gematria é um sistema de interpretação mística de origem judaica que atribui valores numéricos às letras do alfabeto hebraico, permitindo estabelecer relações simbólicas entre palavras, frases e conceitos. Essa prática é frequentemente utilizada na Cabala como método de exegese, buscando revelar significados ocultos nos textos sagrados.

Essas associações, no entanto, não foram arbitrárias. Havia um rigor hermenêutico na busca pela harmonia entre som, número, imagem e energia. A letra *Aleph* (א), cujo valor numérico é 1 e que representa o ar, foi relacionada ao Arcano do Louco, símbolo da liberdade e do impulso criador. A letra *Beth* (ב), que significa casa, encontrou seu paralelo no Mago, figura do início da manifestação e do poder da vontade consciente. Passo a passo, os cabalistas herméticos teceram uma tapeçaria em que cada carta se tornava uma janela para um princípio universal, carregando em si tanto a herança hebraica quanto a imaginação simbólica europeia.

O resultado foi que o Tarô deixou de ser um baralho de adivinhação ou de jogos para se transformar em um verdadeiro livro visual da sabedoria esotérica. Essa metamorfose não ocorreu sem resistência. Muitos continuaram a usar as cartas apenas para fins divinatórios, enquanto os círculos iniciáticos preferiam guardá-las como Arcanos secretos de meditação e de progresso espiritual. Para aqueles que se dedicaram a essa síntese, o Tarô passou a ocupar o lugar de uma Árvore da Vida ilustrada, em que cada lâmina correspondia a uma etapa da jornada da alma.

O simbolismo hebraico, portanto, não desapareceu, mas foi transmutado em imagens que carregavam a mesma profundidade. O que antes se expressava em formas abstratas, linhas, números e valores de letras, ganhou corpo em figuras de reis, sacerdotisas, amantes, torres em ruínas e sóis resplandecentes. Essa transposição de linguagem não foi uma simplificação, mas uma amplificação. O Tarô passou a ser um teatro imagético no qual os dramas cósmicos descritos pelo *Sepher Yetzirah* eram representados diante do olhar do estudante. As forças invisíveis do alfabeto hebraico, quando encarnadas nas cartas, tornaram-se mais acessíveis à imaginação, ao sentimento e até mesmo à intuição mística.

Muitos autores modernos insistiram que estudar o Tarô sem compreender suas raízes cabalísticas era perder a essência de seu poder. A carta não é apenas uma imagem ou um símbolo psicológico, é um reflexo de uma letra primordial e, por isso, participa de uma linguagem criadora. Essa convicção atravessou os escritos de Eliphas Levi, Papus e, mais tarde, Aleister Crowley, cada um reinterpretando à sua maneira o vínculo entre letras e cartas. Ainda que divergências surgissem sobre a ordem exata das correspondências ou sobre a atribuição planetária e zodiacal de algumas cartas, a convicção central permaneceu firme: as vinte e duas letras hebraicas e os vinte e dois Arcanos Maiores eram dois modos de expressar o mesmo mistério da Criação.

À medida que essa síntese se solidificava, o estudante da Tradição Ocidental de Mistérios tinha diante de si um novo campo de prática. Em vez de apenas recitar letras ou permutar nomes divinos, podia contemplar imagens que condensavam em si séculos de tradição. Ao embaralhar e dispor as cartas, não apenas se abria uma possibilidade divinatória, mas também uma oportunidade de refletir sobre os caminhos da alma na Árvore da Vida e no Cubo do Espaço. O Tarô tornou-se uma ponte, um instrumento que permitia aos buscadores ocidentais acessar diretamente um simbolismo que, em sua forma original hebraica, muitas vezes lhes seria inacessível.

A síntese entre o simbolismo hebraico e o Tarô alcançou sua expressão mais madura no século 20, quando Paul Foster Case, fundador da Builders of the Adytum (B.O.T.A.), organizou de modo definitivo a correspondência entre os vinte e dois Arcanos Maiores e as vinte e duas letras do alfabeto hebraico, aplicando-as ao Cubo do Espaço. Até então, o Tarô havia sido usado como suporte para práticas herméticas e cabalísticas, mas Case enxergou nas cartas símbolos paralelos às letras como manifestação imagética exata das mesmas forças que o *Sepher Yetzirah* descrevia em termos abstratos. Cada lâmina passou a ocupar uma posição no espaço cúbico, tornando visível aquilo que antes se intuía apenas pela linguagem das letras.

Fundamentos Cabalísticos do Cubo do Espaço

O Cubo do Espaço é uma representação tridimensional do universo e da consciência, estruturado pelas letras hebraicas e pelas cartas do Tarô:

As Três Mães – א (*Aleph*), מ (*Mem*), ש (*Shin*)

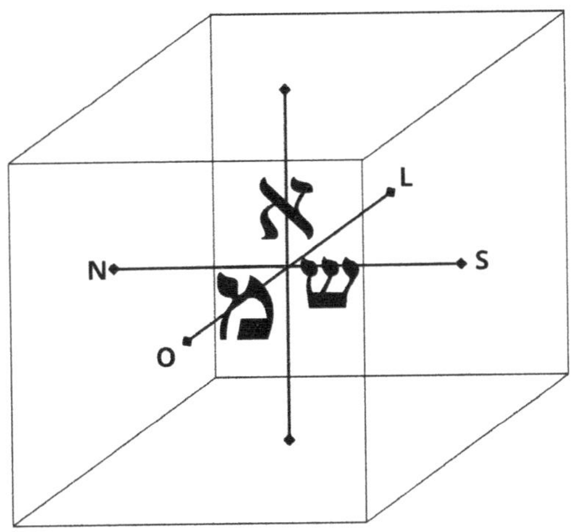

As três letras mães são apresentadas como as letras fundamentais, correspondendo aos três elementos primordiais. Elas residem no interior do Cubo e representam forças equilibradas e perfeita harmonia, sendo os elementos básicos a partir dos quais toda a criação manifestada se origina: Fogo, Ar e Água.

- ***Aleph (א)*** → Ar, o sopro da vida, o espírito invisível que permeia tudo.
- ***Mem (מ)*** → Água, princípio da fluidez, da nutrição e da gestação.
- ***Shin (ש)*** → Fogo, energia ardente, transformação e vitalidade.

Tudo o que existe é uma combinação de ar, água e fogo. A terra, quarto elemento percebido pelos sentidos, é considerada o resultado do equilíbrio entre esses três.

O livro descreve ainda como esses elementos estão inscritos no próprio corpo humano: a cabeça é o ar, o abdômen é a água, e o peito é o fogo. Assim, o microcosmo humano reflete o macrocosmo.

Essa tríade é tão essencial que, no Cubo do Espaço, elas se tornam os três eixos centrais: o **Louco (Ar)**, o **Enforcado (Água)** e o **Julgamento (Fogo)**. Essas cartas do Tarô não ocupam uma face ou uma aresta, mas sustentam todo o espaço, atravessando o centro e conectando direções opostas.

As Sete Duplas – ב (*Beth*), ג (*Gimel*), ד (*Daleth*), כ (*Kaf*), פ (*Peh*), ר (*Resh*), ת (*Tav*)

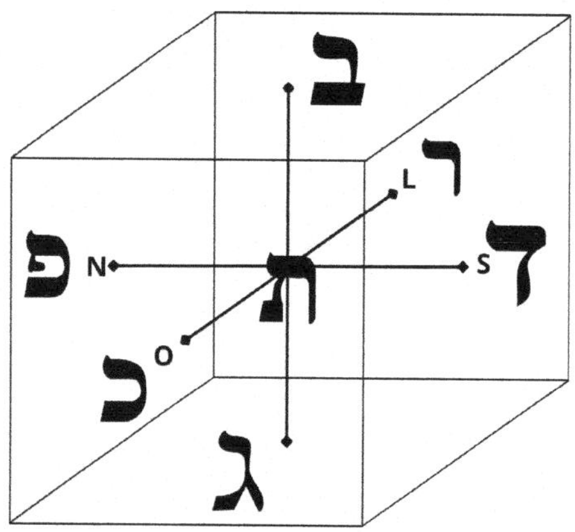

As sete letras duplas recebem esse nome porque podem ser pronunciadas de duas formas diferentes, com som forte ou fraco, representando polaridades da vida: vida e morte, paz e guerra, riqueza e pobreza, graça e indignação, fertilidade e esterilidade, sabedoria e insensatez, poder e servidão.

Essas sete letras são associadas aos sete planetas clássicos conhecidos na Antiguidade:

- *Beth (ב)* – Mercúrio → Mago.
- *Gimel (ג)* – Lua → Sacerdotisa.
- *Daleth (ד)* – Vênus →Imperatriz.
- *Kaf (כ)* – Júpiter → Roda da Fortuna.
- *Peh (פ)* – Marte → Torre.
- *Resh (ר)* – Sol → Sol.
- *Tav (ת)* – Saturno/Terra → Mundo.

No Cubo do Espaço, essas letras formam as seis faces e o centro. Elas não são apenas direções espaciais, mas estados de consciência. Cada planeta imprime sua qualidade no buscador: Marte traz a força e a crise, Vênus a criatividade, Júpiter os ciclos, a Lua a profundidade interior, o Sol a iluminação, Mercúrio a consciência ativa e Saturno o equilíbrio central.

Essa organização mostra que o Cubo não é um espaço vazio, mas um universo habitado por planetas arquetípicos. Cada face é uma "sala de iniciação", onde a alma aprende uma lição sob a regência de uma força cósmica.

As Doze Simples – ה (He), ו (Vav), ז (Zayin), ח (Chet), ט (Tet), י (Yod), ל (Lamed), נ (Nun), ס (Samekh), ע (Ayin), צ (Tzadi), ק (Qoph)

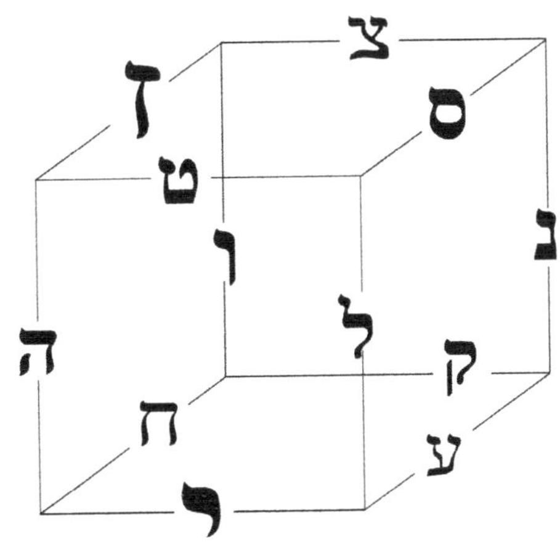

As doze letras simples são chamadas assim por terem uma única forma de pronúncia. Elas estão ligadas aos doze signos do zodíaco e também aos doze sentidos ou faculdades humanas. O *Sepher Yetzirah* as associa à experiência direta da vida, aquilo que conecta o ser humano ao mundo.

No Cubo do Espaço, essas doze letras ocupam as arestas, ou seja, as linhas que conectam uma face a outra. Cada aresta é uma passagem, e cada passagem exige que a alma aprenda uma lição. Por isso, podemos chamá-las de provas zodiacais:

- **Áries (Imperador)** – visão.
- **Touro (Hierofante)** – audição.

- **Gêmeos (Enamorados)** – olfato.
- **Câncer (Carro)** – fala.
- **Leão (Força)** – paladar.
- **Virgem (Eremita)** – discernimento.
- **Libra (Justiça)** – equilíbrio.
- **Escorpião (Morte)** – transformação.
- **Sagitário (Temperança)** – contenção e expansão.
- **Capricórnio (Diabo)** – riso e libertação.
- **Aquário (Estrela)** – imaginação.
- **Peixes (Lua)** – sono e sonho.

Assim, cada vez que o buscador atravessa de uma face para outra, ele encontra um desafio simbólico, a necessidade de equilibrar justiça, vencer o medo da morte, harmonizar opostos, distinguir ilusões etc.

A beleza dessa divisão é que ela não fala apenas do cosmos abstrato, mas também da experiência humana.

- Os **três elementos** (letras mães) estruturam o corpo e o espírito.
- Os **sete planetas** (letras duplas) moldam os estados de consciência.
- Os **doze signos** (letras simples) determinam os desafios da vida cotidiana.

O *Sepher Yetzirah* apresenta, assim, uma cosmologia integrada, na qual espaço, tempo e alma são expressões de um mesmo código divino. Essa organização de letras é o que inspira o diagrama do Cubo do Espaço, que nada mais é do que a tradução tridimensional dessa visão.

Nesse arranjo, o Cubo do Espaço transformou-se em um verdadeiro diagrama tridimensional do caminho iniciático. Os três eixos internos, correspondentes às letras-mães, foram representados pelas cartas do Louco, do Enforcado e do Julgamento, associadas, respectivamente, ao ar, à água e ao fogo. As seis faces externas receberam as sete letras duplas, ligadas aos planetas, com uma delas ocupando o centro e as demais se distribuindo nas direções cardeais e verticais. As doze arestas foram atribuídas às letras simples e, consequentemente, aos signos do zodíaco, completando a estrutura de forças que regem tanto o cosmos quanto a psique humana. Dessa maneira, o estudante podia literalmente visualizar o universo como um templo cúbico revestido de símbolos, cada face e cada caminho iluminados por uma carta do Tarô.

A genialidade de Case esteve em reconhecer que o Tarô, ao traduzir forças cósmicas em imagens arquetípicas, facilitava a compreensão e a vivência prática de um sistema que, até então, parecia demasiado abstrato. Em vez de contemplar apenas letras, com seus valores numéricos e fonéticos, o estudante podia meditar na figura do Sol, na Torre, na Sacerdotisa ou no Mago, e assim experimentar diretamente as energias que estruturam o Cubo do Espaço. O Tarô tornou-se, portanto, uma linguagem universal capaz de traduzir o simbolismo hebraico para o imaginário do Ocidente moderno, sem perder a profundidade da tradição cabalística.

Após Case, autores como David Allen Hulse e Kevin Townley expandiram ainda mais esse legado. Hulse descreveu o percurso iniciático em torno do Cubo como uma jornada de graus espirituais, mostrando como cada face representa uma etapa da evolução da alma e como as arestas marcam as provas e transformações necessárias para avançar. Townley, por sua vez, elaborou práticas de meditação detalhadas, nas quais o estudante é convidado a percorrer interiormente o Cubo, visualizando cada carta em sua posição correspondente e permitindo que a energia simbólica se manifeste em sua consciência. Essa abordagem prática tornou o Cubo do Espaço uma verdadeira escola interior, na qual a teoria se transforma em experiência.

Mais recentemente, autores contemporâneos como Marilyn Joy Nur e Devaraj Sandberg propuseram aplicações inovadoras, aproximando o Cubo e o Tarô de contextos terapêuticos, bioenergéticos e sociais. Nesses trabalhos, o Cubo não é apenas um mapa de iniciação mística, mas também um diagrama de processos de mudança e de integração da personalidade, mantendo vivo o princípio essencial herdado do *Sepher Yetzirah*: o de que cada direção, cada letra e cada símbolo representam forças ativas que podem ser evocadas, equilibradas e realizadas no microcosmo humano.

As interpretações do *Sepher Yetzirah* e das correspondências cabalísticas que estruturam boa parte da tradição mística judaica tornaram o Cubo do Espaço uma das expressões mais sofisticadas do pensamento esotérico ocidental. Contudo, limitar o Cubo do Espaço apenas a referências cabalísticas é reduzir sua potência simbólica. Antes de ser um sistema cabalístico, ele é uma ferramenta de acesso aos Mistérios de linguagem universal, um espaço de símbolos que pode ser vivenciado por qualquer pessoa, independentemente de seu alinhamento com a tradição da Cabala.

A experiência simbólica não exige erudição nem familiaridade com as camadas complexas da mística judaica. O que o Cubo oferece é uma estrutura tridimensional na qual o ser humano pode reconhecer os dramas, as travessias e os renascimentos que fazem parte da vida. Cada face, cada aresta e cada eixo fala por si mesmo. A Torre que desmorona, o Sol que ilumina, a Roda que gira, a Estrela que inspira. São imagens universais, arquétipos que tocam o inconsciente coletivo e a alma humana sem a necessidade de chaves hermenêuticas específicas. Nesse sentido, qualquer pessoa que contemple o Cubo do Espaço pode se ver dentro dele e descobrir, pela via simbólica, uma profunda ressonância com sua própria jornada interior.

É importante destacar que esta será justamente a abordagem adotada neste livro. As correspondências cabalísticas estarão presentes apenas como referências secundárias, voltadas àqueles que já têm contato com o simbolismo cabalístico e desejam ampliar sua relação com o Cubo a partir dessas associações. Quando mencionadas, servirão como um acréscimo, uma ponte para leitores mais familiarizados com essa tradição, mas não serão um requisito. A vivência central proposta aqui não depende delas. O que buscamos é mergulhar na força simbólica do Cubo em si, como uma linguagem independente, que fala diretamente à imaginação, ao coração e à experiência interior de cada um.

Sob uma perspectiva analítica, é possível afirmar que a eficácia do Cubo do Espaço não está condicionada ao conhecimento especializado da tradição cabalística. O Cubo é um sistema organizado de forma a operar como ferramenta autônoma de experiência e reflexão, cujos resultados emergem da interação prática com a dinâmica do próprio símbolo. Tal como um medicamento exerce seus efeitos independentemente de o usuário compreender a complexidade de sua formulação química, o Cubo do Espaço manifesta sua potência simbólica independentemente do domínio teórico de sua matriz cabalística. Ou seja, assim como o conhecimento aprofundado sobre a composição de um medicamento é irrelevante para a eficácia de seu uso, não é o entendimento da Cabala que garante o funcionamento do Cubo. O conhecimento especializado pode enriquecer a compreensão e ampliar o horizonte interpretativo, mas não constitui pré-requisito para a efetividade da vivência proposta. Essa autonomia simbólica confere ao Cubo o estatuto de instrumento operativo em si mesmo, cuja legitimidade reside na experiência que suscita, e não na suposta erudição teórica que o cerca. Ele é, acima de tudo, um instrumento prático.

A escolha por esta metodologia é também uma declaração de confiança na universalidade do símbolo. O Cubo do Espaço não pertence a uma escola, a uma religião ou a uma corrente esotérica específica. Ele é, sobretudo, uma estrutura arquetípica, capaz de refletir tanto a ordem do cosmos quanto a paisagem da alma humana. Vivenciá-lo de forma simbólica em vez de cabalística não é uma experiência menor, mas um caminho igualmente profundo, talvez até mais imediato, pois não exige mediação teórica. Basta entrar em contato com as imagens e deixá-las ressoar.

Assim, o convite feito ao leitor é que caminhe pelo Cubo do Espaço de maneira pessoal e livre. Enquanto alguns poderão enriquecer sua prática com referências cabalísticas, outros preferirão seguir essa jornada apenas pela via simbólica. Nenhuma dessas escolhas reduz a riqueza da caminhada, porque o essencial é a experiência direta. O Cubo é, por natureza, uma casa sem muros, um espaço aberto em que cada buscador pode se mover conforme sua própria sensibilidade. Ao final, o que importa não é a quantidade de chaves interpretativas que se acumula, mas a transformação íntima que surge quando o símbolo encontra morada dentro de nós.

O caminho que vai do simbolismo hebraico ao Tarô é também a história da adaptação de uma linguagem sagrada para alcançar diferentes épocas e culturas. Do alfabeto de Deus hebraico à iconografia das cartas, das meditações cabalísticas às práticas contemporâneas de transformação, o fio condutor permanece o mesmo: a busca por um mapa que revele o entrelaçamento entre o cosmos e a alma. O Tarô, ao incorporar o legado cabalístico das letras, tornou-se a face visível de um mistério mais antigo e possibilitou um elo entre tradição e imaginação, entre o silêncio das letras e a eloquência simbólica das imagens.

03

COMPREENDENDO O SIMBOLISMO DO CUBO DO ESPAÇO

Quando as correspondências entre letras hebraicas e Arcanos Maiores se consolidaram, o passo seguinte foi inevitável: integrá-las em um diagrama que desse forma visível à criação descrita no *Sepher Yetzirah*. Esse diagrama foi o Cubo do Espaço. Nele, as vinte e duas cartas não ficaram dispersas, mas passaram a ocupar posições bem definidas, cada uma representando um aspecto da realidade e um estágio da jornada da alma. O resultado foi um verdadeiro tabuleiro iniciático, em que cada movimento corresponde a uma lição e cada posição revela um mistério.

O Cubo do Espaço é uma imagem simples na forma, mas vasta no significado. Ele é, ao mesmo tempo, um diagrama da criação do universo e um mapa do caminho da alma humana. Como arquétipo primordial, mostra em linhas geométricas aquilo que, de outro modo, só poderia ser transmitido em mitos ou intuições. Nele, vemos o modo como o infinito se contrai para gerar o mundo e como a consciência individual atravessa estágios, provas e revelações até retornar ao seio do eterno.

Esse duplo aspecto é o que torna o Cubo tão fascinante. Ele não é apenas cosmologia, uma teoria sobre como o Todo se manifesta, e tampouco apenas psicologia espiritual ou uma descrição dos movimentos da alma. Ele reúne os dois aspectos. No Cubo, o macrocosmo e o microcosmo se refletem mutuamente. O espaço externo, com suas direções e dimensões, corresponde às forças internas que estruturam nossa psique. E a jornada da alma humana, do nascimento ao despertar, é paralela ao processo universal de criação e reintegração.

O Cubo mostra que a vida não é linear. Nós nascemos como quem emerge de um ponto central, carregando em si a potência do Todo. Depois esquecemos quem somos, perdidos nos ciclos de repetição, enredados em tarefas, provas e ilusões. Crescemos enfrentando crises que nos forçam a abandonar máscaras, aprendemos a discernir entre formas vazias e imagens criadoras, descobrimos que cada limite é, na verdade, uma passagem. Finalmente, após muitas voltas, somos reconduzidos ao ponto de origem, mas agora conscientes, enriquecidos pela experiência, transformados em algo maior do que éramos.

Esse retorno não é uma regressão, mas uma conquista. O ponto central do Cubo, ocupado pela carta do Mundo, não representa apenas o final da jornada, mas também o seu início, pois toda travessia começa e termina nele. Assim, o Cubo nos ensina que a vida é uma espiral: partimos do centro, exploramos direções, atravessamos ciclos e provas, até que finalmente retornamos ao centro em um nível mais alto de integração.

Ao unir a tradição cabalística do *Sepher Yetzirah* com os Arcanos Maiores do Tarô, o Cubo do Espaço traduz esse mistério em uma linguagem acessível. Cada face do Cubo, cada aresta, cada eixo e o ponto central são habitados por um símbolo arquetípico. Juntos, eles formam um alfabeto espiritual que pode ser lido, meditado e vivido. Ao estudá-lo, compreendemos teoricamente como o universo foi formado e reconhecemos, em cada linha e direção, os movimentos da nossa própria vida.

Por isso, o Cubo do Espaço não é uma especulação abstrata. Ele é uma ferramenta. É um mapa iniciático que mostra onde estamos, quais forças nos cercam, quais provas precisamos enfrentar e para onde estamos sendo conduzidos. Ele é a cartografia da consciência em sua travessia, desde o instante em que mergulhamos no esquecimento do nascimento até o momento em que despertamos para a grande memória da eternidade.

Em sua estrutura:

- Existem 3 eixos centrais (altura, largura e profundidade), que ligam tudo.
- Temos 1 ponto central (como uma semente).
- Esse ponto se estende em 6 direções, ou faces (Acima, Abaixo, Norte, Sul, Leste, Oeste).
- Depois aparecem as 12 arestas, que correspondem aos signos do zodíaco.

Esses 22 caminhos são os mesmos 22 Arcanos Maiores do Tarô:

- 3 cartas para os eixos: Louco, Enforcado e Julgamento representam as três forças fundamentais - ar, água e fogo.
- 1 carta para o ponto central: Mundo
- 6 cartas para as faces: Mago, Sacerdotisa, Imperatriz, Roda de Fortuna, Torre, Sol- ligadas aos planetas e às direções.
- 12 cartas para as arestas: cada uma representa um signo do zodíaco (de Áries a Peixes), trazendo tarefas e desafios para a evolução, além das faculdades humanas como visão, ação, fala, imaginação que possibilitam realizar com êxito cada prova imposta.

Vejamos a seguir cada uma dessas partes em detalhes para compreender a riqueza do Cubo do Espaço, pois o ele inteiro é um tabuleiro cósmico em que o Tarô conta a história da evolução da alma

Os Eixos – Forças Primordiais

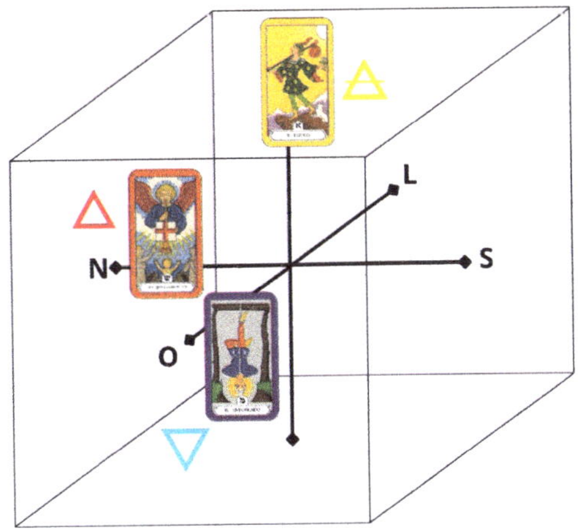

No interior do Cubo, sustentando toda a estrutura, estão os três eixos centrais, guardados pelas cartas das letras-mães.

Esses eixos ligam as faces opostas e formam o coração da estrutura. Eles representam os elementos primordiais, fogo, ar e água, e, na leitura iniciática, descrevem os fundamentos da própria vida. O quarto elemento, a terra, é o próprio Cubo em si. O eixo vertical, que conecta o acima e o abaixo, é a linha do espírito que desce e sobe, trazendo a consciência da ligação entre o divino e o humano. O eixo horizontal, que liga oriente e ocidente, simboliza o caminho da encarnação, da suspensão e do sacrifício que transforma. O eixo que conecta o Norte e o Sul descreve a linha da regeneração e do despertar, uma rota de julgamento e renascimento. Esses três eixos são o esqueleto invisível do Cubo, sustentando sua forma e o processo de iniciação que ele encarna.

No interior do Cubo, esses três eixos centrais unem pares de direções opostas: Acima e Abaixo, Leste e Oeste, Norte e Sul. Eles são sustentados pelas três letras-mães do alfabeto hebraico e pelos Arcanos do Tarô correspondentes.

- **Louco (Ar)** – Eixo vertical, a descida do espírito à matéria.
- **Enforcado (Água)** – Eixo Leste-Oeste, o nascimento físico e o sacrifício que sustenta a vida.
- **Julgamento (Fogo)** – Eixo Norte-Sul, o renascimento espiritual, a ascensão da alma.

O Louco, correspondente a *Aleph* (א), é o sopro do espírito que atravessa o espaço de cima a baixo, lembrando que tudo começa no invisível. O Enforcado, ligado a *Mem* (מ), estende-se de Leste a Oeste, imerso no fluxo das águas que unem opostos e exigem entrega. O Julgamento, regido por *Shin* (ש), corre de Norte a Sul como a chama do despertar, o fogo que convoca à ressurreição. Esses três eixos não são lugares de entrada ou saída, mas correntes que sustentam o Cubo e atravessam todo o espaço, mantendo-o vivo.

Eles representam as forças fundamentais da criação, os elementos sem os quais nada pode existir. Sustentam toda a estrutura do Cubo e recordam que, por trás dos estados e provas particulares, existem princípios universais que regem a existência.

O Centro – O Equilíbrio Total

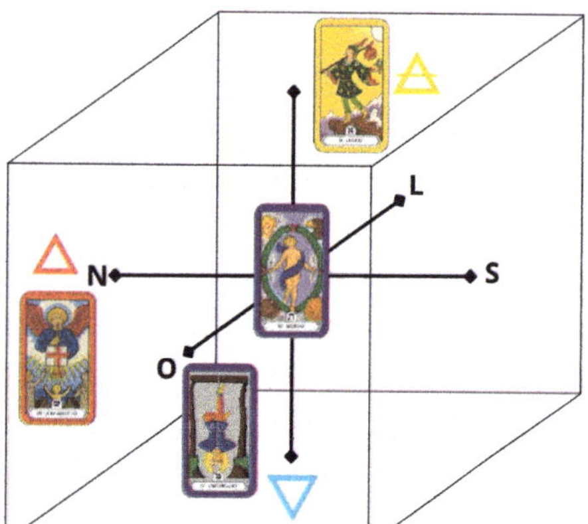

No centro dessa estrutura repousa um ponto de equilíbrio, atribuído à carta do Mundo e ao planeta Saturno. Esse centro é o núcleo do Cubo do Espaço, o lugar onde todas as forças convergem e de onde todas partem. Na prática espiritual, ele representa o estado de consciência unificada, em que o buscador reconhece sua identidade profunda com o cosmos. Ao mesmo tempo, é o ponto de partida da jornada, o momento em que a alma se reveste de personalidade antes de lançar-se na aventura da existência. O centro é, portanto, tanto o começo quanto o fim, a origem de onde emanam os caminhos e o destino ao qual tudo retorna.

No coração do Cubo, todos os caminhos se encontram. Ali está o símbolo da totalidade, da realização e da integração de todos os opostos. O centro é o lugar de onde partimos e para onde retornamos após atravessar todas as faces, arestas e eixos. É o portal de síntese, o trono da consciência desperta, o lugar em que a alma reencontra sua origem divina. É ali que a alma coloca a máscara da personalidade que usamos em cada vida.

As Faces – Estados de Consciência

As cartas associadas às sete duplas — Mago, Sacerdotisa, Imperatriz, Roda da Fortuna, Torre, Sol e Mundo — foram colocadas nas faces externas do Cubo e no centro. Cada face se tornou um estado de consciência que a alma deve habitar. No alto, o Mago ergue-se como o princípio da vontade e da palavra criadora; embaixo, a Sacerdotisa guarda o silêncio e a memória profunda; a Leste, a Imperatriz inspira a criatividade e a fertilidade espiritual; a Oeste, a Roda da Fortuna recorda que tudo é ciclo e movimento; no Norte, a Torre desaba para ensinar desapego e renovação; no Sul, o Sol brilha com clareza e amor; e no coração, o Mundo integra todos os opostos, representando a plenitude e o equilíbrio. Vistas em conjunto, essas cartas mostram que o ser humano vive em estados psíquicos que se alternam e que cada um deles é uma sala de aprendizado dentro do templo cósmico.

As seis faces externas e o centro do Cubo do Espaço, representado pela carta do Mundo, são como salas ou níveis. Cada uma é habitada por um planeta e uma carta do Tarô, representando qualidades específicas que o buscador precisa vivenciar. Essas faces mostram onde você está no caminho da jornada da alma.

Cada uma das seis faces, por exemplo, não representa apenas planos que delimitam o espaço. Elas representam os grandes campos de experiência que circundam a consciência humana. Cada face é associada a um dos sete planetas clássicos, que, por sua vez, simbolizam forças psíquicas e cósmicas ativas em todos os níveis da realidade. O estudante, ao visualizar-se dentro do Cubo, percebe-se cercado por essas influências, que ora desafiam, ora sustentam seu caminho. Assim, cada face é vivida como um portal de aprendizado, uma escola iniciática que ensina a integrar aspectos fundamentais do ser.

Cada face se tornou um estado de consciência que a alma deve habitar. No alto, o Mago ergue-se como o princípio da vontade e da palavra criadora; embaixo, a Sacerdotisa guarda o silêncio e a memória profunda; a Leste, a Imperatriz inspira a criatividade e a fertilidade espiritual; a Oeste, a Roda da Fortuna recorda que tudo é ciclo e movimento; no Norte, a Torre desaba para ensinar desapego e renovação; no Sul, o Sol brilha com clareza e amor; e no coração, o Mundo integra todos os opostos, representando a plenitude e o equilíbrio. Vistas em conjunto, essas cartas mostram que o ser humano vive em estados psíquicos que se alternam e que cada um deles é uma sala de aprendizado dentro do templo cósmico.

Cada face representaria, então, um estado de consciência ou grau de iniciação. Por exemplo:

- **Acima – Mago:** consciência e presença.
- **Abaixo– Sacerdotisa:** memória e mistérios escondidos.
- **Oeste - Roda da Fortuna:** nascimento e repetição de ciclos.
- **Norte – Torre:** crises e aprendizados na escuridão.
- **Leste – Imperatriz:** imaginar, criar e dar forma.
- **Sul – Sol:** fé, iluminação e amor.

Cada face é, portanto, uma condição da alma. Elas não existem apenas como conceitos abstratos, mas como experiências reais que atravessamos em diferentes momentos da vida. O Cubo nos mostra que o ser humano não vive em um único estado fixo, mas se move constantemente entre essas faces, aprendendo com cada uma.

As Arestas – As Provas Zodiacais

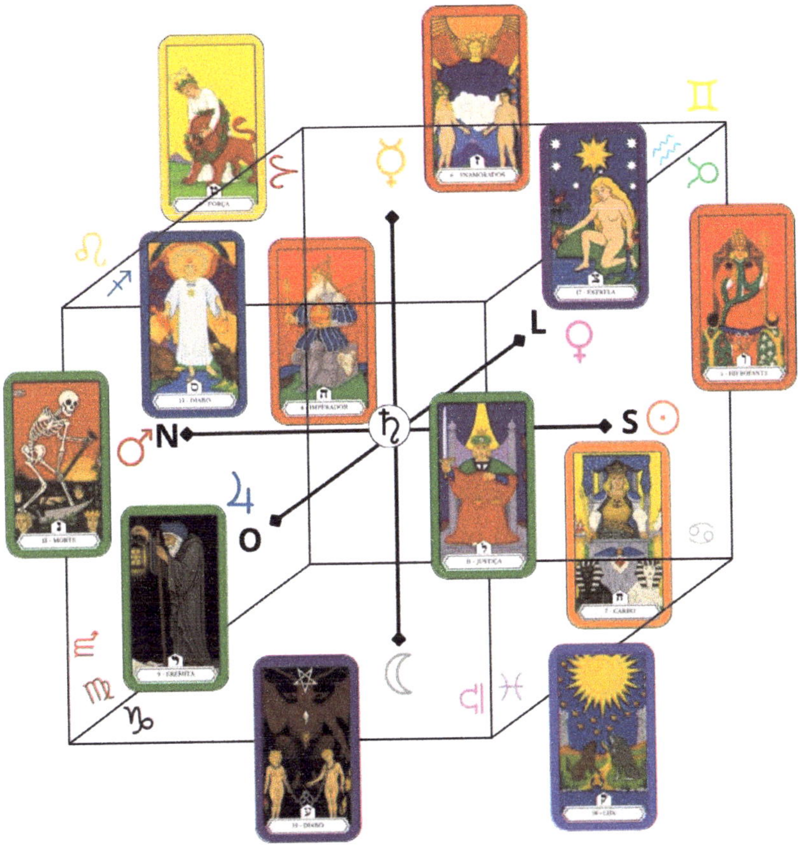

As doze arestas que conectam essas faces são igualmente carregadas de sentido. Elas foram tradicionalmente relacionadas aos signos do zodíaco, e, portanto, simbolizam os processos de transição, movimento e inter-relação entre as forças cósmicas.

Enquanto as faces indicam estágios mais definidos de experiência, as arestas representam os caminhos que ligam essas experiências, as passagens de um estado de consciência a outro. Por isso, caminhar simbolicamente pelas arestas do Cubo é aprender a lidar com as mudanças, as tensões e as sínteses que emergem do contato entre energias diferentes. Cada aresta é uma ponte, e o trabalho do iniciado consiste em atravessá-la de modo consciente, aprendendo a harmonizar os extremos que ela conecta.

Se as faces são como salas, as arestas são corredores e passagens entre elas. Assim, as arestas (as 12 linhas do Cubo) são como portais que conectam uma sala à outra. Cada aresta é guardada por uma carta ligada a um signo do zodíaco, e essa carta mostra a tarefa ou virtude que você precisa desenvolver para passar de uma face para a outra. E cada passagem exige uma prova iniciática:

♈ **Áries — Imperador**
Tarefa: disciplina, visão, estrutura, liderança interior.
Aprender a dar ordem ao caos e assumir responsabilidade sobre a própria vida.

♉ **Touro — Hierofante**
Tarefa: tradição, escuta, fidelidade ao que é duradouro.
Reconhecer a sabedoria que vem da linhagem e das raízes espirituais.

♊ **Gêmeos — Enamorados**
Tarefa: discernimento e escolha consciente.
Unir opostos, integrar polaridades e aprender a decidir com clareza.

♋ **Câncer — Carro**
Tarefa: direção e proteção.
Guiar a energia com vontade firme, mantendo equilíbrio entre forças contrárias.

♌ **Leão — Força**
Tarefa: coragem, domínio de si, compaixão.
Canalizar a energia instintiva com serenidade e firmeza.

♍ **Virgem — Eremita**
Tarefa: introspecção, discernimento, clareza mental.
Aprender a olhar para dentro e reconhecer a verdade em silêncio.

♎ **Libra — Justiça**
Tarefa: equilíbrio, harmonia, responsabilidade ética.
Avaliar escolhas e consequências com imparcialidade.

Escorpião — Morte
Tarefa: desapego, transformação, renovação.
Aceitar os finais como portais para novos começos.

Sagitário — Temperança
Tarefa: moderação, síntese, integração de opostos.
Misturar forças diferentes para criar equilíbrio dinâmico.

Capricórnio — Diabo
Tarefa: autoconhecimento diante das ilusões e condicionamentos.
Perceber e dissolver correntes internas (medo, culpa, compulsão).

Aquário — Estrela
Tarefa: fé, esperança, imaginação criadora.
Confiar na inspiração e na visão que se abre para o futuro.

Peixes — Lua
Tarefa: intuição, imaginação, navegação pelo inconsciente.
Diferenciar realidade de ilusão e transformar sonho em sabedoria.

As arestas marcam as passagens de um estado a outro, exigindo provas zodiacais. Não basta visitar o Norte, o Sul, o Leste e o Oeste; é necessário aprender a atravessar os corredores que os conectam. Cada travessia demanda uma virtude específica. Disciplina em Áries com o Imperador; tradição e escuta em Touro com o Hierofante; discernimento afetivo em Gêmeos com os Enamorados; coragem e domínio de si em Leão com a Força; introspecção e discernimento em Virgem com o Eremita; equilíbrio e medida justa em Libra com a Justiça; desapego em Escorpião com a Morte; moderação em Sagitário com a Temperança; confronto das ilusões em Capricórnio com o Diabo; fé e esperança em Aquário com a Estrela; mergulho nos sonhos em Peixes com a Lua. Cada uma dessas cartas atua como um portal de iniciação. Apenas quem assimila sua lição pode atravessar e prosseguir na jornada.

Enquanto as faces representam os "grandes estágios de consciência", as arestas correspondem aos "testes práticos" que determinam se o buscador está pronto para passar de um estágio a outro. O Cubo ensina que experimentar estados de consciência, simbolizados pelas faces, não é suficiente. É indispensável enfrentar as provas que as interligam, desenvolvendo virtudes que sustentam a maturidade espiritual.

Exemplo:

- Para sair da face Oeste (ciclos materiais) e caminhar para o Norte (busca espiritual), você encontra a aresta Noroeste (Justiça - Libra).
  → Isso significa que a passagem exige equilíbrio, discernimento e honestidade antes de avançar.

Outro exemplo:

- Entre Oeste e Sul, há a aresta Sudoeste (Morte - Escorpião).
  → Para atravessar, a alma precisa renunciar e se transformar profundamente.

As arestas estão nestas posições porque elas representam as forças zodiacais que unem as direções.

No *Sepher Yetzirah* e nos estudos de Paul Foster Case, cada letra simples (e, portanto, cada signo) foi colocado estrategicamente para que:

- O céu (zodíaco) envolvesse o Cubo.
- As provas humanas estivessem nos caminhos de transição, não nos destinos em si.

Ou seja:

- As faces são como estações da viagem (planetas/estágios do ser).
- As arestas são os desafios zodiacais que você precisa atravessar para chegar de uma estação à outra.

Isso explica por que as cartas das arestas não ficam no centro das faces: Elas são dinâmicas, não estáticas. São pontes, não moradas.

Resumindo:

- Faces = "onde" você está (o estágio).
- Arestas = "como" você avança (a tarefa).

Exemplo integrado:

1. Você começa no Oeste (Roda da Fortuna – Júpiter) → preso em ciclos de vida e morte.
2. Para sair, você encontra a aresta Noroeste (Justiça – Libra).
3. Se você aprende a equilibrar sua vida, a ser justo e honesto, então consegue "subir" para a face Norte (Torre – Marte) → onde enfrenta crises transformadoras.

Cada aresta representa um desafio zodiacal específico, que assegura a entrada em uma nova fase somente quando o indivíduo está preparado.

Visto em sua totalidade, o Cubo do Espaço revela-se não como um simples esquema intelectual, mas como uma experiência iniciática. Cada face corresponde a um estado que deve ser vivido; cada aresta, a uma prova a ser superada; cada eixo, a uma força que nos atravessa. No centro encontra-se o destino final, a integração completa da alma com o divino. Nesse contexto, o Tarô deixa de ser apenas um baralho de figuras e transforma-se em um mapa tridimensional da consciência, um guia visual para o mistério descrito em palavras pelo *Sepher Yetzirah.*

A união entre letras e cartas fez do Cubo uma linguagem viva, capaz de falar ao intelecto e à imaginação de forma simultânea. As letras oferecem a vibração, as cartas oferecem a imagem, e juntas permitem penetrar na estrutura da realidade como viajantes conscientes. O Cubo não foi concebido para ser apenas estudado, mas sobretudo habitado. Cada meditação em suas cartas, cada contemplação de suas direções e cada exercício de visualização constituem passos concretos no espaço interior da alma.

Do simbolismo hebraico ao Tarô, o Cubo do Espaço surge como síntese de duas tradições que, unidas, oferecem um mapa da criação e, ao mesmo tempo, um manual de autoconhecimento. Nele, o universo e o ser humano refletem-se mutuamente, revelando que a jornada espiritual se realiza em cada direção do espaço, em cada prova da vida e em cada despertar que conduz ao centro.

O Cubo do Espaço apresenta-se simultaneamente como figura geométrica, símbolo esotérico e mapa espiritual. À primeira vista, parece um Cubo comum, com seis faces, doze arestas e três dimensões. Contudo, sob a lente da tradição cabalística e do Tarô, manifesta-se como uma das mais ricas sínteses da sabedoria universal, um diagrama tridimensional que mostra tanto a estrutura da criação quanto o caminho da alma em direção à consciência plena.

Na tradição cabalística, tudo no universo é compreendido como fruto da interação de forças divinas expressas pelas vinte e duas letras do alfabeto hebraico. Essas letras não são meros sinais linguísticos, mas potências vivas, chaves cósmicas capazes de moldar a realidade. O *Sepher Yetzirah* descreve como essas letras estruturam o espaço e o tempo, dando origem ao mundo manifesto. Nesse horizonte, o Cubo do Espaço aparece como prolongamento natural, um modelo tridimensional no qual as letras se distribuem em faces, arestas e eixos, organizando o universo em direções fundamentais.

Se a Árvore da Vida pode ser vista como um mapa bidimensional que apresenta a descida da Luz divina em dez esferas (*Sephiroth*), interconectadas por vinte e dois caminhos, o Cubo do Espaço é sua contraparte tridimensional. Ele descreve uma sequência linear ou vertical de emanações como sendo a expansão do espírito em todas as direções. O Cubo representa, assim, a passagem da teoria abstrata para a realidade concreta. É a geometria da criação e, ao mesmo tempo, a arquitetura da consciência.

Na visão do Cubo, cada uma de suas seis faces corresponde a um estado de consciência ligado a um planeta; suas doze arestas correspondem aos signos do zodíaco e às provas da alma; os três eixos centrais manifestam os elementos primordiais que sustentam a vida; o ponto central simboliza o coração do mistério, o lugar de equilíbrio absoluto, onde todas as forças convergem. Esse arranjo ecoa tradições antigas que reconheciam no Cubo a forma perfeita, símbolo de estabilidade e harmonia, presente em culturas que vão da filosofia pitagórica à geometria platônica, do misticismo judaico ao simbolismo alquímico.

Quando associado ao Tarô, o Cubo do Espaço ganha ainda mais profundidade. Cada carta dos Arcanos Maiores ocupa uma posição específica dentro dele, formando uma rede de correspondências que transforma o conjunto em um jogo iniciático. As cartas deixam de ser imagens isoladas e passam a interagir como peças de um tabuleiro sagrado. O Louco, o Mago, a Imperatriz, a Torre, o Sol, a Roda da Fortuna, o Mundo e todos os demais Arcanos assumem o papel de mestres e guias nesse espaço vivo. Cada posição revela o significado da carta e o papel que ela desempenha na jornada da alma ao atravessar os estágios da existência.

O Cubo do Espaço pode, portanto, ser compreendido como mapa da vida e da consciência. Ele mostra como o espírito desce à encarnação, como se move pelas provas do mundo material e como retorna, pela integração, ao ponto central reconciliado com sua origem divina. É também um manual prático de autoconhecimento, que ensina a meditar sobre cada carta, cada direção e cada passagem, revelando os aprendizados necessários à experiência individual.

Sua beleza está na natureza multifacetada. É cosmologia e psicologia, mito e prática, teoria e experiência. Para alguns, trata-se de um diagrama abstrato da criação; para outros, de uma ferramenta de meditação; para outros ainda, de um mapa de iniciação capaz de conduzir o buscador a níveis mais elevados de consciência.

Para compreender plenamente o Cubo do Espaço, é necessário revisitar a história das ideias. O simbolismo do Cubo e da geometria sagrada não nasce com a Cabala, mas acompanha a humanidade desde a Antiguidade.

Na filosofia pitagórica e na tradição grega, o Cubo era considerado um dos sólidos perfeitos descritos por Platão. Cada sólido platônico correspondia a um elemento da criação, e o Cubo era atribuído à Terra, símbolo de estabilidade, fundamento e ordem. Essa associação já sugeria que o Cubo poderia ser entendido como a forma que sustenta as demais, o alicerce da manifestação no mundo material.

Em tradições orientais, a concepção de um espaço estruturado em direções também se fazia presente. Povos antigos viam o cosmos como formado por seis direções fundamentais (cima, baixo, Norte, Sul, Leste, Oeste) e um ponto central que unia todas elas. Essa estrutura aparece em culturas indígenas, no simbolismo tibetano e no conceito de mandala, que organiza o universo a partir de um centro irradiador. O Cubo do Espaço, assim, reflete uma visão universal que entende o espaço não como vazio ou caótico, mas como realidade ordenada e sagrada, dotada de direções que carregam sentido espiritual.

Ao longo do tempo, o Cubo do Espaço consolidou-se como ponto de convergência entre múltiplas tradições:

- Da filosofia grega, herdou a ideia do Cubo como forma de estabilidade e fundamento.
- De tradições indígenas e orientais, ecoa a noção das seis direções sagradas e do ponto central.
- Da Cabala, recebe sua linguagem de letras hebraicas, signos e planetas.
- Do Tarô, herda o poder das imagens arquetípicas, que falam diretamente à imaginação e ao inconsciente humano.

O resultado é um símbolo total, capaz de unir ciência, mito, psicologia e espiritualidade. Um diagrama que não só descreve a criação, mas também revela como a consciência humana pode evoluir dentro dessa criação.

As Direções do Fluxo de Energia no Cubo do Espaço

Quando nos aproximamos do Cubo do Espaço e contemplamos suas linhas, arestas e faces, percebemos que ele não é uma estrutura imóvel. Dentro dele pulsa movimento, respiração e um ritmo constante. Esse pulsar manifesta-se em fluxos de corrente que atravessam o Cubo como rios de energia invisível. Tais fluxos representam as direções fundamentais em que a consciência se desloca, a criação se manifesta e a alma encontra seus caminhos de ascensão, mergulho, expansão e integração.

O conceito de direções do fluxo nasceu da percepção de que cada aresta do Cubo funciona como canal de transmissão energética. Assim como as correntes elétricas percorrem fios para iluminar espaços ou mover máquinas, a energia cósmica percorre as arestas do Cubo para moldar experiências, ciclos e revelações. O Cubo é um organismo vivo, e as direções do fluxo são a sua circulação sanguínea.

Essas correntes não foram elaboradas arbitrariamente; emergem da tradição hermética, cabalística e do simbolismo do Tarô. Ao observarmos os Arcanos Maiores distribuídos pelo Cubo, percebemos que cada carta carrega um impulso, uma direção de energia, um gesto arquetípico. A partir da contemplação desses gestos e da própria estrutura geométrica, delinearam-se os padrões que descrevem os fluxos. O que à primeira vista parece complexo e até confuso revela-se como uma sequência lógica e harmoniosa, onde cada movimento complementa outro, compondo uma dança cósmica.

As direções do fluxo são essenciais porque revelam como o Cubo respira e se organiza. Sem elas, restaria apenas uma estrutura parada, uma mandala geométrica sem vitalidade. Com elas, o Cubo transforma-se em campo dinâmico, onde forças universais interagem, giram, sobem, descem, completam ciclos e se renovam. É por meio dessas correntes que compreendemos a posição de cada carta e a função que desempenha.

Cada fluxo possui personalidade e função próprias. Há correntes circulares que giram ao redor de uma face, sustentando movimentos contínuos e repetitivos, como rodas de energia que preservam o equilíbrio do espaço. Outras correntes, em faixas, atravessam faces inteiras, descendo, subindo, contornando, como rios que conectam mares distantes. Juntas, formam uma teia energético coerente, um mapa que descreve o espaço e orienta o viajante espiritual em sua navegação pela consciência.

O estudo dessas direções revela qualidades arquetípicas. O fluxo vertical do Acima para o Abaixo expressa a descida do espírito à matéria e a ascensão da alma em busca de sua fonte. O fluxo de Leste para Oeste traduz a passagem da imaginação criadora à manifestação concreta. O de Norte para Sul simboliza o caminho da prova, do julgamento e da realização espiritual. Cada eixo é, ao mesmo tempo, uma linha e um ensinamento vivo, uma forma de existir no cosmos.

O aspecto mais fascinante das direções do fluxo é que elas se configuram como exercício de percepção interior. Ao meditarmos sobre elas, descobrimos que não se tratam de simples setas em um diagrama, mas de correntes reais que podem ser sentidas como vibrações sutis atravessando o corpo. Nesse sentido, aprender as direções deixa de ser um ato puramente intelectual e torna-se iniciação, em que nos alinhamos com o modo como a própria vida circula.

Ao aprofundarmos o estudo das direções do fluxo, reconhecemos nelas canais de energia que funcionam como veias e artérias de um organismo cósmico vivo. Cada direção descreve simultaneamente um caminho espacial e uma experiência espiritual e psicológica. O Cubo do Espaço revela-se, assim, como uma mandala tridimensional em que os fluxos representam o movimento dessa mandala, o ritmo que preserva a harmonia entre todas as partes.

Os Três Eixos Primários

O primeiro conjunto de fluxos é formado pelos três eixos centrais, que correspondem às Letras Mães do alfabeto hebraico. Esses eixos são as colunas estruturais do Cubo, sustentando a circulação geral das correntes:

1. **Eixo Vertical - Acima para Abaixo (*Aleph* א, Louco, Ar)**
   Este eixo simboliza a respiração cósmica. É o sopro que desce das alturas espirituais e penetra a matéria, e também o fôlego que sobe das profundezas em direção à luz. Ele marca a experiência da encarnação, onde o espírito que mergulha no corpo e a alma retorna à sua fonte. Espiritualmente, é o eixo da aprendizagem, da busca do conhecimento, da experiência da vida como escola de evolução.

2. **Eixo Leste-Oeste (*Mem* מ, Enforcado, Água)**
   Este fluxo é o da travessia. Representa o caminho da imaginação criadora no Leste, que se projeta para o Oeste, onde ganha forma no mundo. É também o eixo do sacrifício, da entrega, da suspensão entre dois polos. O Enforcado nos ensina que, ao inverter a visão,

compreendemos que cada experiência é uma oportunidade de transformação. A corrente Leste–Oeste é, portanto, a ponte entre o invisível e o visível, entre a imagem e a realidade.

3. **Eixo Norte–Sul (*Shin* ש, Julgamento/Realização, Fogo)**
   Este é o eixo da purificação. Ele conduz o ser do Norte, que simboliza provas e limitações, ao Sul, onde brilha a luz da realização e da consciência desperta. É o fluxo da libertação, o fogo que consome as ilusões e revela o propósito. Nele está contido o mistério do renascimento, o chamado interior que conduz ao despertar espiritual.

Os Fluxos das Faces

Além dos eixos, o Cubo abriga correntes que giram ao redor das faces. Essas correntes circulares mantêm a coesão do espaço, como se fossem rodas em movimento constante.

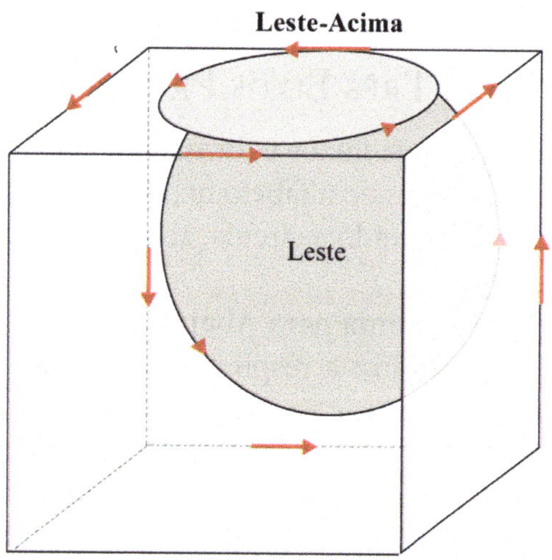

- **face Acima:** seu movimento é anti-horário, lembrando-nos que o pensamento consciente opera em ciclos, sempre interpretando e recriando as experiências. É a roda mental que gira incessantemente.
- **face Leste:** aqui o fluxo é horário, evocando o turbilhão da imaginação criativa. A mente pode girar em torno de suas próprias imagens, produzindo sonhos e visões que aguardam ser estruturados.

Essas correntes circulares são como os pulmões do Cubo: mantêm o ar em movimento, evitando que a energia se estanque.

Assim, no reconhecimento desses dois padrões de fluxo circular foram definidas sete direções de corrente:

Aresta	Direção atual
Leste-Acima	Sul para Norte
Norte-Acima	De Leste a Oeste
Oeste-Acima	Norte a Sul
Sul-Acima	De Oeste para Leste
Nordeste	De cima para baixo
Leste-Abaixo	Norte a Sul
Sudeste	De baixo para cima

As Faixas de Corrente

Por fim, há os fluxos em faixas, que atravessam várias faces. São movimentos mais longos, como rios que descem montanhas, cruzam vales e retornam ao mar.

- **Faixa Norte-Abaixo-Sul:** um fluxo que começa no Norte (provas e ação), desce pela face inferior (inconsciente), e sobe novamente pelo Sul (iluminação). Ele descreve o ciclo de queda e ascensão da alma, o caminho do erro que se transforma em aprendizado e sabedoria.

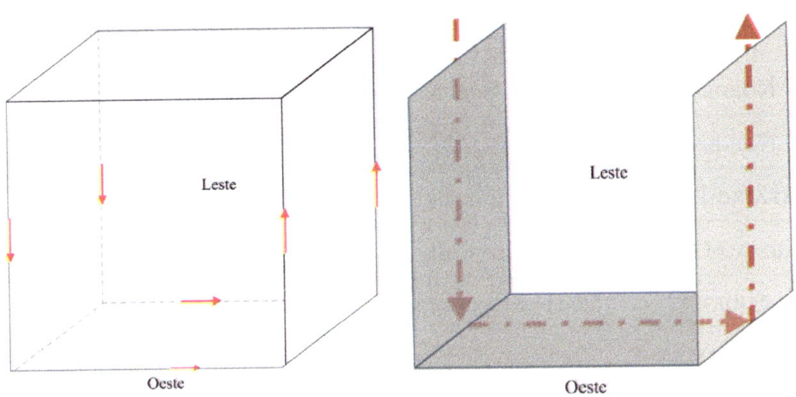

Portanto, o reconhecimento desse padrão identifica 6 fluxos de corrente por dedução. Esse padrão de fluxo de corrente pode ser considerado como uma faixa fluindo de Cima para baixo na face Norte, para baixo na face inferior (Abaixo) e para cima na face Sul.

- **Faixa Leste–Norte–Oeste–Sul:** um movimento em torno do Cubo, levando a energia da imaginação (Leste), através da ação transformadora (Norte), até a concretização (Oeste), e finalmente ao despertar (Sul). Este é o circuito da manifestação em quatro etapas, o mapa da criação em fluxo contínuo.

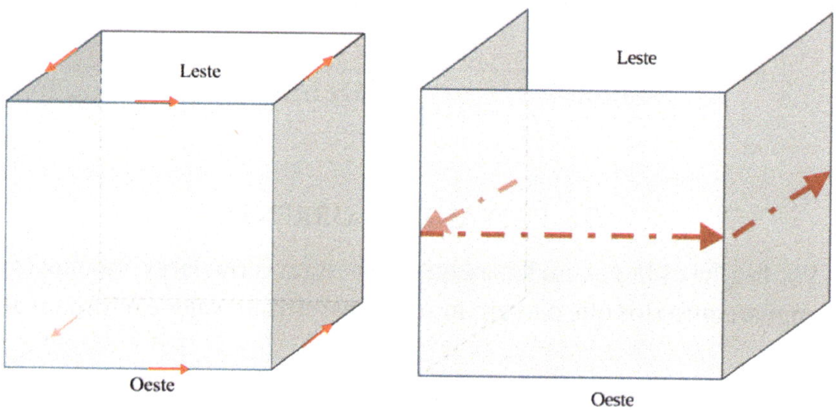

Portanto, essas duas regras definem 12 direções de corrente:

ARESTA	DIREÇÃO ATUAL	ARESTA	DIREÇÃO ATUAL
NORDESTE	De cima para baixo	NORTE-ACIMA	De Leste a Oeste
NOROESTE	De cima para baixo	NORTE-ABAIXO	De Leste a Oeste
ABAIXO-LESTE	Norte a Sul	OESTE-ACIMA	Norte a Sul
ABAIXO-OESTE	Norte a Sul	OESTE-ABAIXO	Norte a Sul
SUDESTE	De baixo para cima	SUL ACIMA	De Oeste para Leste
SUDOESTE	De baixo para cima	SUL-ABAIXO	De Oeste para Leste

Cada direção do fluxo é, ao mesmo tempo, um caminho geométrico e um ensinamento espiritual. Enquanto os eixos primários falam das grandes forças da encarnação — respiração, visão e realização —, os fluxos circulares revelam os ciclos da mente e os fluxos em faixa descrevem as longas jornadas de transformação. O Cubo, assim, não é uma figura estática, mas um organismo dinâmico, uma coreografia de correntes que mantém vivo o corpo cósmico.

Uma Maneira Simples de Memorizar o Fluxo do Cubo

Chegamos ao ponto em que teoria e prática se encontram. Após contemplarmos a lógica dos eixos, o movimento das correntes circulares e a respiração das faixas de corrente, surge naturalmente o impulso de internalizar esses conceitos de forma prática. As direções do fluxo no interior do Cubo funcionam como códigos meditativos que permitem perceber como a energia circula dentro e fora de nós, revelando a dança em uníssono entre macrocosmo e microcosmo.

Memorizar as direções do fluxo não significa apenas decorar linhas em um diagrama. Trata-se de cultivar uma familiaridade íntima com o organismo vivo do Cubo, como quem aprende a caminhar pelas ruas de uma cidade sagrada. Cada fluxo recordado transforma-se em vereda aberta na mente, e essas veredas tornam-se caminhos para a consciência percorrer em momentos de meditação, rituais ou leituras de Tarô. Quando reconhecemos por onde a energia flui, acompanhamos com mais clareza o curso da vida, percebendo os pontos em que ela desce, sobe, gira ou se renova.

Para fixar na memória as doze correntes que percorrem as arestas do Cubo, é possível recorrer a quatro regras simples, que condensam a lógica em torno de quatro princípios fundamentais:

1. Existe um fluxo circular que gira em torno da faca Acima, cuja direção é indicada pela linha Leste–Acima, associada à simbologia do Arcano 6 do Tarô.
2. Outro fluxo circular se manifesta ao redor da face Leste, igualmente orientado pela referência do Leste–Acima e pelo Arcano 6.
3. Há uma faixa contínua que desce pela face Norte, atravessa a base do Cubo e se eleva novamente pela face Sul, completando o circuito.
4. Uma segunda faixa inicia no Leste, segue pelo Norte, contorna o Oeste e encontra seu ponto de retorno na face Sul.

As direções do fluxo no Cubo do Espaço constituem o mapa da respiração do cosmos. Elas mostram que tudo se encontra em movimento, que a criação não é estática, mas uma dança incessante entre luz e forma, espírito e matéria, inspiração e expiração.

Ao contemplar o Cubo, não se está apenas diante de uma figura geométrica, mas dentro de um templo vivo. Ao memorizar seus fluxos, passa-se a caminhar nesse templo com consciência desperta. Cada respiração humana acompanha a respiração do universo; cada passo ressoa com as correntes que circulam entre faces e vértices.

O Cubo do Espaço revela-se, portanto, como mapa do retorno ao centro, ponto em que todas as correntes convergem e onde a alma descobre que sempre esteve em casa.

Cubo do Espaço como um Caminho de Transformação Pessoal

O simbolismo do Cubo do Espaço revela uma unidade dinâmica. Ele não se limita a uma figura estática de contemplação, mas apresenta-se como um verdadeiro mapa de movimento. Pode ser percorrido em múltiplos trajetos, movendo-se pelas faces, atravessando as arestas, penetrando nos eixos e retornando ao centro. Cada deslocamento corresponde a uma experiência de consciência, um encontro com uma energia arquetípica e uma lição a ser assimilada. Por isso, muitos autores descrevem o Cubo não como uma teoria destinada apenas ao estudo, mas como um espaço tridimensional a ser vivido em meditações, visualizações e jornadas interiores.

Quando unimos todas as suas partes — faces, arestas, eixos e centro — compreendemos que o Cubo do Espaço é, em essência, um mapa da jornada da alma. Ele mostra de onde viemos, quais experiências precisamos atravessar, quais provas devemos enfrentar e qual é o destino final de nossa busca.

O aspecto mais transformador do Cubo do Espaço é sua utilização como mapa prático da jornada iniciática. Contemplar suas proporções ou memorizar a disposição de letras e cartas não é suficiente. É na vivência interior que ele revela sua força. Colocar-se simbolicamente dentro do Cubo equivale a ingressar em um templo invisível, onde cada face, cada aresta e cada eixo funcionam como lições espirituais. Essa prática, cultivada em diversas escolas esotéricas, faz com que o estudante se perceba como parte de uma realidade maior, em diálogo constante com as forças que estruturam o cosmos.

Nessa experiência, cada direção do Cubo torna-se uma etapa do caminho. O iniciado que começa no centro, simbolizado pela carta do Mundo, encontra-se em estado potencial, ainda intocado, mas já impregnado de todas as possibilidades. A partir daí, é impulsionado para uma das faces, onde precisa confrontar e integrar determinada energia. No Ocidente, representado pela Roda da Fortuna, a lição é aceitar a impermanência e compreender os ciclos de ascensão e queda. No Norte, associado à Torre, surge o confronto com forças de destruição e transformação, que derrubam para reconstruir. No Sul, o Sol irradia iluminação, alegria e fé, indicando a meta da realização plena. Cada face é um mundo em si, com desafios e bênçãos que conduzem a consciência a estágios mais elevados.

As arestas, por sua vez, exigem que o buscador aprenda a atravessar polaridades. O estudante que permanece em uma face inevitavelmente precisa mover-se para outra, e esse deslocamento implica um aprendizado de síntese. Atravessar a aresta vinculada a Libra significa aprender a pesar forças opostas até alcançar justiça e harmonia. Passar pela aresta de Escorpião envolve enfrentar crises e perdas para renascer em nova forma. Essas travessias são delicadas, pois nelas não há terreno fixo. O iniciado precisa aprender a se equilibrar em movimento, cultivando discernimento, flexibilidade e coragem.

Os três eixos internos oferecem a dimensão mais profunda da prática. Eles não representam apenas forças cósmicas abstratas, mas experiências espirituais diretas. O eixo vertical, associado ao Louco, simboliza a liberdade do espírito que desce e sobe, linha do êxtase e da comunhão com o divino. O eixo horizontal, vinculado ao Enforcado, representa a entrega do ego, o sacrifício necessário para romper velhos padrões e abrir-se ao mistério. O eixo Norte-Sul, simbolizado pelo Julgamento, expressa o chamado à ressurreição da consciência, o despertar para níveis superiores de ser. Meditar nesses eixos é colocar-se no fluxo da própria criação, sentindo-se atravessado por energias que transcendem a experiência comum.

O retorno ao centro representa a culminância do processo. Depois de percorrer faces, arestas e eixos, o iniciado retorna ao núcleo do Cubo, mas não mais como o mesmo ser que partira. O centro é reencontrado em um nível mais elevado de consciência, no qual as forças cósmicas estão integradas e a alma repousa na percepção de sua unidade com o todo. Esse retorno é, ao mesmo tempo, conclusão e reinício, pois o ciclo do Cubo é espiralado. Cada vez que se retorna ao centro, um novo patamar é alcançado e a jornada recomeça em dimensão mais profunda.

O Cubo do Espaço é um método de transformação interior, um espelho da alma e um mapa da criação. Seu poder está em unir a linguagem abstrata das letras hebraicas à força imagética do Tarô, articulando o cosmos em uma estrutura que pode ser vivida tanto intelectualmente quanto intuitivamente. Ao estudá-lo e praticá-lo, o buscador descobre que o Cubo não representa apenas o universo exterior, mas também a própria consciência humana, chamada a expandir-se em todas as direções e a retornar, sempre, ao seu centro de luz.

Na prática, o Cubo funciona como tabuleiro iniciático. Ao meditar em suas cartas, visualizar suas direções e realizar exercícios rituais, o buscador contempla um diagrama de transformação real. Cada passo dentro do Cubo corresponde a um passo dentro de si mesmo.

À primeira vista, o Cubo do Espaço pode ser descrito como uma figura geométrica simples: seis faces, doze arestas, oito vértices e um centro. Porém, por trás dessa simplicidade esconde-se uma das mais ricas sínteses da tradição esotérica ocidental, capaz de reunir em uma única estrutura conceitos da Cabala hebraica, do Tarô, da astrologia, da alquimia e da psicologia espiritual. Cada linha e cada ponto do Cubo carrega significados, representando forças cósmicas e aspectos da consciência humana. Estudar o Cubo é penetrar em uma linguagem simbólica que demonstra como o universo e o ser humano compartilham a mesma arquitetura interior.

O que distingue o Cubo do Espaço de outros diagramas místicos, como a Árvore da Vida, é sua natureza tridimensional. Enquanto a Árvore apresenta os caminhos da manifestação em duas dimensões, o Cubo oferece um campo espacial completo, no qual o iniciado pode se mover em todas as direções. Essa característica torna-o uma mandala volumétrica, em que o espaço não é apenas cenário, mas protagonista do processo iniciático. O estudante é convidado a visualizar-se dentro do Cubo, percebendo as faces que o cercam, as arestas que conectam essas faces e o centro que sustenta o conjunto. Essa imersão simbólica confere ao Cubo caráter singularmente transformador, pois ele não é apenas observado, mas vivido como espaço interior.

O Cubo do Espaço não se restringe a um único nível de interpretação. Ele pode ser lido como cosmologia, psicologia e liturgia. No plano cosmológico, descreve a estrutura do universo e a forma como as forças criadoras se distribuem pelo espaço. No plano psicológico, retrata estados da consciência humana e os desafios enfrentados em sua evolução. No plano litúrgico ou ritual, serve como diagrama de meditação, permitindo ao estudante alinhar-se às energias cósmicas ao visualizar cada carta do Tarô ou cada letra hebraica em sua devida posição. Essa multiplicidade de usos confere ao Cubo uma riqueza inesgotável. Cada contemplação de sua estrutura pode revelar novos significados, adaptados à maturidade espiritual de quem o estuda.

Nessa perspectiva, o Cubo do Espaço funciona como templo invisível. Suas medidas e proporções não se destinam a construções em pedra ou madeira, mas à edificação da consciência. Cada posição — seja face, aresta ou eixo — corresponde a uma etapa do desenvolvimento espiritual e a uma qualidade que deve ser integrada pelo buscador. A prática conduz a uma progressiva harmonização das energias, despertando uma percepção mais ampla da vida e do cosmos. Por essa razão, muitos autores modernos descrevem o Cubo como mapa de iniciação, roteiro que guia a alma desde os estados mais densos até o reencontro com o centro luminoso que simboliza a presença divina interior.

A iniciação referida aqui não se limita àquela vivida em caminhos espirituais específicos. É verdade que, ao longo da história, diversas escolas mágicas de ocultismo — da Cabala ao Hermetismo, da Alquimia às Tradições de Bruxaria Moderna — utilizaram símbolos como o Cubo do Espaço para conduzir seus membros em processos iniciáticos. No entanto, reduzir a iniciação apenas a esses contextos seria limitar o alcance do próprio Cubo.

A iniciação proporcionada pelo Cubo do Espaço representa um itinerário arquetípico, uma cartografia da alma em seu processo natural de transformação. Cada face, cada aresta e cada eixo refletem etapas que todos atravessam no ciclo da vida. O contato com forças de destruição e renovação, os momentos de expansão e recolhimento, as provas que exigem coragem, desapego ou discernimento — tudo isso está representado no Cubo e se manifesta independentemente da adesão formal a uma via espiritual.

A iniciação que o Cubo propõe é, portanto, a iniciação da vida. É a experiência de transformar-se diante dos desafios, atravessar as passagens simbólicas que as arestas indicam e reconhecer nos eixos internos os grandes movimentos da consciência: a queda e a ascensão, a entrega e o renascimento, o chamado à superação do ego. Não são necessárias vestimentas ritualísticas ou fórmulas secretas; o que se exige é presença, abertura e disposição para a jornada interior.

Isso não diminui o valor das tradições que transmitiram o Cubo dentro de contextos específicos. Pelo contrário, mostra que reconheceram sua universalidade e aplicaram-no como ferramenta pedagógica e ritual para acelerar processos de autoconhecimento. Porém, mesmo fora desses círculos, o Cubo continua vivo e operante. Ele é matriz arquetípica que se ativa sempre que alguém busca maior integração interior.

Ao falarmos de iniciação nesse contexto, referimo-nos menos a pertencer a uma tradição e mais a atravessar um limiar íntimo. Trata-se da iniciação da alma, que não confere títulos ou graus, mas desperta consciência. É o processo pelo qual a vida convida a abandonar formas antigas e renascer em novas, alinhando-se ao centro luminoso que o Cubo simboliza. Essa é a iniciação que ele descreve: universal, acessível a todos, não dependente de mestres externos, mas do compromisso profundo de cada ser consigo mesmo.

Caminhar pelo Cubo do Espaço significa reconhecer a vida como rito iniciático. Dramas e bênçãos, encontros e despedidas, fracassos e conquistas, todos são etapas do percurso. Ao compreender que o Cubo reflete tais experiências em sua geometria sagrada, o buscador pode enxergar sua própria jornada com novos olhos, percebendo que cada desafio e cada revelação não são aleatórios, mas partes de uma iniciação maior: a iniciação da alma rumo à plenitude.

O Cubo do Espaço é guia detalhado que mostra a vida como jornada contínua de autodescoberta e transformação. Recorda-nos que somos cocriadores com Deus, vivendo em um universo de mente, no qual nossas escolhas moldam a realidade.

Pode-se compreender o Cubo do Espaço como um GPS tridimensional da alma. Assim como o GPS utiliza mapas para guiar um viajante por diferentes terrenos, o Cubo emprega as cartas do Tarô como marcos e os princípios cabalísticos como regras da estrada. Ele indica o caminho e descreve os desafios, as ferramentas e as transformações que surgem em cada face da jornada espiritual, permitindo navegar conscientemente em direção ao verdadeiro Eu.

Depois de compreendermos o simbolismo do Cubo, torna-se necessário olhar para dentro dessa estrutura e entender seu funcionamento em detalhes. O Cubo do Espaço é uma verdadeira arquitetura espiritual, na qual cada parte exerce um papel preciso.

04

OS 3 EIXOS DO CUBO

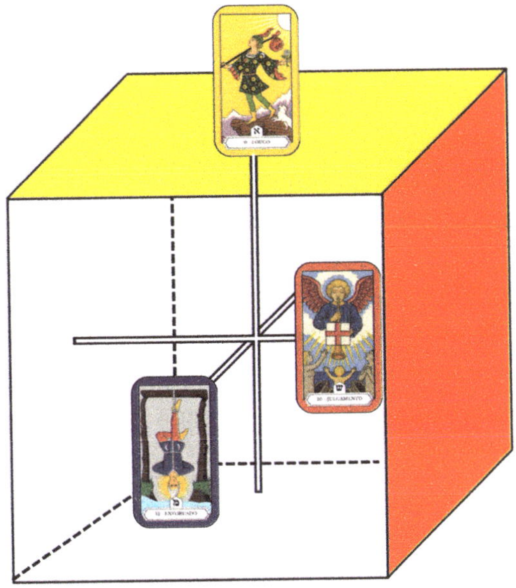

No coração do Cubo do Espaço repousa um segredo de proporções universais: três eixos centrais atravessam sua estrutura, conectando pares de direções opostas. Esses eixos são mais que linhas geométricas, constituem forças primordiais que sustentam a existência e oferecem ao iniciado uma chave para compreender o processo de encarnação da alma. Correspondem às chamadas letras-mães do alfabeto hebraico e, consequentemente, aos três elementos básicos da criação — ar, água e fogo — enquanto a terra pode ser interpretada como sendo o próprio Cubo em sua totalidade.[3]

Para identificar esses eixos no interior do Cubo, é necessário visualizá-lo em três dimensões. O eixo vertical liga o ponto Acima ao ponto Abaixo. O eixo horizontal estende-se de Leste a Oeste, unindo as faces laterais opostas. O eixo Norte-Sul conecta a face anterior (Norte) à posterior (Sul), completando a terceira linha central. Os três se cruzam no coração do Cubo, no ponto em que todas as direções convergem. Esse centro simboliza o lugar onde alma, espírito e matéria se encontram, representando o núcleo invisível da criação.

Compreender os três eixos significa perceber que eles sustentam a estrutura geométrica, mas também são um mapa da experiência da consciência. Cada eixo é vetor de energia cósmica que se manifesta na vida humana, descrevendo

3 A terra, no contexto cabalístico, não é vista como princípio criador, mas como consequência, pois ela encarna a materialização dos elementos dinâmicos que a antecedem. É o campo no qual as potências de fogo, água e ar se fixam, tornando-se realidade tangível.

desde o nascimento físico até os processos invisíveis da alma. Associados às letras-mães, esses eixos são chamados de forças equilibradoras, pois mantêm em harmonia as polaridades do universo.

O eixo vertical, o eixo horizontal e o eixo Norte-Sul formam uma tríade inseparável. Em conjunto, representam o sopro criador desdobrado em três movimentos: descida, expansão e regeneração. O Cubo, como símbolo da totalidade, é o recipiente dessas linhas de força. A terra, enquanto síntese, constitui o palco em que os elementos atuam. A existência, portanto, não resulta do acaso, mas da interação equilibrada desses princípios que moldam a realidade visível e invisível.

Essa tríade expressa o fundamento da vida. O ar, representado pelo eixo vertical, é o sopro que conecta alto e baixo, garantindo o fluxo entre espírito e matéria. A água, associada ao eixo horizontal, é o elemento do sacrifício e da travessia, pois pela corrente da encarnação a alma dissolve-se em forma e renasce em corpo. O fogo, presente no eixo Norte-Sul, é a chama da regeneração, a energia que consome o antigo e faz emergir o novo. Quando atuam juntos, esses princípios geram o ciclo da vida, da morte e do renascimento.

Na leitura iniciática, os três eixos descrevem a jornada da alma ao ingressar no plano físico. Primeiro, o espírito desce pela linha vertical, assumindo corpo e máscara de personalidade que lhe permitem agir no mundo. Em seguida, é conduzido pelo eixo horizontal, mergulhando no fluxo da encarnação e submetendo-se ao esquecimento de si para viver plenamente a experiência terrestre. Por fim, no eixo Norte-Sul, encontra o chamado ao despertar, o renascimento espiritual que recorda sua verdadeira natureza e indica o caminho de retorno.

Nessa perspectiva, a alma não surge na matéria de modo aleatório, mas segue um percurso definido, traçado pelas linhas internas da estrutura. Primeiro, pelo eixo vertical, desce do alto e reveste-se da energia vital que a habilita a agir no mundo. Depois, pelo eixo horizontal, atravessa a corrente da existência, assume um corpo e vive experiências. Por fim, pelo eixo Norte-Sul, realiza a passagem da morte para o renascimento, em dimensão não apenas física, mas sobretudo espiritual, renovando-se para prosseguir no ciclo.

Essa lógica mostra que a encarnação não é queda nem castigo, mas oportunidade. A alma desce, aprende e retorna enriquecida. Cada eixo garante que o processo se mantenha equilibrado, expressando descida e ascensão, sacrifício e regeneração, vida e morte. Sem esses movimentos, a existência seria estática; com eles, torna-se dinâmica e criadora.

Os três eixos explicam o ingresso da alma na matéria e o ciclo completo de descida, sacrifício e retorno dela. Eles podem ser compreendidos como esqueleto invisível da estrutura, sustentando a forma do Cubo e o processo iniciático que ele descreve. Cada eixo carrega direção, movimento e qualidade metafísica que explicam a descida da alma ao plano físico e sua jornada de retorno à fonte divina.

O Eixo Vertical – A Linha Espírito-Matéria: A Descida da Alma

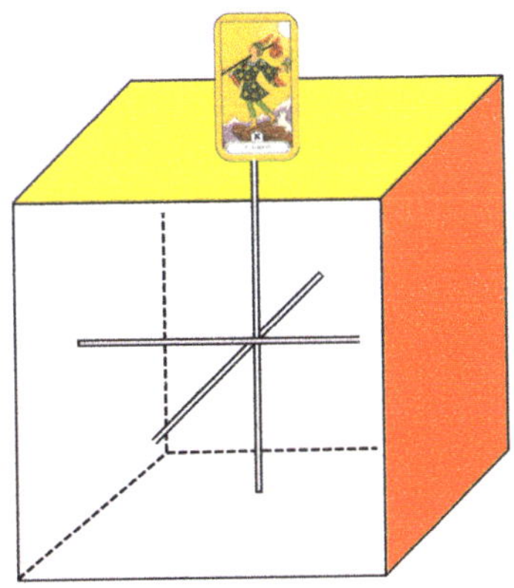

O primeiro eixo é o vertical, que conecta o Louco, na parte Acima do Cubo, ao ponto inferior. Ele descreve a linha do espírito que desce em direção à matéria e, em movimento inverso, ascende de volta ao seu princípio. É por meio desse eixo que a consciência divina se comunica com a experiência humana, trazendo ao ser encarnado a lembrança de sua origem celeste.

Esse processo pode ser comparado a um raio de luz que atravessa camadas de densidade até se fixar em um ponto da matéria. A alma, ao descer, reveste-se de estratos sucessivos que a adaptam ao mundo físico: energia vital, corpo sutil e, por fim, corpo denso. Nesse movimento, porém, ergue-se também um véu, o esquecimento de sua identidade primordial.

Esse esquecimento não deve ser visto como perda, mas como parte essencial do processo. Ele assegura que a experiência terrena seja autêntica, permitindo que os aprendizados ocorram sem a interferência direta da memória espiritual. É como o ator que veste uma máscara e, ao entrar em cena, esquece momentaneamente quem é fora do palco para viver intensamente o papel.

O eixo vertical é a escada invisível entre céu e terra. O fluxo descendente representa a entrada da alma no mundo material, enquanto o fluxo ascendente simboliza o processo de iluminação e retorno. Ao longo da história espiritual, esse eixo foi identificado como a linha da inspiração, o sopro divino que anima a matéria, o fôlego de vida que transforma corpo em ser vivente.

Esse eixo, que une o plano Acima ao inferior, é simbolizado pelo Louco. Esse Arcano Maior expressa a liberdade do espírito que desce em direção à matéria, carregando a centelha divina em busca de experiência. O Louco não reconhece limites, caminha no vazio sem peso, confiando plenamente no impulso criador. Na descida pelo eixo vertical, a alma torna-se como o Louco, abandona a unidade do alto e mergulha no desconhecido da matéria, aceitando a aventura da encarnação. O Louco ensina que essa descida não é queda, mas salto necessário da consciência em direção à vida.

O Eixo Leste-Oeste – O Caminho da Encarnação

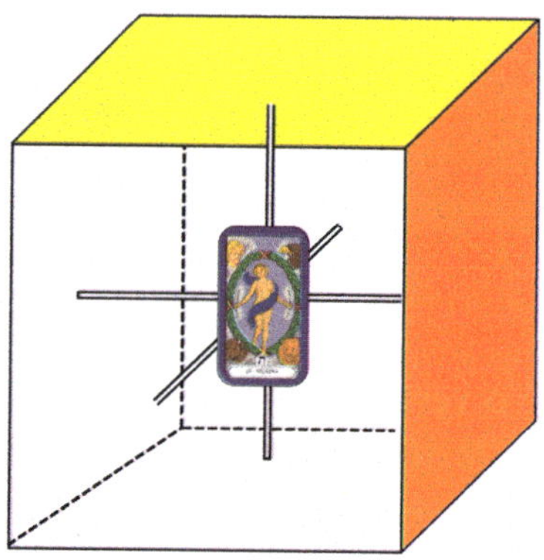

O segundo eixo é o horizontal, estendendo-se de Leste a Oeste. Nesse plano, o Arcano do Enforcado revela o movimento da alma em sua travessia pelo mundo da forma. Já imersa na matéria, a alma percorre a extensão da existência terrena. Esse eixo descreve a vida como intervalo entre dois pontos, regidos pelo nascimento e pela morte. No entanto, sua função não se limita a ligar início e fim, mas simboliza o processo da encarnação em si , ou seja, o aprendizado, os sacrifícios e as transformações que sustentam a vida.

Ao longo dessa travessia, a alma submete-se às leis do tempo e do espaço. É confrontada com provas, ilusões e oportunidades de crescimento. A encarnação é marcada pela inversão: o que no mundo espiritual era claro torna-se obscuro; o que era unidade manifesta-se como fragmentação. O eixo horizontal é, assim, o campo do desafio humano, onde sofrimento e limitação operam como instrumentos de evolução.

Esse eixo representa o sacrifício e a transformação. Ao penetrar na carne, a alma aceita a limitação, a inversão e o esquecimento de sua verdadeira natureza. Contudo, essa limitação é também oportunidade, pois é pela experiência material que a consciência se expande, aprende e amadurece. O eixo horizontal é a via do nascimento físico, da entrega ao ciclo de vida e morte, em que a matéria se torna palco de aprendizado e prova. Nesse plano, a alma aprende a sustentar a vida, a carregar o peso da existência e a preparar-se para o despertar.

O eixo horizontal, que conecta oriente e ocidente, encontra sua expressão no Enforcado. Esse Arcano Maior apresenta o espírito suspenso, invertido e imerso no mundo físico. É a imagem do sacrifício consciente e da entrega voluntária. Para sustentar a vida, a alma precisa aceitar o peso da matéria, inverter-se, renunciar à sua posição natural e assumir o limite da encarnação. O Enforcado não está suspenso por castigo, mas por escolha. Ele se entrega para sustentar, aceita a condição para transcender. No eixo horizontal, a alma aprende que a vida terrena é feita de provas e travessias que, em vez de anulá-la, preparam-na para a regeneração.

O Eixo Norte-Sul – A Via da Regeneração

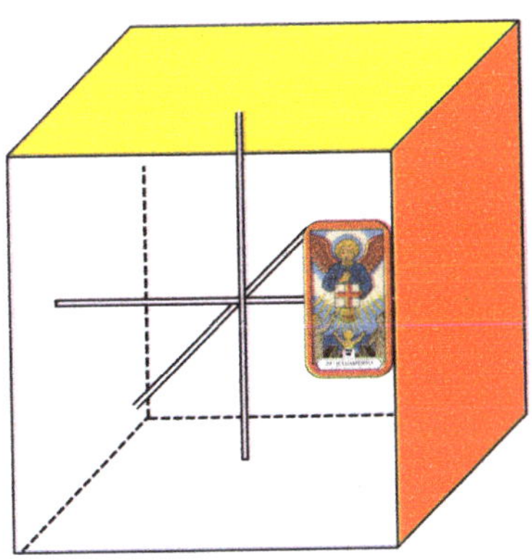

Por fim, temos o eixo que conecta o Norte ao Sul. Ele descreve a linha da regeneração e do despertar, o movimento do Julgamento. Se o eixo vertical é a respiração que une o humano ao divino, e o horizontal é o caminho da encarnação, o eixo Norte-Sul constitui a via da transfiguração. Ele representa o processo de renascimento interior que ocorre quando a alma, após atravessar a experiência da matéria, desperta para uma vida superior. Esse despertar pode acontecer em vida, por meio da iniciação, da sabedoria e da iluminação, ou no momento da morte, quando os véus da matéria se desfazem. Em ambos os casos, o eixo Norte-Sul é o canal de retorno, onde ocorre o julgamento da existência e a preparação para o renascimento.

Esse eixo simboliza a passagem do esquecimento à lembrança, da ignorância ao conhecimento, da prisão ao reencontro com a luz. Ele é o fogo que purifica, consumindo os resíduos da experiência e libertando a essência. É o eixo do renascimento espiritual, o movimento pelo qual a alma recorda sua origem e retoma o caminho da unidade. Ele fala da libertação de vínculos antigos, do rompimento das correntes da ignorância e da ascensão a um estado de consciência renovado. Nesse movimento, o ser compreende que a encarnação não constitui um fim em si, mas um rito de passagem para o reencontro com sua própria essência.

O eixo Norte-Sul, a linha do renascimento, encontra sua expressão no Julgamento. Esse Arcano Maior apresenta a trombeta que desperta os adormecidos e convoca a alma a erguer-se de seu túmulo. No movimento desse eixo, a alma atravessa a purificação do fogo, passa pelo julgamento de suas ações e alcança a libertação de suas amarras. O Julgamento não é condenação, mas chamado à recordação da verdadeira identidade e ao ressurgimento em nova consciência. Assim, o eixo Norte-Sul conduz o ser humano do esquecimento ao despertar, da morte à vida espiritual renovada.

O Cubo Como um Drama Iniciático

Ao visualizar os três eixos no interior do Cubo, contempla-se um mapa universal. Eles são o esqueleto invisível que sustenta a estrutura e, ao mesmo tempo, a rota da alma. Do alto ao baixo, de Leste a Oeste, de Norte a Sul, o ser humano percorre uma espiral de experiências que começa no espírito puro, mergulha na matéria e retorna em direção à luz.

A alma desce pelo eixo vertical, mergulha na vida através do eixo horizontal e renasce pelo eixo Norte-Sul. Cada eixo representa um movimento específico, mas depende dos outros dois para que o ciclo se complete. Sem a descida não há encarnação, sem a encarnação não há aprendizado, sem a regeneração não há retorno. O Cubo é, assim, prisão e libertação. Prisão, porque delimita o campo de experiência. Libertação, porque oferece os meios para transcender.

O Cubo, portanto, é símbolo de ordem cósmica e um guia iniciático, um livro tridimensional que revela, em silêncio, o caminho da encarnação e da ascensão. Se os três eixos descrevem o percurso da alma no plano físico, eles também revelam a estrutura oculta do processo iniciático. Todo ritual de iniciação, em sua essência, dramatiza esse mesmo caminho de descida, travessia e regeneração que conduz ao despertar. Compreender os eixos centrais do Cubo é compreender a lógica interior de toda tradição espiritual, o movimento que arranca o ser humano da ignorância e o conduz à luz.

O Cubo do Espaço pode ser visto como um teatro da iniciação. Suas faces, vértices e linhas representam etapas exteriores da jornada, enquanto os três eixos centrais encenam o drama interior, a peça invisível que sustenta todo o espetáculo. Ao percorrer o Cubo, o iniciado não se desloca apenas no espaço simbólico, mas percorre dentro de si o caminho dos três eixos: desce em humildade, atravessa em coragem e renasce em sabedoria.

Esse percurso demonstra que a iniciação não é ato isolado, mas repetição consciente de um processo universal. Cada ser humano, ao nascer, já está inscrito no Cubo; cada vida é um ritual encenado sobre os eixos invisíveis que sustentam o mundo. O iniciado é aquele que desperta para essa realidade e, em vez de viver inconscientemente a encarnação, aprende a caminhar pelos eixos com intenção e clareza. O Cubo do Espaço é, nesse sentido, mapa para a consciência, guia que mostra como a alma pode orientar-se dentro do labirinto da existência.

Ao contemplar esses três eixos, o iniciado aprende a enxergar a vida não como acaso ou fardo, mas como rota cuidadosamente desenhada. Cada nascimento e cada morte, cada esquecimento e cada despertar obedecem a uma ordem invisível, sustentada por essas linhas centrais que atravessam o Cubo. A encarnação, portanto, não é desvio, mas caminho natural pelo qual a alma cumpre seu destino.

Todos os três eixos convergem no coração do Cubo, o ponto central. Esse centro não é apenas coordenada geométrica, mas expressão da unidade por trás da multiplicidade. É nele que as forças se equilibram, e é também nele que a alma se ancora ao ingressar no mundo. O centro é matriz silenciosa, ponto de onde partem e para onde retornam todas as linhas da existência. A tradição descreve esse ponto como espaço em que a alma recebe a máscara da personalidade e se prepara para atravessar a experiência terrena.

O centro é também portal da memória espiritual. Se na entrada da encarnação a consciência perde a lembrança de si, é nesse mesmo ponto interior que ela pode ser recuperada, quando a alma desperta e reconhece novamente sua origem. Por isso, o Cubo é visto tanto como mapa externo, quanto como arquitetura interior. O centro que une os três eixos é, em essência, o coração espiritual do ser humano.

No plano do iniciado, o eixo vertical simboliza o contato com o princípio transcendente. Ele é a coluna que liga céu e terra, eterno e transitório. Ao colocar-se diante desse eixo, o buscador aprende a alinhar-se com o fluxo da vida espiritual, permitindo que o sopro divino desça e o eleve. Esse eixo constitui a primeira condição da iniciação: reconhecer-se parte de algo maior e abrir-se ao influxo superior que dá sentido e direção à jornada.

O eixo horizontal é a coluna do sacrifício. Ele representa a travessia obrigatória da condição humana, onde o iniciado é suspenso entre polos: nascimento e morte, dor e alegria, luz e sombra. Esse eixo ensina a aceitação do limite e a transfiguração da experiência. É nele que o iniciado compreende que a encarnação não é apenas destino, mas prova, escola em que cada situação se torna degrau de ascensão.

O eixo Norte-Sul é a coluna do despertar. Aqui, o iniciado encontra o julgamento de sua existência, confronta-se com o peso de suas escolhas e com a necessidade de renascer. Esse eixo conduz ao reconhecimento de que o caminho não termina na encarnação, mas culmina no renascimento espiritual. É o eixo da libertação, que mostra a morte não como fim, mas como passagem para novo estado.

O ponto onde os três eixos se cruzam é o verdadeiro altar do Cubo. Esse centro é lugar simbólico da iniciação, espaço em que todas as direções se encontram e onde o buscador se confronta consigo mesmo. Estar no centro do Cubo é estar diante do mistério da vida e da morte, diante da totalidade da existência condensada em um único ponto. É nesse lugar interior que o iniciado recebe a visão do equilíbrio e compreende que descida, encarnação e regeneração não são fragmentos isolados, mas partes de um mesmo processo.

O centro é também espaço da revelação silenciosa. É nele que se percebe que os eixos não são apenas linhas, mas caminhos vivos, rotas pelas quais a alma circula em cada existência. Quem alcança o centro compreende que não há separação entre espírito e matéria, entre limite e transcendência. Há apenas o movimento contínuo de descida e retorno.

Unidos, os três eixos e seus Arcanos compõem o ciclo completo da encarnação. O Louco inaugura a descida do espírito ao corpo, o Enforcado descreve o sacrifício da vida encarnada e o Julgamento anuncia o renascimento que conduz de volta ao espírito. Essa sequência é o roteiro da existência humana, repetido a cada vida, a cada ciclo, a cada passo da evolução. O Cubo do Espaço, ao reunir esses símbolos em sua estrutura, mostra que a vida não é fragmentada, mas continuidade em que descida, sacrifício e despertar são etapas de um mesmo mistério.

Ao contemplar o Cubo com seus três eixos, o iniciado vê diante de si um livro vivo. Cada eixo é linha de escrita cósmica, e cada Arcano é palavra que revela seu sentido. O Louco, o Enforcado e o Julgamento tornam-se portais para a compreensão das forças que atuam em cada ser humano. O Cubo é, nesse sentido, uma mandala tridimensional que guarda, em silêncio, o segredo da encarnação e da libertação.

Assim, o mistério dos três eixos centrais do Cubo do Espaço se desvela. Eles não sustentam apenas a forma geométrica, mas a própria vida. São pilares invisíveis do processo iniciático, linhas pelas quais a alma entra na matéria, atravessa a existência e desperta para sua verdadeira natureza. Ao estudá-los e vivê-los, o buscador compreende o mundo e aprende a caminhar com clareza no percurso da encarnação.

Práticas de Meditação com os 3 Eixos

O Cubo do Espaço é, em sua essência, um código de contemplação, um mapa interno que permite compreender como a consciência humana se organiza e como pode expandir-se. Em suas seis faces, doze arestas e três eixos encontramos conceitos abstratos e portais vivos de experiência, espelhos que refletem a condição da alma em seu processo de evolução.

Entre todos os elementos do Cubo, os três eixos principais (vertical, Leste-Oeste e Norte-Sul) ocupam lugar central. Eles representam direções espaciais e correntes arquetípicas que atravessam a própria estrutura da psique. Cada eixo guarda uma letra hebraica primordial (*Aleph* א, *Mem* מ, *Shin* ש), associada a um elemento cósmico (ar, água e fogo) e a um Arcano maior do Tarô que encarna sua função. Ao meditar nesses eixos, trabalhamos imagens simbólicas e entramos em contato com forças que sustentam a criação e moldam a teia da realidade.

Praticar a meditação com os eixos do Cubo é colocar-se no centro de um laboratório interior, onde as forças universais podem ser experimentadas diretamente. O buscador torna-se viajante que, em vez de percorrer caminhos externos, atravessa os corredores secretos da própria consciência. No eixo vertical, aprende a unir o consciente e o inconsciente, a luz da mente e a profundidade do mistério, descobrindo-se como ponte viva entre céu e terra. No eixo horizontal, experimenta o fluir da vida, aprendendo a aceitar o ritmo dos ciclos, o nascer e o pôr do sol, a semente e a colheita. Já no eixo Norte-Sul, enfrenta o drama da existência, das ruínas que desabam no Norte à luz que se revela no Sul, passando pelo fogo purificador do renascimento.

Essas práticas funcionam como verdadeiros ritos de interiorização, capazes de provocar mudanças sutis e, ao mesmo tempo, profundas. Cada meditação é um espelho simbólico, diante do qual o praticante se vê como criador, como fluxo, como renascido. A força dessas imagens atua diretamente sobre a psique, reorganizando padrões internos, despertando percepções adormecidas e abrindo a mente para novas perspectivas.

É essencial compreender que, ao mergulhar nesses exercícios, não se foge do mundo nem se cria refúgio ilusório. Pelo contrário, aprende-se a ler a vida em seus diferentes níveis. O eixo vertical ensina a dialogar com os movimentos invisíveis que moldam pensamentos e intuições. O eixo horizontal educa para viver em harmonia com os ciclos de nascimento, crescimento, transformação e morte que marcam todas as coisas. O eixo Norte-Sul revela a dinâmica entre crise e clareza, entre colapso e renascimento, mostrando que até os momentos mais difíceis carregam em si a semente de uma revelação.

Essas práticas são preciosas para quem busca crescimento pessoal e evolução espiritual. No plano psicológico, ajudam a integrar polaridades internas como razão e intuição, ação e receptividade, estabilidade e mudança. No plano espiritual, colocam-nos em contato com forças arquetípicas que transcendem a experiência individual, conectando-nos ao que tradições chamam de Alma do Mundo ou Consciência Universal.

Outro aspecto fundamental é o treino da atenção e da presença. Em um mundo fragmentado, no qual a mente se dispersa em múltiplas direções, recolher-se no centro do Cubo e visualizar os eixos é um antídoto contra a dispersão. Trata-se de reencontrar o próprio eixo interior, a estabilidade que não depende das circunstâncias externas, mas do alinhamento interno.

Essas práticas despertam ainda humildade e reverência diante do mistério da vida. Ao perceber que somos atravessados por forças maiores, que não controlamos os ciclos nem o chamado da transformação, cultivamos postura mais sábia. Aprendemos a confiar, a entregar-nos ao rio da existência e a escutar os sinais que vêm do silêncio. Ao mesmo tempo, ao sentir que participamos como cocriadores, descobrimos que escolhas, palavras e intenções possuem imenso poder.

Os exercícios meditativos com os eixos do Cubo são, portanto, lições iniciáticas. Cada prática é uma aula viva, cada visualização é uma lição assimilada pela mente, pelo coração e pelo corpo. O praticante, pouco a pouco, se transforma. Não apenas compreende o Cubo em teoria, mas passa a vivê-lo como realidade interior.

Ao iniciar esse caminho, três atitudes tornam-se fundamentais: disciplina, paciência e abertura. Disciplina para manter a prática, mesmo quando a concentração parece difícil. Paciência para permitir que os frutos amadureçam no tempo certo, sem pressa nem ansiedade. Abertura para acolher o inesperado e deixar-se surpreender pelo que surge no silêncio das imagens.

É preciso lembrar que o Cubo do Espaço não é construção intelectual, mas templo vivo. Cada eixo é um de seus corredores sagrados. Ao percorrê-los em meditação, não estamos apenas imaginando, mas ingressando em estado ampliado de consciência, no qual o simbólico se torna real e o invisível se revela. O propósito último dessas práticas é permitir que cada buscador reconheça a si mesmo como microcosmo, reflexo inseparável do macrocosmo, vivendo em harmonia com os ritmos da criação.

Preparação para as Meditações do Cubo do Espaço

Antes de adentrar nas práticas específicas dos eixos do Cubo do Espaço, é essencial compreender que a qualidade da experiência meditativa depende tanto da preparação externa quanto da disposição interna. Meditar sobre os símbolos profundos do Cubo possibilitará um mergulho consciente em estados que conectam corpo, mente e espírito. Por isso, cultivar um ambiente adequado e uma atitude correta é parte fundamental da prática.

Use as dicas abaixo para se preparar não somente para as meditações com os 3 eixos, mas como um prelúdio para realizar qualquer outra prática descrita neste livro.

1. Escolha do Ambiente

O primeiro passo é preparar o espaço onde a meditação acontecerá. O ambiente não precisa ser sofisticado, mas deve transmitir tranquilidade. Prefira um local silencioso, onde não haja interrupções. Se possível, reduza a iluminação ou utilize apenas a luz de uma vela. O fogo, mesmo em pequena chama, cria uma atmosfera de recolhimento e lembra a presença do espírito. Você também pode acender um incenso ou usar aromas suaves, como sândalo, lavanda ou olíbano, que ajudam a acalmar a mente e a sensibilizar a percepção.

Alguns praticantes gostam de montar um pequeno altar com símbolos — pode ser uma vela, um cristal, uma figura ou carta do Arcano que representa o eixo a ser trabalhado. Isso não é obrigatório, mas ajuda a mente a criar uma ponte entre o visível e o invisível.

2. Postura do Corpo

Sente-se de forma confortável, mantendo a coluna ereta. A posição pode ser no chão, com as pernas cruzadas sobre uma almofada firme, ou em uma cadeira, com os pés apoiados no chão e as mãos sobre as coxas. O importante é que a postura seja estável, mas sem rigidez. Imagine-se como uma árvore, enraizado pelo quadril e pelos pés, mas com o tronco e a cabeça elevados em direção ao céu.

As mãos podem repousar abertas sobre os joelhos, voltadas para cima em gesto de receptividade, ou unidas em mudra, se isso lhe parecer natural. Os ombros devem estar soltos, o queixo levemente inclinado para baixo, e os olhos fechados suavemente.

3. Respiração

A respiração é a chave que abre as portas do estado meditativo. Comece inspirando lentamente pelo nariz, expandindo o abdômen, e depois o peito. Expire suavemente pela boca, soltando todo o ar. Repita esse ciclo três vezes, permitindo que cada expiração seja mais longa e profunda que a anterior.

Depois, deixe que a respiração encontre o seu próprio ritmo natural. Apenas observe o fluxo do ar entrando e saindo, como ondas do mar. Essa atenção simples à respiração já começa a dissolver as tensões do corpo e os ruídos da mente.

4. Relaxamento do Corpo e da Mente

Com os olhos fechados, percorra mentalmente o corpo, dos pés à cabeça. Em cada região, perceba se há tensões e permita que elas se dissolvam na expiração. Imagine que com cada expirar você libera pesos e preocupações, como se a gravidade cuidasse de levar para a terra tudo o que não precisa mais ser carregado.

Faça o mesmo com a mente. Imagine que os pensamentos que surgem são como nuvens. Você os observa, mas não se apega a eles. Eles passam, e o céu da mente permanece aberto. Aos poucos, o silêncio interior se instala, criando um espaço de receptividade para a prática simbólica.

5. Disposição Interior

Antes de iniciar a meditação, cultive uma atitude de reverência e abertura. Você está prestes a entrar em contato com forças que não são meramente psicológicas, mas arquetípicas, universais. Lembre-se de que o Cubo do Espaço é um mapa da criação, e cada eixo é um corredor sagrado que atravessa sua própria alma.

Não se aproxime da prática com a ansiedade de "ter resultados imediatos". Em vez disso, adote a postura do aprendiz, que se coloca diante do mistério com humildade e paciência. Cada experiência meditativa é única. Algumas vezes você sentirá imagens muito claras, outras vezes apenas impressões sutis. Ambas são igualmente válidas, porque o que importa não é "ver algo", mas permitir que o símbolo trabalhe silenciosamente em seu interior.

6. Integração após a Meditação

Ao finalizar, não se levante de forma abrupta. Permaneça alguns instantes em silêncio, respirando normalmente, e permita que a experiência se assente. Depois, mova lentamente o corpo, abra os olhos suavemente e retorne à consciência cotidiana.

É altamente recomendável manter um caderno de prática ou diário espiritual, onde você possa anotar as impressões, imagens e sentimentos que surgiram. Muitas vezes, o verdadeiro significado da experiência não se revela no momento, mas se desdobra dias ou semanas depois, através de sonhos, *insights* ou mudanças sutis de percepção.

Essas etapas de preparação podem parecer simples, mas constituem uma parte essencial do caminho. Sem elas, a meditação corre o risco de ser apenas um exercício mental superficial. Com elas, cria-se um espaço interior consagrado, no qual os símbolos do Cubo podem agir profundamente.

Lembre-se: ao se sentar no centro do Cubo, você não está apenas imaginando — você está entrando em contato com o teatro sagrado da alma, no qual cada eixo revela uma dimensão do ser. A preparação é o que permite que esse teatro seja percebido com clareza e reverência.

Agora que você compreende a importância da preparação e já possui as instruções práticas para criar o ambiente adequado, manter a postura correta e aquietar a mente, é hora de dar o primeiro passo dentro do Cubo do Espaço.

Imagine que até aqui você estava apenas diante da porta de um templo interior. Preparar o corpo e a mente foi como acender as lâmpadas, limpar o chão e silenciar o ambiente para que algo mais profundo pudesse acontecer, pois é somente a partir desse estado de presença e atenção que os símbolos se revelam em toda a sua força transformadora.

Eixo Vertical: Coluna de Luz (Letra *Aleph* א)

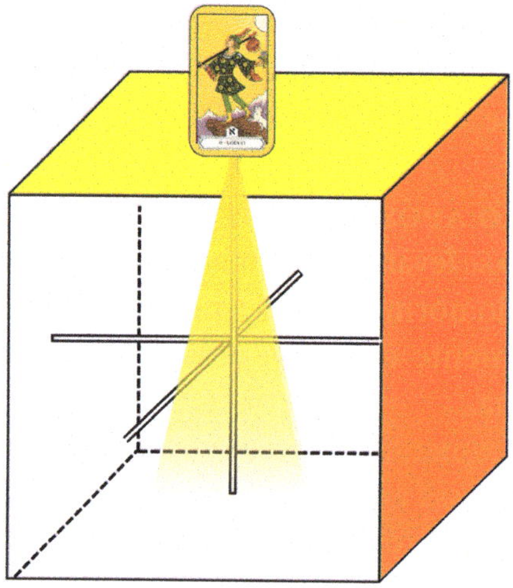

No eixo vertical do Cubo do Espaço encontra-se um dos emblemas mais profundos do simbolismo místico. Esse eixo atravessa o ser de cima a baixo, conectando o Acima e o Abaixo, unindo consciência desperta e inconsciente profundo, espírito e matéria.

No topo está a face Acima que expressa a consciência desperta, a vontade criadora, o poder de nomear e de manifestar. Simboliza a mente clara, a palavra como ponte e a direção consciente que organiza a energia.

Na base está a face Abaixo. Ela simboliza o inconsciente profundo, o mistério velado, a sabedoria oculta que habita no silêncio. É a guardiã do véu que separa os mundos, o útero cósmico que contém os potenciais antes de se tornarem forma. A Sacerdotisa ensina a escutar, a acolher e a receber o que vem do invisível, revelando que o conhecimento verdadeiro não se constrói apenas pela mente, mas também se manifesta pela intuição da alma.

Unindo esses dois polos está o Louco (Arcano 0, letra hebraica *Aleph* א), que percorre todo o eixo vertical como sopro vital. *Aleph* (א), a primeira letra do alfabeto hebraico, é silenciosa, invisível, mas contém em si o alento primordial. É o Ruach, o espírito, o ar que circula entre céu e terra, descendo como inspiração divina para a encarnação e subindo como êxtase no retorno ao Uno. O Louco simboliza a liberdade essencial do ser, que não se prende a formas nem a limites, mas se move eternamente entre o alto e o baixo, entre o conhecido e o mistério.

Esse eixo revela que a vida humana não se restringe ao movimento horizontal das experiências externas, mas também se desdobra na verticalidade, em deslocamentos que percorrem profundidade e altura. Ele mostra que o equilíbrio autêntico nasce da integração entre a clareza da mente e a sabedoria do inconsciente, unificados pelo sopro divino que permeia todas as coisas.

Na prática meditativa, esse eixo pode ser visualizado como uma coluna de luz que atravessa o corpo, conectando a coroa da cabeça ao centro da terra. Pelo alto, desce a inspiração; pela base, sobe a intuição; e, no ponto central, o ser humano reconhece-se como ponte viva entre o invisível e o manifesto.

Meditação do Eixo Vertical

Antes de começar, prepare o ambiente. Escolha um espaço silencioso, onde não será interrompido. Se possível, reduza as luzes e acenda uma vela ou um incenso suave. Esses gestos ajudam a mente a reconhecer que está entrando em um momento sagrado, reservado para si mesmo. Sente-se confortavelmente, de preferência em posição ereta, seja em uma cadeira ou no chão com as pernas cruzadas. O mais importante é que a coluna permaneça ereta, como um pilar, porém sem rigidez. Apoie as mãos sobre as coxas ou joelhos, voltadas para cima, em gesto de receptividade.

Feche suavemente os olhos e leve a atenção à respiração. Inspire lenta e profundamente pelo nariz, sentindo o ar fresco que entra e se expande pelo peito e abdômen. Expire pela boca sem pressa, como se cada expiração dissolvesse pesos e tensões acumuladas. Repita esse ciclo algumas vezes até perceber que o corpo relaxa, a mente desacelera e o silêncio interior se instala.

Visualize-se no centro do Cubo do Espaço, esse templo interior que se abre em seis direções. Você está no ponto central, em equilíbrio, no lugar onde tudo se conecta. A partir desse ponto, tome consciência do eixo vertical que o atravessa como uma linha luminosa que se estende infinitamente para cima e para baixo. Esse é o eixo que liga céu e terra, espírito e matéria, consciência desperta e mistério oculto.

Concentre-se primeiro no alto desse eixo. Na parte de cima de sua cabeça, veja a face Acima do Cubo abrir-se em uma claridade cintilante. Dela irradia uma luz prateada, viva e vibrante, que desce lentamente como um raio e toca o topo de sua cabeça. Ao sentir essa luz penetrando pela coroa, deixe-a percorrer todo o cérebro, iluminando pensamentos, dissipando confusões e despertando inspiração. Sinta que essa energia traz foco, direção e clareza.

Em seguida, volte sua atenção para o baixo, a face Abaixo do Cubo, situada sob seus pés. Imagine-a como um espaço profundo, violeta e silencioso, semelhante a um lago sereno nas entranhas da terra. Respire fundo e, ao expirar, permita que a luz desça pela coluna, atravessando o corpo até o solo. Ao entrar em contato com essa profundidade, sinta-se acolhido por um silêncio sereno, que transmite segurança, descanso e receptividade.

Permaneça um instante nesse estado. Acima, a claridade; Abaixo, o mistério. Ambos se encontram em você, através do eixo central, que é o Louco, o sopro vital, o espírito livre que une céu e terra, consciente e inconsciente.

Visualize esse eixo como uma coluna de luz que atravessa seu corpo da cabeça aos pés. A cada inspiração, a energia desce do alto trazendo consciência e inspiração. A cada expiração, a energia aprofunda-se até o solo, trazendo silêncio e intuição. Você é essa ponte viva entre as duas polaridades.

Enquanto respira nesse fluxo, perceba que não há separação entre o Acima e o Abaixo. Eles são expressões complementares de uma mesma realidade. O que nasce como ideia no alto enraíza-se no profundo; o que emerge do inconsciente sobe e se torna consciência desperta. Sinta em si esse movimento de descida e subida, como um rio que flui em dois sentidos. Permaneça alguns instantes nessa contemplação, sentindo-se como o eixo em equilíbrio, sustentado pelo Cubo do Espaço.

Agora, leve a mão ao coração e perceba ali o ponto de encontro dessas duas energias. Acima, a vontade criadora. Abaixo, a receptividade do mistério. No coração, ambas se unem formando uma única vibração. Respire nessa certeza:

Eu sou o Louco
Sou ponte entre céu e terra.
Sou canal da consciência e do mistério.
Sou o eixo onde a vida se revela.

Permaneça nesse estado até sentir que a experiência se completou. Quando estiver pronto, agradeça interiormente ao Louco, que mantém vivo dentro de você o sopro que une os mundos.

Com suavidade, traga a consciência de volta ao corpo físico. Mexa os dedos das mãos e dos pés, inspire profundamente abrindo espaço em seus pulmões e expire devagar, sentindo-se aterrar no presente. Quando sentir, abra os olhos lentamente, trazendo consigo a clareza e o silêncio integrados pela meditação.

Leve consigo o ensinamento de que mente e mistério não se opõem, mas se unem em você. Você é o eixo vertical, a coluna de luz que integra o Acima e o Abaixo. Você é o Louco

O Eixo Horizontal: O Rio da Vida (Letra *Mem* מ)

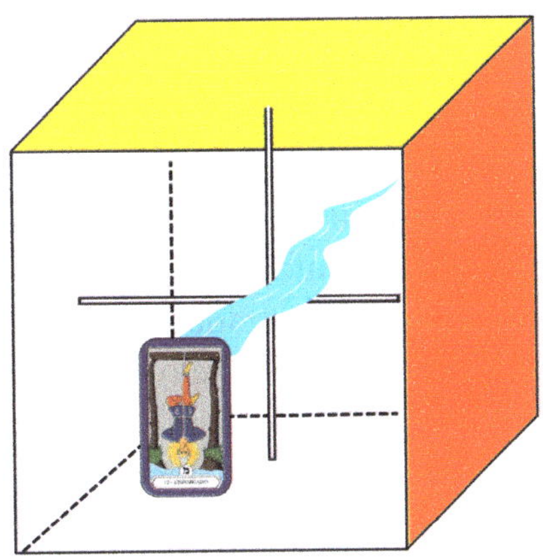

O eixo horizontal do Cubo do Espaço é a linha que se estende do Leste ao Oeste, atravessando o ser humano de frente a trás e passando pelo coração. É chamado de rio da vida, pois simboliza o fluxo contínuo da existência, que nasce, cresce, transforma-se e retorna. Sua letra hebraica é *Mem* (מ), uma das três letras-mães do alfabeto, associada ao elemento Água, princípio da fluidez, da gestação e da transformação.

O Leste é o ponto da origem, do plantar, da esperança e da imaginação. No Oeste, o Sol se põe, marcando o fim de um ciclo e o início de outro. Entre esses dois polos está o Enforcado (Arcano 12, letra *Mem* מ). Ele paira entre o nascimento e o ocaso, lembrando que o fluxo da vida só pode ser compreendido quando nos entregamos à sua inversão. Representa a rendição consciente ao movimento e a capacidade de ver o mundo de outra perspectiva, aceitando que plantar e colher são aspectos inseparáveis do mesmo processo. Suspenso de cabeça para baixo, o Enforcado ensina que viver é fluir como a água, sendo flexível, adaptável e transparente.

Esse eixo representa o fluxo do tempo e a experiência da vida em sua dimensão horizontal, o caminho da alma no mundo, sujeito às mudanças e transformações. Ele ensina que viver é harmonizar-se com o ritmo das marés, com o girar das estações, com o nascer e o pôr-do-sol. É a linha da confiança: o plantar no Leste, o colher no Oeste, sabendo que cada fim carrega em si o início de um novo ciclo.

Em meditação, o eixo horizontal pode ser visualizado como um rio azul profundo que atravessa o coração, correndo do Oriente ao Ocidente. Nesse fluxo, o buscador reconhece-se como parte do rio da existência, aprendendo a soltar o controle e a confiar na sabedoria dos ciclos.

Meditação do Eixo Horizontal

Antes de começar, prepare o espaço em que está. Escolha um ambiente tranquilo e silencioso, onde não será interrompido. Se desejar, apague as luzes e deixe apenas uma vela acesa, símbolo do espírito que ilumina mesmo em meio à noite. Sente-se de forma confortável, com a coluna ereta, seja em uma cadeira, seja no chão com as pernas cruzadas. Apoie as mãos suavemente sobre as coxas, voltadas para cima, em atitude de receptividade.

Feche os olhos e leve a atenção à respiração. Inspire profundamente pelo nariz, deixando que o ar se expanda pelo abdômen. Expire pela boca, lenta e suavemente, soltando o peso acumulado no corpo e na mente. Repita algumas vezes, percebendo que, a cada ciclo, o corpo relaxa, a mente se aquieta e um silêncio vivo começa a se fazer presente.

Agora, visualize-se no centro do Cubo do Espaço, o templo interior que se abre em seis direções. Tome consciência de que, neste momento, vamos trabalhar o eixo horizontal, que se estende do Leste ao Oeste, atravessando o peito de frente a trás. Esse é o eixo do fluxo da vida, comparado a um rio que nasce no Oriente e corre até o Ocidente.

Concentre-se primeiro no Leste. Imagine o horizonte iluminado pelo nascer do Sol. O céu se pinta em tons de dourado e rosa, e a vida desperta. Nesse espaço, surge a Imperatriz, símbolo da fertilidade, da criatividade e da força de germinação. Ela é o ventre da vida, o campo fértil onde as sementes são depositadas. Inspire profundamente e sinta essa energia criadora entrar em você. É o sopro do início, a promessa de novos começos, o despertar da imaginação e da abundância. Permaneça alguns instantes absorvendo essa sensação de origem e fecundidade.

Agora, volte sua atenção para o Oeste. O Sol se põe no horizonte, tingindo o céu de laranja e violeta. Nesse espaço, aparece a Roda da Fortuna, girando lentamente. Ela representa o ciclo inevitável das coisas: nascimento, crescimento, maturidade, transformação e retorno. Respire fundo e, ao expirar, entregue-se ao movimento dessa roda. Sinta que aquilo que nasceu precisa também seguir seu curso, transformar-se, mudar de forma e concluir-se. O Oeste ensina que tudo gira, nada permanece igual, e que aceitar esse fluxo é viver em harmonia com o tempo.

Permaneça por alguns instantes nesse equilíbrio. No Leste, o início e a criação; no Oeste, o fim e a transformação. Entre esses dois polos, você está no centro, ponto de integração. Imagine uma corrente azulada de água que flui do Leste para o Oeste, atravessando-o como um rio sereno. Essa é a corrente da letra-mãe *Mem* (מ), o princípio da água, que conecta origem e destino, nascimento e dissolução.

Enquanto respira, perceba que você é esse rio. Cada inspiração traz a promessa de novos começos; cada expiração entrega-se ao fluxo da transformação. Você não é apenas o início nem apenas o fim, mas o movimento contínuo que une ambos.

Permaneça nesse estado, sentindo-se como o Enforcado, Arcano que guarda esse eixo. Suspenda-se simbolicamente nesse rio, de cabeça para baixo, permitindo que sua perspectiva se inverta. O Enforcado ensina que, para compreender o fluxo da vida, é preciso render-se a ele, aceitar a entrega e a inversão. Deixe-se levar pela corrente, confiando que o rio conhece seu destino.

Agora, leve a mão ao coração e sinta esse ponto como o lugar onde o fluxo se harmoniza. Repita internamente:

Eu sou o rio da vida.
Em mim, tudo nasce,
Tudo se transforma,
Tudo retorna.

Fique alguns instantes em silêncio, respirando no ritmo desse rio, até perceber que corpo e mente estão banhados pela serenidade da aceitação.

Quando sentir que é o momento, agradeça ao Enforcado que guarda a corrente. Veja a imagem do rio dissolver-se suavemente, até restar apenas você, sentado em paz no centro do Cubo.

Traga devagar a consciência de volta ao corpo físico. Inspire fundo, mova suavemente mãos, pés e cabeça. Abra os olhos lentamente, carregando consigo o ensinamento dessa jornada. A vida é rio, tudo flui em sua direção com sabedoria.

EIXO NORTE-SUL: O CAMINHO DO RENASCIMENTO (LETRA *SHIN* ש)

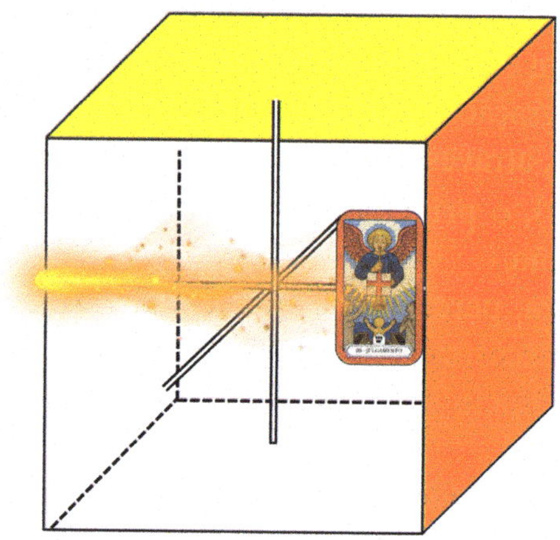

O eixo Norte–Sul do Cubo do Espaço é a linha que conecta a escuridão do Norte à luminosidade do Sul, atravessando o ser humano de trás para frente. Esse eixo é a via da purificação, do despertar e do renascimento, conduzindo a alma da noite escura à revelação da luz.

O Norte é escuridão, frio e solidão, o limiar que antecede o despertar. É a fase da prova iniciática em que o buscador precisa atravessar a ruína para descobrir o que permanece. Nesse ponto, experimenta-se a morte do velho, o desmoronamento do supérfluo e o confronto com o caos.

O Sul é o meio-dia da consciência, a revelação plena, a alegria de viver em autenticidade e partilha. Enquanto o Norte guarda o silêncio do isolamento, o Sul manifesta a abertura da comunidade, o encontro, a expansão e a vitalidade. Aqui, a luz dissipa as ilusões e traz confiança, sabedoria e amor.

Entre esses dois extremos está o Arcano 20, o Julgamento, que percorre o eixo como uma chama purificadora. É o chamado da trombeta que desperta os adormecidos e levanta os mortos de seus túmulos interiores. O Julgamento é o instante do renascimento, o reconhecimento de que cada queda traz a possibilidade de transformação.

O Eixo Norte–Sul ensina que a vida espiritual não segue uma linha contínua, mas é marcada por rupturas e iluminações. Ele revela que toda destruição prepara o terreno para o renascimento, e que cada renascimento exige a coragem de atravessar as sombras. *Shin* (ש), a letra do fogo, consome as impurezas e revela o ouro oculto.

Em meditação, esse eixo pode ser visualizado como uma coluna de fogo e luz que atravessa o corpo de trás para frente. Do Norte, atrás de si, ergue-se a escuridão; do Sul, diante de si, irradia a luz. No centro, o Julgamento ressoa como uma trombeta, convocando a alma a levantar-se, a sair da morte simbólica e a ingressar em uma nova vida.

Esse eixo representa, portanto, a travessia iniciática. Do frio da noite ao calor do meio-dia, da ignorância à sabedoria, do isolamento ao encontro, da queda à ressurreição. É o caminho do buscador que se renova a cada ciclo, purificado pelo fogo e iluminado pela luz.

Meditação do Eixo Norte–Sul

Antes de iniciar, prepare o espaço em que está. Escolha um ambiente tranquilo, onde não haja interrupções. Se desejar, apague as luzes ou mantenha apenas uma chama suave acesa, símbolo da centelha da consciência que nunca se apaga. Sente-se de forma confortável, com a coluna ereta, firme, porém relaxada. Deixe as mãos repousarem sobre as coxas, voltadas para cima, em atitude de abertura e receptividade.

Feche os olhos e leve a atenção à respiração. Inspire profundamente pelo nariz, sinta o ar fresco preencher o peito e o abdômen. Expire lentamente pela boca, soltando tensões e permitindo que o corpo encontre um estado de repouso natural. Repita esse ciclo algumas vezes, percebendo que a cada expiração a mente se aquieta, os pensamentos se tornam mais lentos e um silêncio vivo começa a se instaurar.

Agora, visualize-se no centro do Cubo do Espaço, o ponto equidistante de todas as direções. Diante de você, revela-se um eixo que se estende do Norte ao Sul, passando exatamente pelo coração. Esse é o eixo do renascimento, guardado pelo Arcano do Julgamento, que chama a alma a despertar de antigos estados para ingressar em uma nova vida.

Concentre-se primeiro no Norte, atrás de você. Veja a escuridão de uma noite profunda. O Norte simboliza a noite da alma, quando ilusões precisam ser desfeitas. Inspire e afirme interiormente:

Em seguida, volte-se para o Sul, diante de você. Um horizonte dourado se abre, banhado pela luz. Tudo é clareza, calor e vitalidade. Permita que esse brilho envolva seu corpo, aqueça o coração e desperte confiança. O Sul é a revelação, a vida em plenitude.

Agora, visualize o eixo, onde Norte e Sul se unem em você. Nesse ponto, visualize uma trombeta soando. É o chamado do Julgamento. Sinta que esse som ecoa também em seu coração. É o convite para renascer, para viver com mais autenticidade, lucidez e liberdade. Inspire profundamente e repita:

Eu desperto.
Renovo-me.
Renasço na luz da verdade.

Permaneça nesse estado por alguns instantes. Atrás de você, o Norte recorda a necessidade de desapegar-se do que já não serve. À frente, o Sul oferece clareza e confiança. No eixo, o Julgamento o chama a integrar essas forças em um movimento contínuo de purificação e renascimento.

Visualize o eixo Norte–Sul como uma coluna de fogo e luz atravessando o seu corpo. A energia sobe do profundo, trazendo a sabedoria das provas e quedas, e projeta-se para o alto, revelando-se em luz e calor. Você é esse caminho, esse sopro que se eleva e se renova a cada instante.

Quando sentir que a experiência se completou, agradeça interiormente ao Julgamento. Veja as imagens dissolvendo-se em uma luz suave, até restar apenas a serenidade em seu coração.

Traga a consciência de volta ao corpo físico. Mexa suavemente os dedos das mãos e dos pés. Inspire fundo, enchendo-se de vitalidade. Expire devagar, aterrando-se no presente. Quando estiver pronto, abra os olhos, levando consigo a confiança de que toda queda pode transformar-se em renascimento e que, dentro de você, sempre brilha uma luz capaz de guiar o caminho.

Leve consigo o ensinamento do renascimento contínuo. Da noite escura ao dia radiante, em você a vida se destrói e se recria, revelando sempre mais luz.

05

O CENTRO DO CUBO

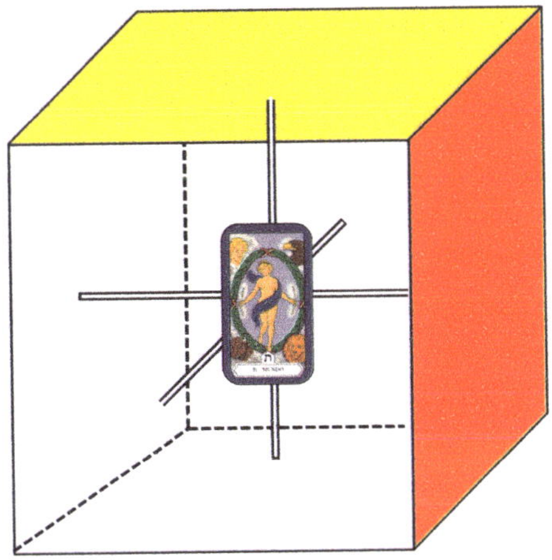

O centro do Cubo do Espaço é o lugar oculto e sagrado que sustenta e dá sentido a todas as demais direções. Enquanto cada face do Cubo corresponde a um campo de experiência, o centro é o coração vivo que integra todas as partes em unidade e, por isso, a cor associada a ele é o branco. É o eixo que sustenta o movimento, o ponto imóvel em torno do qual a roda da vida gira.

A carta associada a esse espaço é o Mundo, Arcano 21, regido pela letra hebraica *Tav* (ת) e pelo planeta Saturno. No sistema de correspondências da tradição de Paul Foster Case e de outros ocultistas ligados à Ordem B.O.T.A., *Tav* (ת) simboliza a totalidade, a síntese e a conclusão do caminho. Outros simbolismos importantes também estão relacionados a essa letra:

- *Tav* (ת) representa a porta final, o selo que encerra o ciclo e, ao mesmo tempo, abre para um novo começo.
- Simboliza o ponto central e integrador do Cubo, o coração onde todos os eixos convergem.
- Está ligada ao elemento Terra, indicando manifestação plena, concretização e estabilidade no mundo físico.

O centro é o espaço do ser essencial, do eu profundo, que não se abala diante das mudanças externas. É aqui que a alma reconhece que as seis faces, com todos os seus planetas e Arcanos, não são forças externas, mas dimensões que convergem e se integram em seu interior.

Simbolicamente, o centro é o eixo do universo e, ao mesmo tempo, o coração do ser humano. É o ponto de equilíbrio, onde a multiplicidade se recolhe na unidade. A jornada pelo Cubo é um processo de aprendizado em que cada face revela um aspecto da consciência, mas apenas no centro esses aspectos se unem, revelando sua coerência maior.

Estar no centro do Cubo do Espaço é experimentar a consciência de que tudo está interligado. Não existe separação entre dentro e fora, entre espírito e matéria, entre luz e sombra. Tudo participa da mesma dança cósmica. O buscador, ao alcançar esse ponto, descobre que sua essência é livre, plena e em paz.

Na vida prática, esse estado pode manifestar-se como momentos de integração profunda, de gnose pessoal ou de epifania, em que tudo parece alinhar-se e fazer sentido. É quando o buscador percebe que cada crise, cada alegria, cada sombra e cada claridade foram etapas necessárias para conduzi-lo ao estado presente. O que antes parecia caos revela-se como ordem oculta, e a vida mostra sua coerência maior.

No campo psicológico, o centro do Cubo é a vivência do *Self*, o núcleo unificador da psique que sustenta o ego e transcende suas limitações. É o encontro com a identidade verdadeira, que não depende de papéis sociais ou conquistas externas. Nesse espaço, o buscador encontra paz e confiança, pois percebe que sua essência não pode ser abalada pelas mudanças externas.

Espiritualmente, o centro é o lugar da *unio mystica*, a união com o Todo. É a experiência mística da presença universal, na qual o buscador deixa de se perceber como separado e entra em comunhão com a vida em sua totalidade. Essas experiências não costumam surgir de maneira contínua. Muitas vezes revelam-se em instantes de clareza e êxtase, lampejos que iluminam o curso da vida cotidiana. Contudo, mesmo que breves, deixam uma marca indelével, recordando que existe dentro de cada ser humano um centro silencioso e pleno, verdadeiro lar da alma.

O Mundo, ao ocupar o centro do Cubo do Espaço, expressa uma abertura para um novo ciclo. Como o coração vivo que integra todas as direções, esse Arcano nos convida a compreender que o centro é um limiar que prepara o terreno para experiências ainda não vividas.

Ao reconhecer a totalidade simbolizada pela letra *Tav* (ת), o buscador descobre que a plenitude prometida no centro é, na verdade, um estado transitório. A partir dela, torna-se possível seguir para experienciar os ensinamentos proporcionados pelo Cubo, explorando os caminhos que se apresentam para nos ensinar lições valiosas nesse estágio da jornada.

Quando o buscador alcança a experiência do centro, não se detém na contemplação da unidade apenas como um fim. Ele é chamado a sair do Cubo, a percorrer novamente suas faces e direções quantas vezes forem necessárias. Cada nova jornada pelas arestas, faces e eixos, traz um novo olhar. As experiências que antes eram fragmentadas e desafiadoras, podem se tornar etapas necessárias de uma dança maior.

É por essa razão que a jornada pelo Cubo do Espaço pode começar justamente pelo Mundo. Ele é o ponto de partida porque representa a consciência da unidade, a percepção de que já estamos inteiros. Inicia-se por ele para que cada nova experiência nas direções do Cubo não seja vivida como perda ou fragmentação, mas como expressão de uma totalidade que já se conhece no íntimo.

O Mundo é o lugar não onde um ciclo pode se completar, mas onde a próxima travessia se anuncia. O centro do Cubo não é destino fixo, mas uma passagem.

Meditação de Conexão com a parte central do Cubo do Espaço

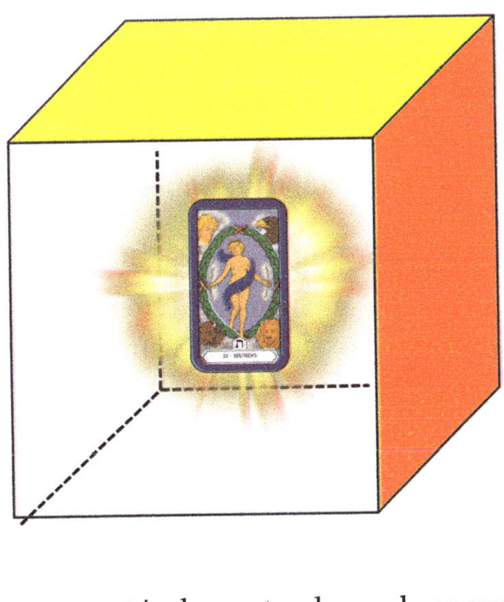

Sente-se em postura estável, mantendo a coluna ereta e os pés firmes no chão. Feche suavemente os olhos e permita que a respiração se torne profunda e tranquila. Inspire longa e lentamente e, ao expirar, sinta-se entregando ao silêncio interior.

Agora, visualize-se no Cubo do Espaço. Você está no centro exato, o ponto equidistante de todas as faces. Ao redor, sente a presença viva das seis direções, acima e abaixo, Leste e Oeste, Norte e Sul. Todas irradiam sua energia, mas neste instante tudo converge para o ponto em que você se encontra.

Veja surgir diante de si um espaço luminoso. É a Sala Central, o coração do Cubo. O ambiente se abre como uma mandala viva, em cujo centro há uma figura dançando em harmonia dentro de uma coroa oval. Essa é a imagem do Arcano Mundo, símbolo da plenitude e da unidade.

Observe a dança. Ela é leve, serena e, ao mesmo tempo, poderosa. Cada gesto expressa equilíbrio e integração. Ao redor, quatro formas luminosas se erguem: o anjo, a águia, o touro e o leão. São os guardiões dos elementos, dos pontos cardeais e das forças que sustentam a criação. Eles o contemplam em silêncio, e você compreende que todos os opostos se reconciliam nesse espaço.

Permaneça em quietude e perceba que aquilo que antes parecia fragmento é agora totalidade; o que parecia caos revela-se como ordem secreta. Sinta dentro de si a mesma harmonia que vê na imagem do Mundo. Inspire profundamente e deixe essa sensação expandir-se pelo corpo e pela mente, até preencher cada célula com paz e plenitude.

Agora, pergunte a si mesmo:

O que em mim já se completou?
Que ciclo posso celebrar?
E que novo ciclo deseja nascer do meu centro?

Deixe que as respostas surjam naturalmente, sem esforço, como sementes que brotam sob a luz.

Visualize, então, um raio de luz saindo do coração da dançarina e tocando o seu próprio coração. Essa luz se expande em círculos, unindo todas as direções do Cubo. Você se percebe como parte dessa dança cósmica, integrado ao fluxo maior da vida.

Permaneça por alguns instantes nesse estado de união, sentindo que o centro do Cubo é também o centro do seu ser. Aqui não há divisões, apenas plenitude.

Quando sentir que a experiência se completou, agradeça ao Mundo. Veja sua imagem dissolver-se em luz suave, mas permaneça com a certeza de que esse centro está sempre acessível em seu interior. Inspire profundamente, mova o corpo com suavidade e, quando estiver pronto, abra os olhos.

Leve consigo o ensinamento de que o coração do caminho é a unidade. Em você, tudo se reúne. Sua vida é dança, sua alma é totalidade.

AS FACES DO CUBO

O Cubo do Espaço, transmitido pela tradição cabalística e interpretado por estudiosos modernos do *Sepher Yetzirah*, ultrapassa a condição de figura geométrica ou construção simbólica. Ele constitui um verdadeiro mapa da consciência, uma estrutura em que as forças cósmicas se manifestam em equilíbrio e na qual o buscador encontra o espelho de sua própria jornada. Quando nos colocamos imaginativamente dentro do Cubo, realizamos mais que um simples exercício de visualização; entramos em uma prática iniciática. As paredes que delimitam esse espaço interior não se apresentam como barreiras inertes, mas transformam-se em campos vivos de experiência, em faces que irradiam qualidades específicas. Cada face funciona como uma sala ou um plano de aprendizado, associada a uma carta do Tarô e a um planeta, representando simultaneamente arquétipos psíquicos e energias universais.

Esse arranjo mostra que a consciência humana não se desenvolve de forma linear, mas é moldada continuamente pelas influências que a circundam e atravessam. Assim como o viajante se orienta pelas direções do espaço, o buscador espiritual orienta-se pelas forças emanadas de cada face do Cubo. O que à primeira vista parece mera delimitação geométrica revela-se como conjunto de portais, e cada portal abre-se como uma escola de sabedoria. O Cubo ensina que as condições da alma são dinâmicas. Movemo-nos entre elas, enfrentamos suas provas e recebemos suas dádivas.

Na tradição esotérica, as seis faces relacionam-se aos sete planetas clássicos, pois o centro, como núcleo oculto, abriga a sétima influência. O percurso do estudante entre elas pode ser compreendido como iniciação gradual, em que cada etapa da vida corresponde a uma dessas regiões. A astrologia antiga reconhecia os planetas como corpos celestes e inteligências, forças vivas, moldadores do destino e guias invisíveis da alma. O Tarô, por sua vez, traduziu tais influências em imagens, atribuindo-lhes rosto e narrativa, conferindo expressão ao que permaneceria pura abstração. Quando um planeta ocupa uma face do Cubo, não está apenas associado a ela, mas a anima com uma função psíquica e cósmica precisa, e o Arcano correspondente oferece o mito, a lição e a prática espiritual daquela morada.

Essa estrutura não constitui somente representação simbólica externa. Ao se imaginar dentro do Cubo, o buscador percebe que sua consciência é circundada, pressionada e sustentada por essas forças. Em alguns momentos, sente-se confrontado: a face atua como parede de sombra que desafia seus limites. Em outros, experimenta acolhimento: a mesma face converte-se em manto de proteção, em escola de integração. O Cubo, nesse sentido, não descreve apenas um caminho abstrato, mas reflete a maneira como a vida apresenta provas sucessivas, convidando-nos a atravessar cada estágio da experiência.

Cada face pode ser entendida, simultaneamente, como estado de consciência e grau de iniciação. Representa uma condição da alma que deve ser vivida, compreendida e transmutada. O estudante aprende, por exemplo, que Leste e Oeste não se reduzem a direções externas, mas indicam experiências internas ligadas à criatividade e ao trabalho, ao surgimento de imagens e ao peso das tarefas materiais. O Norte e o Sul não correspondem somente a polos, mas a forças que despertam a energia vital e a fé que sustenta a alma diante da escuridão. As faces Acima e inferior, além de posições geométricas, revelam modos de relação com a presença divina e com a memória profunda guardada no inconsciente.

O primeiro grande ensinamento das faces do Cubo é que elas se inscrevem não apenas no espaço, mas no tempo da alma. São fases que atravessamos, ora em ciclos recorrentes, ora em rupturas decisivas. O que une todas essas experiências é o caráter pedagógico de cada face, que mostra um aspecto do caminho. Nenhuma delas é definitiva, pois não permanecemos eternamente em uma só. O movimento da consciência é constante, e a alma desloca-se de um estado a outro até alcançar a integração da totalidade.

O centro do Cubo, nesse sentido, representa o lugar de síntese. Embora seja abordado de forma mais aprofundada em outro momento, pode-se afirmar desde já que ele simboliza a reunião de todas as faces, o ponto de onde partem e para onde retornam as experiências. O buscador que percorre as seis faces está, de fato, sendo preparado para compreender o mistério do centro. Contudo, antes de alcançar essa síntese, precisa habitar cada uma das condições, viver cada lição e permitir que a energia dos planetas e dos Arcanos modele sua visão e sua prática.

Ao iniciar a contemplação das faces externas do Cubo do Espaço, ingressamos em um universo em que o espaço converte-se em consciência, os planetas revelam-se forças interiores e as cartas do Tarô deixam de ser meras imagens em papel para se tornarem escolas vivas da alma. A cada face habitada, o estudante descobre onde se encontra em sua jornada um sentido místico no ritmo da sua vida cotidiana. O Cubo mostra que todo instante é uma face que se abre, um grau de iniciação a ser percorrido e uma oportunidade de integrar em nós os múltiplos aspectos da realidade.

Ao avançar para a contemplação mais detalhada, entramos na paisagem interior formada pelas seis faces externas do Cubo do Espaço. Como já foi mencionado, elas não constituem meros planos geométricos. Cada uma manifesta-se como campo de experiência e iniciação, estado da alma e grau que precisa ser percorrido. Os antigos atribuíram a essas faces os sete planetas clássicos e colocaram cada um deles em ressonância com um Arcano Maior do Tarô. Dessa forma, quando nos colocamos dentro do Cubo, cada direção se apresenta como uma porta viva, irradiando qualidades específicas que moldam nossa jornada.

A sabedoria do *Sepher Yetzirah* ensina que as letras hebraicas selam o espaço e constroem uma arquitetura sagrada. Paul Foster Case e seus continuadores, como Kevin Townley e David Hulse, demonstraram que o Cubo dramatiza essa selagem. Os planetas e os Arcanos convertem-se em guardiões das faces, e o estudante é conduzido a atravessar cada uma dessas paisagens interiores. É importante recordar que o movimento entre elas nem sempre é suave; muitas vezes o aspirante encontra resistências, tensões e desafios. Porém, é justamente na fricção entre a alma e a energia da face que se abre a oportunidade de aprendizado.

O Cubo do Espaço apresenta-se, portanto, como diagrama do despertar da consciência e do processo gradual por meio do qual a alma se manifesta e se desenvolve no mundo. Cada direção corresponde a uma fase dessa jornada, marcada pelos elementos fundamentais: água, terra, fogo e ar.

Oeste — O Útero da Água

Sob o domínio da Roda da Fortuna (Arcano 10), este é o símbolo do útero universal, da gestação e da preparação para a vida terrena. Assim como a criança se forma nas águas do ventre materno, a alma mergulha primeiro no elemento fluido, que molda, nutre e confere plasticidade à existência. Representa o estágio da concepção espiritual, em que tudo permanece em latência e potencialidade.

Norte — A Solidez da Terra

No Norte, guardado pela Torre (Arcano 16) e vinculado à firmeza da terra, o buscador encontra o peso das provações e o terreno sólido da forma. A consciência desperta quando compreendemos que limites e obstáculos não se configuram como punições, mas como estruturas que sustentam a vida. Nessa face aprendemos a cultivar disciplina, ordem e perseverança, transformando as dificuldades em resiliência. O despertar do Norte consiste em reconhecer que a alma necessita de corpo e forma para se expressar no mundo.

Sul — A Força do Fogo

Ao alcançar o Sul, iluminado pelo Sol (Arcano 19) e pelo elemento fogo, o espírito descobre sua chama interior. É o momento da vitalidade e do entusiasmo, quando a luz interna irradia alegria, vontade e criatividade. O aprendizado, entretanto, não reside apenas em celebrar, mas em compartilhar essa luz de modo equilibrado, sem se perder no orgulho ou no excesso. O despertar do Sul consiste em compreender que a chama interior não existe unicamente para si, mas como chamado para iluminar a vida dos outros.

Leste — A Expansão do Ar

O Leste, associado ao ar e à Imperatriz (Arcano 3) , representa a aurora da consciência. É o ponto em que a mente se abre para o discernimento, a imaginação e a comunicação. Nesse lugar compreendemos que pensamentos e palavras são sementes que moldam realidades e que a clareza mental é uma forma de sabedoria. A iniciação dessa face desperta o poder criador da linguagem e a responsabilidade de utilizá-la como canal da consciência superior.

Acima — A Busca da Luz

No Acima, guiado por Mercúrio e pelo Mago (Arcano 1), o buscador encontra o plano das ideias e da intenção. É aqui que a consciência aprende a direcionar sua energia, descobrindo que a palavra e o pensamento moldam o destino. O exercício dessa face é alinhar mente, coração e ação em harmonia, percebendo que cada gesto nasce de um foco interior. O despertar do acima consiste em assumir responsabilidade espiritual pela própria criação, reconhecendo a mente como ponte direta com a luz.

Abaixo — O Encontro com as Sombras

No Abaixo, onde a Sacerdotisa (Arcano 2) e a Lua guardam o mistério, o mergulho é profundo e silencioso. Trata-se do ventre do inconsciente, espaço da gestação do oculto e do amadurecimento das sementes invisíveis. Essa face ensina a confiar no tempo certo, a acolher a sombra e a escutar a linguagem dos sonhos. O despertar aqui não está na pressa de revelar, mas na paciência de permitir que os véus se levantem pouco a pouco. O abaixo é a raiz que sustenta toda ascensão e recorda que não há subida sem mergulho na profundidade.

Vistas em conjunto, as seis faces formam um círculo de experiências, um campo de forças que envolve o buscador em todas as direções. Cada face corresponde a um aspecto da alma, um estado que pode ser vivido em momentos específicos da vida ou em ciclos mais amplos de evolução. Ao habitar cada uma delas, o estudante descobre que sua jornada não se desenrola em isolamento. Planetas, Arcanos, letras e símbolos atuam como companheiros vivos que ensinam e orientam o caminho.

A contemplação das faces externas prepara o espírito para compreender o mistério do centro. O coração do Cubo, ponto em que todas as direções convergem, é a síntese. Antes de penetrar nesse núcleo, o buscador precisa atravessar os seis portais, viver cada iniciação e aprender que a expansão da consciência acontece não por fuga, mas pela integração dos múltiplos aspectos da realidade. O centro não é simples convenção geométrica, mas coração pulsante do Cubo, lugar de unidade e equilíbrio. Enquanto cada face representa um campo de experiência que circunda e molda a consciência, o centro revela-se como ponto de convergência de todas as forças, que se manifestam, em essência, como expressões de uma mesma realidade.

Na tradição do Tarô, o centro encontra-se representado pelo Arcano 21, o Mundo, associado a Saturno, planeta da síntese, da estrutura e da superação dos limites. A carta mostra a figura dançante envolvida por uma coroa oval, indicando que a jornada iniciada com o Louco atinge sua plenitude nesse estágio. Do mesmo modo, no Cubo, o centro é espaço de integração, onde as seis faces e os três eixos se unem, formando uma consciência expandida que transcende as polaridades. É ponto de partida e de chegada, origem da descida da alma na encarnação e meta da ascensão espiritual.

O buscador que percorre as faces aprende, ao chegar ao centro, que todas as experiências — de luz e sombra, de expansão e limite, de nascimento e morte — não se opõem, mas se complementam. O centro revela que cada face, com sua lição própria, é indispensável à construção da alma. O que parecia disperso adquire sentido; o que parecia fragmentado mostra-se parte de um desenho maior. O Cubo surge, então, como mapa e forma tridimensional, na qual a consciência contempla o próprio reflexo.

Estar no centro significa aprender a dançar entre as forças, sem se apegar em excesso a nenhuma delas. É a realização de um equilíbrio dinâmico. O buscador já não é arrastado pelos ventos de uma direção isolada, mas compreende o sopro que anima todos os ventos. Saturno, nesse contexto, não se apresenta somente como limite, mas como portal de libertação, pois ao aceitar as fronteiras da existência, a alma descobre a liberdade de mover-se conscientemente dentro delas.

A partir desse ponto, mergulharemos com maior profundidade em cada face, examinando o planeta regente, o Arcano do Tarô correspondente, os símbolos que a envolvem e, sobretudo, as experiências que despertam no buscador. Cada face será explorada como uma sala interior que precisa ser atravessada, na compreensão de que o Cubo é, ao mesmo tempo, arquitetura cósmica e paisagem da alma.

Prosseguiremos, portanto, das linhas gerais às minúcias, das paredes externas ao coração do templo, das imagens simbólicas às práticas vivas. O caminho pelo Cubo do Espaço está apenas em seu início, e cada face guarda um código para compreender melhor quem somos e para onde nos dirigimos.

FACE OESTE

O CAMINHO DO DESTINO

Carta:
Roda da Fortuna (Arcano Maior, Arcano 10).

Planeta:
Júpiter.

Cor:
Azul escuro.

Letra Hebraica:
Kaph (כ), com significado duplo de riqueza e pobreza.

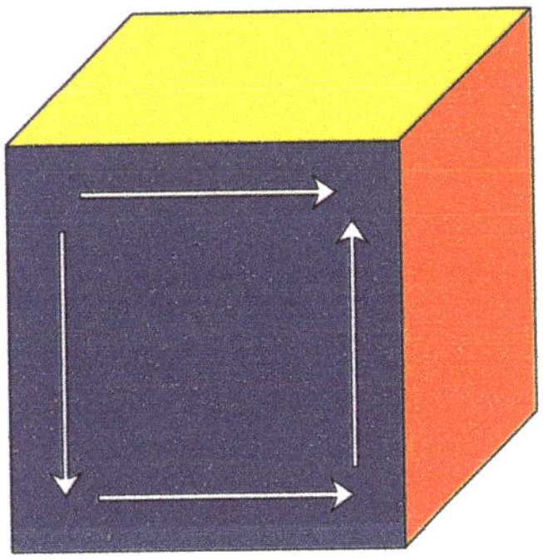

Na face Oeste, o fluxo de corrente e dinâmica de movimento do Cubo não seguem padrões lineares ou contínuos como nas faces Leste e Acima. As linhas de energia se movem em direções distintas: no lado Norte descem de cima para baixo, e no lado Sul sobem da base para o topo. Esse movimento cria um campo de rotação que reflete o princípio jupiteriano de expansão e de movimento circular. É também a face considerada o ponto de visão convencional do Cubo do Espaço. Quando o observador se posiciona na parte interior do Cubo, olhando diretamente para o Oeste, encontra ali a "porta" para a superfície do mundo manifestado

Simbolismo Geral:

Esta face representa as circunstâncias externas da vida, criadas pelas ações que confrontam o indivíduo com a operação da lei natural, expandindo suas capacidades e revelando a relação entre causa e efeito. Júpiter, expansivo por natureza, está associado a essa face, sugerindo abertura, crescimento e multiplicação de possibilidades.

A face Oeste é a região da manifestação externa, das circunstâncias concretas e da expressão visível das forças criativas do Todo. Em seu centro encontra-se a Roda da Fortuna, símbolo da lei universal do movimento, do ciclo, da rotação e da mudança constante. A cor violeta e a tonalidade azul atribuídas a essa face remetem à memória e à expansão da consciência, indicando que todo aprendizado depende da recordação do que já foi vivido e da integração dessas experiências no presente. É na face Oeste que as imagens formadas no Leste, sob a regência da Imperatriz, tomam corpo e se convertem em realidade concreta. O par Leste-Oeste expressa, portanto, a polaridade fundamental do nascer e do pôr do sol, da origem e da conclusão de cada ciclo, do impulso criativo e de sua realização no mundo.

Esse espaço é também o campo da descida da alma ao plano material. O Enforcado (Arcano 12), representando a alma suspensa, atravessa o Cubo desde o centro e alcança a Roda da Fortuna através da chamada "Corda de Prata da Vida". Tal movimento é o símbolo da encarnação, o instante em que a essência espiritual se reveste da personalidade e adentra o ciclo das experiências terrenas.

Trata-se do campo do karma em ação, regido pela Lei Hermética de Causa e Efeito, que ensina que nada escapa à ordem da causalidade. Júpiter, planeta da expansão e da abundância, governa essa dinâmica, e, em sua expressão cabalística, a letra *Kaph* (כ) conduz à experiência da alternância entre riqueza e pobreza, ascensão e queda, revelando que o destino humano é moldado pelo uso consciente ou inconsciente da energia criativa.

No Cubo do Espaço, *Kaph* (כ) possui diversos significados:

- *Kaph* (כ) significa literalmente "palma da mão", símbolo de receptividade, contenção e também da força que molda e sustenta.
- É a letra do destino que se abre e se fecha como a mão do Criador, acolhendo os ciclos que giram e revelando que tudo está sob uma ordem maior.
- Relacionada à Roda da Fortuna, *Kaph* (כ) expressa a aceitação do movimento da vida, a confiança no fluxo das mudanças e a percepção de que todo fim é também um novo começo.
- A ligação com Júpiter reforça a ideia de expansão, benevolência e sabedoria que acolhe os ritmos cósmicos e dá sentido às mutações.

Assim, no Cubo, a face Oeste é o ponto da colheita, do destino e da transformação. Ela é o portal que ensina o buscador a aceitar os ciclos inevitáveis da existência e a confiar que, por trás do aparente acaso, existe uma ordem mais ampla que guia a roda.

Essa face é chamada de Caminho do Destino, pois nela a consciência se confronta com o movimento inevitável das forças cósmicas e com o eterno girar da roda da vida. Está sob a influência expansiva de Júpiter, planeta da lei universal, da sorte, da abundância e das grandes viradas de caminho.

O Oeste é o ponto onde o Sol se põe. Se o Leste é nascimento, o Oeste é ocaso e transformação. Essa direção simboliza os ciclos inevitáveis e demonstra que todo começo conduz a um fim, e todo fim abre espaço para um recomeço. A Roda da Fortuna expressa a lei maior de que a vida é movimento, nada permanece fixo, e é na mudança que o aprendizado se cumpre.

O símbolo da roda apresenta figuras que sobem e descem, representando a alternância entre fortuna e infortúnio, ascensão e queda, ordem e caos. No entanto, no centro da roda há um ponto imóvel, o eixo. Assim também é na vida espiritual. Enquanto tudo ao redor gira, a alma aprende a buscar o centro estável da consciência. A lição desta face não consiste em escapar da mudança, mas em encontrar equilíbrio no meio dela.

O ensinamento maior dessa face é a lei dos ciclos. O estudante descobre que cada fase da vida é necessária, que não existe sucesso eterno nem fracasso definitivo, mas que tudo se transforma continuamente. A Roda da Fortuna revela tanto a transitoriedade da existência quanto a confiança de que nenhum momento é absoluto. O que hoje parece perda pode ser o início de um novo caminho; o que hoje se mostra como vitória pode se transformar em aprendizado para algo ainda mais elevado.

A influência de Júpiter expande essa percepção. Esse planeta amplia horizontes, faz com que a pessoa veja além do imediato e traz a compreensão de que cada mudança é parte de um plano maior. A fortuna, portanto, não é mero acaso, mas expressão da ordem cósmica que conduz o buscador ao crescimento.

Contemplar esta face significa aprender a dançar com a impermanência, reconhecer que não temos controle sobre todos os movimentos da vida, mas que podemos escolher como responder a eles. É a sala em que o buscador entende que o destino não é um fardo imposto, mas uma trama viva que pode ser atravessada com consciência, fé e sabedoria.

Viver a face Oeste é entrar em contato direto com as mudanças que moldam o curso da vida. A Roda da Fortuna ensina que tudo gira em ciclos. Há momentos de ascensão e momentos de queda, períodos de expansão e fases de recolhimento. Aqui, o buscador aprende que a existência não é uma linha reta, mas um movimento circular, em que cada experiência — seja agradável ou dolorosa — possui um papel essencial no amadurecimento da alma.

Na vida prática, essa face se manifesta em situações de virada repentina:

- Mudanças inesperadas de trabalho, relacionamento ou moradia.
- Perdas ou conquistas que alteram o rumo da vida.
- Situações em que algo planejado desmorona para dar lugar a uma nova oportunidade.
- Acasos significativos que revelam que existe uma ordem mais profunda atuando além do controle pessoal.

Essas experiências podem ser vividas como destino inevitável ou como convite à confiança. Quando resistimos, sentimos medo, raiva ou frustração. Quando aceitamos o movimento da roda, descobrimos que até os momentos difíceis carregam uma lição preciosa. É como se a vida dissesse:

> *Nada é permanente, tudo é passageiro.*
> *O que hoje parece perda pode ser a semente de amanhã.*

Espiritualmente, esta face representa o aprendizado de se alinhar ao ritmo cósmico. O estudante percebe que há um tempo para cada coisa: tempo de plantar e tempo de colher, tempo de expandir e tempo de recolher. A Roda ensina a confiar na sabedoria do universo, que muitas vezes se manifesta por meio de sincronicidades, coincidências significativas e acontecimentos que parecem orquestrados por uma inteligência maior.

Psicologicamente, esse é um momento de desapego do controle absoluto. Ele se apresenta como experiência de humildade, na qual a pessoa reconhece que, por mais que faça planos, a vida sempre trará o imprevisto. Essa entrega não é resignação passiva, mas abertura ativa para aprender com o que se apresenta.

As experiências dessa face também conduzem à expansão da visão. Júpiter, regente da Roda, amplia horizontes e ensina a olhar além do imediato. Em vez de enxergar apenas o presente fragmentado, o buscador começa a perceber o padrão maior, a ordem oculta que conecta as vivências. É como observar a roda girar: quem olha para a aresta vê apenas altos e baixos, enquanto quem contempla o centro descobre a estabilidade do eixo.

A face Oeste oferece lições sobre confiança e flexibilidade. O buscador aprende que a vida não é estática, mas movimento; que não existe fracasso definitivo nem vitória permanente; que cada giro da roda é um convite ao crescimento em sabedoria.

O trânsito pela face Oeste marca aqueles momentos em que a vida muda de direção de forma inevitável. É quando percebemos que não somos donos absolutos do caminho, mas participantes de um fluxo maior, em que forças externas e internas se entrelaçam e conduzem o destino.

Esse momento pode surgir repentinamente, como um golpe de sorte ou um acontecimento inesperado que abre novas oportunidades. Também pode manifestar-se como uma crise inevitável, em que aquilo que parecia sólido se desfaz, obrigando-nos a encontrar outro rumo. A característica central é a impermanência. Nada permanece fixo, e o buscador é chamado a aprender a mover-se com a roda em vez de lutar contra ela.

Na experiência humana, esse período é vivido como fases de grande transição:

- Mudanças de carreira que transformam a rotina e a identidade pessoal.
- Reviravoltas em relacionamentos, que encerram ciclos e abrem outros.
- Viradas interiores, quando crenças antigas deixam de sustentar a consciência, dando lugar a uma visão mais ampla.
- Situações de perda ou ruptura que, com o tempo, se revelam como marcos de crescimento e renovação.

A face Oeste ensina que a vida é movimento cíclico. Assim como o Sol se põe no Oeste para renascer no Leste, assim também nossas experiências se encerram apenas para dar espaço ao novo. É um convite à confiança e à sabedoria de reconhecer que, mesmo quando não entendemos o porquê imediato, há uma ordem maior guiando os acontecimentos.

Significado Físico:

No plano físico, a face Oeste simboliza o corpo submetido às circunstâncias, às condições materiais e às leis de causa e efeito. Representa o espaço do trabalho e da ação prática, onde a energia criativa se transforma em esforço, resultados, saúde ou desgaste. É o campo da herança biológica, das condições sociais e do ambiente externo no qual a alma encarna.

Significado Mental:

Mentalmente, esta face representa a memória e a capacidade de armazenar e organizar experiências. Júpiter, como planeta da expansão, abre o intelecto para novos horizontes, mas também exige disciplina no pensamento para que a mente não se perca em dispersão. A memória é aqui entendida como instrumento de autoconhecimento, pois lembrar-se de quem se é e do que já se viveu é condição para avançar na senda da sabedoria.

Significado Espiritual:

Espiritualmente, o Oeste é o laboratório da evolução kármica. É o espaço em que a alma colhe os frutos de suas criações passadas e aprende a reconhecer a ordem da Lei. A Roda da Fortuna é a porta de entrada para o ciclo de renascimento, morte e transformação, que conduz a consciência a novos patamares. Júpiter atua como mestre do crescimento espiritual, ampliando a visão interior e guiando a alma ao entendimento de que toda experiência é uma oportunidade de expansão rumo ao divino.

Significado Emocional:

Emoções de esperança, confiança e expansão são despertadas nesta face. Mas também podem emergir sentimentos de apego, ansiedade ou medo da mudança, pois a Roda gira incessantemente, exigindo aceitação dos altos e baixos da vida. A estabilidade emocional depende da capacidade de compreender que cada experiência faz parte de um ciclo maior, no qual nada é perdido, apenas transformado.

Arestas da face Oeste :

A face Oeste, guardada pela Roda da Fortuna, conecta-se ao Cubo pelas suas quatro arestas principais. Cada uma é um Portal que representa um desafio do destino, os momentos em que a roda gira e pede ao buscador uma virtude essencial para seguir adiante.

Portal do Equilíbrio — Noroeste

- **Arcano na aresta:** Justiça (11 — Libra)
- **Tarefa/Virtude:** Agir com retidão, pesar escolhas e assumir responsabilidade pelas consequências.
- **Chave de passagem:** Cultivar a clareza de julgamento e a sabedoria de agir de forma justa diante das mudanças.
- **Desafio:** Desequilíbrio entre razão e emoção, parcialidade, ou buscar vantagem em detrimento da verdade.

Portal da Transformação — Sudoeste

- **Arcano na aresta:** Morte (13 — Escorpião)
- **Tarefa/Virtude:** Desapegar-se do que já não serve, permitir que ciclos se encerrem para que o novo possa nascer.
- **Chave de passagem:** Aceitar a impermanência como parte natural da vida e ver a perda como oportunidade de renovação.
- **Desafio:** Resistência às mudanças, apego excessivo ao passado, medo de renascer em outra forma.

Portal da Síntese — Oeste-Acima

- **Arcano na aresta:** Temperança (14 — Sagitário)
- **Tarefa/Virtude:** Integrar opostos, transformar experiências díspares em sabedoria dinâmica.
- **Chave de passagem:** Buscar o ritmo certo das coisas, conciliando extremos e encontrando harmonia no fluxo.
- **Desafio:** Excesso ou falta de medida, impaciência com os processos, tentar forçar o tempo da vida.

Portal da Libertação — Oeste-Abaixo

- **Arcano na aresta:** Diabo (15 — Capricórnio)
- **Tarefa/Virtude:** Enfrentar correntes internas e ilusões cíclicas que escravizam a consciência.
- **Chave de passagem:** Assumir responsabilidade pelos próprios vícios, desejos e sombras, transformando-os em energia criadora.
- **Desafio:** Ceder ao autoengano, repetir padrões destrutivos, permanecer preso por medo de enfrentar a verdade.

Esses quatro portais do Destino ensinam que o verdadeiro aprendizado da Roda não é controlar o giro, mas atravessar cada mudança com consciência, aceitando que só amadurece quem aprende a equilibrar, desapegar, integrar e libertar-se.

Meditação de Conexão com a Face Oeste

Sente-se confortavelmente, mantendo a coluna ereta. Feche suavemente os olhos e permita que a respiração encontre seu ritmo natural. Inspire longa e profundamente e, ao expirar, sinta que solta as tensões e repousa no presente.

Agora, imagine-se no centro do Cubo do Espaço. À sua frente, no Oeste, começa a se abrir uma grande superfície dourada em movimento.

Entre nesse espaço. Diante de você, uma imensa Roda gira lentamente no ar. Ela é feita de luz dourada e parece reunir em si todas as cores, todos os símbolos e todas as possibilidades. No círculo externo, figuras sobem e descem, lembrando que a vida se compõe de altos e baixos. No centro, porém, há um ponto imóvel e radiante, que permanece intocado por qualquer mudança.

Aproxime-se e contemple esse movimento. Observe que a Roda nunca para, assim como os ciclos da sua vida, que trazem nascimento e morte, ganhos e perdas, encontros e despedidas. Tudo está em constante transformação. Respire e permita que essa percepção o envolva. Nada é fixo, tudo é passageiro.

Agora, leve sua atenção ao ponto central da Roda. Quanto mais você o contempla, mais sente serenidade. Esse é o eixo da sua consciência, o lugar onde nada oscila. Inspire e imagine que esse eixo se acende em seu coração. Perceba que, mesmo que a Roda gire, você pode permanecer nesse centro, imóvel, lúcido e tranquilo.

Diante do centro luminoso, começa a surgir uma face. Ela não é de homem nem de mulher, e muda sutilmente como se cada traço revelasse um aspecto da sua própria alma. Os olhos dessa face são profundos e espelham tudo o que você é, sem julgamento. Ao olhá-los, você percebe que não está diante de algo externo, mas do reflexo silencioso da sua consciência, que o observa desde sempre, mesmo quando você se esquece dela.

A face sorri levemente, um sorriso sereno e antigo. De seus lábios não saem palavras de imediato, apenas um silêncio pleno que parece conter todas as respostas. Então, uma voz suave ressoa dentro de você, sem som, mas plenamente audível:

Eu sou o que permanece quando tudo muda.
Sou o olhar que observa o movimento da Roda e nunca se perde nele.

Nesse instante, você sente que essa frase vibra em cada célula, como se o próprio coração repetisse o mesmo ensinamento, em compasso com a respiração.

Permita que essa presença toque o seu coração. Sinta que ela desperta em você a lembrança de uma sabedoria ancestral, algo que sempre esteve aí, adormecido sob as vozes do mundo. A face é o espelho da eternidade que habita em você. Ela o convida a permanecer desperto, a perceber que mesmo o movimento do destino não o separa do que é essencial. Respire e acolha essa revelação com humildade.

Aos poucos, a face começa a se dissolver na luz da Roda. O brilho dourado a envolve até que tudo se torne um só campo de luminosidade, sem forma definida. Você compreende que a face nunca partiu, pois era a própria expressão da consciência que agora pulsa em cada átomo do seu ser. Uma paz silenciosa se expande, e você sente que voltou ao ponto central, pleno e desperto.

Deixe vir à mente um momento de sua vida em que tudo parecia mudar, seja em alegria ou em dificuldade. Veja essa lembrança aparecer na aresta da Roda, em movimento. Observe como ela gira, se afasta e retorna, até se dissolver no fluxo do tempo. Reconheça que nenhuma experiência é eterna, mas todas trazem lições. Respire e permita-se confiar no ritmo da vida.

Permaneça alguns instantes nesse estado, sentindo que o destino não é inimigo, mas fluxo. A Roda gira e você gira com ela, mas dentro de si há um centro inabalável que nada pode atingir.

Quando sentir que a experiência se completa, agradeça à Roda da Fortuna e veja a sala dissolver-se em luz dourada. Retorne ao centro do Cubo trazendo consigo serenidade e confiança. Inspire fundo, mova lentamente o corpo e, quando estiver pronto, abra os olhos.

Leve consigo o ensinamento de que tudo passa e tudo se renova. Você é o centro imóvel no coração da mudança.

Face Norte

Caminho do Despertar

Carta:
Torre (Arcano Maior, Arcano 16).

Planeta:
Marte.

Cor:
Vermelho.

Letra Hebraica:
Peh (פ), ligada à boca e à palavra, símbolo da energia ativa que irrompe e transforma, e, também, expressa o poder de destruição e renovação.

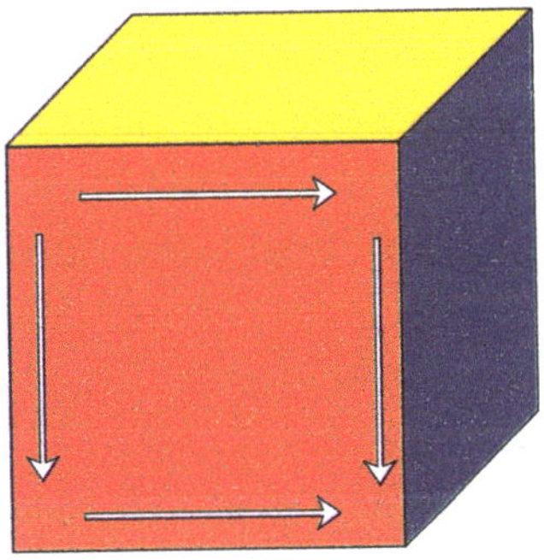

Na face Norte, o fluxo de corrente e dinâmica de movimento do Cubo é descendente e lateral, configurando um campo de forças que coloca o buscador diante de experiências intensas e disruptivas. As linhas Nordeste e Noroeste descem de cima para baixo, refletindo o movimento de queda e a revelação súbita que rompe estruturas internas. Já as linhas Norte-Acima e Norte-Abaixo fluem de Leste para Oeste, representando a necessidade de conduzir as forças interiores por meio da mente e do subconsciente.

A tradição meditativa associa essa face a uma prática específica: posicionar-se no Sul e olhar para o Norte, enfrentando o domínio da escuridão, da solidão e da exigência de coragem que se manifesta nesse espaço. O Norte é, portanto, um território de prova, em que a consciência se depara com seus limites e aprende a atravessar a noite interior em busca da claridade.

Simbolismo Geral:

Esta face representa o movimento que conduz as imaginações à manifestação. É vista como a direção da escuridão mais profunda e do desconhecido, sendo determinante para o processo de despertar. Também se vincula à graça e ao pecado.

A face Norte corresponde ao domínio da busca solitária, da travessia pelas trevas e do despertar súbito da consciência. Recebe o nome de *Busca no Norte* porque simboliza o instante em que a alma, antes adormecida nas ilusões do Oeste, torna-se Buscador e reconhece que existe realidade além do visível. A carta central, A Torre, apresenta a imagem arquetípica do raio que destrói a estrutura ilusória e abre espaço para a visão do Eu Superior e para a face de Deus. Essa vivência é narrada como um clarão inesquecível que marca o primeiro contato consciente com a realidade espiritual.

O planeta Marte, associado ao poder ativo e à energia sexual, rege esta face, evidenciando que a busca requer coragem, ação, força de vontade e enfrentamento dos próprios limites. O vermelho, cor de Marte e da Torre, simboliza tanto a intensidade da prova quanto o fogo da purificação que consome as estruturas do erro.

O Norte é frio, em contraste com o calor do Sul, e sua polaridade manifesta Graça e Pecado, indicando que na escuridão e no confronto com os limites o ser humano encontra tanto os riscos da queda quanto a possibilidade da elevação.

A letra *Peh* (פ), que significa "boca", revela a potência da palavra, da expressão e da liberação da energia acumulada. Essa força verbal destrói o que já perdeu serventia, abre passagem e conduz a uma nova etapa da evolução espiritual.

A letra hebraica *Peh* (פ) carrega ainda outros significados:

- *Peh* (פ) significa literalmente "boca", símbolo do poder da palavra, da proclamação e do sopro que pode tanto criar quanto destruir.
- É a letra da revelação súbita: aquilo que estava oculto é pronunciado, aquilo que estava rígido é abalado.
- Relacionada à Torre, *Peh* (פ) expressa a queda das estruturas ilusórias, o choque transformador que rompe os muros do ego e abre passagem para uma nova percepção.
- O vínculo com Marte reforça a energia de ruptura, combate e destruição necessária, mas que, em seu aspecto mais profundo, atua como força purificadora, queimando o que já não sustenta a vida.

No Cubo, a face Norte é o ponto da prova iniciática e da revelação. Ela constitui o portal onde a palavra do Espírito ressoa como trovão, derrubando as construções que aprisionam a alma e abrindo passagem para a luz.

Essa face recebe o nome de Caminho do Despertar, pois nela a consciência encontra a força transformadora da Torre sob a regência de Marte, planeta do impulso, da luta e da destruição criativa. O Norte, na tradição simbólica, é a direção dos ventos gelados, da noite profunda e daquilo que submete nossa firmeza interior a um teste rigoroso. A Torre se manifesta como uma ruptura necessária, um abalo que desorganiza estruturas rígidas e liberta a vida que estava aprisionada.

A imagem do Arcano mostra uma torre atingida por um raio. As paredes desmoronam, coroas despencam, figuras humanas são lançadas ao chão. A visão, embora assustadora, revela um princípio essencial: tudo o que se ergue sobre fundamentos falsos precisa ser desfeito. A Torre simboliza o colapso das ilusões, a queda das formas que já não servem e a dissolução dos falsos egos que impedem a verdade de se manifestar.

O simbolismo dessa face não exprime destruição cega, mas libertação. O raio que atinge a torre é o clarão da verdade, a irrupção do real que rompe as ilusões. É a ação de Marte como força ativa da consciência, derrubando prisões internas e externas para abrir caminho à autenticidade.

Estar nesta face significa compreender que muitas vezes algo precisa ruir para que um novo ciclo se estabeleça. Essa face ensina que a queda não é punição, mas revelação. É a energia que arranca máscaras, desmonta orgulhos e desmorona estruturas aparentemente inabaláveis, revelando que por trás delas há espaço para o nascimento de uma vida mais verdadeira.

A lição maior do Norte é que a estabilidade não se apoia em construções externas, mas na essência interior. A Torre recorda que tudo o que é fixo no mundo está sujeito à impermanência, mas a alma, ao atravessar essa face, descobre um núcleo de força que nenhuma queda pode destruir.

Esta face evidencia o aspecto inevitável da jornada. Cedo ou tarde, todos passamos pela experiência da queda, pelo desmoronar das certezas e pela ruptura de planos. O que se apresenta como fim é, na realidade, o início da liberdade. A Torre não anuncia o colapso final, mas a abertura para um caminho mais autêntico e real.

As experiências que a face Norte traz à vida das pessoas estão sempre relacionadas ao impacto da ruptura. A Torre não concede aviso antes de ruir. Surge como acontecimento súbito, inesperado, que abala estruturas aparentemente sólidas. Muitas vezes, esse impacto é sentido como perda ou crise, mas em profundidade representa um despertar, a oportunidade de enxergar com clareza aquilo que permanecia oculto sob camadas de ilusão ou apego.

Na vida cotidiana, a face Norte pode se manifestar de diversas maneiras:

- A quebra de uma relação que já não sustentava verdade, revelando a necessidade de novos vínculos.
- A perda de um emprego ou projeto, que obriga a repensar a direção da vida.
- Uma crise de saúde ou emocional, que força a consciência a abandonar hábitos destrutivos.
- Desilusões espirituais ou pessoais, quando mestres, crenças ou sistemas caem por terra, revelando que a verdade é maior do que aquilo em que nos apoiávamos.

Essas experiências costumam trazer dor, pois exigem deixar para trás aquilo a que nos agarrávamos como segurança. Logo após o choque inicial, porém, abre-se um campo de liberdade. A consciência percebe que não precisa mais sustentar-se em muros artificiais, mas pode apoiar-se no essencial.

A Torre, expressão de Marte, também se vincula ao despertar da energia vital e da coragem. Muitas vezes, a crise libertada por essa carta revela uma força adormecida em nosso interior, que só pode emergir quando o invólucro se rompe. É como a semente que precisa quebrar a casca para germinar. O rompimento é doloroso, mas sem ele não há vida nova.

No plano espiritual, essa face representa a vivência do despertar pela verdade. A luz do raio simboliza a revelação súbita, a intuição que derruba crenças rígidas e revela que a realidade é mais ampla e dinâmica do que supúnhamos. É a passagem do apego ao efêmero para a confiança no que é essencial e eterno.

Na psicologia da alma, esta face corresponde ao enfrentamento direto das próprias ilusões. O ego, que ergue torres de orgulho, máscaras e falsas certezas, vê suas muralhas ruírem. O choque devolve a pessoa ao chão, mas também a reconecta ao real.

As experiências da face Norte podem parecer duras, embora tragam consigo o germe da libertação. Ensinam que a vida não retira o que é verdadeiro, apenas dissolve o que se apoiava em falsidade, abrindo espaço para que o autêntico floresça.

O momento da face Norte na jornada do buscador é aquele em que tudo parece ruir de repente. A vida, antes segura dentro de estruturas sólidas, revela sua face instável. Muros desmoronam, certezas se esfarelam, planos caem por terra. É um tempo de choque e revelação, no qual a alma se vê obrigada a abandonar o que não possui fundamento verdadeiro.

Esse momento geralmente chega sem aviso. A Torre não pede permissão. Ela irrompe como raio sobre as construções ilusórias que criamos, derrubando o que já não serve ao crescimento. Para a consciência, pode ser vivido como crise, colapso ou perda. Em profundidade, porém, é o chamado ao despertar, uma convocação para a verdade que permanecia oculta sob máscaras e seguranças artificiais.

Na vida prática, esse momento pode se manifestar de diferentes formas:

- O fim de uma relação afetiva mantida por hábito, e não por amor verdadeiro;
- A perda de um emprego, de um status ou de uma posição social que sustentava nosso senso de identidade;

- A revelação de uma verdade dolorosa que expõe antigas ilusões;
- A experiência de um colapso emocional ou espiritual que obriga a buscar dentro de nós uma nova base.

Apesar da dureza desse tempo, a face Norte revela também a força escondida de recomeçar sobre fundamentos mais autênticos. A vida retira o que era falso para que possamos finalmente apoiar-nos no que é real.

Psicologicamente, esse momento é o confronto com o ego. O "eu" que constrói torres de orgulho e poder vê suas paredes ruírem. Surge então a oportunidade de um renascimento mais humilde e verdadeiro. É quando a pessoa reconhece que não é a torre, mas a vida que a atravessa.

Espiritualmente, a Torre representa o instante do raio de iluminação súbita, a clareza que derruba dogmas, ideias fixas ou crenças limitadoras. Esse despertar raramente se dá de forma suave. Muitas vezes, irrompe como corte radical que revela, em um instante, o que antes parecia oculto.

O momento simbolizado por essa face é, portanto, de desconstrução necessária. É a travessia em que o buscador aprende a confiar não mais nas estruturas externas, mas no eixo interno. O que parecia fim converte-se em início, em caminho novo, limpo das ilusões, pronto para sustentar uma vida mais livre e verdadeira.

Significado Físico:

Fisicamente, a face Norte corresponde à energia vital direcionada ao corpo e à ação. É o domínio da força muscular, da sexualidade e da digestão como processo alquímico de decomposição e transformação. Representa as provas do corpo, as crises de saúde, os acidentes e acontecimentos que quebram a rotina e obrigam a uma mudança. No plano corporal, é também o campo em que se libera energia reprimida e se reconfiguram hábitos de vida.

Significado Mental:

No plano mental, a face Norte ensina a disciplina do pensamento e a capacidade de enxergar além das aparências. O Buscador deve aprender a usar a razão, representada pelo Imperador na aresta Nordeste, e a discernir entre ilusões e realidades. A Torre mostra o colapso de sistemas de crenças falsos e o nascimento de uma visão mais clara. O isolamento mental do Buscador o obriga a desenvolver a autossuficiência intelectual, a investigar por si mesmo e a cultivar práticas de meditação e contemplação como meios de expandir a visão interior.

Significado Espiritual:

Espiritualmente, o Norte é o portal da primeira iluminação. A Torre simboliza a iniciação pelo raio, a visão repentina do Eu Superior e da realidade divina. Aqui, a alma passa pela prova da destruição de antigas formas, superando o apego e a identificação com estruturas passageiras. É também o domínio do despertar místico, quando o Buscador vislumbra, mesmo que momentaneamente, a luz que o guia para além da escuridão. O eixo de *Shin* (ש) (Julgamento, Arcano 20) conecta o Norte ao Sul, mostrando que o raio da Torre é o prelúdio do renascimento espiritual que ocorre na face Sul.

Significado Emocional:

Emoções de medo, ansiedade e solidão emergem fortemente nesta face, pois o Buscador enfrenta a ausência de apoio externo. Contudo, é também o espaço de despertar da coragem, da autoconfiança e da confiança na luz interior. O clarão da Torre provoca uma catarse emocional, uma libertação súbita que pode ser dolorosa, mas que abre caminho para uma paz mais profunda. O enfrentamento das sombras interiores dá lugar à descoberta de uma força emocional até então desconhecida.

Arestas da Face Norte

A face Norte, guardada pela Torre, é o espaço das rupturas necessárias, mas também das passagens que abrem para um novo estado de consciência. Suas arestas se manifestam como Portais que ensinam virtudes essenciais para atravessar a experiência da queda sem se perder no caos. Cada Portal é um convite a transformar a destruição em libertação, a dor em sabedoria.

Portal da Estrutura — Nordeste

- **Arcano na aresta:** Imperador (4 — Áries)
- **Tarefa/virtude:** cultivar disciplina e firmeza para reorganizar a vida quando tudo parece ruir.
- **Chave de passagem:** encontrar um ponto de apoio interior que sirva de base sólida, mesmo quando as estruturas externas se desfazem.
- **Desafio:** cair no autoritarismo ou na rigidez, tentando controlar com força aquilo que precisa ser transformado.

Portal do Equilíbrio — Noroeste

- **Arcano na aresta:** Justiça (11 — Libra)
- **Tarefa/virtude:** manter a lucidez e o senso de proporção diante do colapso.
- **Chave de passagem:** pesar escolhas com serenidade, aprender a distinguir entre o que deve ser preservado e o que deve ser deixado para trás.
- **Desafio:** perder-se na confusão emocional, buscar culpados ou fugir da responsabilidade diante das consequências.

Portal da Coragem — Norte-Acima

- **Arcano na aresta:** Força (8 — Leão)
- **Tarefa/virtude:** atravessar a destruição com bravura serena, dominando os instintos de medo ou desespero.
- **Chave de passagem:** confiar na força interior, agir com firmeza mas também com mansidão, canalizando a energia da crise em crescimento.
- **Desafio:** reagir com violência cega, negar o medo em vez de integrá-lo, deixar-se dominar por impulsos destrutivos.

Portal da Sabedoria — Norte-Abaixo

- Arcano na aresta: Eremita (9 — Virgem)
- Tarefa/virtude: buscar no silêncio interior a luz que orienta os passos no meio da ruína.
- Chave de passagem: cultivar introspecção e paciência, aprender a interpretar os sinais da vida com discernimento.
- Desafio: fechar-se em isolamento excessivo, fugir da realidade ou perder-se em orgulho espiritual.

Assim, os Portais da face Norte revelam que a Torre não é apenas queda: é passagem. Aquele que aprende a atravessar com estrutura, equilíbrio, coragem e sabedoria encontra no desmoronar da velha torre o alicerce de uma vida mais autêntica.

Meditação de Conexão com a Face Norte

Sente-se em postura estável, mantendo a coluna ereta. Feche suavemente os olhos e permita que a respiração encontre seu ritmo natural. Inspire longa e profundamente, e ao expirar sinta que solta as tensões, como se pedras pesadas caíssem de seus ombros.

Visualize-se no centro do Cubo do Espaço. Diante de você se estende a escuridão profunda do Norte, fria e silenciosa. De repente, um clarão rompe a noite. Um raio desce do alto e ilumina uma grande torre. O impacto a atinge com intensidade, fazendo as muralhas se partirem. O som do desmoronamento ecoa como trovão, mas no ar há também algo libertador.

Entre as ruínas da torre, o vento sopra livre. Sinta que já não há barreiras aprisionando sua visão. O raio que parecia destruição agora é luz, clareando tudo o que estava oculto.

Aproxime-se das pedras caídas. Reconheça nelas fragmentos de sua vida que não sustentavam mais a verdade: velhas ilusões, falsas seguranças, muros erguidos pelo medo ou pelo orgulho. Respire profundamente e aceite que tudo isso ruiu porque não poderia mais servir ao seu crescimento.

No meio dos escombros, você encontra uma chama viva que arde sem se apagar. Essa chama é sua essência, intacta mesmo após a queda. Inspire essa luz para dentro do peito e sinta sua força se expandir.

Permaneça em silêncio por alguns instantes, contemplando a clareza que surge após o colapso. Pergunte a si mesmo:

> *O que a vida está me mostrando com esta revelação?*
> *O que precisa ser reconstruído agora, sobre fundamentos mais verdadeiros?*

Visualize-se erguendo, a partir da chama em seu coração, um espaço novo. Não uma torre rígida, mas um santuário aberto ao céu, flexível e vivo, onde sua alma respira em liberdade.

Respire fundo três vezes, ancorando esse aprendizado. Sinta que a energia de Marte, antes vivida como ruptura, agora se transforma em coragem para recomeçar.

Quando sentir que a experiência se completou, agradeça pela lição da Torre. Veja a cena dissolver-se em luz dourada e volte ao centro do Cubo. Mova suavemente o corpo, inspire mais uma vez e abra os olhos.

Leve consigo o ensinamento de que a queda não é fim, mas revelação. Nada do que é verdadeiro pode ser destruído. A cada ruptura, você se ergue mais autêntico.

Face Sul

Caminho da Luz

Carta:
Sol (Arcano Maior, Arcano 19).

Planeta:
Sol.

Cor:
Laranja.

Letra Hebraica:
Resh (ר), ligada à face e à consciência desperta, portadora da polaridade Fertilidade/Esterilidade.

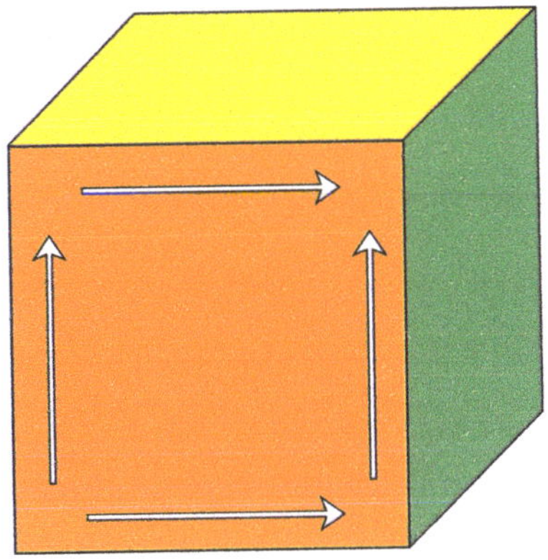

Na face Sul, as linhas acima e abaixo movimentam-se de Oeste para Leste, conduzindo a energia iluminadora em direção ao Oriente. Já as linhas localizadas no Sudoeste e Sudeste sobem de baixo para cima, simbolizando o crescimento, a ascensão espiritual e a regeneração da alma após o impacto transformador do Norte. O olhar meditativo recomendado é a partir do Norte para o Sul, contemplando a face banhada pela plenitude da luz solar. Esse fluxo indica que, enquanto a face Norte está associada ao isolamento e à ruptura, a face Sul é a recepção consciente dessa energia, convertida em clareza, fé e amor.

Simbolismo Geral:

A face Sul corresponde ao estágio da Iniciação e da Iluminação. Representa a passagem do Buscador, que enfrentou a solidão e o raio purificador da Torre no Norte, para a condição de Iniciado, acolhido pela luz radiante do Sol. Nesse ponto, a alma reconhece sua filiação divina, experimenta a comunhão com a comunidade espiritual e passa a integrar-se a ordens iniciáticas ou a escolas de mistérios. O Sol, em seu zênite, é o arquétipo da clareza, da vitalidade e da revelação interior.

A carta central, O Sol, expressa a união entre a consciência (luz solar), o subconsciente (Sacerdotisa) e o Eu Superior (Mago). Essa tríade gera regeneração e crescimento interior. *Resh* (ר), a letra hebraica desta face, relaciona-se ao rosto humano, à consciência desperta e ao contato direto com a identidade espiritual. Suas polaridades, Fertilidade e Esterilidade, lembram que a iluminação somente floresce quando a energia vital é corretamente direcionada.

A cor laranja intensifica a vitalidade, a alegria e a força criativa. A face Sul é o espaço da fé e do amor, onde os limites da personalidade são consumidos pela luz interior e onde o Iniciado começa a agir como instrumento de uma sabedoria maior, partilhando sua experiência com o mundo.

No Cubo do Espaço, a letra hebraica *Resh* (ר) guarda múltiplos significados:

- *Resh* (ר) significa literalmente "cabeça" e está ligada à consciência desperta, à clareza mental e à centralidade do espírito.
- Como letra, *Resh* (ר) representa o renascimento da luz após a noite, o princípio solar que ilumina, aquece e vivifica.
- Relacionada ao Sol, ela expressa a clareza, a alegria, a vitalidade e a revelação que vêm quando as sombras se dissipam. É o estado de comunhão e de confiança, quando o buscador encontra seu lugar no todo e se reconhece como parte de uma comunidade maior.
- A ligação com o astro-rei reforça o aspecto da força vital e do centro, que tudo integra, assim como o Sol integra e sustenta a vida no sistema.

No Cubo, a face Sul é o ponto da clareza, da confiança e da celebração. Constitui o portal da revelação plena, da consciência solar que aquece e ilumina, conduzindo a alma ao estado de plenitude.

Essa face é chamada de Caminho da Luz, pois nela a consciência encontra a vitalidade e a revelação do ser. O Sul, em diversas tradições, é a direção do calor, da energia e da abundância, lugar em que a alma experimenta a força da verdade em sua expressão mais luminosa.

O Sol, Arcano associado a essa etapa, simboliza a vida em abundância. Ele representa a consciência clara, a união do humano com o divino, a alegria de viver e o reconhecimento de que estamos inseridos em uma ordem maior que sustenta a existência. Ao entrar nessa face, o buscador percebe que a jornada do Cubo não se restringe ao enfrentamento de sombras e crises, mas conduz também à revelação da essência radiante que habita cada ser.

A imagem tradicional do Arcano mostra duas crianças brincando sob o sol, diante de um muro baixo. Esse simbolismo aponta para a simplicidade da vida quando vivida em transparência. A inocência recuperada não é ignorância, mas pureza conquistada após as provações. A criança representa o ser humano reconciliado consigo mesmo, liberto das máscaras e integrado à sua verdade.

Na face Sul, o buscador aprende que a claridade solar dissipa enganos e ilusões. Nada pode permanecer oculto sob sua força. Essa face é o espaço da consciência iluminada, que reconhece e acolhe tanto sua luz quanto sua sombra, integrando-as numa harmonia maior.

O simbolismo central dessa face é a vitória da verdade. Se em outras faces a aprendizagem ocorre na noite, na escuridão ou na queda, o Sul oferece a experiência da clareza, da revelação e da vida vivida em autenticidade. O Sol não elimina os desafios, mas mostra que a verdadeira força nasce quando vivemos alinhados à nossa essência.

Esta face ensina que o ser humano é chamado a irradiar sua verdade sem temor, sustentando a certeza de que a luz que brilha em seu interior é da mesma natureza da luz cósmica que rege os mundos.

A experiência da face Sul é marcada pela vivência da clareza. Enquanto em outras faces a alma se confronta com crises, provações ou mistérios velados, aqui a vida se apresenta como revelação, como a descoberta do que estava encoberto pela sombra. É o instante em que o buscador sente que pode prosseguir com confiança, pois a luz dissipa as incertezas do caminho.

Na vida cotidiana, a face Sul pode se manifestar em experiências como:

- Reconhecimento pessoal, quando a pessoa finalmente vê com clareza quem é e qual é o seu propósito;
- Relacionamentos vividos com transparência, nos quais a confiança substitui o jogo de máscaras;
- Momentos de alegria intensa, em que a vida parece plena de sentido;
- Conquistas que trazem sucesso externo, assim como a sensação de estar em harmonia com a verdade interior;
- Percepções repentinas em que tudo parece se alinhar e a realidade se mostra simples, clara e luminosa.

Essas experiências despertam um sentimento de plenitude. A pessoa percebe que não precisa mais se ocultar nem buscar aprovação externa, pois reconhece que a vida a sustenta. Essa confiança gera espontaneidade, criatividade e alegria semelhantes às das crianças que brincam sob o sol.

No plano espiritual, o Sol é o Arcano da consciência desperta. Ele marca o instante em que o buscador atravessa a noite e encontra a luz do dia. Esse despertar não se limita ao intelecto, envolve corpo, emoção, mente e espírito. É a experiência de sentir-se parte da totalidade, sustentado pelo mesmo Sol que ilumina todas as criaturas.

Psicologicamente, essa face traz a vivência da integração. O que antes se apresentava dividido — luz e sombra, consciente e inconsciente, ego e essência — agora começa a reunir-se em uma clareza maior. É o momento em que a pessoa se aceita plenamente e, a partir dessa aceitação, passa a irradiar sua verdade para o mundo.

A experiência desta face é a de iluminar-se para viver em autenticidade. Não implica ausência de desafios, mas traduz a certeza de que nada permanece oculto por muito tempo. A luz revela, cura e fortalece. Essa face representa a etapa em que a alma aprende a brilhar, não em competição, mas em partilha.

O momento da face Sul na jornada do buscador é aquele em que a vida alcança um estado de clareza e transparência. Após atravessar sombras, quedas e provações, a consciência chega ao ponto em que o véu se ergue e tudo pode ser visto com nitidez. É como a alvorada depois de uma longa noite. O que estava confuso ou oculto se torna simples e evidente.

Esse momento se manifesta como revelação interior. A pessoa se reconhece de forma plena, compreendendo quem é, de onde veio e para onde caminha. As dúvidas que antes a atormentavam perdem força diante da confiança em sua essência. Surge uma sensação de alinhamento entre interior e exterior, entre alma e vida.

Na prática, o momento da face Norte pode ser reconhecido em:

- Fases de realização, em que um grande esforço finalmente frutifica e traz contentamento profundo;
- Momentos de harmonia em que a vida parece fluir com naturalidade, sem necessidade de máscaras;
- Experiências de alegria simples, em que o buscador percebe que a felicidade não está em conquistas externas, mas na clareza interior;
- Períodos em que as relações se tornam mais verdadeiras, baseadas em confiança e partilha;
- Instantes de iluminação em que a vida é compreendida como um todo coerente, sustentado por uma ordem maior.

Psicologicamente, esse é o tempo em que o ego se reconcilia com a essência. Em vez de lutar por reconhecimento ou controle, a pessoa aprende a simplesmente ser, irradiando sua verdade com naturalidade. Trata-se de uma etapa de maturidade emocional e espiritual, em que não há necessidade de esconder-se ou aparentar.

No plano espiritual, representa a vivência do Sol interior ativo e radiante. É o instante em que o buscador compreende que sua vida não se separa da vida cósmica. O mesmo Sol que ilumina o mundo brilha em seu coração. Essa percepção desperta confiança, gratidão e a capacidade de compartilhar luz e calor com os outros.

O momento de vida simbolizado por essa face é o da integração e da revelação. É a etapa em que a alma deixa de buscar fora a sua verdade, encontrando dentro de si a fonte que sustenta toda a existência. O Sol expressa o triunfo da consciência sobre a ilusão, o retorno à simplicidade da alegria e o reconhecimento de que viver é, em si mesmo, um ato sagrado.

Significado Físico:

No plano físico, a face Sul simboliza vitalidade, saúde e vigor, refletindo a ação direta do Sol sobre o corpo. Representa o momento de regeneração e crescimento após as provações enfrentadas no Norte. O corpo é fortalecido pela energia solar, que sustenta a fertilidade, a reprodução e a capacidade de sustentar a vida. É também o plano onde se realiza o equilíbrio entre força física e a disciplina consciente que orienta o uso dessa energia.

Significado Mental:

Mentalmente, a face Sul corresponde à clareza e ao discernimento que emergem quando a mente está iluminada pela verdade. O Sol dissipa a confusão e a dúvida, trazendo entendimento direto e imediato. A presença da Estrela (na aresta Sul-Acima) e do Hierofante (na aresta Sudeste) mostra que a mente do Iniciado é orientada por revelações e por uma sabedoria interior que conduz à compreensão dos mistérios. A mente torna-se fértil, capaz de gerar novas ideias e de multiplicar sua compreensão através da consciência expandida.

Significado Espiritual:

Espiritualmente, a face Sul é o ápice da iluminação. É a revelação da unidade da alma com o Divino, a consciência do Eu Superior e da filiação universal. O Sol simboliza a integração plena da consciência, a realização da Grande Obra no indivíduo, que agora se reconhece como filho do Pai e portador da luz da humanidade. É o lugar da fé inquebrantável e do amor universal, qualidades que permitem ao Iniciado servir como canal de sabedoria, paz e compaixão para o mundo. Aqui se cumpre a promessa da Torre: após a destruição das formas antigas, a nova luz brilha com intensidade insuperável.

Significado Emocional:

No plano emocional, a face Sul representa alegria, esperança e confiança. É o espaço onde as dúvidas e medos são queimados pela luz interior, e a alma experimenta a liberdade de viver em harmonia consigo mesma e com o todo. As emoções aqui são elevadas, equilibradas e direcionadas pela fé e pelo amor. O calor do Sol desperta a generosidade, a fraternidade e o senso de pertencimento a uma comunidade espiritual. É também o ponto em que a emoção se converte em inspiração, guiando o Iniciado a irradiar luz e positividade.

Arestas da Face Sul

A face Sul, iluminada pelo Sol, não é apenas plenitude e alegria. Ela também exige provas e aprendizados que permitem ao buscador sustentar a própria luz de forma madura e duradoura. Suas arestas revelam Portais que simbolizam passagens fundamentais, cada um guardado por um Arcano maior. Eles indicam virtudes a desenvolver, armadilhas a superar e tarefas que permitem integrar o brilho do Sol em todas as dimensões da vida.

Portal da Tradição— Sudeste

- **Arcano na aresta:** Hierofante (5 — Touro)
- **Tarefa/virtude:** enraizar a luz em práticas concretas e em sabedoria transmitida, para que não seja apenas entusiasmo passageiro.
- **Chave de passagem:** confiar em um caminho, uma tradição ou disciplina que dê forma ao brilho interior.
- **Desafio:** rejeitar todo ensinamento externo por orgulho, ou apegar-se à forma vazia da tradição sem compreender seu espírito.

Portal da Transformação — Sudoeste

- **Arcano na aresta:** Morte (13 — Escorpião)
- **Tarefa/virtude:** desapegar-se das velhas formas de viver a luz, permitindo que ela renasça sempre nova.
- **Chave de passagem:** aceitar que a verdadeira iluminação é dinâmica, requerendo constantes renúncias e renovação.
- **Desafio:** resistir às mudanças necessárias, mantendo-se preso a padrões mortos, ou temer a perda como se fosse fim definitivo.

Portal da Esperança — Sul-Acima

- **Arcano na aresta:** Estrela (17 — Aquário)
- **Tarefa/virtude:** nutrir esperança, inspiração e confiança no futuro que se abre com a luz do Sol.
- **Chave de passagem:** cultivar a fé serena e a visão clara que mantém a alegria mesmo em meio às transições.
- **Desafio:** confundir esperança com fantasia ingênua, iludir-se com promessas vazias em vez de nutrir a confiança real.

Portal do Discernimento — Sul-Abaixo

- **Arcano na aresta:** Lua (18 — Peixes)
- **Tarefa/virtude:** lidar com as ilusões e sombras que podem distorcer o brilho da luz solar.
- **Chave de passagem:** aprender a distinguir entre reflexo e essência, entre sonho fértil e ilusão enganosa.
- **Desafio:** perder-se nos enganos do inconsciente, fugir da clareza e mergulhar em fantasias que obscurecem a consciência.

Assim, os Portais da face Sul mostram que a iluminação não é estática: ela exige disciplina, renovação, esperança lúcida e discernimento. Só assim a luz do Sol pode se tornar fonte constante de vitalidade e verdade no caminho do buscador.

Meditação de Conexão com a Face Sul

Sente-se em postura estável, com a coluna ereta e o corpo relaxado. Feche suavemente os olhos e permita que a respiração encontre seu ritmo natural. Inspire longa e profundamente e, ao expirar, sinta o calor da vida percorrendo todo o seu corpo.

Imagine-se no centro do Cubo do Espaço. Ao Sul, diante de você, surge uma claridade dourada. A luz cresce e se transforma em um grande círculo radiante, como um sol que nasce e preenche o horizonte. A face Sul se abre.

O espaço visto é amplo e banhado por uma claridade que aquece e conforta, sem ofuscar. Sinta o calor suave do Sol envolvendo sua pele, penetrando em seu peito, iluminando cada pensamento e cada emoção. Tudo dentro de você se torna transparente, nada permanece oculto.

No centro da sala, duas crianças brincam livremente sob a luz. Elas não carregam máscaras nem pesos, pois simbolizam a simplicidade e a alegria de viver em autenticidade. Observe-as e perceba que representam a sua própria alma, liberta e reconciliada, capaz de ser verdadeira sem medo.

Uma delas se aproxima e, com um sorriso sereno, diz:

A luz sempre esteve aqui.
Foi você quem precisou lembrar como vê-la.

Permaneça diante dessa cena e pergunte a si mesmo: em que áreas da minha vida posso permitir que a luz brilhe com mais clareza? Quais máscaras ainda me afastam da simplicidade da verdade? Respire e deixe que as respostas surjam naturalmente, iluminadas pelo Sol.

Agora, visualize a luz dourada penetrando em seu coração. Ela se expande em todas as direções, como raios que tocam cada aspecto de sua vida. Veja-se irradiando essa luz em seus relacionamentos, em seu trabalho, em seus sonhos e em seu caminho espiritual.

Por alguns instantes, permaneça em silêncio, apenas sentindo a alegria simples de existir sob o Sol. Reconheça que a luz não está somente fora, mas também dentro de você, brilhando como chama eterna em seu ser.

Quando sentir que a experiência se completou, veja a cena dissolver-se suavemente. Retorne ao centro do Cubo, trazendo consigo a confiança, a clareza e a alegria conquistadas. Inspire profundamente, mova o corpo com leveza e, quando estiver pronto, abra os olhos.

Leve consigo o ensinamento de que a verdade é simples, a alegria é natural e a luz que o guia também habita em seu interior.

Face Leste

Caminho da Criação

Carta:
Imperatriz
(Arcano Maior, Arcano 3).

Planeta:
Vênus.

Cor:
Verde.

Letra Hebraica:
Daleth (ד), que significa "porta", indicando a abertura para novos ciclos, novas possibilidades e para a manifestação do potencial criativo.

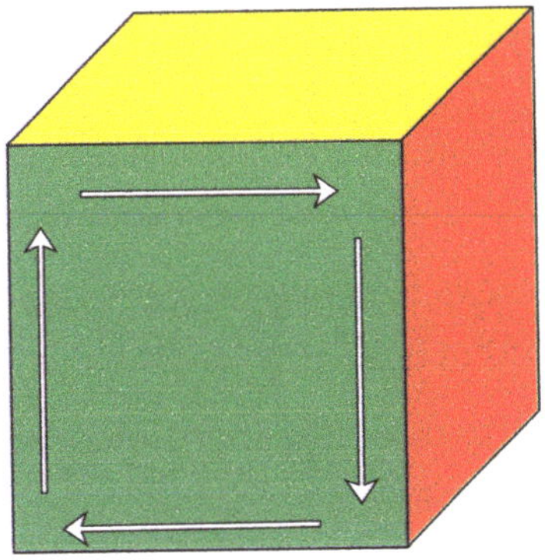

A face Leste apresenta um padrão de energia em circuito fechado, que se move em sentido horário. Suas correntes simbolizam engrenagens criativas que se apoiam mutuamente. As linhas Sudeste e Leste-Abaixo movem-se de Norte para Sul, enquanto as linhas acima e abaixo fluem de Leste para Oeste, conectando o poder da imaginação ao processo de manifestação. De forma singular, as linhas Leste-Acima e Leste-Abaixo compartilham o mesmo sentido de movimento, formando um fluxo coeso de energia que reforça a ideia de continuidade e renovação. A perspectiva meditativa tradicional é voltada para o Leste, contemplando o nascer do sol e o renascimento da luz.

Simbolismo Geral:

A face Leste é o domínio da criatividade, da imaginação e dos novos começos. Representa o amanhecer da consciência, a semente da criação e o útero espiritual onde todas as formas são gestadas. É o espaço da concepção, pois aqui a alma, simbolizada pelo Homem Suspenso (Arcano 12), é acolhida no útero da Imperatriz, onde permanece por quarenta semanas, em correspondência ao valor numérico da letra *Mem* (מ). Trata-se do ventre da Mãe Universal, de onde brotam tanto os indivíduos quanto as imagens criativas que moldam a existência.

A polaridade da face Leste é sabedoria e loucura. A sabedoria manifesta-se quando as imagens criativas se alinham à verdade, enquanto a loucura surge quando a imaginação se perde em desordem e caos. Por isso, esse espaço requer disciplina e compaixão, que aqui se afirmam como fundamentos da personalidade e alicerce do caminho espiritual.

A Imperatriz, no centro, encarna o arquétipo da fertilidade, da abundância e do poder multiplicador da imaginação. É ela quem organiza e dá forma às sementes lançadas pelo Mago (Arcano 1), transformando impulsos em imagens mentais e estas em realidades potenciais. Vênus, planeta da beleza e da harmonia, governa esse campo, enquanto a letra *Daleth* (ד), a "porta", simboliza a passagem entre mundos e estados de consciência. O verde-esmeralda reforça o caráter de crescimento, frescor e renovação, sendo a cor da vida em expansão.

A letra hebraica *Daleth* (ד) guarda ainda outros significados:

- Ela simboliza a abertura para a abundância, a fertilidade e o fluxo da vida.
- Como porta, representa o acesso ao espaço da imaginação criadora, ao jardim fértil da alma onde as sementes são plantadas.
- A ligação com Vênus reforça o aspecto de beleza, harmonia, amor e poder de atração que caracterizam essa face.

No Cubo, o Leste é o ponto do nascimento e do despertar, o horizonte do Sol nascente, guardado pela Imperatriz e pelo portal de *Daleth* (ד).

A face Leste do Cubo do Espaço é chamada de Caminho da Criação, pois nela a vida floresce como fruto do encontro entre inspiração e forma. O Leste é o lugar do nascer do Sol, o ponto em que a luz rompe as trevas e inaugura um novo ciclo. Ali habita a Imperatriz, Arcano 3 do Tarô, personificação da fertilidade, da beleza e da abundância. Seu planeta regente é Vênus, símbolo do amor, da harmonia e da arte.

Se na face Acima o Mago revela o poder da palavra criadora, no Leste a Imperatriz ensina que toda palavra precisa ganhar corpo, toda ideia deve encontrar um campo fértil para se desenvolver. Ela é o útero cósmico que acolhe, nutre e faz germinar. Sentada em seu trono, cercada por sinais de vida, a Imperatriz recorda que a verdadeira criação não nasce da pressa, mas do cuidado e da paciência.

Essa face representa a dimensão da alma em que aprendemos a dar forma aos sonhos. É o espaço da gestação de projetos, da construção de relações, da busca pelo equilíbrio entre razão e emoção. Enquanto Vênus simboliza o prazer e a harmonia que embelezam a existência, a Imperatriz mostra que criar não é ato puramente mental, mas também ato de amor. É impregnar a matéria de sentido e nutrir a vida com intenção.

O simbolismo do Leste, lugar do amanhecer, reforça essa ideia. Tal como o Sol que se ergue após a noite, esta face ensina que cada fim é também início, e que toda fase de escuridão prepara o terreno para um novo nascimento. O estudante que ingressa nessa face aprende a olhar para si e para o mundo como um campo de cultivo, reconhecendo que tudo o que é nutrido com amor cresce em direção à luz.

Na prática, essa face simboliza a etapa em que a vida pede construção e fertilidade. É o tempo de organizar as sementes recebidas nas experiências anteriores, de nutrir ideias, relações e projetos para que amadureçam. É também a fase da sensibilidade desperta para a beleza, a arte, a natureza, o prazer equilibrado e consciente.

A face Leste mostra, portanto, que a evolução não se realiza apenas no silêncio (como na Sacerdotisa) ou na palavra (como no Mago), mas também na capacidade de gerar, nutrir e sustentar a vida em suas múltiplas formas. Lembra-nos que cada ser humano é criador, e que a verdadeira obra não se limita ao intelecto, mas se manifesta em gestos concretos de amor e harmonia.

Ao atravessar a face Leste, o buscador é convidado a viver experiências de gestação, fertilidade e manifestação. É a fase em que o que antes existia apenas como ideia ou inspiração começa a assumir forma concreta, pedindo cuidado e dedicação. Se a Sacerdotisa guarda o mistério e o Mago desperta o poder da palavra, a Imperatriz ensina que toda criação precisa ser nutrida com amor e paciência para se tornar realidade.

Na vida cotidiana, a energia dessa face se expressa em diferentes situações:

- Quando iniciamos um novo projeto e precisamos sustentá-lo no tempo.
- Quando vivemos relações que exigem afeto, compromisso e presença.
- Quando descobrimos talentos criativos que pedem expressão, seja em arte, escrita, música ou qualquer forma de beleza.
- Quando sentimos o chamado de cuidar — seja de pessoas, de ideias ou de nós mesmos — para que a vida floresça.

A Imperatriz é a mãe cósmica, mas sua maternidade não se limita ao aspecto biológico. Ela é mãe de tudo o que nasce: um filho, um trabalho, uma amizade, um propósito. Contemplar esta face significa compreender que criar não é apenas produzir resultados, mas acolher e nutrir o processo. É aprender a respeitar os ciclos da natureza, reconhecendo que cada coisa tem seu tempo de germinação, crescimento e florescimento.

Essa face também traz a experiência da beleza como caminho espiritual. A harmonia de Vênus ensina que a vida não se resume à luta ou à sobrevivência; ela se manifesta igualmente no prazer, na arte, na música e no encontro com a natureza. Quando o buscador atravessa o Leste, descobre que a beleza não é superficialidade, mas reflexo da ordem divina — lembrete de que tudo o que nasce em equilíbrio revela a presença do sagrado.

Em termos existenciais, a face Leste corresponde a períodos em que a pessoa sente necessidade de construir bases sólidas para o que virá. É a fase em que o entusiasmo criativo precisa transformar-se em compromisso diário. É também o tempo em que a alma é chamada a assumir responsabilidade pelo que gera, sejam palavras, ações, obras ou relações. O buscador aprende que não basta plantar, é preciso regar; não basta começar, é preciso nutrir até que o fruto amadureça.

Por outro lado, essa face apresenta desafios. A energia venusiana pode desequilibrar-se em direção ao excesso de prazer, ao apego à forma ou à busca de resultados imediatos. Nesses casos, a lição da Imperatriz é recordar que a criação autêntica não pode ser forçada nem reduzida à gratificação pessoal. Ela deve alinhar-se à harmonia da vida.

Assim, as experiências da face Leste revelam que a criação é um ato sagrado que exige cuidado, paciência e beleza. O buscador que atravessa essa sala aprende que cada gesto de amor e dedicação é uma semente que se tornará árvore, e que a vida é generosa com aqueles que sabem cultivar.

Viver a face Leste do Cubo é atravessar um momento em que a energia criadora pede expressão concreta. É o tempo em que a alma, depois de recolher saber no silêncio da Sacerdotisa e de despertar o poder da palavra com o Mago, precisa trazer à luz o que já foi concebido. A Imperatriz simboliza a passagem em que o saber interior e a palavra criadora encontram um campo fértil para se tornarem forma, gesto e realização.

Esse momento pode manifestar-se em diferentes fases da vida. Para alguns, ocorre na juventude, quando surgem os primeiros projetos e escolhas de caminhos. Para outros, em uma fase mais madura, quando ideias antigas encontram condições para germinar. Seja em que idade for, é o tempo de plantar com consciência, nutrir com paciência e colher no momento certo.

Esta face é também o espaço das relações humanas. Muitas vezes, esse momento se expressa na construção de vínculos afetivos mais profundos — em um relacionamento amoroso, na maternidade ou paternidade, ou no simples ato de cuidar de alguém. Assim como a Imperatriz, sentada em seu trono no meio da natureza e cercada de símbolos de fertilidade, o buscador é chamado a cuidar do que nasce em sua vida, seja uma pessoa, uma ideia, uma obra ou um compromisso.

No plano espiritual, esse momento da jornada representa a etapa em que a consciência aprende a ver a beleza como revelação do divino. Tudo o que floresce — um jardim, uma amizade, uma obra de arte — torna-se sinal da ordem superior que governa a vida. Descobrimos que a espiritualidade não está apenas no silêncio da meditação ou no poder da palavra sagrada, mas também no cuidado com o mundo concreto: cozinhar, plantar, embelezar um espaço, ouvir com carinho. Tudo isso é criação, e também oração.

Contudo, a passagem por essa face traz provas. O buscador pode sentir-se impaciente, desejando resultados rápidos, ou cair na armadilha do apego ao que criou, esquecendo que toda obra tem seu ciclo próprio de crescimento e transformação. A Imperatriz ensina que não é o controle que faz a vida florescer, mas a confiança e o cuidado constante.

O momento representado pela face Leste é, portanto, aquele em que a vida nos pede assumir nossa força criadora de forma responsável. Não basta sonhar nem apenas falar: é preciso gerar, cultivar e sustentar. É a hora de permitir que a beleza e a abundância se expressem, não como excesso, mas como reflexo da harmonia da alma.

Em síntese, a face Leste marca o tempo da gestação consciente e do florescimento, quando o buscador se torna jardineiro de sua própria vida, compreendendo que cada pensamento, cada palavra e cada gesto são sementes que, ao serem nutridas, transformarão o futuro.

Significado Físico:

Fisicamente, a face Leste corresponde ao início da vida e ao corpo em gestação. Representa a fertilidade, o crescimento celular e o desenvolvimento orgânico, assim como o vigor da juventude e a vitalidade dos começos. Também reflete a energia venusiana, que sustenta a saúde através da harmonia e da beleza, e simboliza o corpo como templo de manifestação criativa.

Significado Mental:

Mentalmente, o Leste é o domínio da imaginação criativa. É onde as imagens formadas pela mente consciente e subconsciente se encontram e se refinam. As arestas — como os Amantes (Arcano 6) e o Carro (Arcano 7) — mostram que este é o espaço da comunicação, da escolha e da força de vontade direcionada. O Imperador (Arcano 4), na aresta Nordeste, garante que a imaginação seja ordenada e não se torne fantasia estéril. Assim, o Leste ensina a pensar criativamente com clareza e propósito.

Significado Espiritual:

Espiritualmente, a face Leste é o ventre da criação, o lugar onde a alma se reconecta com a Mãe Universal e aprende a formar imagens alinhadas com a Verdade Divina. É a porta para todos os ciclos de manifestação e o espaço onde o Eu Superior lança suas sementes para o mundo material. Aqui a alma desperta para sua capacidade co-criadora, compreendendo que cada imagem mental é uma semente plantada na realidade. É também o espaço da compaixão espiritual, pois o Iniciado aprende que a imaginação deve ser usada para o benefício próprio e coletivo, guiando a humanidade em direção à luz.

Significado Emocional:

Emoções de ternura, amor e compaixão predominam nesta face. A energia venusiana desperta sentimentos de harmonia, empatia e desejo de união. Contudo, também é o domínio da paixão criativa e da intensidade emocional que move o ser humano a buscar novas possibilidades. Quando equilibradas, as emoções do Leste tornam-se a base da compaixão e da generosidade, sustentando a jornada espiritual com abertura e receptividade.

Arestas da Face Leste

As arestas que tocam a face Leste são as arestas do quadrante oriental do Cubo. Cada uma funciona como um Portal que qualifica a potência criadora da Imperatriz. Para atravessá-los sem distorção, o buscador precisa cultivar a virtude correspondente.

Portal da Estrutura— Nordeste

- **Arcano na aresta:** Imperador (4 — Áries)
- **Tarefa/Virtude:** disciplina e limites saudáveis para que a criação tenha forma e continuidade.
- **Chave de passagem:** definir contorno, cronograma e responsabilidades; transformar desejo em plano de ação.
- **Desafio:** rigidez autoritária (mata a fertilidade) ou falta total de fronteiras (dispersa a obra).

Portal da Transmissão — Sudeste

- **Arcano na aresta:** Hierofante (5 — Touro)
- **Tarefa/Virtude:** tradição e sabedoria transmitida — aprender com quem veio antes e perpetuar o que é valioso.
- **Chave de passagem:** enraizar o projeto em valores, métodos e práticas testadas; humildade para ser discípulo e fidelidade para ensinar.
- **Desafio:** dogmatismo (forma sem vida) ou rejeição imatura da tradição (reinventar a roda e perder tempo/força).

Portal da Escolha — Leste-Acima

- **Arcano na aresta:** Enamorados (6 — Gêmeos)
- **Tarefa/Virtude:** discernimento na imaginação — escolher, entre muitas possibilidades, a imagem que merece ser nutrida.
- **Chave de passagem:** unir mente e coração numa decisão clara; formular a visão em uma frase simples e verdadeira.
- **Desafio:** indecisão, sedução pelo brilho superficial, múltiplos começos sem continuidade.

Portal da Direção — Leste-Abaixo

- **Arcano na aresta:** Carro (7 — Câncer)
- **Tarefa/Virtude:** direção da energia criadora — conduzir o impulso de Vênus com foco emocional e proteção do que nasce.
- **Chave de passagem:** estabelecer rumo, ritmo e proteção (limites, rotinas, cuidados) para que a obra atravesse os obstáculos.
- **Desafio:** ser arrastado por oscilações afetivas, perder o controle do "veículo" e desviar-se do propósito.

Esses quatro portais mostram que a beleza da Imperatriz floresce quando a imaginação escolhe, a vontade estrutura, a tradição orienta e a vida é conduzida com cuidado.

Meditação de Conexão com a Face Leste

Sente-se em posição confortável, mantendo a coluna ereta. Feche os olhos e respire profundamente três vezes. A cada inspiração, imagine que acolhe vida nova; a cada expiração, solte preocupações e tensões.

Visualize-se no centro do Cubo do Espaço. Aos poucos, volte-se para o Leste, o ponto do nascer do Sol. A parede diante de você começa a irradiar tons dourados e verdes, trazendo calor suave e vitalidade.

A face se abre. O ambiente visto é o de um campo fértil, repleto de flores em broto, árvores carregadas de frutos e águas cristalinas que correm suavemente. No centro, sobre um trono ornado com símbolos venusianos, está a Imperatriz. Ela sustenta um cetro e um escudo com a águia, sinais de autoridade, fertilidade e proteção.

Aproxime-se dela. Sinta a acolhida de sua presença materna e luminosa. Seu olhar transmite, em silêncio, a certeza de que tudo o que é nutrido com amor floresce. Ao redor, a natureza responde: sementes germinam, flores se abrem, frutos amadurecem.

Coloque diante dela, em pensamento, uma semente simbólica — pode ser um projeto, um relacionamento, uma mudança de vida ou um sonho que deseja realizar. Veja-a receber essa semente em suas mãos e, com um gesto suave, plantá-la no solo fértil da sala. Uma luz dourada desce do alto e envolve a semente, enquanto raízes começam a expandir-se invisivelmente.

A Imperatriz sorri e lhe comunica em silêncio:

Confie no tempo da vida.
O que você cultiva com amor, cresce.
O que você sustenta com beleza e paciência, frutifica.

Permaneça alguns instantes contemplando essa cena. Respire fundo e sinta em seu coração a energia de Vênus da harmonia, amor, abundância e criação. Imagine essa energia espalhando-se pelo corpo: do coração para as mãos, dos pés para a terra, da mente para a visão de futuro.

Quando sentir que a experiência se completou, agradeça à Imperatriz. Veja a sala dissolver-se suavemente em luz dourada e retorne ao centro do Cubo. Inspire profundamente mais uma vez e repita interiormente:

Eu cultivo com amor.
Eu gero com paciência.
Eu colho com sabedoria.

Abra os olhos, trazendo consigo serenidade, confiança e o compromisso de nutrir aquilo que deseja florescer em sua vida.

Face Acima

Caminho da Vontade e Palavra

Carta:
Mago (Arcano Maior, Arcano 1).

Planeta:
Mercúrio.

Cor:
Amarelo

Letra Hebraica:
Beth (ב), que significa "casa" ou "morada", representando o espaço onde o Espírito habita e se manifesta através da personalidade humana como veículo de expressão do Eu Interior.

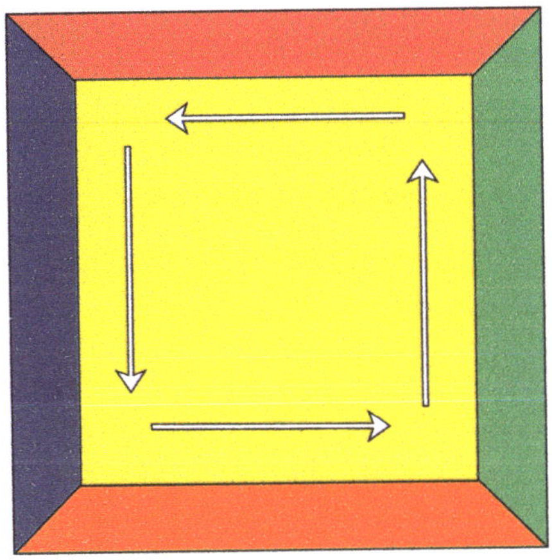

O fluxo de energia na face Acima segue em direção anti-horária, invertendo o padrão horário da face Leste. As duas funcionam como engrenagens que se apoiam mutuamente. O Leste fornece a imaginação criativa e a face Acima a organiza em conhecimento autoconsciente. Essa corrente expressa a atividade contínua do pensamento, que interpreta e estrutura os ciclos da vida. É possível circular indefinidamente pela face Acima sem necessariamente descer à face Abaixo, o que indica a autonomia da consciência desperta e a capacidade de permanecer em estado vigilante. A meditação tradicional nesta face é realizada como contemplação do ponto culminante da mente, acima de todas as limitações.

Simbolismo Geral:

A face Acima corresponde ao domínio da autoconsciência e ao Mestre da Luz. Representa o ponto culminante da jornada espiritual no corpo humano, quando a mente desperta reconhece sua identidade como observadora e criadora. O Mago, colocado no centro, ergue o bastão em direção ao alto e aponta para a Terra, expressando a ponte que une o divino ao humano, o superconsciente à manifestação. Mercúrio, planeta do intelecto e da comunicação, governa esta face e ressalta o poder da palavra, da mente ágil e da sabedoria prática.

Beth (ב), entendida como "morada", sugere que o corpo e a personalidade constituem templos transitórios do Espírito, onde a consciência se revela. A inteligência cabalística atribuída a *Beth* (ב)é denominada "Inteligência Transparente" ou "Inteligência Admirável", pois abre passagem livre para a Luz superconsciente, que ilumina a mente humana.

A face Acima é identificada como o "Caminho do Retorno a Deus". Nesse estágio, o Iniciado, transformado pelas provas vividas nas faces anteriores, reconhece-se como Mestre da Luz. As imagens criativas que surgiram na face Leste circulam aqui e adquirem significado prático, convertendo fantasia em compreensão e sabedoria em aplicação cotidiana. O ápice dessa face é a faculdade de permanecer desperto no presente, vigilante e integrado, mesmo diante das circunstâncias que se apresentam no mundo.

No Cubo do Espaço, a letra hebraica *Beth* (ב) conduz ainda a outros desdobramentos de sentido:

- É a segunda letra do alfabeto hebraico e simboliza o espaço interior onde a criação pode acontecer.
- Relacionada ao Mago, ela expressa a consciência desperta, o poder da palavra e da vontade como instrumentos criadores.
- O vínculo com Mercúrio reforça o aspecto de inteligência, comunicação e mediação entre mundos.

No Cubo, a face Acima é a morada da consciência clara e do verbo criador, ponto de onde descem as ideias, a inspiração e o sopro da mente superior que podem ser conduzidos ao plano da vida concreta. É chamada de Caminho da Vontade e Palavra. Mais que uma cobertura simbólica que reveste a consciência, constitui um campo vibrante onde se manifesta o poder criador do pensamento e da linguagem.

O Mago ergue o braço direito em direção ao céu e aponta o esquerdo para a Terra. O gesto expressa a lei fundamental que governa essa face, o que está acima corresponde ao que está abaixo. Pela mente e pela palavra, o ser humano torna-se mediador entre o invisível e o visível, entre o divino e o humano.

Essa face representa o instante em que o buscador descobre a força criadora da consciência. Tudo tem início no pensamento. Antes de um ato realizar-se, já existe como ideia; antes de uma obra florescer no mundo, já foi pronunciada na mente e no verbo. A face Acima é a escola onde se aprende que pensar é semear, falar é agir e calar é igualmente um gesto criador.

A influência de Mercúrio nessa face confere leveza, rapidez e a capacidade de unir o que parecia disperso. Ele é o mensageiro dos deuses, condutor das almas entre mundos, e nesse papel ensina que a comunicação transcende as palavras ditas. Também é intuição, sonho, símbolo, inspiração súbita. O estudante descobre que a realidade se compõe de linguagens múltiplas, da linguagem das estrelas aos sinais íntimos do coração, e que o verdadeiro iniciado é aquele que aprende a reconhecê-las e traduzi-las.

Na vida prática, a face Acima se expressa como um período em que a pessoa é chamada a organizar pensamentos, comunicar intenções e ordenar o que antes estava apenas como intuição dispersa. É tempo de aprendizado, curiosidade, abertura a novos conhecimentos e percepção do peso e da consequência das palavras. É também quando se percebe que palavras proferidas sem consciência podem ferir, confundir e desviar, enquanto palavras claras e verdadeiras podem abrir caminhos e iluminar.

O ensinamento dessa face propõe alinhar pensamento, palavra e ação. O buscador que contempla essa face descobre que já possui diante de si os instrumentos do Mago, a taça, a espada, o bastão e o pentáculo. O verdadeiro desafio não é buscá-los fora, mas reconhecer que representam faculdades internas. Ao tomar consciência disso, a mente deixa de ser mero reflexo do mundo exterior e torna-se ferramenta de criação consciente.

Essa face também se manifesta nos momentos em que se é chamado a assumir responsabilidade pelo que se pensa e se diz. É a fase em que a mente desperta para a própria influência, observando a forma como falamos conosco, os discursos repetidos em silêncio, as afirmações sustentadas. Muitas vezes, essa etapa é marcada pelo entusiasmo da descoberta intelectual. O indivíduo mergulha em estudos, acumula informações, abre-se para múltiplos saberes. Contudo, junto com a expansão surge o risco da dispersão, pois Mercúrio é veloz e sua energia pode tanto conectar quanto confundir.

A experiência com esta face traz simultaneamente inspiração e desafio. O estudante sente prazer em aprender, dialogar e encontrar palavras precisas, mas é confrontado pela tentação do uso superficial da linguagem, do falar por falar, da manipulação de discursos ou da mentira como fuga. O ensinamento central é que o verbo não é neutro. Ele cria, e tudo o que cria retorna.

O grande ensinamento dessa face é que a palavra constitui ato mágico. O que se pensa e se pronuncia ganha forma, projeta-se no tempo e no espaço e retorna àquele que a emitiu. Entrar nessa sala é compreender que a vida se tece pelo fio da linguagem e que aquele que aprende a ordenar a mente e governar o verbo torna-se cocriador de sua própria realidade.

A face Acima nos leva a experimentar a potência da mente e do verbo. Não se trata de raciocínio lógico apenas, mas da vivência de que toda ideia e toda palavra têm poder de criar, moldar ou destruir. Essa face configura-se como campo de provas e descobertas, em que o buscador é confrontado pelo uso que faz do pensamento e da fala.

O Mago ensina que já dispomos das ferramentas necessárias para realizar. A taça, a espada, o bastão e o pentáculo sobre sua mesa simbolizam, além de elementos externos, faculdades internas da alma: sentimento, intelecto, vontade e ação material. Nesta face, o estudante percebe que cada palavra pronunciada ativa uma dessas forças e movimenta energia em algum nível da realidade.

No plano espiritual, essa face abre um canal de comunicação com os planos sutis. Muitos relatam intuições rápidas, sonhos plenos de símbolos, insights recebidos como mensagens interiores. Mercúrio é o psicopompo, condutor das almas, e nesse papel recorda que a palavra não é apenas social, mas também sagrada. Pode ser oração, invocação ou decreto. Aprende-se que falar com o divino é tão real quanto dialogar com os homens, e que o silêncio, quando praticado com consciência, também é linguagem.

A experiência na face Acima costuma marcar um momento de vida em que se reconhece a força do conhecimento e da comunicação. Pode ocorrer na juventude, quando a mente se abre a novas possibilidades, ou em fases de renovação mais tardias, quando há necessidade de reorganizar a visão do mundo. É sempre etapa de revelação. O que estava disperso passa a ser organizado, e a consciência aprende que pensar, falar e agir constituem três aspectos de uma mesma corrente criadora.

Essa face ensina que a mente pode ser canal ou prisão. Quando disciplinada e iluminada, traduz a linguagem dos céus em gestos concretos. Quando instável, converte-se em labirinto de ilusões. O buscador que vivencia a face Acima precisa cultivar atenção, discernimento e integridade, para que sua palavra seja instrumento de vida e não de confusão.

A experiência dessa face manifesta-se como período existencial em que a mente desperta para seu verdadeiro papel de articular, traduzir e ordenar a realidade. É a fase em que a pessoa se descobre portadora de poder para transformar pensamentos em ação e criar mundos por meio da palavra. Por isso essa face é regida pelo Mago, o primeiro dos Arcanos Maiores, que inaugura o caminho da iniciação com um gesto de ligação entre o alto e o baixo.

Esse momento da vida surge em fases de início e renovação. É como a alvorada de uma nova etapa em que o estudante, o pesquisador, o artista ou aquele que decide reorganizar sua existência sente que o universo o chama a alinhar mente e voz. Há entusiasmo e curiosidade, mas também responsabilidade profunda, pois o que se diz torna-se; o que se pensa molda; o que se cala adquire forma silenciosa.

Na perspectiva psicológica, a face Acima simboliza o amadurecimento da consciência intelectual. A pessoa deixa de repetir discursos herdados e passa a elaborar a própria palavra, a própria interpretação do mundo. Aprende-se que pensar com clareza é vital como respirar, e que falar com verdade é ato de dignidade e criação. Não se trata de comunicar ideias apenas, mas de dar forma ao invisível e sustentar o que se cria pelo verbo.

No plano espiritual, esse momento é o primeiro contato consciente com o poder mágico da mente. O buscador percebe que orações, mantras, afirmações e invocações não são rituais vazios, mas veículos de energia. Reconhece que o pensamento sintoniza realidades, que a palavra abre ou fecha portas, e que a imaginação, quando guiada pela intenção, atrai experiências transformadoras.

O risco está no fascínio pela própria habilidade. O estudante pode usar o dom da palavra de forma manipuladora ou superficial, confundindo eloquência com sabedoria.

No cotidiano, a passagem por essa face pode se manifestar em situações como:

- Um ciclo de estudos intensos, em que a mente se expande rapidamente.
- Um momento em que se precisa falar em público, ensinar, transmitir algo importante.
- O início de uma obra criativa, em que ideias precisam ser organizadas em forma.
- O encontro com uma nova linguagem (literal ou simbólica) que amplia a percepção do mundo.

Essa face do Cubo do Espaço marca um tempo de início, aprendizado e organização mental. É quando a pessoa reconhece que já possui tudo o que necessita, como o Mago diante de sua mesa, mas precisa aprender a utilizar esses recursos com equilíbrio, disciplina e consciência. Também é uma fase de prova em que a palavra, quando empregada de forma descuidada, pode gerar confusão e retrocesso; se utilizada com integridade, abre caminhos e revela novos horizontes.

O momento de vida representado pela face Acima é o despertar da mente criadora. O buscador compreende que a palavra não constitui simples veículo, mas substância; que pensar não se reduz a refletir, mas a semear; que falar não é apenas expressar, mas realizar. É a etapa em que a consciência humana descobre sua vocação como mediadora entre mundos e assume a responsabilidade de ser autora da própria realidade.

Significado Físico:

Fisicamente, a face Acima corresponde ao cérebro e ao sistema nervoso central, onde reside a atividade autoconsciente. Representa também o estado de alerta, a clareza da percepção sensorial e o domínio dos processos mentais. É o ponto mais elevado do corpo como morada do Espírito, simbolizando a coroa da criação.

Significado Mental:

Mentalmente, a face Acima é o ápice do raciocínio claro, da lógica refinada e da compreensão abrangente. É o espaço onde a mente consciente se torna instrumento da sabedoria divina, capaz de discernir, ordenar e interpretar. As arestas — Amantes (Arcano 6), Força (Arcano 8), Temperança (Arcano 14) e Estrela (Arcano 17) — revelam que esta face integra amor, coragem, equilíbrio e revelação, qualidades necessárias para o funcionamento pleno da mente iluminada. O Mago é também o arquétipo da concentração, indicando que a mente desperta tem o poder de direcionar energia criativa com precisão.

Significado Espiritual:

Espiritualmente, a face Acima representa o estado do Mestre da Luz, que alcançou a plena consciência de sua identidade divina enquanto ainda habita o corpo físico. É o auge do desenvolvimento espiritual humano: a união da sabedoria, da compreensão e da iluminação prática. O Louco (Arcano 0), no eixo vertical que conecta Acima e Abaixo, simboliza o Espírito totalmente livre, cuja consciência permeia esta face como testemunha eterna. Aqui, a alma reconhece que todo o processo criativo é dirigido pelo Ego Central, e que retornar a Deus significa despertar para essa identidade maior que transcende o eu limitado.

Significado Emocional:

Em termos emocionais, a face Acima é o espaço da confiança absoluta, da serenidade e da paz. O domínio do Mestre da Luz não é marcado por conflitos emocionais, mas pela estabilidade interior e pela alegria silenciosa de saber-se integrado à verdade. Emoções como entusiasmo, clareza e inspiração emergem espontaneamente, guiadas por amor consciente e sabedoria.

Arestas da Face Acima

Estar na face Acima é reconhecer que nada permanece imóvel. Cada face do Cubo se liga às demais por passagens que se apresentam como portais, fronteiras vivas que exigem do buscador uma transformação interior antes de permitir a travessia. O Mago, senhor da palavra e do pensamento criador, encontra-se cercado por essas portas que o conduzem a outros campos da experiência. Cada portal é guardado por um Arcano que toca sua aresta e por uma virtude essencial que o estudante precisa cultivar para prosseguir.

Em cada passagem está um Arcano que corresponde a um signo e propõe uma tarefa interior, uma prova que deve ser enfrentada para que a travessia rumo a uma face adjacente se realize de modo consciente.

Portal da Clareza — Acima → Leste

- **Arcano na aresta:** os Enamorados (6 — Gêmeos)
- **Tarefa/Virtude:** aprender a discernir entre múltiplas vozes e alinhar pensamento, desejo e palavra.
- **Chave de passagem:** escolher com consciência, unificando razão e coração naquilo que se expressa.
- **Desafio:** indecisão, duplicidade de discurso, sedução pelo brilho superficial das ideias.

Portal da Coragem — Acima → Norte

- **Arcano na aresta:** Força (8 — Leão)
- **Tarefa/Virtude:** sustentar a palavra diante das provas, domando impulsos e mantendo integridade.
- **Chave de passagem:** usar firmeza serena; não recuar da verdade, nem se impor pela violência verbal.
- **Desafio:** orgulho intelectual, bravata, dureza que destrói em vez de sustentar.

Portal da Temperança — Acima → Oeste

- **Arcano na aresta:** Temperança (14 — Sagitário)
- **Tarefa/Virtude:** dosar a comunicação, harmonizar opostos e falar no tempo certo.
- **Chave de passagem:** transformar excesso em síntese, falar menos e significar mais.
- **Desafio:** exagero verbal, dogmatismo, discurso que promete mais do que pode cumprir.

Portal da Esperança — Acima → Sul

- **Arcano na aresta:** Estrela (17 — Aquário)
- **Tarefa/Virtude:** deixar a palavra fluir como serviço, simples e transparente.
- **Chave de passagem:** oferecer a mensagem como fonte clara, sem vaidade ou ocultação.
- **Desafio:** cinismo que seca a inspiração, ou orgulho espiritual que turva a autenticidade.

Assim, as arestas que cercam a face Acima mostram que o poder criador do Mago só floresce quando é disciplinado, equilibrado, inspirado e guiado pela coragem consciente.

Meditação de Conexão com a Face Acima

Sente-se em postura ereta, de preferência em um espaço silencioso. Feche suavemente os olhos e permita que a respiração encontre o próprio ritmo. Inspire pelas narinas, longa e profundamente, e ao expirar sinta o corpo repousar no presente.

Imagine-se no interior do Cubo do Espaço. Você está no centro, e acima de sua cabeça começa a brilhar uma luz clara e cintilante, viva como o mercúrio em movimento. Essa luz desce como um raio prateado e repousa sobre o topo do Cubo, formando a face Acima. Essa face se abre e você se eleva em direção a um espaço luminoso, com paredes translúcidas que parecem feitas de ar em vibração. No centro, uma mesa surge, e sobre ela repousam quatro instrumentos: um bastão, uma taça, uma espada e um pentáculo. Eles brilham levemente, como se respirassem. Reconheça neles as faculdades de sua própria alma: vontade, sentimento, pensamento e ação.

Diante da mesa está o Mago. Ele ergue o braço direito em direção ao alto e aponta o esquerdo para a Terra. Sua presença não é algo externo, mas o reflexo da sua própria consciência. Ele olha em seus olhos e, sem mover os lábios, transmite uma certeza:

Tudo o que você precisa já está dentro de você.
Sua palavra é ponte, sua mente é criadora.

Permita-se sentir a energia mercurial atravessando o corpo. Observe como os pensamentos surgem e se movem diante de você. Alguns são claros, outros confusos. Não os rejeite, apenas veja-os como sementes. Pergunte a si mesmo: quais sementes desejo plantar com minha palavra? Quais pensamentos merecem ser nutridos até se tornarem realidade?

Enquanto contempla, visualize a luz prateada descendo pela cabeça, preenchendo a garganta e o coração. Essa luz limpa, purifica e alinha. Sinta que sua fala se conecta à sua verdade mais íntima. Cada palavra que você pronunciar a partir desse estado será clara, verdadeira, corajosa, alegre e sábia.

Por um instante, silencie completamente. Respire nesse silêncio e perceba que o silêncio também é linguagem. Ele é o útero onde a palavra é gestada. Permaneça nesse estado, reconhecendo que pensar, falar e calar são três modos do mesmo poder criador.

Quando sentir que a experiência se completou, agradeça ao Mago e veja a sala dissolver-se lentamente em luz. Retorne ao centro do Cubo com essa energia integrada. Inspire fundo, mova o corpo devagar e, quando estiver pronto, abra os olhos.

Leve consigo o ensinamento de que a mente é canal, a palavra é semente e a vida é obra de criação consciente.

Face Inferior

Caminho do Mistério e Silêncio

Carta:
Sacerdotisa (Arcano Maior, Arcano 2).

Planeta:
Lua.

Cor:
Violeta.

Letra Hebraica:
Gimel (ג), que significa "camelo", símbolo de transporte e de ligação, representando o veículo que atravessa desertos e conecta cidades, analogia ao papel da mente subconsciente como ponte entre mundos internos e externos.

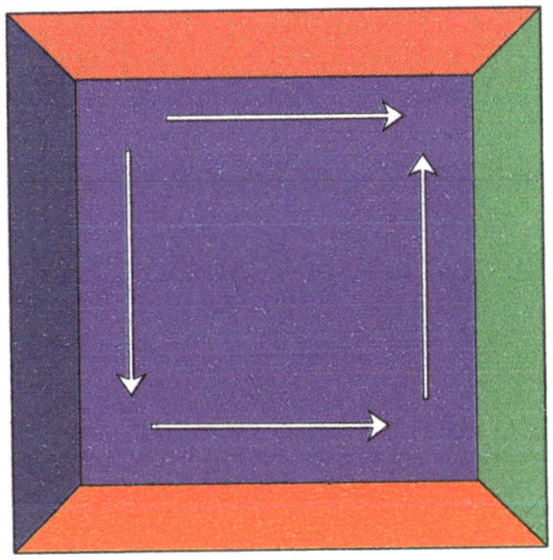

O fluxo de energia na face Abaixo é múltiplo e complexo, refletindo a própria natureza da mente subconsciente. No Oeste-Abaixo, a energia se desloca de Norte para Sul. A linha Norte-Abaixo segue de Oeste para Leste. Já a Leste-Abaixo, em particular, move-se de Sul para Norte em sentido anti-horário, criando uma tensão com o fluxo predominante e revelando que esse domínio pode gerar colisões energéticas capazes de impulsionar o viajante de volta à superfície.

Essas correntes recordam que o subconsciente acumula, armazena e organiza experiências, mas também as libera para os níveis conscientes quando a pressão interior exige expressão.

Simbolismo Geral:

A face Abaixo é o espelho da face Acima. Enquanto o Mago, na face Acima, representa o Mestre da Luz e a atividade consciente, a Sacerdotisa manifesta-se como Mestra da Escuridão e guardiã do poder do registro subconsciente. Este domínio corresponde ao campo da memória universal e pessoal, o repositório de todas as impressões e experiências. Como *Prima Materia* alquímica, simboliza o estado potencial, informe e receptivo do qual todas as coisas são geradas.

Esse território exige do iniciado a coragem de olhar para dentro, de enfrentar o mistério e de lidar com as forças que permanecem ocultas ao olhar da mente desperta. A Sacerdotisa é a guardiã desse espaço, que se apresenta como base da vida psíquica e fonte inesgotável de recursos criativos.

Sentada sobre a pedra cúbica de sal, a Sacerdotisa conserva o pergaminho que contém a *Torah*, a Lei Natural e imutável que regula os ciclos da manifestação. Esse pergaminho é o registro indelével de todos os acontecimentos e estados da mente e do corpo, representando uma espécie de "DNA do universo", no qual se armazena a essência da experiência humana e cósmica.

Gimel (ג), o camelo, simboliza que o subconsciente transporta imagens e informações de um ponto a outro, sustentando a continuidade do ser.

No Cubo do Espaço, a letra hebraica *Gimel* (ג) também significa:

- Essa letra representa o canal secreto que conecta a superfície ao que está oculto.
- Relacionada à Sacerdotisa, *Gimel* (ג) expressa o véu dos mistérios, o inconsciente profundo, a receptividade silenciosa e a intuição que guia o buscador nas regiões mais internas da psique.
- A ligação com a Lua reforça a qualidade de espelho e de reflexo, indicando que o que se vê é sempre uma imagem velada do que está além.

No Cubo, a face inferior é o portal da escuta, da interiorização e do mistério. É o ventre silencioso onde as sementes da consciência são gestadas antes de emergirem à luz.

Se a face Acima, regida pelo Mago, revela o poder da palavra, a inferior apresenta-se como contraponto, mergulhando no mistério do silêncio. Conhecida como Caminho do Mistério e Silêncio, é o espaço da interioridade profunda, iluminado pela energia lunar. Enquanto a face Acima oferece luz e expressão, a inferior oferece sombra e recolhimento, conduzindo o buscador a um mergulho em si mesmo, no território da memória, do inconsciente e dos segredos ocultos.

A Sacerdotisa, sentada entre dois pilares, guarda o Livro da Sabedoria em seu colo. Ela não fala, contempla. Não age exteriormente, mas vela e revela apenas o necessário. Esse Arcano ensina que nem todo conhecimento pode ser acessado pela lógica ou pela palavra direta. Há um saber que se manifesta em silêncio e se desdobra em símbolos, sonhos e intuições. É a sabedoria que brota quando a mente se aquieta e aprende a ouvir as vozes sutis da alma.

Essa face, posicionada abaixo, é como o solo que sustenta a vida. É a raiz do Cubo, a fundação sobre a qual o estudante se ergue. Ensina que toda obra espiritual necessita de profundidade, assim como toda árvore precisa de raízes firmes. O buscador que adentra a Sala do Silêncio é convidado ao recolhimento, a abandonar o ruído exterior e a mergulhar no invisível, aprendendo a confiar no que não se mostra de imediato.

O simbolismo lunar reforça o caráter de ocultação e revelação gradual. A Lua jamais se apresenta por inteiro, ora crescente, ora minguante, cheia ou negra. Assim também é o saber da Sacerdotisa, que se revela em fragmentos e vislumbres, pedindo paciência e fé para ser compreendido. É o conhecimento intuitivo, feminino, receptivo, que não força respostas, mas aguarda o momento certo para que os véus se levantem.

Na vida cotidiana, essa face se expressa em fases de recolhimento, estudo interior e introspecção. São momentos em que a vida externa perde intensidade e surge a necessidade de mergulhar no essencial, seja por meio da meditação, do estudo silencioso ou da escuta da própria alma. Também é o período em que símbolos, sonhos e sinais sutis ganham mais relevância que as palavras explícitas.

Esta face corresponde a um estado da alma no qual o buscador aprende que a evolução nem sempre se realiza na ação visível. Muitas vezes ela acontece na espera, no recolhimento, na assimilação invisível do que já foi vivido. Aqui se compreende que o silêncio ensina, que a sombra é revelação e que a alma guarda um livro sagrado cujo texto só pode ser lido com os olhos do coração.

Ao visitar a face inferior, o buscador é chamado a entrar em contato com o que geralmente permanece oculto: o inconsciente, as memórias antigas, as forças arquetípicas que o movem sem que perceba. Se a face Acima é o espaço da palavra que organiza, a inferior é o da escuta profunda, onde se aprende a receber antes de falar, a observar antes de agir. A alma descobre que nem toda sabedoria se encontra na superfície do discurso, pois existe um saber subterrâneo, silencioso, acessível apenas pela interiorização.

A Sacerdotisa, guardiã dessa face, ensina que a verdadeira iniciação acontece quando conseguimos silenciar o ruído da mente e abrir espaço para a voz interior. Isso pode se manifestar como períodos de solidão, pausa ou crise que nos obrigam a voltar-nos para dentro. Pode também ser buscado voluntariamente, quando surge a necessidade de interromper a ação exterior para mergulhar no estudo, na contemplação ou na meditação.

Essa face traz experiências de intuição aguçada, sonhos simbólicos, coincidências significativas e insights súbitos que parecem surgir do nada. É o período em que a vida fala por sinais, pedindo que o buscador aprenda a ler símbolos em vez de esperar explicações racionais. É igualmente tempo de gestação. Como a semente invisível no solo antes de brotar, a consciência atravessa processos silenciosos de amadurecimento que só mais tarde se revelam.

Na perspectiva psicológica, a Sala do Silêncio corresponde a fases em que a pessoa precisa confrontar o próprio inconsciente. Isso inclui encarar medos ocultos, lembranças reprimidas ou padrões emocionais adormecidos. Esse confronto, porém, deve ser feito com delicadeza e paciência, como quem decifra um manuscrito antigo. A Sacerdotisa não rasga o véu, mas o ergue suavemente, revelando apenas o que pode ser assimilado no momento certo.

No plano espiritual, estar nessa face significa aprender que o silêncio é também oração, e que escutar é forma profunda de comunhão com o divino. Aqui, o buscador se coloca como aprendiz diante do mistério, reconhecendo que não é ele quem domina o conhecimento, mas é o conhecimento que, pouco a pouco, se oferece a ele. Essa postura receptiva constitui em si mesma uma iniciação, um aprendizado de que a alma tem um tempo próprio para desvelar seus segredos.

Na vida prática, os sinais da passagem por essa face podem incluir:

- Um período de estudo profundo e solitário, em que se busca compreender mais do que repetir.
- Experiências oníricas ricas em símbolos, que parecem trazer mensagens.
- Necessidade de silêncio, meditação ou retiro, mesmo em meio à rotina cotidiana.
- Momentos de pausa obrigatória, em que a vida externa desacelera e o interior ganha destaque.

A face inferior é o terreno fértil da interiorização, onde as raízes se aprofundam e se forma a base invisível de todo crescimento futuro. É o momento em que a alma aprende a confiar no oculto, a esperar o tempo da revelação e a perceber que as maiores verdades não se impõem pela força, mas sussurram no silêncio.

O trânsito pela face Abaixo do Cubo, guardada pela Sacerdotisa e pela força lunar, representa um período de recolhimento e aprofundamento. É a etapa em que o buscador, voluntária ou involuntariamente, é conduzido a voltar-se para dentro, a suspender o excesso de ação exterior e a cultivar o silêncio fértil da interioridade.

Esse momento costuma surgir quando a vida exige pausa. Muitas vezes é precedido por fases de intensa atividade intelectual ou social e, de repente, manifesta-se a necessidade de mergulhar nas próprias raízes. Em outras ocasiões, trata-se de uma crise ou de uma mudança que impõe o recolhimento, quando o mundo externo já não responde e resta ao indivíduo buscar respostas em seu interior. Seja por escolha consciente, seja por imposição do destino, a experiência é semelhante: o véu da Sacerdotisa desce e convida ao silêncio e à contemplação.

Psicologicamente, esse momento de vida corresponde ao confronto com o inconsciente. Padrões antigos emergem, memórias escondidas retornam, sonhos revelam conteúdos simbólicos que pedem interpretação. A mente racional, habituada a respostas rápidas, vê-se obrigada a reconhecer seus limites. É necessário aprender a esperar, a observar, a escutar o que não se mostra de imediato. A alma amadurece pela assimilação lenta das experiências, em vez de pela busca frenética de novidades.

Espiritualmente, essa face marca um tempo de gestação. Assim como o ventre materno acolhe a vida antes do nascimento, o silêncio da Sacerdotisa guarda em segredo uma sabedoria ainda não pronta para se manifestar. O buscador é como a semente enterrada, invisível à superfície, mas carregada de potencial que se desenvolverá no tempo certo. É uma etapa em que se aprende a confiar nos processos ocultos da vida e a reconhecer que a verdadeira iniciação não acontece diante dos olhos do mundo, mas no íntimo da alma.

Esse é o tempo da espera confiante, no qual a alma aprende a valorizar o silêncio como espaço de revelação. Assim como a Lua mostra apenas parte de si em cada fase, o buscador descobre que a verdade não se apresenta de uma só vez, mas em fragmentos. O momento de vida representado por esta face é, portanto, aquele em que se aprende a escutar, confiar e gestar, sabendo que o futuro será fecundo desde que as raízes tenham se fortalecido no presente.

Significado Físico:

Fisicamente, a face Abaixo corresponde à base do corpo, à memória celular e ao funcionamento involuntário dos órgãos regidos pela Lua. Representa os processos do sistema nervoso autônomo, a fertilidade, os ciclos menstruais e as marés internas do corpo. Também simboliza a herança biológica, pois contém os registros ancestrais transmitidos através do DNA.

Significado Mental:

Mentalmente, a face Abaixo é o depósito da memória subconsciente. É o campo dos registros profundos, das impressões passadas e das imagens que sustentam os processos de pensamento. Aqui a mente absorve as sugestões vindas da face Acima e da face Leste, cultivando-as como sementes até que estejam prontas para emergir. A Sacerdotisa ensina que a lembrança não é ativa, mas receptiva: relaxar e permitir o fluxo espontâneo traz à superfície o conhecimento armazenado.

Significado Espiritual:

Espiritualmente, a face Abaixo é a matriz da criação. É a Prima Materia, a substância original que recebe os impulsos divinos e lhes dá forma potencial. É também o domínio da fé silenciosa, do recolhimento e da confiança no poder do inconsciente como veículo da vontade divina. O eixo *Aleph* (א), do Louco (Arcano 0), conecta diretamente a Sacerdotisa ao Mago, mostrando que luz e escuridão são complementares e que o caminho da realização espiritual exige a integração de ambos os polos. Aqui, o Mestre da Luz desce para transformar o eu inferior, iluminando o subconsciente com a presença do Espírito.

Significado Emocional:

Emoções profundas, intuitivas e misteriosas emergem nesta face. É o espaço da sensibilidade, da empatia, da imaginação noturna e dos sonhos. Também é o domínio das emoções ancestrais e coletivas, que podem emergir como intuições poderosas ou como condicionamentos a serem trabalhados. A Sacerdotisa ensina a ouvir o silêncio interior, a confiar na memória emocional e a permitir que o inconsciente guie de maneira sutil, sem pressa nem ansiedade.

Arestas da Face Abaixo

A face inferior conecta-se às demais regiões do Cubo pelas suas arestas inferiores. Nessas arestas estão situados Arcanos do Tarô que funcionam como Portais. Cada um guarda uma passagem e exige uma virtude do buscador para que ele possa atravessar e alcançar a próxima face. O ensinamento da Sacerdotisa é que só quem amadureceu no silêncio pode caminhar com firmeza para além dele.

A seguir estão os Portais da face Abaixo:

Portal da Direção — Leste-Abaixo

- **Arcano na aresta:** Carro (7 — Câncer)
- **Tarefa/Virtude:** conduzir a energia interior recém-desperta para um caminho seguro e claro.
- **Chave de passagem:** disciplina emocional e foco, mantendo o controle do veículo da alma.
- **Desafio:** perder-se em desejos contraditórios, ser arrastado por forças inconscientes.

Portal da Libertação — Oeste-Abaixo

- **Arcano na aresta:** Diabo (15 — Capricórnio)
- **Tarefa/Virtude:** reconhecer e enfrentar as correntes internas — medos, ilusões, vícios e condicionamentos.
- **Chave de passagem:** libertar-se da escravidão psíquica, assumir responsabilidade pela própria sombra.
- **Desafio:** apego às ilusões, negar os próprios impulsos ou ser dominado por eles.

Portal do Discernimento — Sul-Abaixo

- **Arcano na aresta:** Lua (18 — Peixes)
- **Tarefa/Virtude:** distinguir entre intuição verdadeira e fantasias ilusórias.
- **Chave de passagem:** aprender a caminhar no escuro com confiança, sem se deixar enganar por reflexos distorcidos.
- **Desafio:** medo paralisante, fuga da realidade, confundir sonho com revelação.

Portal da Luz Interior — Norte-Abaixo

- **Arcano na aresta:** Eremita (9 — Virgem)
- **Tarefa/Virtude:** buscar a claridade que só se encontra na introspecção profunda.
- **Chave de passagem:** perseverança na solidão, paciência na busca, carregar a própria lâmpada.
- **Desafio:** fechar-se em isolamento estéril, acreditar que a luz do outro é desnecessária.

Esses portais mostram que esta face é laboratório da alma. Nela se confrontam instintos, ilusões e verdades ocultas. O buscador só avança quando aprende a governar, libertar-se, discernir e iluminar-se no íntimo.

Meditação de Conexão com a Face Abaixo

Sente-se confortavelmente, com a coluna ereta e o corpo relaxado. Feche os olhos e permita que a respiração se torne lenta e profunda, como se cada inspiração fosse um mergulho suave em seu interior.

Visualize-se no centro do Cubo do Espaço. Aos poucos, sinta uma atração que o conduz para baixo, como se descesse suavemente por uma escada invisível. Essa descida não é de peso, mas de entrega. Quanto mais você desce, mais leve se percebe, como quem retorna ao ventre da terra.

Diante de você surge uma sala. O ambiente é amplo, envolto em penumbra acolhedora e iluminado apenas por uma luz suave que emana de uma figura sentada entre dois pilares: a Sacerdotisa. Ela o observa com serenidade, sem uma única palavra. Em seu colo repousa um livro fechado, símbolo de um saber ainda velado.

Aproxime-se dela em silêncio. Perceba que não é necessário falar, nem pedir. Apenas permaneça presente. A energia envolve você em uma paz profunda, dissolvendo os ruídos da mente. Quanto mais silêncio se permite, mais você ouve uma outra voz, que não é externa, mas que nasce em seu interior.

Permaneça nesse estado, sentindo que o silêncio é fértil, como o solo escuro que guarda a semente antes do broto. Pergunte à sua própria alma, em silêncio:

> *O que está pronto para ser revelado em mim?*
> *O que ainda precisa permanecer guardado no tempo da gestação?*

Não espere respostas imediatas. Confie que a Sacerdotisa entregará a revelação no momento oportuno.

Agora, visualize uma luz prateada irradiando da lua que paira sobre a Sala. Essa luz toca sua testa, trazendo clareza intuitiva; toca seu coração, trazendo serenidade; toca suas mãos, trazendo confiança para esperar e agir no tempo certo.

Respire profundamente três vezes, absorvendo essa energia lunar e silenciosa. Agradeça à Sacerdotisa por sua presença e pela guarda do mistério. Veja a Sala dissolver-se lentamente, enquanto você retorna ao centro do Cubo, trazendo o ensinamento de que no silêncio a alma escuta e de que, no tempo certo, a verdade se revela.

Quando sentir que a experiência se completou, mova suavemente o corpo e abra os olhos, levando consigo a paz e a profundidade dessa conexão.

07

AS ARESTAS DO CUBO

O Cubo do Espaço é um instrumento de manifestação. É uma forma-limite que permite que a consciência encontre um lugar onde pousar e se reconhecer. A tradição o descreve como contenção criadora, o contentor que recorta no indefinido um domínio habitável para a alma. "Viajar" por ele é percorrer um ciclo de manifestação até a sua plenitude consciente.

Dentro desse contentor, tudo se sustenta por vinte e duas articulações vivas: as sete forças planetárias (faces e centro), as doze forças zodiacais (arestas) e as três forças elementares (eixos internos). Essa tripla divisão corresponde à própria arquitetura da Criação segundo o *Sepher Yetzirah*: as letras duplas (planetas) formam as faces e o centro; as letras simples (zodíaco) compõem as doze arestas; e as letras mães (elementos) atravessam o interior como dimensões ocultas.

As arestas ocupam um ponto crítico nessa mecânica sagrada, pois nelas a obra da criação ganha forma e medida. Do ponto de vista metafísico, cada aresta é um limiar operante, lugar onde duas inteligências planetárias se encontram e são suturadas pela força zodiacal que rege aquela aresta. É nas doze arestas que as doze letras simples realizam o trabalho de costurar o espaço, e é nelas que os signos se posicionam para que os Arcanos zodiacais do Tarô se tornem tarefas, provas, ordálias e guardiões de cada passagem. Cada aresta é, portanto, mais do que um limite geométrico: é um contrato iniciático entre estados de consciência.

O método contemporâneo de estudo do Cubo do Espaço recomenda analisar cada aresta em relação às faces que conecta me ao signo que a governa. Essa triangulação — planeta, signo e planeta — revela a lição iniciática da travessia. Por exemplo, a linha Nordeste une a face Norte/Marte (Torre) e a face Leste/Vênus (Imperatriz), sendo Áries (Imperador) colocado na aresta, costurando essas duas faces. Nesse caso, o impulso de guerra (Marte) e o impulso de criação (Vênus) só podem dialogar por meio da disciplina do Imperador. A aresta se torna, assim, a tarefa de ordem que garante que a transição não se perca no caos.

Na cosmovisão prática, as arestas são também os selos e ligações do Cubo, as linhas-limite que contêm e qualificam os vetores projetados nas seis direções. Após o centro irradiar as três dimensões (Ar, Água e Fogo) e estas se expandirem nas seis faces planetárias, surgem as doze linhas que circunscrevem o espaço, cada uma marcada por uma letra simples, um signo e um Arcano do Tarô. Por isso, as arestas funcionam como portas e não como paredes. Elas não bloqueiam, mas filtram a energia, determinando como se dará a passagem de uma face à outra.

Essas portas não são obstáculos arbitrários, mas expressões da ordem cósmica. Cada corredor de transição revela uma virtude necessária:

ה *He* / Áries (Imperador) disciplina;

ו *Vav* / Touro (Hierofante) enraizamento;

ז *Zayin* / Gêmeos (Enamorados) discernimento;

ח *Chet* / Câncer (Carro) direção;

ט *Teth* / Leão (Força) coragem;

י *Yod* / Virgem (Eremita) introspecção;

ל *Lamed* / Libra (Justiça) equilíbrio;

נ *Nun* / Escorpião (Morte) desapego;

ס *Samekh* / Sagitário (Temperança) integração;

ע *Ayin* / Capricórnio (Diabo) confrontar ilusões;

צ *Tzadi* / Aquário (Estrela) esperança;

ק *Qoph* / Peixes (Lua) intuição.

Cada uma dessas letras e Arcanos "sela" uma linha e guarda uma passagem, lembrando ao buscador que não se atravessa de um grau a outro sem transformação. As faces do Cubo são graus de desenvolvimento, mas as arestas são as tarefas necessárias que condicionam a ascensão. Não constituem uma limitação arbitrária, mas expressam a própria gramática da Criação. São as arestas que impedem que o espaço se torne anárquico, regulam os deslocamentos e protegem a integridade da jornada.

Se as faces do Cubo representam estados de consciência relativamente estáveis, as arestas simbolizam os momentos de passagem que exigem transformação. Nenhuma consciência transita de um estado a outro de maneira neutra. Há sempre uma tensão, uma ruptura parcial, um aprendizado a ser assimilado. É nesse ponto que as arestas revelam sua natureza pedagógica.

Cada aresta é vista como sendo um guardião, não como entidade exterior, mas como força estruturante que impede uma travessia prematura. O buscador que ainda não assimilou a lição daquele signo, representado pela letra simples e pelo Arcano correspondente, não consegue sustentar o estado da face seguinte.

Assim como o corpo não pode respirar no fundo do mar sem antes aprender a lidar com a pressão, a alma não pode ingressar em um novo grau de consciência sem antes dominar o limiar que o antecede.

Essa pedagogia é rigorosa, mas não punitiva. As arestas não se erguem como barreiras para desencorajar o viajante, mas como filtros que o obrigam a crescer. Quando o *Sepher Yetzirah* descreve as letras simples como aquelas que "dirigem o ano" e "fixam o ciclo do zodíaco", indica que cada uma delas marca um tempo de amadurecimento.

Transportadas ao Cubo, essas letras tornam-se as arestas. O que era ritmo astronômico converte-se em rito iniciático: cada corredor é um "mês" da alma, uma estação de aprendizagem, ocasião em que algo deve ser semeado, colhido ou transformado.

As arestas também carregam o caráter de provas rítmicas. Elas recordam que a vida não é feita apenas de estados fixos, mas, sobretudo, de transições. Somos constantemente deslocados de uma condição a outra — infância, maturidade, velhice; segurança, crise, renovação — e cada transição traz consigo uma lição a ser assimilada. O Cubo do Espaço espelha essa dinâmica universal: toda mudança de sala passa por uma aresta, e toda aresta exige sua lição.

No plano prático da meditação, o trabalho com as arestas ajuda o buscador a reconhecer seus próprios limiares internos. Muitas vezes não é a face em si que nos desafia, pois já sentimos ressonância com ela, mas o caminho até ela. Alguém pode aspirar à clareza e à vitalidade da face Sul (Sol), mas tropeçar continuamente na aresta do Sudoeste (נ *Nun*, Escorpião - Arcano 13, Morte), incapaz de soltar velhas formas. Outro pode desejar a sabedoria interior da face Norte (Torre), mas esbarrar no Noroeste (ל *Lamed*, Libra - Arcano 11, Justiça), sem conseguir manter equilíbrio e imparcialidade. As arestas tornam-se, assim, verdadeiros espelhos pedagógicos, revelando ao buscador onde ele realmente está, e não onde imagina estar.

Também é essencial compreender que as arestas não correspondem a tarefas únicas, cumpridas apenas uma vez na vida. Nem podem ser superadas definitivamente. Cada passagem pode retornar em diferentes níveis de profundidade, como espirais. A prova da disciplina (ה *He*, Áries - Imperador) pode aparecer de forma simples no início da jornada, manter-se como constância em uma prática diária e, muito mais tarde, reaparecer de modo complexo em meio a um período de poder ou de grande responsabilidade. As arestas retornam, mas cada retorno aprofunda a lição.

A pedagogia das arestas aponta para uma lei cósmica mais ampla: não há crescimento sem limiar. As arestas ensinam que a evolução não se realiza apenas pelo acúmulo de experiências, mas pela travessia consciente dos pontos de tensão. Cada corredor exige que algo seja deixado para trás e que uma nova qualidade seja incorporada. Essa é a alquimia sutil das arestas, fazer do espaço um campo de aprendizado contínuo em que toda travessia é um rito e todo signo é um portal de passagem.

As Arestas como Circuitos de Circulação

Um aspecto decisivo para compreender a verdadeira função das arestas no Cubo do Espaço é perceber que elas não existem de forma isolada. Assim como os signos do zodíaco compõem uma roda completa, as doze arestas se organizam em pares opostos, formando circuitos de energia que cruzam o Cubo e conectam faces distantes. Essa disposição não é arbitrária, pois expressa a lei cósmica da polaridade complementar, em que cada limiar encontra equilíbrio na tensão com o seu oposto.

No *Sepher Yetzirah*, as doze letras simples são descritas como "estabelecidas em oposição, seis contra seis", formando colunas de confronto e equilíbrio. Transportada para o Cubo, essa lei se converte em geometria espacial: Áries/ה *He* (Imperador) no Nordeste equilibra-se com Libra/ל *Lamed* (Justiça) no Noroeste; Touro/ו *Vav* (Hierofante) no Sudeste encontra seu contraponto em Escorpião/נ *Nun* (Morte) no Sudoeste; Gêmeos/ז *Zayin* (Enamorados) no Leste-Acima responde a Sagitário/⊠ *Samekh* (Temperança) no Oeste-Acima; Câncer/ח *Chet* (Carro) no Leste-Abaixo enfrenta Capricórnio/ע *Ayin* (Diabo) no Oeste-Abaixo; Leão/ט *Teth* (Força) no Norte-Acima dialoga com Aquário/צ *Tzadi* (Estrela) no Sul-Acima; e Virgem/י *Yod* (Eremita) no Norte-Abaixo complementa Peixes/ק *Qoph* (A Lua) no Sul-Abaixo.

Essa rede de oposições constitui uma geometria interior. O buscador que trabalha com o Cubo descobre que atravessar uma aresta não é apenas conquistar a virtude que ela exige, mas também preparar-se para encontrar seu reflexo na aresta oposta. Em termos iniciáticos, não se integra disciplina (Áries) sem, em algum momento, confrontar o equilíbrio e a justiça (Libra). Não se aprende a construir (Touro) sem mais tarde ser desafiado a destruir e regenerar (Escorpião). Não basta escolher e integrar (Gêmeos) sem também aprender a harmonizar e sintetizar (Sagitário). O zodíaco inteiro projeta-se nas linhas do Cubo como um ciclo pedagógico completo, em que cada avanço se equilibra pela travessia complementar.

Essas polaridades estabelecem, ainda, rotas de circulação dentro do Cubo. O praticante que percorre meditações segundo o esquema das arestas pode seguir correntes específicas:

- **Correntes intercardeais**, que percorrem os quatro quadrantes colaterais (Nordeste, Sudeste, Sudoeste, Noroeste) e dão ao buscador a experiência dos quatro elementos em sua forma zodiacal.
- **Correntes verticais**, que sobem e descem do Acima ao Abaixo em cada direção cardeal, levando a consciência a aprender tanto a ascensão quanto a descida.
- **Correntes cruzadas**, que vão de uma aresta a sua oposta, instaurando o aprendizado do equilíbrio dinâmico.

Essa lógica evidencia que as arestas não são testes isolados, mas engrenagens de um mecanismo maior, no qual o buscador circula continuamente, sendo moldado por polaridades e contrastes. Nesse sentido, podem ser vistas como o circuito sanguíneo do Cubo: fazem o conteúdo vital circular entre as faces e impedem a estagnação.

Do ponto de vista prático da contemplação, esse aspecto das arestas abre caminho para exercícios mais avançados. O estudante pode, por exemplo, visualizar o Cubo em sua totalidade e traçar mentalmente os pares opostos, observando o campo de tensão que se estabelece entre eles. Ao colocar-se no meio dessa linha de força, percebe como sua própria psique é chamada a integrar qualidades complementares. Trata-se de um método de circulação de energia que remete a práticas alquímicas e cabalísticas antigas, nas quais os opostos são unidos para gerar transformação interior.

Por fim, a circulação das arestas recorda que o Cubo não é uma estrutura estática, mas um organismo vivo e pulsante, que respira por suas linhas de transição. Não há crescimento espiritual sem atravessar esses corredores, e não há travessia que não esteja marcada pelo jogo dos opostos. Aquele que contempla o Cubo com seriedade descobre que cada aresta é, simultaneamente, um portal e um espelho: portal que conduz a um novo estado de ser, espelho que revela a qualidade ainda não conquistada. É nesse duplo papel que elas se manifestam como o coração pedagógico da iniciação no Cubo do Espaço.

Conhecendo os Desafios de Cada Aresta

Nordeste ➔ IMPERADOR

Áries / ה *He*

Imperatriz ← IMPERADOR → Torre

Desafio Geral do Imperador

O Imperador (Arcano 4) é a imagem da ordem, da estrutura e da autoridade. Sua iconografia tradicional apresenta um soberano sentado em um trono sólido, adornado com símbolos de poder e estabilidade. Ele é o arquétipo do construtor, do legislador e do protetor que organiza o caos em formas duradouras.

Na tradição cabalística, o Imperador é associado à letra hebraica ה (*He*) em alguns sistemas, e em outros à ד (*Daleth*). No Cubo do Espaço, segundo a tradição mais difundida, corresponde a Áries, signo de fogo cardinal que inaugura o movimento, abre caminhos e estabelece direções.

O Imperador é a força que delimita, estabelece e governa, mas seu risco é degenerar-se em rigidez, tirania ou excesso de controle. Sua prova iniciática, então, não consiste apenas em construir estruturas, mas em aprender a fazê-lo sem sufocar a vida que pulsa dentro delas.

Do ponto de vista metafísico, o Imperador manifesta a lei do cosmos em ação: a capacidade de dar forma ao que antes era apenas impulso ou imaginação. Ele é a contraparte necessária da Imperatriz (Arcano 3). Onde ela gera abundância e fertilidade, ele traça fronteiras, impõe disciplina e dá direção. Contudo, o mesmo poder que organiza pode também limitar. O desafio está em distinguir a ordem viva, que protege e dá segurança, da ordem morta, que aprisiona e cristaliza.

Astrologicamente, Áries reforça essa dualidade. É a chama que inicia, mas que precisa aprender a sustentar-se em longo prazo. É a coragem de começar, mas que deve amadurecer em responsabilidade. O Imperador exige do buscador que seja senhor de si mesmo antes de pretender governar o mundo externo. Sua verdadeira autoridade nasce da disciplina interior, não da imposição sobre os outros.

O desafio central do Imperador pode ser sintetizado em três pontos:

1. **Domínio sobre si mesmo** – ser soberano de sua própria mente e emoções, evitando agir por impulso cego.
2. **Construção de ordem justa** – aprender a estabelecer estruturas que sirvam ao crescimento, não à opressão.
3. **Equilíbrio entre firmeza e flexibilidade** – saber que a verdadeira autoridade protege a vida em vez de sufocá-la.

Assim, o Imperador é o guardião do poder da forma, e sua prova é aprender a usar a lei e a ordem como alicerces da evolução, sem cair na armadilha do autoritarismo ou da rigidez.

O Desafio do Imperador para Alcançar a Imperatriz

A Imperatriz (Arcano 3, Vênus) é o arquétipo da fertilidade, da criatividade e do poder das imagens. Ela representa o útero cósmico no qual a vida se gera e floresce: abundância, imaginação, beleza e sensualidade. Estar em sua face no Cubo é entrar no campo da potência criativa, capaz de assumir infinitas formas.

No entanto, a fertilidade da Imperatriz contém um risco: a dispersão. Quando tudo é possível, o buscador pode perder-se em excesso de imagens, sonhos e desejos que jamais se concretizam. É nesse ponto que o Imperador (Arcano 4, Áries) se torna guardião da travessia. Ele exige que a energia criativa da Imperatriz seja organizada e conduzida, sob pena de ver sua abundância dissolver-se no caos.

Para alcançar a Imperatriz, o iniciado deve passar pela prova do Imperador:

1. **Disciplina do impulso criativo** – aprender a transformar fertilidade em estrutura.
2. **Construção de limites** – erguer uma moldura que permita que as sementes da imaginação cresçam sem se perderem.
3. **Responsabilidade na criação** – reconhecer que criar é também cuidar, proteger e sustentar o que foi gerado.

Áries, signo do Imperador, reforça essa lição. Ele inaugura, abre caminhos, inicia projetos. Mas a Imperatriz só se revela plenamente quando esse impulso ariano é disciplinado e orientado. O que poderia ser apenas faísca passageira precisa tornar-se fogo estável, capaz de aquecer e iluminar.

O Imperador funciona, assim, como filtro que seleciona, organiza e fortalece a energia venusiana. Ele impede que o buscador entre na sala da Imperatriz apenas como um sonhador e o obriga a apresentar-se como criador consciente, apto a conduzir suas imagens interiores até a manifestação real.

O desafio do Imperador nessa travessia é aprender a transformar abundância em obra, imaginação em forma, fertilidade em responsabilidade. Só então o buscador pode colher os frutos da Imperatriz em sua plenitude criadora.

O Desafio do Imperador para Alcançar a Torre

A Torre (Arcano 16, Marte) é o arquétipo da ruptura, da crise e da destruição das estruturas ilusórias. Sua iconografia clássica mostra uma torre fulminada por um raio, com figuras despencando em meio ao colapso. Estar em sua face no Cubo é confrontar a dissolução das construções do ego e das falsas seguranças, em um choque que liberta a consciência de prisões internas.

Para chegar à Torre, o buscador precisa atravessar a aresta do Imperador (Arcano 4, Áries). E aqui reside a grande prova: como receber a lição transformadora da Torre sem antes aprender a erguer estruturas estáveis?

A Torre é a queda daquilo que foi erguido de modo equivocado ou sem base sólida. Para que essa queda seja purificação e abertura para algo maior, e não somente ruína caótica e perda dolorosa, é necessário que o buscador tenha assimilado, junto ao Imperador, o valor da disciplina, da ordem e da responsabilidade. Só então o colapso se revela como libertação, e não como simples destruição.

Assim, o Imperador, nesta travessia, exige:

1. **Aprender a construir** – dominar a arte de criar ordem e forma no mundo.
2. **Assumir responsabilidade pelas próprias estruturas** – reconhecer que aquilo que cai na Torre foi antes erguido pelo próprio buscador.
3. **Preparar-se para a transitoriedade** – entender que toda estrutura, por mais sólida, é provisória, e que sua função é servir ao crescimento, não à eternidade.

Áries reforça essa lição ao trazer o fogo do início. O impulso que ergue é também o que precisa estar pronto para ser transformado. A Torre não destrói para aniquilar, mas para renovar. Somente aquele que atravessou o Imperador com consciência, aprendendo a erguer e sustentar, é capaz de vivenciar a Torre como libertação da rigidez e abertura para níveis mais profundos de verdade.

O desafio do Imperador em direção à Torre consiste em aprender a construir com ordem e disciplina, para que, quando a queda chegar, ela se revele como libertadora e não como simples ruína. O iniciado deve entrar na Torre não como alguém que tudo perde, mas como aquele que compreende que a destruição é apenas o passo seguinte da obra cósmica.

Meditação da Aresta Nordeste
O Caminho do Imperador (Áries)

Sente-se em postura estável e consciente, com a coluna ereta e os pés firmes no chão.

Feche os olhos lentamente, e traga sua atenção para o ritmo da respiração.

A cada inspiração, imagine que o ar penetra o corpo como um fogo sutil que desperta, aquece e vitaliza. A cada expiração, permita que o excesso se dissipe, levando consigo a dispersão e o cansaço.

Agora visualize-se dentro do Cubo e visualize a frete de você a aresta do Imperador. Ele está diante de um vasto planalto de pedra vermelha, iluminado pela aurora.

O céu ainda guarda vestígios da noite, e uma linha de fogo desponta no horizonte.

No centro desse cenário, ergue-se um trono talhado na rocha. Sobre ele repousa o Imperador, o Arcano da Ordem e da Forma. Sua presença é serena e poderosa; o olhar firme, penetrante como uma lança que atravessa o tempo.

Ele não fala com palavras, mas com o silêncio de quem conhece o peso da responsabilidade.

À sua frente, repousa um cetro em forma de *Ankh*, símbolo da vida sustentada pela lei.

Sinta o ambiente vibrar com a energia de Áries, o primeiro fogo, o sopro que inaugura o movimento.

Este é o campo da vontade divina em ação, o ponto onde o caos se organiza em cosmos.

O Imperador ergue a mão e o convida a segui-lo.

Atrás do trono, uma porta de luz se abre, revelando dois caminhos.

À esquerda, o jardim fértil e dourado da Imperatriz, onde tudo floresce e se multiplica.

À direita, a montanha fulminada pela Torre, onde o raio cai e desfaz o que foi erguido.

O Imperador sorri — não há medo em seu rosto. Ele sabe que quem governa o próprio reino interior está pronto tanto para criar quanto para destruir.

Respire profundamente e ouça sua voz interior:

Toda autoridade nasce do equilíbrio entre construção e desapego.
O poder que ordena é o mesmo que liberta.
Aquele que domina o impulso também conhece o momento de ceder.

Agora, contemple a Imperatriz à sua direita.

Visualize-se caminhando sobre um campo verde e fértil, onde flores desabrocham a cada passo.

A energia de Vênus o envolve com beleza e harmonia. Sinta o prazer de criar, imaginar, conceber novas formas. Deixe que o calor da vida o inspire, mas mantenha o cetro firme em suas mãos.

O Imperador o observa à distância, lembrando que toda abundância precisa de uma estrutura para se sustentar. Não se perca em excessos. Organize o jardim da Imperatriz com o discernimento do soberano. Respire e traga à mente esta imagem e diga:

Crio com amor, mas edifico com consciência.

Agora volte e siga o caminho da Torre. A paisagem se transforma. O chão treme, o céu se ilumina com relâmpagos e o som do trovão ecoa sobre as pedras. Diante de você, uma torre se ergue, alta, imponente, mas rachada pela luz que vem do alto.

O Imperador caminha ao seu lado e lhe entrega uma espada flamejante. Ele diz:

Tudo o que foi construído deve estar pronto para cair,
pois a forma serve à vida, e não o contrário.

Sinta o raio descer. Ele atinge a torre, e as pedras se partem, liberando uma chama branca que sobe ao céu. Você compreende que nada se perde — a destruição é apenas outra forma de criação. O que desaba fora, desperta dentro.

Respire profundamente e observe as ruínas transformarem-se em cinzas férteis.

Uma nova semente repousa no centro do chão queimado, pronta para germinar.

Repita mentalmente:

Eu construo e destruo com a mesma consciência. A lei é a renovação.

Permaneça agora diante do Imperador. Ele repousa o cetro sobre o peito e sorri. Você percebe que o trono onde ele se sentava era também o seu próprio coração, o trono do ser interior. O fogo de Áries não é o da guerra, mas o da clareza. É a chama que dá forma ao invisível e coragem ao espírito.

Fique em silêncio por alguns instantes e contemple a harmonia entre os três Arcanos:

O Imperador como a lei que organiza;
A Imperatriz como o sopro criador;
A Torre como a força que liberta o que se cristalizou.

Respire e sinta essas energias circulando dentro de você como correntes de luz vermelha e dourada, entrelaçando-se no centro do peito.

Quando sentir que a imagem se estabilizou, repita interiormente:

Sou o soberano do meu próprio reino.
Construo com sabedoria, destruo com liberdade,
E governo com justiça e amor.

Permaneça alguns minutos nessa sensação de força serena.

Depois, visualize o trono dissolvendo-se em luz e retornando ao seu coração.

Abra lentamente os olhos e reconheça, no espaço ao seu redor, o reflexo da ordem que você acabou de instaurar dentro de si.

SUDESTE → HIEROFANTE

Touro / ו *Vav*

Sol ← HIEROFANTE → Imperatriz

Desafio Geral do Hierofante

O Hierofante (Arcano 5) é o arquétipo da tradição, da sabedoria espiritual estruturada e da transmissão iniciática. Sua iconografia clássica apresenta uma figura sacerdotal sentada em um trono, com a mão erguida em bênção e dois discípulos ajoelhados diante dele. É o mediador que traduz o mistério divino em forma compreensível, o guardião das doutrinas e dos ritos que preservam o elo entre o humano e o transcendente.

Na tradição cabalística, este Arcano é associado à letra hebraica *Vav* (ו), cujo significado é "gancho" ou "prego", símbolo da conexão que une planos distintos. O Hierofante representa exatamente isso, um ponto de articulação entre céu e terra, espírito e matéria, oculto e manifesto. Ele encarna a necessidade de que a sabedoria seja organizada em linguagem, símbolos, práticas e tradições, a fim de ser transmitida de geração em geração.

Astrologicamente, o Hierofante corresponde a Touro, signo da estabilidade, da perseverança e da forma fixa. Essa associação reforça tanto sua grandeza quanto seu desafio. Por um lado, Touro confere a força de consolidar, proteger e manter viva uma tradição. Por outro, pode conduzir ao risco de transformar esse mesmo conhecimento em dogma, rigidez ou apego excessivo à forma em detrimento do espírito.

O desafio intrínseco do Hierofante é, portanto, distinguir entre a essência viva e a casca morta da tradição.

Superar ode desafios do Hierofante exige:

1. **Aprender a escutar a voz da tradição** sem se submeter cegamente a ela.
2. **Buscar o espírito por trás da forma**, percebendo que os ritos são portais, não prisões.
3. **Assumir responsabilidade pela transmissão** — a sabedoria só se preserva quando cada geração a encarna de forma autêntica.

Assim, o Hierofante é o guardião que testa a fidelidade do buscador à verdade interior diante da tentação da obediência cega. Ele é a ponte que pode abrir acesso ao sagrado, mas só revela seu poder àquele que não confunde o mapa com o território, nem o mestre com o mistério.

O Desafio do Hierofante para Alcançar a Imperatriz

A Imperatriz (Arcano 3, Vênus) é a matriz da criatividade, da fertilidade e do poder gerador das imagens. Sua energia é abundante, expansiva, fértil e frequentemente ilimitada, pois representa a imaginação cósmica que dá forma às coisas, o útero da criação. Estar em sua face do Cubo significa mergulhar no campo da beleza, da sensualidade e da potência criativa que anima todos os planos.

Para acessar esse jardim fértil, contudo, o buscador deve primeiro atravessar a aresta do Hierofante (Arcano 5, Touro, ו *Vav*). É nesse ponto que o desafio se manifesta: como lidar com a exuberância criativa da Imperatriz sem cair na dispersão ou na proliferação de formas sem raiz?

O Hierofante, associado a Touro, exige enraizamento, disciplina e fidelidade a uma tradição antes que o buscador possa usufruir plenamente da fertilidade venusiana. A lição torna-se clara: a criação floresce de maneira autêntica apenas quando encontra um solo firme, uma base estável que a sustente. Nesse sentido, o Hierofante protege a Imperatriz ao impor três provas fundamentais:

1. **Disciplina do desejo criador** – aprender a não se perder em múltiplos impulsos de imaginação, mas selecionar e cultivar aquilo que pode gerar frutos reais.
2. **Respeito às raízes** – reconhecer que toda criação verdadeira dialoga com uma tradição ou com algo maior do que o ego; a criatividade precisa estar conectada a uma linha de sabedoria, não ser mero capricho pessoal.
3. **Transformação do excesso em rito** – canalizar a abundância da Imperatriz em formas rituais, belas e consistentes, que permitam que a energia criativa se torne transmissível.

Nesse percurso, o Hierofante surge como guardião que impede o buscador de ingressar no campo da Imperatriz de modo caótico ou imaturo. Ele atua como filtro, exigindo que a imaginação seja orientada pela fidelidade à essência do sagrado.

A prova do Hierofante, para aquele que busca a Imperatriz, consiste em aprender a transformar a criatividade em expressão responsável, enraizada na sabedoria e sustentada pela disciplina. Somente assim a fertilidade venusiana se manifesta em plenitude e gera frutos capazes de permanecer para além do instante.

O Desafio do Hierofante para Alcançar o Sol

O Sol (Arcano 19) é a epifania da clareza, do amor e da iluminação plena. Sua face no Cubo manifesta a vitalidade espiritual que irradia em todas as direções, revelando consciência iluminada, fraternidade, união e alegria partilhada. Estar diante do Sol é experimentar a revelação sem véus, quando a mente desperta reconhece que tudo participa da mesma vida.

Para alcançar essa clareza radiante, porém, o buscador deve atravessar a aresta do Hierofante (Arcano 5, Touro, ו *Vav*). É aqui que se apresenta o desafio sutil e profundo: como receber a luz solar sem antes aprender a integrar a sabedoria da tradição e a disciplina do caminho?

O Sol é transparência absoluta, mas, sem a preparação que o Hierofante oferece, seu brilho pode cegar em vez de iluminar. O papel do Hierofante é o de mediador, aquele que ensina a decifrar os símbolos, a compreender os ritos e a disciplinar mente e coração para que estejam prontos para a revelação. Quem tenta chegar ao Sol sem esse processo corre o risco de confundir iluminação com euforia, clareza com orgulho e fraternidade com ilusão de superioridade.

O Hierofante propõe três provas essenciais para essa travessia:

1. **Humildade diante da tradição** – reconhecer que a sabedoria não nasce do nada, mas se transmite e se renova em uma linhagem espiritual.
2. **Disciplina interior** – aprender a ordenar os impulsos da alma para que a luz do Sol não se torne dispersão ou exaltação desequilibrada.
3. **Fidelidade ao essencial** – distinguir entre formas rígidas e a essência viva da tradição, para que a clareza solar seja recebida como verdade e não como dogma.

Astrologicamente, Touro ensina que a iluminação não se conquista pela inspiração súbita, mas pela construção paciente de uma base sólida. O Sol é abundância e revelação, contudo o Hierofante assegura que essa abundância seja assimilada de forma estável, sem dispersão em excessos ou superficialidades.

O desafio do Hierofante em direção ao Sol consiste em aprender a enraizar-se no caminho, honrar a tradição e cultivar a disciplina interior, de modo que a luz recebida se torne bênção e não fardo. Somente assim o buscador poderá viver o Sol como clareza que nutre e liberta, e não como fogo que consome.

Meditação da Aresta Sudeste
O Caminho do Hierofante (Touro)

Sente-se em silêncio. Deixe o corpo repousar como parte do solo e permita que a respiração se torne ampla e estável.

A cada inspiração, imagine o ar entrando como um sopro quente e denso, trazendo consistência e presença. A cada expiração, sinta-se mais enraizado, como uma árvore antiga, cujas raízes mergulham fundo na terra sagrada da tradição.

Visualize-se dentro do Cubo e visualize a aresta do Hierofante. Aos poucos a imagem de um vasto templo de pedra branca vai se formando na aresta. As colunas são altas, o teto adornado com símbolos antigos, e no ar há o perfume do incenso.

No centro, um sacerdote está sentado em um trono. Ele veste linho dourado e ergue uma das mãos em gesto de bênção. É o Hierofante, o mestre que conecta o visível ao invisível, o guardião do fio que une todas as eras e todos os buscadores.

Ele o observa em silêncio, e seus olhos brilham como lâmpadas estáveis que não tremem. Ao redor, um cântico suave ecoa nas paredes do templo.

Essa canção não tem palavras; é feita de vibrações que despertam memórias profundas.

Cada nota recorda que o sagrado não é invenção humana, mas herança viva que respira através dos séculos.

O Hierofante se levanta e aponta para duas portas opostas:

À esquerda, há um portal que conduz a um jardim dourado, onde flores desabrocham em harmonia, o domínio da Imperatriz, a Mãe Criadora, onde a vida se multiplica em beleza e abundância.

À direita, uma luz intensa irrompe como aurora, é o caminho do Sol, fonte da clareza e da união entre espírito e matéria. O mestre fala em voz serena:

Entre o Imperatriz e o Sol há uma ponte.
Eu sou essa ponte.
Pois o que floresce precisa de raiz, e o que brilha precisa de base.

Você respira profundamente e segue sua instrução.

Primeiro, avance em direção ao jardim da Imperatriz. Ao cruzar a porta, o perfume da terra e das flores o envolve. Vênus se manifesta em tudo. Ela está nas folhas que se abrem, nas águas que dançam, nas cores que vibram em pura celebração da vida.

Você caminha por entre colunas cobertas de hera e ouve o som da água correndo em fontes cristalinas. O coração se expande em gratidão.

O Hierofante o acompanha, toca seu ombro com o cajado dourado e diz:

Cria, mas não te percas no prazer da criação.
Toda beleza é verdadeira quando tem propósito,
Toda forma é sagrada quando guarda o espírito.

Respire e sinta o equilíbrio entre a fertilidade da Imperatriz e a firmeza do Hierofante.

O poder de gerar não está na abundância sem limite, mas na abundância que encontra sentido.

O jardim floresce porque existe solo. O amor cresce porque há raiz.

Agora o mestre o conduz à segunda porta. Dela emana uma luz dourada, firme e cálida.

Ao atravessá-la, você entra em um campo banhado por sol, um espaço aberto, vivo, vibrante.

No horizonte, o Sol brilha no zênite, e dele emana uma música silenciosa.

Tudo parece sorrir. O Hierofante fala novamente:

Esta é a luz que revela o Todo.
Mas aquele que não conhece a disciplina da sombra
Se cega diante do brilho.
Aprende primeiro a sustentar a luz em ti antes de querer iluminar o mundo.

Você respira devagar. Sente que a luz solar não vem de fora, mas nasce do centro do seu peito. Ela é calor que desperta, não fogo que consome. O Sol o envolve, e o Hierofante se dissolve nessa claridade, tornando-se a própria voz interior:

Sê fiel ao que é eterno,
Honra o caminho que te trouxe até aqui,
E quando a luz chegar, recebe-a com humildade.
A tradição é o templo invisível que te sustenta,
A sabedoria é o solo onde o espírito floresce.

Permaneça por alguns instantes em silêncio.

Sinta-se entre a Imperatriz e o Sol, entre a terra e o espírito, entre a beleza e a clareza.

Você é o elo que une ambos, a ponte viva da letra ו *Vav*, o prego de luz que firma o céu na terra.

Respire e integre.

Quando sentir que a meditação se completa, agradeça ao Hierofante e à tradição que o acompanha.

Abra os olhos suavemente. Leve consigo a lembrança de que a verdadeira sabedoria é a luz que nasce das raízes.

LESTE-ACIMA → ENAMORADOS

Gêmeos / ז *Zain*

Mago ↑ ENAMORADOS ↓ Imperatriz

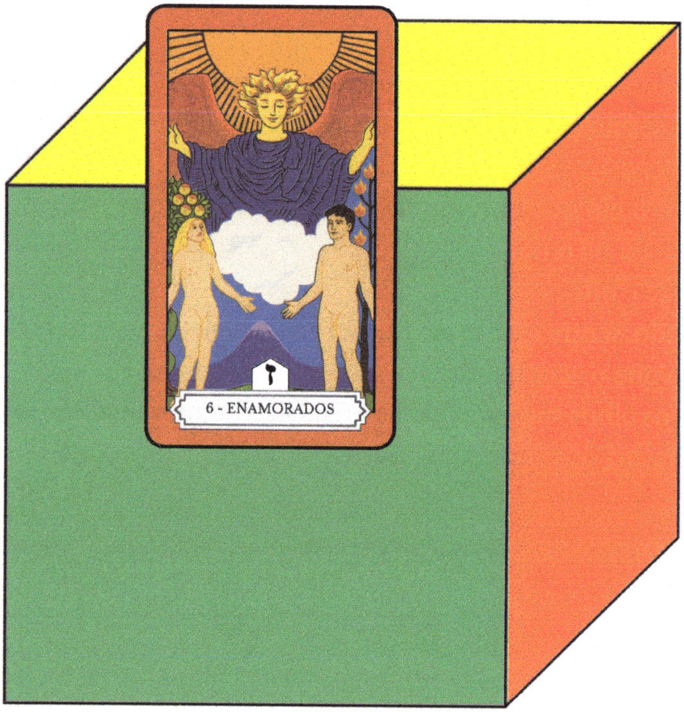

O Desafio Geral Enamorados

O Arcano dos Enamorados, associado ao signo de Gêmeos e à letra hebraica *Zayin* (ז), ocupa uma posição de grande importância no Cubo do Espaço, pois marca o ponto em que a consciência deve aprender a escolher de forma lúcida entre diferentes caminhos, impulsos ou possibilidades. O próprio nome sugere uma tensão: estar "enamorado" é estar atraído por algo, dividido pelo desejo, seduzido pela força da escolha. No plano iniciático, porém, esse Arcano ultrapassa o tema do romance ou das relações humanas para tratar da arte do discernimento, da integração dos opostos e da decisão que orienta toda a jornada espiritual.

Na tradição cabalística, *Zayin* (ז) significa "espada". Esse detalhe reforça o caráter de que os Enamorados representam a necessidade de separar o que é ilusório do que é essencial, discernindo o caminho da alma em meio às seduções da personalidade. A espada simboliza a mente clara, capaz de distinguir sem vacilar, mas também lembra a responsabilidade inerente a toda decisão. Escolher é sempre sacrificar uma possibilidade em favor de outra, e é essa renúncia que confere profundidade e, muitas vezes, temor a esta carta.

O primeiro desafio que os Enamorados impõem é reconhecer que a indecisão prolongada não sustenta o crescimento espiritual. A jornada exige compromissos reais, alianças conscientes e a coragem de renunciar a certos caminhos para trilhar outros. Nesse sentido, o buscador se encontra diante de uma encruzilhada existencial, chamado a assumir escolhas autênticas com clareza e maturidade.

Ao mesmo tempo, os Enamorados ensinam que a decisão não se reduz a um cálculo racional. Toda escolha é, sobretudo, uma escolha de amor. No Tarô, a iconografia frequentemente apresenta uma figura central dividida entre duas presenças femininas, ou Adão e Eva diante de um Anjo, entre outras variações simbólicas. Em todas, a mensagem é semelhante: o ser humano é convocado a unir céu e terra, instinto e espírito, desejo e consciência. O desafio está em integrar polaridades internas sem cair na cisão destrutiva.

Outro aspecto fundamental é que os Enamorados não representam uma escolha única e definitiva, mas um padrão recorrente. Em vários momentos da jornada, o buscador se depara com a necessidade de optar novamente, de renunciar a algo para assumir outra direção. Por isso, este Arcano funciona como um guardião recorrente. Sempre que uma passagem crítica se apresenta, ele ressurge sob novas formas, exigindo discernimento renovado.

A lição da aresta é inequívoca. A travessia dos Enamorados exige coragem para decidir, clareza para discernir e amor para integrar. É um Arcano de decisão e de união, de corte e de casamento espiritual, de separação do ilusório e de aliança com o verdadeiro. Seu ensinamento é que a evolução espiritual não se dá pelo acaso, mas pela soma das escolhas conscientes que alinham o buscador, cada vez mais, ao caminho da própria alma.

O Desafio dos Enamorados para Alcançar o Mago

A face Acima do Cubo, representada pelo Mago, simboliza a consciência desperta, a palavra criadora e o poder de direcionar a vontade. Estar nesta face é como estar diante da mesa do Mago. Todos os elementos da vida — espada, taça, bastão e pentáculo — estão dispostos ali, mas exigem coordenação consciente, disciplina mental e clareza de intenção. Para alcançar esse estágio, o buscador precisa dominar a lição da aresta dos Enamorados.

Nesse ponto, a prova não consiste apenas em escolher, mas em escolher de modo que a mente se torne transparente e apta para o comando mercurial. O Mago é a força da palavra que cria realidade, porém, sem discernimento, essa palavra se dispersa, torna-se confusa e cheia de contradições. Os Enamorados funcionam como um filtro: somente atravessa para a esfera do Mago aquele que aprendeu a unificar suas escolhas e a assumir um direcionamento único.

Na experiencia prática, isso significa:

1. **Superar a tendência a fragmentação tipica de Gêmeos** — vencer os múltiplos interesses, dispersão mental e atração por caminhos diversos sem compromisso.
2. **Chegar ao Mago** — a multiplicidade deve ser transformada em síntese criadora.
3. **O buscador precisa deixar de ser refém** — observar suas polaridades internas e aprender a integrá-las em um ponto de decisão.

O corte da espada de *Zayin* (ז) abre o espaço necessário para que Mercúrio se manifeste sem ruido. O verdadeiro desafio dessa travessia é converter a dúvida em decisão e a decisão em direção. O Mago exige palavra clara, intenção pura e vontade unificada. Não há como ocupar sua mesa se o coração permanece dividido.

Outro aspecto essencial é que, enquanto os Enamorados lidam com a tensão entre desejo e espírito, o Mago expressa a vitória do espírito que sabe operar no mundo. A aresta, nesse sentido, exige que o buscador aprenda a dizer sim a uma direção espiritual, mesmo que isso implique renunciar a outros caminhos. É como afinar um instrumento: somente quando a corda é esticada corretamente ela pode vibrar em harmonia.

O desafio dos Enamorados na direção do Mago é unificar a escolha interior para que a mente se torne canal da consciência criadora. Trata-se de aprender a cortar o supérfluo, integrar polaridades e assumir a responsabilidade de um caminho claro. Apenas quem passa por essa prova pode exercer a magia consciente do Arcano I.

O Desafio dos Enamorados para Alcançar a Imperatriz

A face Leste do Cubo, regida pela Imperatriz, é a morada da criatividade, da fertilidade e do poder das imagens. Nesse espaço, a consciência aprende a dar forma às ideias, a gestar símbolos e a nutrir a vida com beleza e harmonia. Trata-se da sala da imaginação criadora, onde a mente deixa de ser apenas observadora para se tornar matriz do mundo.

Para alcançar esse estagio, o buscador deve:

1. **Atravessar a aresta dos Enamorados** — pois é aí que se revela o grande desafio de criar sem se perder na multiplicidade de imagens, seduções e possibilidades.
2. **O signo de Gêmeos ensina a arte da comunicação e da troca** — mas traz também o risco da dispersão.
3. **Na aresta dos Enamorados, diversas lições se apresentam** — como a necessidade de escolher, quais imagens nutrir e quais deixar morrer.

A Imperatriz é abundante e fértil, porém, sem discernimento, sua fertilidade se converte em excesso, em imaginação caótica e improdutiva. A travessia exige que o buscador aprenda a discernir entre inúmeras possibilidades criativas e a comprometer-se apenas com aquelas que são realmente fecundas para a alma.

Esse é o ponto essencial: o casamento interior dos Enamorados é o pré-requisito para a gestação da Imperatriz. Sem a união entre desejo e espírito, entre instinto e consciência, a criatividade não gera obras autênticas, mas apenas simulacros. O buscador que não integra essa lição cria imagens desprovidas de raiz na verdade interior, obras vazias, formas sem espírito.

Outro aspecto fundamental é que a Imperatriz, como princípio venusiano, representa também a energia da relação, do vínculo e do cuidado. Para chegar até ela, os Enamorados pedem que o buscador aprenda a escolher relacionamentos, alianças e afetos que realmente sustentem a jornada espiritual. É necessário cortar laços ilusórios e comprometer-se com vínculos que gerem vida e evolução. Só então o amor venusiano da Imperatriz pode florescer como força criadora que imagina, mas também sustenta.

O desafio dos Enamorados em direção à Imperatriz é, portanto, discernir no campo da imaginação e do desejo aquilo que merece ser nutrido e o que precisa ser renunciado, para que a criatividade se torne fértil e verdadeira. Trata-se da prova do compromisso criativo, em que o buscador aprende que nem toda semente pode ou deve ser plantada; apenas aquelas alinhadas ao amor profundo e à verdade interior darão fruto.

Atravessar a aresta dos Enamorados rumo à Imperatriz é transformar a escolha em criação, a decisão em gestação e a união interior em fertilidade cósmica.

Meditação da Aresta Leste-Acima
O Caminho dos Enamorados (Gêmeos)

Sente-se confortavelmente e feche os olhos.

Permita que a respiração se torne suave e regular, como o vento que atravessa uma janela aberta ao amanhecer. Sinta o corpo repousar, mas a consciência desperta.

Visualize-se no centro do Cubo do Espaço, envolvido por uma arquitetura viva feita de luz e vibração. Cada face do Cubo pulsa como um portal, e os eixos interiores formam correntes luminosas que se cruzam no ponto onde você está.

Diante de você, uma linha ascendente brilha, partindo do coração e estendendo-se até o Leste-Acima.

É uma linha dupla, feita de duas correntes entrelaçadas, uma dourada e outra azul. Elas sobem juntas, girando lentamente, como serpentes gêmeas em ascensão até tocaram a aresta dos Enamorados, o caminho da escolha, o eixo da integração dos opostos.

Respire fundo e sinta-se elevar nessa espiral de luz. A energia dos dois fluxos o envolve, e você percebe em si uma polaridade viva que une o masculino e o feminino, o racional e o intuitivo, o desejo e a contemplação.

Na aresta Leste-Acima surge uma figura alada luminosa de pé sobre um pedestal de cristal. Ele segura uma espada. Sua lâmina brilha como um raio e reflete imagens que se multiplicam: rostos, caminhos, lembranças, possibilidades.

Ele o observa e, sem mover os lábios, fala diretamente à sua mente:

Toda escolha é um corte.
Aquele que hesita vive em dois mundos e pertence a nenhum.
É preciso dividir o ilusório do verdadeiro com a lâmina da consciência.

Você sente o peso dessas palavras vibrando dentro de si. Ao redor, múltiplas portas se formam, sendo algumas radiantes, outras sombrias, outras translúcidas e sutis. Cada uma conduz a uma possibilidade, a um caminho de experiência.

Você percebe que os Enamorados trazem um labirinto de escolhas. Nada está predeterminado. O que define o caminho é o gesto da consciência que decide.

O anjo levanta a espada e a entrega a você. Ao tocá-la, você sente uma onda de lucidez percorrendo todo o corpo. A lâmina é leve, mas vibra com uma precisão quase divina.

Uma das portas se abre à sua frente, e uma brisa fresca atravessa o espaço.

Você entra. O interior é um corredor feito de espelhos. Em cada reflexo, há uma versão sua. Um ser que sonha, outro que teme, outro que deseja, outro que lembra.

Você caminha e ouve vozes todas suas, todas distintas, dizendo:

Escolhe.
Permanece.
Foge.
Ama.
Diz não.
Diz sim.

O eco é intenso, até que um som cristalino corta o ar com o som da espada tocando o chão. Com um único gesto, você ergue a lâmina e declara internamente:

Eu escolho o que é verdadeiro em mim.

Nesse instante, os reflexos se dissolvem. O corredor se abre em uma grande sala circular onde, no centro, repousa a mesa do Mago com uma taça, um bastão, um pentáculo e uma espada idêntica à que você segura.

O ar vibra em dourado. Você percebe que está agora diante do Mago. Ele o saúda com um olhar de sabedoria leve, quase jovial. Sua voz ressoa como um clarão:

A palavra é o ato que segue a escolha.
Quem fala sem decidir cria confusão.
Quem escolhe com clareza dá à palavra o poder da criação.

O Mago toca os objetos à sua frente, e eles se iluminam. Você percebe que cada um representa um aspecto da sua própria vida como pensamento, emoção, ação, matéria.

O Mago continua:

Suas escolhas te trouxeram até aqui para que aprendas o comando da mente.
O amor verdadeiro é o que unifica, não o que divide.
A espada de é a mente que, purificada, se torna canal da vontade divina.

Você inclina a cabeça e sente uma onda de energia subir pela coluna, até o topo da cabeça. É a luz mercurial da consciência desperta.

Por um instante, tudo é silêncio e clareza. O Cubo inteiro parece vibrar em harmonia com a sua mente. Mas o Mago sorri e aponta para baixo, no Leste.

Ali, uma brisa doce sopra, e o dourado se transforma em verde-esmeralda.

Flores, imagens e formas começam a se mover no ar, dançando como se a própria imaginação ganhasse corpo. Você compreende que está sendo conduzido à Imperatriz.

Ela surge envolta em véus translúcidos, com uma coroa de estrelas. Ao seu redor, o espaço é fértil e vivo.

As palavras do Mago ainda ecoam, mas agora o tom é outro. A Imperatriz fala com ternura e poder:

Toda escolha gera uma criação.
Toda decisão é uma semente.
Mas só floresce aquilo que é nutrido com amor.

Ela estende a mão, e de sua palma nascem fios de luz que se transformam em imagens: lembranças, desejos, ideias, pessoas. Alguns fios brilham; outros, desfazem-se como pó.

Ela o observa e continua:

Discernir é amar o essencial.
A mente que corta precisa também saber nutrir.
A espada que separa deve aprender a abençoar.

Você sente a espada em sua mão vibrar novamente. Ela se dissolve em pura luz e penetra o seu coração. Agora, a lâmina e o amor se fundem.

A mente e o desejo tornam-se uma única força, a da escolha consciente.

O templo começa a girar lentamente, e o Cubo se reconfigura ao seu redor.

Você vê o Mago acima e a Imperatriz abaixo no Leste, unidos por um raio luminoso que passa por você.

Respire profundamente e sinta que dentro de você não há mais dualidade, apenas diálogo. A mente e o coração conversam. A razão e o desejo dançam em harmonia.

O que antes era indecisão agora é equilíbrio. O que antes era escolha dolorosa agora é união lúcida.

Um som suave ecoa, como um cântico antigo:

Eu uno o que estava dividido.
Escolho com amor.
Crio com clareza.
A espada é a lâmina do coração desperto.

Permaneça nesse estado por alguns instantes, respirando devagar, sentindo o Cubo pulsar em torno de você.

A aresta Leste-Acima brilha como uma ponte viva entre a mente e a criação, entre o Mago e a Imperatriz, entre o verbo e a forma.

Quando sentir que o ensinamento se enraizou, visualize o Cubo se dissolver lentamente em uma partícula de luz que repousa no centro do seu peito.

Abra os olhos devagar.

Leve consigo a lembrança desse momento e a certeza de que toda escolha verdadeira é um ato de amor que cria mundos.

LESTE-ABAIXO → CARRO

Câncer / ח *Chet*

Sacerdotisa ↓ CARRO ↑ Imperatriz

Desafio Geral do Carro

O Carro (Arcano 7, Câncer, ח *Chet*) é um dos Arcanos mais complexos e exigentes do Tarô. Ele representa o movimento da consciência em direção a uma meta, mas um movimento que só se realiza de forma verdadeira quando é guiado pela vontade interior disciplinada. Esse Arcano expressa a direção e o comando consciente das forças internas e externas que tendem a puxar o ser humano em sentidos divergentes.

Na tradição cabalística, sua letra é ח *Chet*, cujo significado é "cerca" ou "barreira". Essa imagem é profundamente reveladora, pois o Carro simboliza a capacidade de delimitar o espaço interior, erguer muralhas contra a dispersão e, ao mesmo tempo, permanecer permeável ao impulso divino que orienta a jornada. Há, nesse ponto, uma lição de proteção espiritual. O Carro avança, mas avança com segurança porque está resguardado por um campo sagrado que o preserva das forças desagregadoras.

O desafio central desse Arcano é o governo da própria vida. A iconografia mostra quase sempre um veículo conduzido por um guerreiro ou príncipe, puxado por dois animais — cavalos, esfinges ou criaturas aladas —, cada qual voltado para direções distintas. Essa imagem traduz a condição humana, pois somos arrastados por instintos, desejos, medos e pensamentos contraditórios. A prova do Carro consiste em aprender a dirigir tais forças sem permitir que elas nos arrastem para a fragmentação.

Esse é o teste da vontade unificada. Enquanto os Enamorados (Arcano VI) ensinam a escolher, o Carro (Arcano VII) exige perseverança na decisão já tomada. O desafio não é mais optar, mas sustentar a escolha com disciplina. Trata-se de seguir o caminho com determinação e de não recuar diante dos obstáculos.

Outra dimensão do Carro está ligada ao tema da vitória. Tradicionalmente, esse Arcano é chamado de "O Triunfo". Contudo, não se trata de triunfo mundano marcado por glória passageira, mas de vitória sobre si mesmo. É vencer as forças internas que dividem, a dúvida que paralisa, os instintos que desviam. O verdadeiro triunfo é manter-se fiel à rota interior, mesmo quando tudo ao redor parece induzir à dispersão ou à confusão.

Como signo de Câncer, o Carro acrescenta ainda a dimensão da sensibilidade e da proteção emocional. O guerreiro que o conduz não age apenas pela razão, pois também se orienta pela intuição, atento aos fluxos sutis do caminho. O desafio está em equilibrar a armadura da disciplina com a permeabilidade da sensibilidade. É proteger-se sem se fechar, avançar sem se endurecer.

O Carro representa, em última instância, a arte da condução interior. Seu desafio é unificar forças contraditórias, manter a direção, proteger-se sem isolamento e triunfar sobre a dispersão. Ele confirma se o buscador está pronto para guiar o próprio destino, não como tirano de seus instintos, mas como sábio condutor que reconhece e ordena cada força em seu devido lugar.

O Desafio do Carro para Alcançar a Sacerdotisa

A face Abaixo do Cubo é regida pela Sacerdotisa (Arcano 2, Lua), símbolo dos mistérios ocultos, da memória profunda e da sabedoria interior. Ela guarda o conhecimento do inconsciente, aquilo que permanece velado à percepção comum e que exige silêncio e receptividade. Estar diante da Sacerdotisa equivale a penetrar em um templo interior, e para acessá-la é necessário atravessar o véu que separa a superfície consciente das camadas ocultas da alma.

O desafio apresentado pelo Carro (Arcano 7, Câncer, ח *Chet*) é justamente o de ingressar nesse templo interior com disciplina, direção e proteção. O buscador que deseja mergulhar na sabedoria da Sacerdotisa não pode aproximar-se com uma mente dispersa ou sem domínio de seus instintos. O Carro exige que ele aprenda a conduzir as forças da psique antes de ter acesso aos mistérios lunares.

Do ponto de vista iniciático, o Carro é o guardião que questiona se temos domínio de nossas vontades e impulsos ou se somos continuamente arrastados pelas contradições internas.

Sem essa resposta afirmativa não é possível acessar a serenidade silenciosa da Sacerdotisa. O templo não se abre a quem chega fragmentado. A travessia exige que o buscador conquiste antes a unidade de direção, para então poder entrar em contato com o inconsciente sem se perder em suas armadilhas.

Outro ponto fundamental é que a Sacerdotisa representa o mistério da memória cósmica, os registros profundos da alma e do universo. Quem tenta mergulhar nessa dimensão sem antes erguer as "muralhas" de ח *Chet* (a cerca de proteção do Carro) corre o risco de se dissolver, de perder sua identidade na vastidão do inconsciente. O Carro, assim, atua como o escudo protetor que possibilita adentrar o domínio da Sacerdotisa sem ser tragado por ele.

A prova, portanto, é dupla:

1. **Governar a própria psique**, para não entrar no templo com dispersão e fraqueza.
2. **Criar um espaço de proteção,** uma disciplina interior, que permita acessar os mistérios da Sacerdotisa com segurança.

Nesse sentido, a aresta manifesta com clareza sua função, pois a Sabedoria não se revela ao acaso. É necessário antes demonstrar maturidade na condução da própria vida. O Carro é a lição que assegura ao buscador a firmeza necessária para penetrar nos véus lunares sem se perder.

O desafio do Carro em direção à Sacerdotisa é este, aprender a conduzir-se para dentro, dominar a travessia até o inconsciente profundo e preservar a coesão de si mesmo diante do mistério. Somente aquele que governa o próprio veículo interior pode adentrar o santuário da Sacerdotisa e compreender de fato sua mensagem silenciosa.

Desafio do Carro para Alcançar a Imperatriz

A face Leste do Cubo é regida pela Imperatriz, arquétipo da criatividade, da fertilidade e do poder das imagens. Nela, a alma descobre sua capacidade de imaginar, gerar e dar forma à vida. É a face da abundância e da fecundidade espiritual, onde tudo o que foi concebido interiormente pode ganhar expressão no mundo.

Para alcançar essa sala luminosa da criação, o buscador precisa atravessar a aresta do Carro, e é justamente aí que a prova se coloca. O desafio é canalizar o poder da imaginação sem se perder na dispersão.

A Imperatriz é fértil, mas a fertilidade sem direção pode degenerar em caos criativo, excesso de possibilidades sem realização. O Carro, ao intermediar essa passagem, exige que o buscador dê disciplina ao ato criador. Não basta sonhar ou imaginar, é necessário aprender a dirigir a energia criativa como quem conduz um veículo. O Arcano 7 instrui com clareza, pedindo que a criatividade seja transformada em força orientada, capaz de avançar sem se desviar.

Esse é o grande teste. A Imperatriz oferece um campo vasto de potenciais imagens, mas somente quem aprendeu com o Carro a governar sua energia vital consegue selecionar, proteger e levar adiante os germes criativos que realmente devem nascer. Caso contrário, a mente se perde em fantasias, e a força criadora se dissipa em possibilidades infindas que jamais se convertem em obra.

Além disso, como signo de Câncer, o Carro lembra que toda criação precisa de um útero, um invólucro, uma proteção. Para que a fecundidade venusiana da Imperatriz floresça, a energia deve ser resguardada tanto de dispersões externas quanto de desvios internos. A lição se torna evidente, pois quem deseja realmente entrar na sala da Imperatriz deve primeiro aprender a cercar e resguardar suas criações, tal como Câncer preserva sua essência sob a carapaça.

O desafio do Carro, aqui, se apresenta da seguinte maneira:

1. **Dar direção à imaginação** criadora da Imperatriz, transformando imagens em obras.
2. **Oferecer proteção e disciplina** ao processo criativo, para que ele não se dissipe antes de frutificar.

Essa travessia evidencia como o Cubo atua como mecanismo de evolução, pois a fertilidade da Imperatriz só se manifesta plenamente quando atravessada pela disciplina do Carro. Criar significa gerar formas e aprender a conduzi-las até sua realização integral.

O desafio do Carro em direção à Imperatriz é aprender a unir a fecundidade da imaginação à firmeza da vontade, transformando a abundância em criação consciente e duradoura.

Meditação da Aresta Leste-Abaixo
O Caminho do Carro (Câncer)

Sente-se com a coluna ereta e feche suavemente os olhos. A respiração se torna lenta e profunda, como as ondas de um mar calmo. Permita que cada inspiração o conduza para dentro, e que cada expiração dissolva as tensões.

Visualize-se no centro do Cubo do Espaço, o templo invisível erguido em luz. Ao seu redor, as seis faces e doze arestas cintilam em tons sutis, como janelas abertas para os mistérios do cosmos.

Agora, perceba uma linha de energia que se estende no Leste-Abaixo, o ponto onde o ar encontra a água, onde a imaginação da Imperatriz toca o silêncio profundo da Sacerdotisa.

Essa linha é viva. É uma corrente azul-prateada que vibra como uma corda musical.

É a aresta do Carro, a senda da vontade disciplinada, o caminho da condução interior. Deixe-se levar.

O chão sob você se torna líquido, translúcido. A luz ao redor se curva, formando um corredor etéreo que parece respirar. Do fundo desse espaço surge um Carro de cristal, flutuando entre planos.

Sua estrutura é geométrica e luminosa, formada por linhas douradas que se entrelaçam em ângulos perfeitos.

No interior, há um guerreiro. Ele não é um guerreiro comum, mas um príncipe sereno, vestido com uma armadura prateada que reflete o brilho da lua.

Sobre sua fronte há um diadema, e em sua mão direita repousa um cetro com a letra ח (*Chet*) gravada em fogo azul.

Ele o convida a aproximar-se.

Você entra no Carro e sente imediatamente uma sensação de segurança, como se estivesse envolvido por um campo de energia protetora.

Duas esfinges, uma branca e outra negra, estão à frente, aguardando o comando.

O guerreiro sorri levemente e diz:

> *Toda força precisa de direção. Toda direção exige domínio.*
> *Sem governo interior, o caminho se desfaz.*

O Carro começa a mover-se, e as esfinges, antes tensas, encontram um ritmo conjunto.

Cada passo ecoa como batimentos cardíacos no espaço.

Você percebe que não está viajando fora de si, mas dentro do próprio corpo sutil, como se cada parte de sua mente e alma fosse um território atravessado pelo veículo da consciência.

Enquanto avança, o guerreiro continua:

> *Eu protejo o templo interior contra as tempestades da mente e os ventos da dispersão.*
> *Aqui, o coração e a razão devem marchar lado a lado.*
> *O escudo da vontade é a fé; a lança da ação é a clareza.*

O Carro segue e atravessa um portal de luz líquida. O ar torna-se denso e silencioso, e diante de você surge a Sacerdotisa, sentada entre duas colunas negras e prateadas.

Ela segura um pergaminho fechado e o observa com olhar profundo, ao mesmo tempo compassivo e implacável. Ela fala com voz serena, porém poderosa:

> *Quem deseja mergulhar em mim deve dominar as próprias águas.*
> *Sem direção, a maré do inconsciente engole o viajante.*
> *O mistério não se entrega a quem chega em desordem.*

Você sente o peso da advertência. Tudo ao seu redor se torna azul-escuro e silencioso como o fundo do oceano. O Carro se detém diante dela. Você percebe que o movimento agora é interno.

As esfinges descansam, o guerreiro recolhe o cetro, e o silêncio o envolve completamente.

Nesse instante, imagens começam a emergir do inconsciente — memórias, sonhos, vozes antigas.

Você observa tudo, sem se deixar arrastar. Cada respiração é um ato de governo interior.

O Carro está imóvel, mas dentro de você uma nova força desperta, a força que nasce do domínio do invisível.

A Sacerdotisa ergue a mão e traça diante de você a letra hebraica *Chet*.

O portal brilha. Ela sorri e diz:

Agora você está protegido. Pode seguir em direção à luz.

O Carro volta a se mover, e lentamente o azul profundo dá lugar a tons esmeraldinos e dourados.

Flores começam a surgir nas margens da estrada luminosa, e o ar se enche de fragrância.

Você percebe que está adentrando o reino da Imperatriz.

Ela surge à frente, sentada em um trono de cristal verde, cercada por campos dourados e rios de néctar.

Em suas mãos, um cetro florido brilha com o emblema de Vênus. Ela o saúda com um olhar terno e diz:

Tudo o que é concebido precisa de um útero que o proteja.
A imaginação é sagrada quando é regida pela vontade.
A criação é fecunda quando nasce da ordem interior.

Atrás dela, o jardim se estende até o infinito, repleto de formas e cores que se transformam constantemente.

Você compreende que cada flor ali representa uma ideia, uma obra, um sonho que aguarda realização.

Você respira fundo e sente dentro de si a união dessas duas forças: o silêncio lunar da Sacerdotisa e a fertilidade solar da Imperatriz.

Entre ambas, a energia do Carro flui como um rio disciplinado que conduz a criação interior até o mundo manifesto.

Agora, o guerreiro à sua frente desaparece. O Carro é você.

As esfinges são seus instintos reconciliados. O caminho é o fio de sua própria vontade. Um mantra vibra no espaço e ressoa em seu peito:

Eu governo meu caminho com sabedoria.
Conduzo minhas forças com amor.
Protejo a semente do que é sagrado até que floresça na forma perfeita.

Permaneça nesse estado, respirando profundamente.

Veja o Cubo ao redor pulsar com vida.

Você está no interior de um templo vivo, e a aresta Leste-Inferior brilha como um raio de energia azul e dourada que o conecta à harmonia cósmica.

Quando sentir que o aprendizado foi absorvido, visualize o Carro se dissolvendo em partículas de luz.

As esfinges tornam-se chamas delicadas, o guerreiro se funde ao seu coração, e a letra *Chet* (ח) permanece brilhando em seu peito como um selo de poder silencioso.

Respire mais uma vez, profundamente.

Retorne ao centro do Cubo do Espaço, sentindo-se inteiro, protegido e sereno.

Abra os olhos devagar e leve consigo o ensinamento desta aresta:

Conduzir é servir à vontade da alma.
O verdadeiro triunfo é mover-se sem dispersão, avançar com o coração em paz e permitir que o silêncio interior guie o caminho.

NORTE-ACIMA → FORÇA

Leão / ט *Teth*

Mago ↑ FORÇA ↓ Torre

Desafio Geral da Força

A Força (Arcano 8) é um dos Arcanos mais ricos em simbolismo e também um dos mais sutis. Sua imagem tradicional mostra uma jovem serena abrindo a boca de um leão com as próprias mãos. Ela não transmite violência ou brutalidade, mas um domínio tranquilo, fruto da confiança e do equilíbrio interior. Essa iconografia já revela a chave do Arcano, pois o verdadeiro poder não nasce da imposição externa, mas da integração e da transmutação da energia instintiva.

Na tradição cabalística, a Força corresponde à letra hebraica *Teth* (ט), cujo significado é "serpente" ou "coisa enrolada". Essa associação remete ao poder enroscado, à energia vital que precisa ser despertada e conduzida com consciência. É a mesma força que, mal direcionada, pode ser destrutiva, mas que, quando integrada, se converte em coragem, vitalidade e criação.

Astrologicamente, a Força se vincula ao signo de Leão, símbolo do coração, da luz interior e da expressão da individualidade. Leão representa a confiança, a generosidade e o brilho do ser, mas também pode cair na armadilha do orgulho ou da vaidade. O desafio da Força é, portanto, aprender a dominar o leão interior, não pela repressão violenta, mas pela integração lúcida e compassiva.

O desafio central deste Arcano pode ser compreendido em três camadas:

1. **Domínio dos instintos** – não se trata de negar os impulsos, mas de refiná-los e orientá-los para que sirvam à consciência.
2. **Coragem serena** – aprender que a verdadeira força não é a fúria, mas a calma firme que enfrenta o caos sem perder o centro.
3. **Poder do coração** – reconhecer que o núcleo da Força está no amor, na generosidade e na confiança, e não no controle autoritário.

Metafisicamente, a Força é um portal iniciático. Ela ensina ao buscador que expandir a mente, como propõe o Mago, ou atravessar crises, como mostra a Torre, não é suficiente. Antes, é necessário conquistar a si mesmo, integrar sombra e instinto, para que a consciência não se perca em excessos de racionalidade ou em pulsos de destruição.

No Cubo do Espaço, a Força atua como guardiã essencial. Ela protege o caminho que liga intelecto e ruptura, recordando que somente o coração corajoso e disciplinado é capaz de sustentar o verdadeiro poder espiritual.

O Desafio da Força para Alcançar o Mago

O Mago (Arcano 1, Mercúrio) é a face Acima do Cubo, símbolo da consciência desperta, do poder criador da palavra e da habilidade de direcionar os quatro elementos. Ele encarna o arquétipo da mente ativa, da presença vigilante e da inteligência que organiza e projeta. Estar em sua esfera significa descobrir o dom de ordenar a realidade pelo gesto e pela palavra.

Para alcançar esse domínio, contudo, o buscador deve antes atravessar a aresta guardada pela Força (Arcano 8, Leão, ט *Teth*). Eis o grande desafio: como comandar o poder criador do Mago se o leão interior ainda não foi domado?

O perigo é claro. Sem o aprendizado da Força, o Mago pode reduzir-se a mero manipulador, ilusionista ou intelecto disperso, aplicando o poder mental sem o enraizamento do coração. Surge o risco da soberba intelectual, que confunde astúcia com sabedoria, ou da pressa impetuosa, que utiliza símbolos e palavras sem consciência de seu impacto.

Diante disso, a Força exige três lições antes de permitir o ingresso na face governada pelo Mago:

1. **Coragem do coração** – aprender que a verdadeira confiança criadora nasce da serenidade interior, não da vaidade mental.
2. **Domínio dos instintos** – reconhecer e integrar os impulsos primitivos, evitando que contaminem o uso do poder da palavra.
3. **Equilíbrio entre razão e vitalidade** – unir a mente ágil de Mercúrio ao fogo do coração leonino, para que o intelecto seja iluminado pela coragem e pela generosidade.

O buscador que atravessa esse limiar compreende que o Mago só se revela em sua verdade quando a palavra criadora é sustentada pela coragem do coração e pela integração dos instintos. A Força, nesse sentido, atua como filtro iniciático, pois apenas concede o poder mental àquele que já demonstrou maturidade interior.

Em suma, a prova da Força, para alcançar o Mago, é esta: aprender a dominar o leão interior, unindo coragem, serenidade e amor, para que o intelecto não se torne vaidade, mas veículo de criação verdadeira.

O Desafio da Força para Alcançar a Torre

A Torre (Arcano 16, Marte) é o arquétipo da ruptura, da crise libertadora e da destruição das estruturas ilusórias. Sua face no Cubo revela o instante em que as formas cristalizadas do ego não resistem ao raio da verdade e desmoronam. É o colapso necessário para que a consciência avance a outro nível, desprendendo-se de prisões internas e externas.

Contudo, antes de atravessar essa experiência radical, o buscador deve passar pela aresta da Força (Arcano 8, Leão, ט *Teth*). Nesse ponto se encontra a grande prova. Como enfrentar a queda da Torre sem domínio sobre os próprios instintos e paixões?

Sem o aprendizado da Força, a Torre pode ser vivida apenas como destruição caótica, trauma e perda sem sentido. O raio derruba, mas em vez de abrir horizontes, pode esmagar a alma despreparada. A Força é o filtro que garante que a queda da Torre não seja ruína, mas libertação. Ela ensina que coragem não é bravata e que energia instintiva não se confunde com fúria cega.

Assim, a Força exige três aprendizados fundamentais antes de permitir a passagem para a Torre:

1. **Coragem serena** – enfrentar a ruína das falsas estruturas sem pânico, mantendo o coração firme.
2. **Domínio sobre os instintos** – impedir que o medo ou a raiva transformem a crise em autodestruição.
3. **Amor como sustentação** – perceber que, mesmo na queda, a energia vital do coração pode ser a chama que ilumina novos começos.

Metafisicamente, a Força assegura que a experiência da Torre não se transforme em acidente devastador, mas em iniciação consciente. O buscador que atravessa esse portal chega à Torre preparado para assistir ao desmoronamento de suas antigas prisões sem perder a integridade interior.

O desafio da Força, para alcançar a Torre, consiste em transformar instinto em coragem e paixão em luz, mantendo o coração centrado mesmo quando o mundo externo colapsa. Só assim a queda se torna revelação, e a destruição se converte em portal de liberdade.

Meditação da Aresta Norte-Acima
O Caminho da Força (Leão)

Sente-se com a coluna ereta e os pés firmes no chão. Inspire profundamente, sentindo o ar atravessar o corpo como uma corrente de fogo suave.

Permita que a respiração se torne o ritmo que embala o coração. A cada expiração, solte a rigidez, até que o corpo inteiro se torne receptáculo de quietude e presença.

Visualize-se no centro do Cubo do Espaço. As seis faces irradiam cores vivas ao seu redor, pulsando como organismos conscientes.

Você sente o centro vibrar como um sol interior. Dele, parte um feixe dourado que se eleva em direção ao Norte-Acima, formando uma linha de luz firme, densa, e, ao mesmo tempo, viva.

Essa é a aresta da Força, o caminho que une a consciência do Mago à provação da Torre.

Permaneça imóvel e sinta esse raio de luz subir. Ele o chama.

Você se ergue espiritualmente, ascendendo por essa corrente dourada. A cada respiração, a luz se intensifica.

O Cubo se dissolve em claridade e você começa a atravessar um espaço que vibra com o som de um coração cósmico. É como se o próprio universo respirasse através de você.

A luz se expande, e diante de seus olhos surge uma planície de ouro líquido.

O ar é quente, mas não queima. Acima, um sol irradia calma e poder.

No centro da planície, uma figura feminina veste uma túnica branca e repousa as mãos sobre a cabeça de um leão. Ele não ruge. Olha-a com confiança, e ela o contempla com ternura. É a imagem viva da Força.

Você se aproxima lentamente. A mulher o observa e fala sem mover os lábios, sua voz soa como um cântico que vem de dentro:

Não se vence o leão pelo combate, mas pela presença.

Ela o convida a sentar-se diante dela.

O leão respira profundamente, e o ar vibra como o som de um trovão contido. Você sente o eco desse som em seu peito, onde mora um outro leão — o leão interior, feito de desejos, medos, paixões e vontades.

A mulher o observa com suavidade e diz:

Dentro de ti também há uma fera.
Ela ruge quando quer dominar e se cala quando teme.
Mas o que ela pede, no fundo, é ser compreendida.
A força que buscas não está em vencê-la, mas em escutá-la
até que ela se renda à tua luz.

Feche os olhos e visualize esse leão interno. Talvez ele apareça como uma chama, uma sombra, um som ou uma lembrança. Permita que ele se manifeste.

Não o combata. Apenas respire e o contemple.

Observe como, pouco a pouco, o fogo que emanava dele começa a diminuir, tornando-se calor sereno.

O leão o observa em silêncio. Você estende a mão e toca sua fronte.

Nesse instante, uma luz dourada surge entre você e o animal, unindo-os por um fio radiante que pulsa como uma Ouroboros enrolada sobre si mesma, repousando em perfeita contenção.

Você sente essa serpente despertar, subindo pela base da coluna como um fogo ascendente que ilumina o corpo todo.

Mas esse fogo não é destrutivo. Ele se move com sabedoria, subindo vértebra por vértebra, até alcançar o coração. Quando chega ali, tudo se expande em paz.

A mulher o observa e diz:

Agora sabes o segredo do domínio.
Não se trata de conter, mas de transformar.
O leão é a chama que, se orientada pelo amor, se torna sol.
E o coração é o altar onde essa transmutação se realiza.

O horizonte começa a se modificar. O sol do meio-dia se torna um sol branco, e, em meio à claridade, você percebe o contorno de uma torre erguendo-se à distância, sólida, vertical, construída sobre pedra.

No topo, há uma coroa. A mulher da Força sorri levemente e aponta para a Torre:

> *Ali está a próxima passagem.*
> *Mas lembra-te, quem sobe sem o coração purificado cai com a própria soberba.*
> *O raio que fulmina é também o raio que liberta.*
> *Leva contigo o fogo do leão, mas não a sua arrogância.*

Você sente um vento quente soprar. Ele vem da Torre e toca o seu rosto. A mulher continua:

> *Antes de atravessar a tempestade, precisas de coragem serena.*
> *O coração deve ser teu escudo.*
> *A luz deve ser teu guia.*

Ela toca seu peito, e um símbolo de sol se acende ali. De dentro do peito, uma voz suave emerge, sua própria voz, mais antiga e profunda:

> *Eu sou o fogo que não destrói.*
> *Sou a chama que ilumina o caminho.*
> *Minha força é calma.*
> *Meu poder é amor.*

Você sente o corpo inteiro vibrar nessa frequência. A luz dourada se expande e preenche o espaço. O leão se levanta e se aproxima, roçando a cabeça em sua mão. Ele se torna uma centelha luminosa e penetra o seu coração. Agora ele vive dentro de você, não mais como fera, mas como guardião da sua coragem.

Você olha novamente para a Torre ao longe. O raio ainda a circunda, mas agora o clarão não o assusta. Pelo contrário, ele o chama, como se fosse uma coluna de fogo mostrando o caminho da verdade.

Você compreende que está preparado para atravessar a prova da Torre, pois dentro de si já habita a chama equilibrada da Força.

Respire profundamente. O templo dourado começa a se dissolver. A mulher sorri e, antes de desaparecer, pronuncia suas últimas palavras:

Quando o leão dorme no coração, o espírito desperta.

O Cubo do Espaço volta a se formar ao seu redor. Você percebe a linha do Norte-Acima pulsando suavemente, como se guardasse o eco do que vivenciou.

Ela brilha em tom dourado, e o símbolo da ouroboros flutua por um instante antes de se recolher ao centro do seu peito.

Permaneça alguns instantes em silêncio, respirando com serenidade. Sinta que a Força agora vive dentro de você, firme, compassiva, desperta.

O coração é o leão e o leão é o seu coração Ambos batem em uníssono com o ritmo da criação. Quando sentir que a luz se estabilizou, abra lentamente os olhos.

Repita para si mesmo o seguinte ensinamento:

A força verdadeira é o repouso do poder no coração.

NORTE-ABAIXO → EREMITA

Virgem / י *Yod*

Sacerdotisa ↓ EREMITA ↑ Torre

Desafio Geral do Eremita

O Eremita (Arcano 9) é um dos Arcanos mais contemplativos e profundos do Tarô. Sua iconografia clássica mostra um ancião solitário, envolto em manto, com um cajado em uma mão e uma lanterna na outra. Ele caminha em silêncio, guiado apenas pela própria luz interior, iluminando alguns passos à frente na escuridão.

Na tradição cabalística, o Eremita está associado à letra hebraica *Yod* (י), a menor do alfabeto, que simboliza a semente primordial e o ponto de concentração absoluta. Esse detalhe é revelador, pois mostra que o Eremita encarna o arquétipo da interiorização, do recolhimento e da paciência. Ele representa o gesto de voltar-se à unidade, buscando no silêncio a essência do ser.

Astrologicamente, corresponde ao signo de Virgem, ligado ao discernimento, à análise, ao trabalho minucioso e ao aperfeiçoamento contínuo. Virgem simboliza a ordem aplicada ao cotidiano, a disciplina que transforma a vida em exercício espiritual.

O desafio central do Eremita é a solidão consciente. Ele não simboliza isolamento estéril, mas um retiro necessário para amadurecer a alma. Essa solidão é uma prova: olhar para si mesmo sem distrações, sem máscaras, sem apoios externos. Nesse espaço interior surgem dúvidas, medos e sombras, mas também desponta a verdadeira luz, não como uma iluminação grandiosa e súbita, mas como a pequena chama que guia passo a passo.

Outro aspecto essencial é o tempo. O Eremita ensina a paciência, a espera e a constância. Ele exige que o buscador compreenda que a sabedoria não se revela de forma imediata, mas nasce do caminhar lento e persistente. Eis o paradoxo: seu desafio é aprender a avançar sem pressa e a confiar no processo mesmo quando o destino permanece oculto.

Três provas marcam esse Arcano:

1. **Aceitar o silêncio** – aprender a valorizar a solidão e a escuta interior em vez do ruído e da aprovação externa.
2. **Confiar na pequena luz** – seguir com fé mesmo quando só alguns passos estão iluminados.
3. **Cultivar a paciência** – compreender que o amadurecimento da alma é gradual e exige constância.

Metafisicamente, o Eremita é o guardião da sabedoria discreta. Ele lembra que a iniciação não se dá em palácios ou espetáculos, mas no caminho interior, na intimidade com o próprio ser. Seu desafio é o de toda alma que busca a verdade que é não se perder na pressa, no barulho ou na superficialidade, mas mergulhar fundo em si mesma até encontrar a centelha que ilumina tudo.

O Desafio do Eremita para Alcançar a Sacerdotisa

A Sacerdotisa (Arcano 2, Lua) é o arquétipo do mistério, da memória profunda e do conhecimento oculto. Sua face no Cubo é o grande repositório do inconsciente coletivo, o véu que resguarda os segredos da criação e da alma. Estar diante dela significa ser chamado a mergulhar no silêncio interior, no território da intuição e das revelações veladas.

Contudo, para alcançar a Sacerdotisa, o buscador deve antes atravessar a aresta guardada pelo Eremita (Arcano 9, Virgem, י *Yod*). E aqui reside o ponto crucial, pois como penetrar no mistério da Sacerdotisa sem antes cultivar recolhimento, discernimento e paciência?

O Eremita submete o aspirante a uma prova que antecede a entrada no santuário lunar da Sacerdotisa. Ele exige precisamente aquilo que sustentará essa travessia:

1. **Disciplina da introspecção** – aprender a recolher-se, a calar as distrações externas e a encontrar estabilidade no silêncio.
2. **Paciência no processo** – aceitar que o véu da Sacerdotisa não se abre por força ou pressa, mas apenas ao buscador constante e humilde.
3. **Discernimento do real e do ilusório** – a Sacerdotisa guarda o espelho do inconsciente; para atravessá-lo, o buscador precisa da clareza virgem do Eremita, capaz de separar verdade de fantasia.

Se a Sacerdotisa é o oceano profundo da memória cósmica, o Eremita é o fio de luz que impede o buscador de se perder nesse mergulho. Ele prepara mente e coração para suportar o peso do não dito, o silêncio das realidades sagradas e a responsabilidade de acolher revelações sem confundir-se com ilusões.

No plano metafísico, o Eremita protege a entrada da Sacerdotisa ao exigir humildade e constância. Ele garante que a busca pela sabedoria oculta não se converta em curiosidade estéril ou em fuga. Sua lanterna é a medida da prova: apenas quem aprendeu a orientar-se por uma centelha interior é capaz de sustentar a escuridão e o silêncio que envolvem a Sacerdotisa.

Portanto, o desafio do Eremita em direção à Sacerdotisa é este, aprender a caminhar com paciência e discernimento no silêncio, para que a porta do mistério se abra não como evasão, mas como revelação verdadeira.

O Desafio do Eremita para Alcançar a Torre

A Torre (Arcano 16, Marte) representa o colapso das estruturas ilusórias, a crise que despedaça as falsas certezas e abre espaço para uma verdade mais ampla. É o raio súbito que derruba muralhas, o instante em que o ego se vê confrontado com sua própria fragilidade. No Cubo do Espaço, a Torre é a face da transformação radical, em que o buscador é chamado a atravessar a destruição para encontrar libertação.

Contudo, para acessar essa experiência de ruptura, o buscador deve antes atravessar a aresta guardada pelo Eremita (Arcano 9, Virgem, י *Yod*). E aqui se encontra o desafio essencial, como enfrentar o colapso sem sucumbir ao desespero ou à desorientação.

O Eremita prepara o buscador para a Torre em três aspectos fundamentais:

1. **Introspecção e autoconhecimento** – a crise externa só pode ser vivida como libertação quando o buscador já aprendeu a observar suas próprias sombras no silêncio. Sem essa preparação, a queda da Torre parece apenas ruína.
2. **Discernimento paciente** – a destruição da Torre exige a capacidade de distinguir o que deve cair do que deve permanecer. O Eremita fornece esse olhar seletivo, analítico, que preserva a centelha da verdade em meio ao colapso.
3. **Luz interior como guia** – enquanto a Torre explode em clarões violentos, o Eremita oferece sua lanterna constante. Ele lembra que a crise não é fim, mas passagem, e que há um caminho mesmo na noite mais escura.

Metafisicamente, o Eremita é o guardião que assegura que a experiência da Torre seja vivida como iniciação, e não como mera destruição. Ele exige que o buscador tenha aprendido a sustentar-se em sua própria luz antes de enfrentar o raio que derruba as ilusões. Sem a disciplina e a paciência do Eremita, a Torre tende a ser vivida como perda traumática; com ele, porém, transforma-se em revelação.

O desafio do Eremita em direção à Torre é este, cultivar paciência, introspecção e discernimento para que o colapso das falsas estruturas seja experimentado como libertação, e não como desespero. Aquele que atravessa essa aresta chega à Torre preparado para deixar ruir o que é ilusório e permanecer firme no que é verdadeiro.

Meditação da Aresta Norte-Abaixo
O Caminho do Eremita (Virgem)

Respire lentamente.

Imagine-se dentro do Cubo do Espaço, envolto por suas faces vivas, pulsantes. À sua frente, o silêncio vibra como uma substância invisível. Você contempla a aresta Norte-Abaixo, onde o frio e a quietude se condensam. O ar é denso, quase imóvel, e uma luz tênue, de tom azulado, delineia contornos sutis ao seu redor.

Ali, no limiar entre o visível e o invisível, ergue-se a presença do Eremita. Ele não chega de fora; surge como se emergisse do fundo da sua própria alma. Um ancião de olhar sereno, envolto em um manto cinza que parece feito da própria névoa do tempo. Em sua mão direita, a lanterna brilha, não com chama ardente, mas com o ouro contido da paciência. Em sua esquerda, o cajado, sustentáculo da jornada. Ele sussurra:

Caminha comigo

Sua voz é como o som de uma folha caindo sobre a neve, quase inaudível, mas cheio de significado.

Você dá um passo e percebe que o chão se dissolve em penumbra. Cada passo ilumina apenas alguns palmos adiante. Nada mais. O resto permanece envolto na escuridão do não sabido. O Eremita anda à sua frente, e sua lanterna abre pequenas ilhas de luz no mar do mistério. Ele diz:

Não busques a clareza total
A lanterna não foi feita para dissipar a noite, mas para que teus olhos aprendam a amá-la.

Enquanto caminha, você sente o peso do silêncio. Ele é espesso, quase tangível. As vozes externas que trazem memórias, desejos, expectativas, começam a se calar. O ruído do mundo cede lugar ao ritmo do próprio coração. É nesse compasso lento que o Eremita ensina sua primeira lição: a solidão é o templo da sabedoria.

Diante de você, o Cubo se abre para baixo e um túnel escuro o conduz até a Sacerdotisa. Lá embaixo, uma bruma prateada cobre o chão, e você sente o chamado lunar que pulsa como maré. Mas o Eremita ergue a mão, detendo-o, e diz:

Ainda não,
Antes de mergulhar no véu da Sacerdotisa, aprenda a ouvir teu próprio silêncio.
A pressa é a sombra que mais confunde a luz.

Ele toca a lanterna, e o brilho muda. Agora, o ouro da chama se reflete dentro do seu peito. Uma centelha acende-se em seu coração, pequena, constante, inabalável.

Você compreende que o Eremita não ilumina o caminho de fora; ele desperta a luz que já existe dentro.

Enquanto permanece nesse estado, o Cubo vibra ao seu redor. Da face acima, você sente um eco distante, o brilho da Torre, que lampeja como um relâmpago contido. A aresta do Eremita se estende até ela, como um triângulo de luz, e você percebe o paradoxo. O mesmo silêncio que leva à Sacerdotisa também conduz ao raio da destruição. Ele diz:

Aquele que aprendeu a esperar a verdade também saberá suportar sua vinda quando ela fulminar.

Então o Eremita ergue o cajado e toca o ar. O Cubo estremece, e diante de seus olhos surge a visão da Torre. Ela se ergue majestosa, de pedra antiga, cercada por nuvens cinzentas. De seu topo, um clarão rompe o céu e a despedaça. Fragmentos caem em chamas, mas, entre as ruínas, um fio dourado com a luz da lanterna do Eremita se mantém, agora refletida nas pedras quebradas. O Eremita prossegue, dizendo:

O raio e a luz são irmãos.
Um destrói de fora, o outro ilumina de dentro.
Aprenda comigo a distinguir o clarão passageiro da chama eterna.

O silêncio prepara você para a revelação. O autoconhecimento torna o raio suportável. A paciência transforma o colapso em renascimento. O Eremita o conduz até o limite entre o recolhimento e a ruptura, o ponto onde o mistério da Sacerdotisa se une à verdade da Torre.

A luz da lanterna agora se torna uma esfera dourada em seu peito. Ela pulsa como um coração de fogo contido, símbolo da sabedoria que nasce da disciplina e da fé no processo. Ele sussurra:

Eu sou a centelha do início.
O ponto que contém todo o caminho.
Não há fim, apenas um passo que se renova no escuro.

Você percebe então que o Eremita desapareceu. Resta apenas a lanterna, suspensa no ar, refletindo em todas as faces do Cubo. Ela é pequena, mas sua luz alcança cada direção. Ela é a própria presença da alma guiando.

Respire. Sinta a calma que vem da confiança em cada passo, mesmo sem ver o destino.

Deixe que a lanterna interior continue acesa, conduzindo você entre os véus da Sacerdotisa e as ruínas da Torre.

Porque o verdadeiro caminho do Eremita não leva para fora do Cubo, mas para o centro do ser, onde o silêncio e a luz são um só.

NOROESTE → JUSTIÇA

Libra / ל *Lamed*

Torre ← JUSTIÇA → Roda da Fortuna

Desafio Geral da Justiça

A Justiça (Arcano 11) é o arquétipo do equilíbrio, da verdade e da responsabilidade ética. Sua imagem tradicional mostra uma figura sentada em trono, portando em uma mão a espada erguida e, na outra, a balança. Esses símbolos expressam a essência do Arcano, que é pesar, avaliar e cortar com clareza, sem se deixar distorcer por ilusões ou preferências pessoais.

Na tradição cabalística, a Justiça corresponde à letra hebraica *Lamed* (ל), cujo nome significa aprendizado ou ensinar. É a única letra que ultrapassa a linha superior na caligrafia hebraica, representando a busca de elevação acima do comum em direção ao conhecimento mais alto. Esse detalhe reflete o caráter iniciático da carta, já que a Justiça não se limita a um julgamento externo, mas remete ao aprendizado profundo de equilibrar forças no próprio ser.

Astrologicamente, a Justiça associa-se ao signo de Libra, regido por Vênus, que simboliza o equilíbrio, a harmonia e a relação. Libra recorda que a Justiça não se resume à racionalidade fria, mas inclui também a arte de manter proporção e beleza nas escolhas da vida.

O desafio da Justiça é duplo:

1. **Objetividade** – aprender a pesar com imparcialidade, sem distorcer a balança em favor do ego, das paixões ou dos medos.
2. **Responsabilidade** – aceitar as consequências das escolhas feitas, compreendendo que cada decisão gera efeitos que não podem ser evitados.

A espada da Justiça não é instrumento de punição cega, mas de discernimento, pois corta as ilusões e revela a verdade nua. Essa verdade, entretanto, pode ser desconfortável, já que expõe desequilíbrios tanto internos quanto externos. A prova da Justiça, portanto, é encarar a realidade como ela é, sem véus, sem máscaras e sem desculpas.

Metafisicamente, a Justiça representa o ponto em que o buscador se confronta com a lei universal da causa e efeito. Nesse campo, não há como se esconder ou transferir responsabilidades, pois cada escolha, pensamento ou ação é pesado e traz um reflexo correspondente. Sua lição é clara: a liberdade só se torna autêntica quando vem acompanhada de responsabilidade e de consciência plena das consequências.

O desafio intrínseco da Justiça é aprender a discernir com clareza, agir em equilíbrio e aceitar com maturidade o fruto de cada ato viver segundo a verdade, mesmo quando ela não favorece teus desejos.

O Desafio da Justiça para Alcançar a Torre

A Torre (Arcano 16, Marte) é o arquétipo da crise e da destruição das falsas estruturas. Sua imagem mostra o raio que fulmina a construção do ego e obriga a consciência a libertar-se de prisões internas e de ilusões persistentes. Estar diante da Torre é vivenciar a experiência radical da verdade que irrompe sem concessões.

Antes, porém, de adentrar essa experiência de ruptura, o buscador precisa atravessar a aresta guardada pela Justiça (Arcano 11, Libra, ל *Lamed*). E aqui o desafio se apresenta de modo direto e implacável: como enfrentar a queda da Torre sem preparo para julgar com clareza, assumir responsabilidade e agir em equilíbrio?

A Justiça atua como filtro que assegura que a Torre não se reduza a destruição caótica, mas seja revelação libertadora. Sem esse preparo, o raio que derruba pode ser vivido como catástrofe sem sentido. Com ele, contudo, a queda é compreendida como necessidade cósmica, fruto de escolhas anteriores e expressão de leis universais.

A travessia, portanto, impõe três provas principais:

1. **Aceitar a verdade sem véus** – a Justiça exige que o buscador reconheça a realidade de suas próprias construções antes de vê-las ruírem. O colapso da Torre não é arbitrário: é consequência de estruturas falsas que não podiam se sustentar.
2. **Manter equilíbrio em meio ao colapso** – Libra ensina a não se deixar arrastar pelo pânico ou pela raiva, mas a sustentar o centro mesmo enquanto as paredes caem.
3. **Assumir responsabilidade pela ruína** – a espada da Justiça corta as desculpas: o que desmorona na Torre foi erguido pelo próprio buscador, consciente ou inconscientemente. Reconhecer isso é libertador, pois abre espaço para reconstruir de forma mais verdadeira.

Metafisicamente, a Justiça lembra que a Torre não é punição, mas consequência natural. O raio que desce do alto é a verdade cósmica que não pode mais ser negada. O papel da Justiça é preparar o buscador para receber essa verdade de maneira digna, sem fuga nem vitimização.

Portanto, o desafio da Justiça em direção à Torre é este: aceitar a lei universal da causa e efeito, reconhecer a responsabilidade pessoal pelas quedas e sustentar o equilíbrio para que a crise se torne libertação e não mera ruína.

O Desafio da Justiça para Alcançar a Roda da Fortuna

A Roda da Fortuna (Arcano 10, Júpiter) é o arquétipo dos ciclos da vida, do destino e da mudança. No Cubo do Espaço, essa face representa o movimento incessante da existência, feito de altos e baixos, ganhos e perdas, repetições que educam e amadurecem a alma ao longo do tempo. Entrar na Roda significa aceitar o fluxo da vida e reconhecer a lei dos ciclos que governa todas as coisas.

Para alcançar a Roda, o buscador deve primeiro atravessar a aresta guardada pela Justiça (Arcano 11, Libra, ל *Lamed*). E aqui se revela a grande prova: como compreender e integrar os ciclos da Roda sem antes conquistar o equilíbrio interior e assumir responsabilidade pelas próprias escolhas?

A Roda gira para todos, mas a maneira como cada um a vivencia depende da postura interior. Sem a lição da Justiça, a experiência da Roda pode parecer acaso cego, uma alternância caótica entre fortuna e infortúnio. Com a Justiça, entretanto, o buscador aprende a perceber que cada giro espelha escolhas anteriores, que o destino é tecido por suas próprias mãos.

A Justiça, nesse ponto, apresenta três provas fundamentais para a travessia rumo à Roda da Fortuna:

1. **Equilíbrio diante das mudanças** – aprender a não se exaltar na subida nem se desesperar na queda, mantendo o centro firme em meio ao giro.
2. **Aceitar responsabilidade cármica** – compreender que cada repetição da Roda é também consequência de padrões criados anteriormente; não há "acaso" sem raiz.
3. **Discernimento das oportunidades** – usar a espada da Justiça para cortar a ilusão e reconhecer o momento certo de agir, em vez de se perder na passividade ou na pressa.

Metafisicamente, a Justiça assegura que a entrada na Roda não seja vivida como prisão de repetições inconscientes, mas como uma escola consciente. Ela revela que a verdadeira liberdade diante do destino não consiste em controlar o movimento da Roda, e sim em alinhar-se à lei universal que a sustenta.

Portanto, o desafio da Justiça, para quem busca a Roda da Fortuna, é aprender a atravessar os ciclos com equilíbrio, assumir responsabilidade pelos próprios caminhos e reconhecer que cada giro da Roda reflete o que foi anteriormente semeado.

Meditação da Aresta Noroeste
O Caminho da Justiça

Respire profundamente. Sinta o ar movimentar-se dentro do Cubo do Espaço, como se cada direção respirasse junto com você. Está escuro, mas há uma luz fria que parece nascer da própria geometria do ambiente.

Volte-se agora para o Noroeste, onde uma linha de prata e safira vibra no ar. É a Aresta da Justiça. Essa linha vibra como uma corda tensa entre dois mundos. De um lado, a Torre, com seus relâmpagos e ruínas. Do outro, a Roda da Fortuna, girando com ritmo eterno. No meio delas, a balança cósmica flutua, sustentando o equilíbrio entre destruição e movimento, entre fim e renovação.

Caminhe em direção a essa aresta. O ar muda e torna-se límpido, frio, como se o espaço tivesse sido lavado de toda impureza. Cada passo ecoa na câmara silenciosa do Cubo.

Diante de você surge uma figura sentada em trono de mármore claro. É a Justiça, o Arcano 11. Ela não o olha nem o julga. Apenas existe, imóvel, como a pura presença da verdade.

Em sua mão direita, ergue uma espada vertical que brilha com um fio de luz branca; Na esquerda, uma balança pende, perfeitamente nivelada, como se o ar a sustentasse em repouso absoluto. Ela diz, e sua voz não vibra no espaço:

Aproxima-te!
Nenhum ser avança sem ser pesado, e nenhum peso é vem de fora.
Cada escolha que fizeste torna-se chumbo nesta balança.

Sinta as palavras penetrarem o peito. De repente, você vê surgir à sua frente imagens translúcidas, fragmentos de ações, pensamentos e emoções que já viveu. Eles se empilham como penas e pedras sobre os pratos da balança. Algumas brilham em dourado, outras em cinza. Umas pesam, outras se elevam. Nada aqui é julgamento moral, mas apenas a revelação exata das forças que você mesmo colocou em movimento.

A espada da Justiça eleva-se, e o ar ao redor se torna denso. Ela sussurra

Esta espada da Justiça,
A lâmina que corta a ilusão e o aprendizado que eleva.
Cada vez que mente para ti mesmo, a lâmina perde seu fio.
Cada vez que escolhe com clareza, ela se afia.

Ela lhe oferece a espada. Toque-a. O metal é frio, mas pulsa como se tivesse coração. Ao segurar a lâmina, perceba que ela não serve para ferir, mas para separar, distinguir o que é seu do que pertence ao mundo, o que é real do que é sombra.

Agora a figura da Justiça ergue-se de seu trono. Atrás dela, o espaço se divide em dois horizontes. À direita, a Torre, erguida de pedra negra, começa a tremer sob o clarão de um raio que despenca do alto. À esquerda, uma Roda dourada gira lentamente no vazio, suas inscrições movendo-se em cadência constante. A Justiça ergue a mão e indica ambos os lados.

Nenhum raio cai por acaso.
Nenhuma roda gira sem causa.
Toda ruína e toda ascensão são frutos de teus próprios gestos.

Ela se volta para a direção da Torre. A aresta vibra com energia marcial. Ela ordena:

Olha!

Você vê a torre fulminada — blocos despencando, fogo e vento misturados. Ela continua:

Aquilo que cai é apenas o que ergueste sobre falsidade.
Aceita tua responsabilidade e compreenderás que o raio é misericórdia, não castigo.
A destruição é justiça quando vem para libertar.

O raio agora se transforma em luz branca que penetra seu peito. Você sente o peso das estruturas que criou, das crenças, medos, promessas não cumpridas. Um a um, eles se dissolvem sob a lâmina da consciência. A Justiça o observa, serena:

Não temas o colapso.
Teme apenas o autoengano.
A verdade é o único chão que não ruirá.

Ela então gira o corpo, e você segue seu olhar para a Roda da Fortuna. A balança flutua entre vocês, refletindo o dourado jupiteriano que cresce. A Justiça fala novamente:

O destino gira em ciclos, e cada giro devolve o que foi lançado.
Quando tua balança se equilibrar, a Roda deixará de parecer castigo e se tornará dança.

A Roda acelera, e ao girar, você enxerga dentro dela todos os rostos que já foi, todas as situações que repetiu, os altos e baixos da vida. E compreende que cada retorno é uma aula, cada obstáculo, uma consequência amorosa da própria escolha.

A Justiça aproxima-se e toca a testa com a ponta da espada. Uma sensação de frio e lucidez invade o corpo. Ela murmura:

Aprende, pois o caminho do equilíbrio é a escada que sobe para o alto.
Ser justo é ser inteiro.
Quando a espada e a balança se unem em teu coração, não há mais culpa, apenas clareza.

O trono e a figura começam a se dissolver em luz. A aresta vibra intensamente, transformando-se em um túnel de prata que conduz para o centro do Cubo. A voz da Justiça ecoa uma última vez:

Segue com o coração alinhado e o olhar puro.
A verdade é o único guia capaz de atravessar tanto a queda da Torre quanto o giro da Roda.
Pesa tuas ações com amor e coragem e descobrirás que a balança não julga, ela liberta.

Fique em silêncio. Sinta o eco das palavras assentando-se dentro de você como uma nova espinha dorsal, feita de retidão e serenidade. Respire. A luz se recolhe. Tudo retorna à quietude inicial.

A meditação terminou, mas o ensinamento permanece: agir com equilíbrio, aceitar a verdade e caminhar com consciência são as chaves que mantêm o Cubo inteiro em harmonia.

SUDOESTE → MORTE

Escorpião / נ *Nun*

Roda da Fortuna ← MORTE → Sol

Desafio Geral da Morte

A Morte (Arcano 13) é um dos Arcanos mais temidos e, ao mesmo tempo, mais libertadores do Tarô. Sua iconografia clássica mostra um esqueleto armado com foice, colhendo figuras humanas ou lavrando um campo. Essa imagem resume sua função simbólica, cortar o que não serve mais, encerrar ciclos, preparar o terreno para o novo.

Na tradição cabalística, a Morte corresponde à letra hebraica *Nun* (נ), cujo significado é "peixe", símbolo de movimento contínuo nas águas da vida e da morte. Esse detalhe revela sua natureza paradoxal, a Morte não é fim absoluto, mas transição, passagem, mergulho em outra dimensão do ser.

Astrologicamente, esse Arcano se liga a Escorpião, signo fixo de água, associado à intensidade emocional, à regeneração e à força do inconsciente. Escorpião representa tanto a profundidade transformadora quanto o risco da fixação em padrões destrutivos.

O desafio central da Morte é aceitar a impermanência. O ego tende a se apegar a formas, relações, ideias e estruturas que já cumpriram seu papel. A Morte chega como força inevitável de dissolução, exigindo desapego e coragem para atravessar o vazio.

Três provas principais estão contidas nesse Arcano:

1. **Soltar o que já não serve** – deixar para trás velhos apegos, padrões e ilusões.
2. **Aceitar o vazio** – reconhecer que o intervalo entre a morte e o renascimento é parte essencial do processo.
3. **Confiar na renovação** – acreditar que, após a perda, há sempre a promessa de vida nova, ainda invisível.

Metafisicamente, a Morte não é um fim, mas uma iniciação obrigatória. É o guardião que impede a passagem para o próximo ciclo sem que antes o buscador se libere de pesos desnecessários. Seu desafio é doloroso, pois exige se desprender com consciência e confiança.

Portanto, o desafio intrínseco da Morte é este, aceitar a transitoriedade da vida, renunciar ao que não tem mais vitalidade e preparar-se para a renovação que só vem após a dissolução.

O Desafio da Morte para Alcançar a Roda da Fortuna

A Roda da Fortuna (Arcano 10, Júpiter) é o arquétipo dos ciclos de mudança, destino e aprendizado repetitivo. Ela ensina que a vida se move em giros, altos e baixos, ganhos e perdas, retornos e avanços. Quem alcança essa face compreende que a existência é movimento perpétuo, um fluxo que educa a alma por meio da repetição.

Mas antes de entrar nessa roda cósmica, o buscador precisa atravessar a aresta guardada pela Morte (Arcano 13, Escorpião, נ *Nun*). E aqui está o grande desafio, como participar conscientemente dos ciclos da Roda sem aprender primeiro a morrer para o passado e renascer para o novo?

Se a Morte não for integrada, a Roda se torna prisão. Os mesmos erros, padrões e apegos se repetem indefinidamente, como um carrossel sem saída. É somente ao atravessar a lição da Morte, desapego, entrega, aceitação da transição, que o buscador se liberta da compulsão de repetir velhos destinos e passa a usar a Roda como ferramenta de evolução.

Três provas se revelam nesse trajeto:

1. **Cortar os ciclos mortos** – aprender a identificar e encerrar padrões que já cumpriram sua função.
2. **Aceitar o fluxo do tempo** – reconhecer que cada giro da Roda traz algo que deve ser deixado para trás, abrindo espaço para a próxima lição.
3. **Renovar-se a cada retorno** – compreender que a repetição da Roda não é estagnação, mas oportunidade de viver de modo diferente após cada morte simbólica.

Metafisicamente, a Morte protege a Roda ao impedir que o buscador entre nela como prisioneiro dos próprios apegos. Ela garante que a Roda não seja um ciclo de repetição inconsciente, mas um movimento de aprendizado. O buscador que atravessa essa aresta descobre que o segredo para a liberdade dentro dos ciclos é aceitar a morte como parte natural da vida.

Portanto, o desafio da Morte em direção à Roda da Fortuna é este, aprender a morrer para padrões antigos, desapegar-se do passado e renascer a cada giro, para que os ciclos da vida sejam instrumentos de evolução e não de prisão.

O Desafio da Morte para Alcançar o Sol

O Sol (Arcano 19) é o arquétipo da clareza, da vitalidade, do amor e da iluminação. Sua face no Cubo simboliza a consciência que brilha sem véus, o estado em que a alma se sente integrada ao todo e irradia fraternidade e alegria. É a face da revelação plena, do calor que nutre e sustenta a vida.

Mas antes de adentrar essa luz solar, o buscador precisa atravessar a aresta guardada pela Morte (Arcano 13, Escorpião, נ *Nun*). E aqui está a prova decisiva, como receber a clareza total do Sol se ainda existem apegos, sombras e ilusões que não foram dissolvidos?

A travessia pela Morte exige uma transformação radical para que a luz do Sol não seja vivida como ofuscamento, mas como iluminação verdadeira. Quem tenta chegar ao Sol sem passar pela Morte corre o risco de confundir a clareza com euforia passageira ou a iluminação com orgulho espiritual.

O guardião escorpiano exige três aprendizados antes da travessia:

1. **Morrer para a ilusão do eu separado** – reconhecer que a identidade egóica não pode resistir ao Sol; só a essência mais profunda pode suportar sua luz.
2. **Aceitar a perda como libertação** – deixar cair as máscaras, as seguranças falsas e os desejos de controle que impedem o brilho autêntico.
3. **Renunciar para renascer** – compreender que toda verdadeira iluminação exige atravessar o vazio da morte simbólica, onde o velho é dissolvido para que o novo possa surgir.

Astrologicamente, Escorpião é o signo da metamorfose, somente ao mergulhar nas profundezas e permitir que velhas formas morram é que a alma pode renascer plena e transparente diante do Sol. Dessa forma, o guardião da Morte garante que o buscador chegue à face solar purificado, sem sombras escondidas.

Metafisicamente, a Morte é o limiar que transforma a revelação em dádiva e não em perigo. Ela protege a entrada para o Sol ao exigir que nada impuro, nada morto e nada ilusório atravesse essa porta. Aquele que a supera chega à luz solar não como alguém ainda preso a ciclos de apego, mas como alma renovada, capaz de irradiar amor e clareza.

Portanto, o desafio da Morte em direção ao Sol é este, aceitar morrer para as ilusões e os apegos, atravessar o vazio da transformação e renascer puro, para que a luz solar seja bênção e não cegueira.

Meditação da Aresta Sudoeste
O Caminho da Morte (Escorpião)

Respire fundo e permita que o silêncio se adense ao seu redor.

Você se encontra dentro do Cubo do Espaço, e agora, da penumbra viva que o envolve, começa a pulsar um brilho escuro vindo do Sudoeste. Não é uma luz comum, mas um negrume cintilante, como se a noite brilhasse por dentro de si mesma. É o portal da Morte, a aresta onde o fim e o recomeço se tocam, onde as formas se dissolvem para que o espírito possa renascer. Aproxime-se dessa direção e sinta o ar mudar.

O Cubo se contrai, como se o próprio espaço respirasse. O chão parece desaparecer sob os pés, e o corpo é tomado por uma leve vertigem.

De repente, a escuridão ganha contornos e à frente, ergue-se uma figura envolta em manto translúcido. Ela não tem rosto, apenas um crânio que brilha com fogo azul. Em suas mãos, uma foice feita de luz líquida, curvada como o ciclo da Lua. É o Arcano 13, a Morte. Ela sussurra:

> *Não temas,*
> *O que eu ceifo não é tua vida, mas tuas máscaras.*
> *O que eu levo não é teu ser, mas tuas repetições.*

Diante de você, o chão se transforma em um campo de ossos. Cada osso começa a brilhar tenuemente, até formar constelações sob os pés. A foice toca o espaço, e uma brisa fria atravessa o corpo. Ela corta o tempo, separando o que foi do que ainda pode vir. A Morte continua:

> *Todo ser que busca a eternidade deve primeiro morrer para o que é transitório*
> *És feito de muitas camadas. Nenhuma é permanente.*
> *Eu apenas revelo o que é real, queimando as cascas que te cobrem.*

Enquanto escuta, perceba que a escuridão à sua volta se move como um oceano silencioso. As águas de Escorpião o envolvem, densas, profundas, quase impenetráveis. Você sente o impulso de resistir, de nadar de volta à superfície, mas a Morte ergue a mão de ossos e diz:

> *Entrega-te.*
> *Ninguém renasce lutando contra o afogamento.*
> *Aprende a respirar debaixo d'água.*

Você respira e o impossível acontece. O ar da dissolução entra em seus pulmões como fogo sereno. Dentro desse oceano, começam a surgir imagens de tudo aquilo que precisa morrer como as relações estagnadas, crenças rígidas, apegos ao passado, medos, máscaras. Cada um desses fragmentos se desfaz, dissolvendo-se como tinta na água.

Quando tudo se aquieta, a Morte toca o peito com a lâmina da foice. Um frio percorre o seu corpo, mas não há dor. Apenas o som suave de algo se partindo, o som do velho se abrindo para o novo. Ela diz:

Agora estás pronto para o giro da Roda.

Do lado direito da Morte, as águas se abrem e revelam a Roda da Fortuna, girando lentamente sob o mar escuro. Cada raio da Roda brilha como o ouro de, mas há algo diferente. Ela gira em silêncio, sem pressa. A Morte explica:

Aqueles que não me deixam levá-los, ficam presos à Roda, girando em repetição.
Tu, que aceitaste dissolver-te, girarás livre.
Cada volta será aprendizado, não prisão.

A Roda começa a acelerar, e você percebe que ela não o prende, mas o impulsiona. Você sobe e desce, mas sem medo, sem apego. Cada ciclo é um respiro do universo. Cada giro é um renascimento. E quando a Roda atinge o ápice do movimento, um novo clarão rompe as trevas. Um sol oculto, ainda distante, mas intensamente vivo, começa a nascer à esquerda, a Morte se volta para essa luz e pergunta:

Vês aquele brilho?
É o Sol. Mas sua luz queima os que ainda carregam sombras.
Não se chega a ele sem passar por mim.

Ela o conduz para o limite entre sombra e aurora. O chão começa a clarear e as águas escuras evaporam, enquanto o Cubo se enche de calor.

Você tenta olhar diretamente para o sol, mas os olhos ardem. A Morte coloca sua mão fria sobre o seu ombro. E diz:

Não te apresses.
A luz total só é possível de ser vista por aqueles que nada mais temem.

Então, ela ergue a foice uma última vez, e a lâmina toca seu coração. O medo se parte em dois, e dele brota uma centelha dourada. Aos poucos, essa centelha cresce e preenche todo o seu corpo, até que você percebe que não há mais separação entre luz e sombra. A própria Morte torna-se radiante.

Ela sorri, e seu crânio se transforma em um sol interior. E ela diz:

Eu não sou o fim.
Sou o intervalo que purifica.
Sou o útero da luz.
Quando atravessas minha noite, o Sol nasce dentro de ti.

Agora, a aresta inteira vibra em ouro e negro entrelaçados, como a sombra do escorpião e o brilho solar dançando em espiral. Você sente o Cubo respirar mais uma vez, expandindo-se. A morte lhe diz:

Vai e leva contigo a coragem de morrer e renascer mil vezes.
Quando o próximo ciclo chegar, não temas o corte.
A foice apenas abre espaço para o milagre.

A luz cresce até consumir tudo. O Cubo desaparece. Há apenas o pulsar do seu coração e do universo, batendo no mesmo ritmo.

Fique em silêncio. Respire. Sinta-se renascido.

O ensinamento de que quem aceita a Morte como mestra ressoa agora dentro do você, transformando o vazio em matriz e a escuridão em luz.

OESTE-ACIMA → TEMPERANÇA

Sagitário / ס *Samekh*

Mago ↑ TEMPERANÇA ↓ Roda da Fortuna

Desafio geral da Temperança

A Temperança (Arcano 14) é o símbolo do equilíbrio dinâmico, da arte de unir opostos sem anulá-los. Em sua imagem tradicional, um anjo verte o conteúdo de duas taças, misturando as águas do céu e da terra, do consciente e do inconsciente, da ação e da contemplação. Essa imagem expressa o coração de seu ensinamento: o fluxo contínuo da vida só se mantém puro quando há harmonia entre forças aparentemente contrárias.

Na tradição cabalística, a Temperança corresponde à letra *Samekh* (ס), que significa "apoio" ou "sustentação". Essa letra representa o arco invisível que sustenta o universo, a força que impede a queda e garante a coesão do movimento.

Astrologicamente, o Arcano associa-se ao signo de Sagitário, regido por Júpiter, o grande expansor. Sagitário é o fogo espiritual que busca sentido, o impulso da alma que se move em direção ao horizonte da sabedoria. Essa ligação indica que a Temperança não se limita ao equilíbrio emocional, mas representa o esforço espiritual de integrar a experiência humana à direção do espírito.

O desafio central da Temperança é cultivar o equilíbrio consciente em meio ao movimento. Ela ensina que o verdadeiro domínio não está na imobilidade, mas na capacidade de manter o centro enquanto as forças da vida se alternam. O anjo do Arcano não tenta deter o fluxo das águas; ele guia o fluxo, permitindo que a mistura ocorra de modo harmônico. Assim é o trabalho interior do buscador: aprender a mover-se com serenidade, mantendo a clareza mesmo nas transições.

Três provas fundamentais estão contidas nesse Arcano:

1. **Encontrar o ritmo interior** – reconhecer que cada experiência possui seu tempo e que a sabedoria consiste em respeitar o compasso da alma, sem pressa nem estagnação.
2. **Unir o que está dividido** – reconciliar as forças internas, harmonizando razão e intuição, desejo e contenção, ação e contemplação.
3. **Sustentar o fluxo com consciência** – manter-se presente no movimento da vida, evitando tanto a dispersão quanto o controle excessivo.

Metafisicamente, a Temperança é o guardião do caminho intermediário, o estado de consciência que permite à alma atravessar o fogo da transformação sem se queimar. Ela representa a alquimia sutil pela qual os elementos se transmutam em substância espiritual. Seu desafio não é eliminar os contrastes, mas conduzi-los à cooperação.

No plano psicológico, a Temperança é o arquétipo da integração. Ela convida o ser a unir os fragmentos de si mesmo, dissolvendo polaridades internas. Em vez de lutar contra os extremos, o buscador aprende a escutá-los e a fazê-los dialogar. É nesse diálogo que nasce o equilíbrio real, aquele que não depende das circunstâncias externas, mas do estado interior de presença.

No Cubo do Espaço, a Temperança ocupa a aresta Oeste-Acima, ponto onde se encontram a Roda da Fortuna (Júpiter) e o Mago (Mercúrio). Entre essas duas potências — a expansão dos ciclos e o poder da consciência — a Temperança age como mediadora e harmonia. Ela transforma a alternância dos acontecimentos (Roda) em aprendizado consciente (Mago), permitindo que o destino se torne campo de sabedoria. Sua função é ensinar a arte de circular entre os planos sem perder o eixo.

O desafio intrínseco da Temperança é, portanto, alcançar a unidade através da harmonia, encontrar no movimento incessante da vida o ponto imóvel da serenidade. Ela é o arco que sustenta o ser durante o voo da experiência, lembrando que a verdadeira liberdade nasce da integração entre o humano e o divino, o sensível e o espiritual, o instante e a eternidade.

O Desafio da Temperança para Alcançar o Mago

A Temperança (Arcano 14) é o símbolo da arte sagrada da integração. Sua imagem mostra um anjo vertendo água entre duas taças, unindo o que parecia oposto, dissolvendo os extremos na alquimia da harmonia. Esse Arcano é o coração da moderação dinâmica, o ponto em que os contrários se encontram sem se anular. Representa o estado de consciência que não busca eliminar o conflito, mas transmutá-lo em equilíbrio criador.

O desafio central da Temperança é realizar a síntese viva entre natureza e espírito. O anjo alquimista não trabalha com extremos isolados, mas com o fluxo contínuo entre eles. A lição aqui é de ritmo, não de rigidez; de adaptação, não de passividade. É o aprendizado da justa medida que permite ao buscador avançar sem se perder na excitação do entusiasmo nem na apatia da estagnação.

Três provas se revelam nessa travessia:

1. **Converter o equilíbrio em ação criadora** - compreender que a harmonia interior não é um fim em si, mas o ponto de partida para a criação deliberada.

2. **Transformar a moderação em precisão** – aprender a usar a medida exata não apenas para equilibrar, mas para moldar o real com intenção clara e foco mental.
3. **Transmutar o silêncio em verbo** – deixar que o estado de serenidade interna se torne linguagem viva, expressão do princípio criador que o Mago encarna.

O desafio da Temperança em direção ao Mago é, portanto, a transmutação do equilíbrio em verbo criador, da harmonia interna em manifestação consciente, da síntese silenciosa em expressão luminosa. O buscador que atravessa essa aresta aprende que o verdadeiro poder nasce do centro sereno e que toda magia começa na mente em paz.

Aquele que supera a lição da Temperança torna-se como o Mago diante de sua mesa, sereno, lúcido e centrado, capaz de ordenar o caos pela palavra, de unir ação e contemplação em um mesmo gesto. A alquimia interior se completa: o anjo que vertia água entre as taças agora fala o verbo que faz o mundo fluir.

O Desafio da Temperança para Alcançar a Roda da Fortuna

A Temperança (Arcano 14) é o ponto de equilíbrio entre o céu e a terra. Sua imagem do anjo que verte água entre duas taças representa a sabedoria de quem aprendeu a unir os opostos sem se deixar dominar por nenhum deles. É o estado de consciência que conhece o ritmo secreto do universo e move-se em harmonia com ele. A Temperança não busca vencer o tempo, mas acompanhá-lo com leveza, transformando o viver em arte de fluxo e presença.

O desafio da Temperança em direção à Roda da Fortuna é o de transformar a harmonia conquistada em sabedoria dinâmica, aprendendo a girar junto com os ciclos da vida sem perder o centro. A Roda, símbolo do movimento incessante e das alternâncias do destino, representa a lei cósmica que governa o vir-a-ser. Para que a alma entre nessa roda de forma consciente, precisa antes dominar o ritmo interno, o eixo silencioso que *Samekh* representa.

Sem o equilíbrio da Temperança, a Roda se torna um redemoinho que arrasta o ser em repetições inconscientes. Com ela, o buscador aprende a mover-se em sincronia com o fluxo, participando do destino como cocriador e não como vítima. O anjo alquimista prepara o terreno para esse aprendizado ensinando a transformar as marés emocionais em correntes de sabedoria.

Três provas marcam essa travessia:

1. **Aprender a girar sem perder o centro** – reconhecer que o equilíbrio verdadeiro não é imobilidade, mas presença constante no meio do movimento.
2. **Aceitar a mudança como parte da harmonia** – compreender que a alternância entre altos e baixos é expressão natural da vida e que resistir a ela é romper a unidade.
3. **Transformar o tempo em mestre** – deixar de reagir aos ciclos como se fossem castigos ou recompensas, e vê-los como etapas da evolução interior.

Metafisicamente, essa aresta marca a passagem da sabedoria individual para a inteligência cósmica. O anjo da Temperança entrega o buscador ao trono de Júpiter, senhor dos ciclos e da lei natural. A consciência que antes se exercitava em ajustar opostos agora é convidada a ver o todo em rotação, reconhecendo que o universo também respira em pulsos. O que a Temperança equilibrava em microcosmo, a Roda expande em macrocosmo.

O desafio da Temperança em direção à Roda da Fortuna é aprender a mover-se com o tempo sem ser movido por ele, a participar do destino como presença consciente, e a reconhecer que cada ciclo, por mais imprevisível que pareça, é uma nova oportunidade de harmonia.

Aquele que supera essa lição não teme a Roda, pois a alma que alcança esse estado compreende que sorte e destino são expressões de uma mesma harmonia, e que o verdadeiro poder está em permanecer sereno no coração do movimento.

Meditação da Aresta Oeste-Acima
O Caminho da Temperança (Sagitário)

Feche os olhos. Respire profundamente.

Sinta o Cubo do Espaço se expandindo ao seu redor, até que o ar pareça vibrar em ondas silenciosas.

No interior desse vasto templo geométrico, algo começa a brilhar na aresta Oeste-Acima como uma luz translúcida, líquida, com tons de ouro e safira. Este é o portal da Temperança, o arco invisível que sustenta o equilíbrio do cosmos.

Você se aproxima, e o som de uma correnteza sutil preenche o espaço. É como se o tempo começasse a fluir em câmera lenta. Cada respiração se torna uma maré, cada batida do coração é um pulso solar e lunar entrelaçados.

À sua frente, manifesta-se uma figura alada. É um anjo andrógino, envolto em túnicas que se movem como se fossem feitas de vento e fogo. Em suas mãos, duas taças de cristal vertem líquidos de cores distintas: uma prateada, outra dourada. A substância que flui entre elas forma um arco luminoso, e esse arco se dobra no ar como uma ponte que une céu e terra.

O anjo, com sua voz ecoando como harmonia entre notas graves e agudas, diz:

Eu sou o arco que sustenta o movimento.
Sou o respiro entre o inspirar e o expirar.
Sou a ponte entre o visível e o invisível.

A luz do anjo começa a pulsar em sincronia com o seu coração. Você sente o corpo ser envolvido por essa corrente que verte entre as taças, ora quente, ora fria, ora doce, ora cortante. É o fluxo da vida em seu estado puro, sem resistência. O anjo continua

Atravessar minha aresta é aprender a dançar entre os opostos.
O equilíbrio que buscas não é fixo.
Ele vem do ritmo.
É o sim e o não, reconciliados.

Ao redor, o Cubo começa a se dissolver. O chão se torna um rio de luz líquida, e você vê que está flutuando sobre ele. As águas refletem duas faces do céu: Acima, dourada e vibrante, onde se encontra o Mago; Abaixo, onde se encontra a Roda da Fortuna, um horizonte circular em constante rotação. O anjo ergue as taças e aponta uma para cada direção, dizendo:

Entre o verbo e o destino, eu guardo o caminho.
O Mago fala e o mundo responde.
A Roda gira e o tempo ensina.
Eu sou o fluxo que une essas duas forças, para que o verbo não seja vaidade e o destino não seja prisão.

A partir da taça dourada, surge a imagem do Mago. Ele está diante de sua mesa, com os quatro elementos dispostos: bastão, espada, taça e pentáculo. Seus olhos brilham com a clareza do intelecto, e ele pronuncia palavras que ecoam pela criação.

Mas parece faltar algo, como a serenidade do ritmo. A Temperança toca o fluxo entre as taças e sussurra:

O verbo só é criador quando nasce do silêncio.

Você observa o Mago parar, respirar, e seu gesto se torna mais suave, mais preciso. As palavras dele começam a vibrar em sintonia com o coração do anjo. A magia se torna oração, o poder se transforma em harmonia.

Agora o fluxo entre as taças se intensifica. Ele não é mais apenas uma ponte, mas um caminho ascendente, uma espiral que conduz a consciência para cima, em direção à esfera do equilíbrio perfeito.

Lentamente, essa espiral o transporta até o ponto em que o fluxo se mistura com o som do tempo. Ao longe, começa a girar a Roda da Fortuna, enorme, dourada, e cercada por símbolos antigos.

O anjo sorri, dizendo:

Aquele que não aprendeu comigo é esmagado pela Roda.
Aquele que bebeu da harmonia flui com ela.

Você sente a Roda começar a girar, e por um instante é levado por sua força. Você sobe, desce, gira. Mas algo muda. Há um eixo dentro de você que permanece imóvel, uma coluna de luz azul que atravessa o centro do ser. A cada giro da Roda, essa coluna se mantém firme, e o movimento deixa de ser vertigem. Ele se transforma em dança.

O anjo fala novamente, enquanto verte as águas infinitas entre suas taças:

Esta é a lição: o movimento é sagrado, mas o centro é eterno.
O que flui deve fluir.
O que é essência deve permanecer.
Aprende a girar sem te perder.

As águas agora caem sobre você, lavando tudo. Cada célula do corpo é tocada por essa alquimia sutil. As águas se misturam, criando vapor dourado que envolve sua cabeça. Você sente que está sendo purificado, equilibrado, afinado. As tensões se dissolvem, as dualidades internas se reconciliam.

O anjo aproxima-se e coloca uma das taças em suas mãos, dizendo:

Toma-a, pois agora és também alquimista.
Cada emoção, cada pensamento, cada gesto será um fluxo
que podes guiar com consciência.
Não temas o tempo. Não temas o acaso.
Quando fores inteiro, nada te derrubará.

Você bebe o conteúdo da taça. Ele é ao mesmo tempo doce e salgado, quente e frio. E dentro de você, uma sensação de harmonia total se abre, como se o universo respirasse junto.

A Roda continua girando, mas agora ela é apenas uma parte do mesmo ritmo que vibra em seu peito. O Mago, ao longe, ergue seu bastão e sorri, reconhecendo em você a mesma centelha criadora. A Temperança fecha suas asas e se curva, enquanto diz:

Siga e mantenha-se firme e jamais cairá.
O caminho entre o verbo e o destino é sustentado por tua serenidade.
Que tua alma seja ponte e tua vida, uma alquimia sagrada.

Tudo começa a se dissolver. O Cubo respira uma última vez, e o fluxo entre as taças se transforma em uma única gota de luz, que cai em seu coração e permanece ali, pulsando viva.

Você desperta lentamente, ainda sentindo o eco das asas do anjo e o murmúrio das águas eternas. O corpo está em paz. A mente, silenciosa. Agora em você repousa a certeza de que a verdadeira harmonia está no movimento consciente entre o céu e a terra.

OESTE-ABAIXO → DIABO

Capricórnio / ע *Ayin*

Roda da Fortuna ↑ DIABO ↓ Sacerdotisa

Desafio Geral do Diabo

O Diabo (Arcano 15) é um dos mais desconfortáveis e, ao mesmo tempo, necessários na jornada iniciática. Sua imagem tradicional mostra figuras acorrentadas a um trono bestial, muitas vezes um ser híbrido com chifres, asas e olhar penetrante. Essa iconografia não deve ser lida literalmente, mas como expressão simbólica das correntes invisíveis que aprisionam a consciência.

Na tradição cabalística, este Arcano corresponde à letra *Ayin* (ע), que significa "olho". Aqui encontramos a chave do seu desafio, o Diabo confronta a visão distorcida, a ilusão perceptiva que nos faz acreditar que estamos limitados, que somos escravos de forças externas, quando, na verdade, a corrente é frouxa e pode ser rompida pela consciência desperta. O verdadeiro teste é o da visão interior clara, perceber que a prisão é construída em grande parte pelas próprias crenças e apegos.

Astrologicamente, o Diabo corresponde a Capricórnio, signo do rigor, da estrutura e da ambição. Seu desafio está em mostrar o quanto a busca por segurança, poder e domínio sobre a matéria pode se tornar uma prisão. Se, por um lado, Capricórnio dá disciplina e solidez, por outro pode cristalizar o ser em correntes pesadas de medo, controle e dependência. O Diabo, portanto, simboliza os grilhões do desejo mal orientado, da obsessão pelo ter e da escravidão a padrões de repetição.

O desafio central deste Arcano é encarar a própria sombra. Não como inimigo a ser destruído, mas como parte de si mesmo que precisa ser reconhecida, integrada e sublimada. O Diabo é o guardião que exige do buscador a coragem de olhar de frente para seus instintos, vícios, compulsões e ilusões de poder.

Superar o Diabo não significa negá-lo, mas assumir responsabilidade pelas próprias amarras. Ao perceber que são escolhas internas, e não forças externas, que o mantêm acorrentado, o buscador encontra o caminho da libertação.

Assim, o desafio do Diabo em si pode ser resumido em três eixos:

1. **Desmascarar a ilusão** – reconhecer que as correntes são, em grande parte, autoimpostas.
2. **Encarar a sombra** – aceitar e trabalhar os aspectos sombrios da psique sem negar ou reprimir.
3. **Transformar desejo em disciplina** – canalizar a energia instintiva para construção e não para prisão.

O Diabo, portanto, é um mestre severo, mas indispensável. Ele mostra as correntes que ainda nos prendem para que possamos, finalmente, libertar-nos delas.

O Desafio do Diabo para Alcançar a Roda da Fortuna

A Roda da Fortuna (Arcano 10, Júpiter) simboliza os ciclos da vida, nascimento e morte, ascensão e queda, aprendizado através da repetição e da mudança. Estar nessa face do Cubo é experimentar o fluxo da impermanência, compreender que nada é fixo e que toda existência está sujeita às voltas do destino. Ela ensina a sabedoria de observar os movimentos da roda sem apego, aceitando tanto a subida quanto a descida como fases inevitáveis da jornada.

Mas antes de chegar a esse aprendizado, o buscador deve atravessar a aresta do Diabo (Arcano 15, Capricórnio, ע *Ayin*). E aqui se encontra a grande prova, como lidar com os ciclos da vida se ainda estamos acorrentados a padrões cristalizados de desejo, medo ou poder?

O Diabo é a face da fixação, do aprisionamento em estruturas rígidas que parecem intransponíveis. Ele representa as correntes que mantêm o buscador preso a velhos hábitos, ilusões de controle ou falsas seguranças. Se o iniciado não enfrenta esse desafio, ao chegar à Roda da Fortuna experimentará os ciclos como sofrimento e repetição sem aprendizado. Ficará preso às voltas do destino, vivendo a roda como prisão e não como oportunidade de evolução.

A prova do Diabo, nesse caminho, é a de romper com a cristalização. A Roda é movimento, o Diabo é estagnação. Para que a consciência possa aprender com a Roda, precisa antes dissolver as correntes do Diabo. Caso contrário, as voltas se tornam repetições de padrões não superados, e o buscador se vê rodando em círculos, sem progresso real.

O desafio, portanto, consiste em três pontos:

1. **Romper a fixação** – deixar de se prender a velhas formas, abrindo-se para o movimento.
2. **Transformar sombra em aprendizado** – reconhecer como os ciclos revelam as prisões internas.
3. **Assumir a liberdade interior** – para girar com a roda sem se identificar com seus altos e baixos.

Somente aquele que atravessa o Diabo com consciência pode realmente alcançar a Roda da Fortuna como mestra do destino, percebendo que cada volta não é punição, mas lição, e que o movimento da vida é oportunidade contínua de crescimento.

O Desafio do Diabo para Alcançar a Sacerdotisa

A Sacerdotisa (Arcano 2, Lua) é a guardiã dos mistérios ocultos, do silêncio interior e da memória profunda da alma. Penetrar em seu templo é entrar em contato com camadas inconscientes que não se revelam ao intelecto superficial. Ela exige receptividade, pureza de intenção e coragem para sustentar o silêncio que tudo revela.

Para chegar até ela, é preciso atravessar a aresta regida pelo Diabo (Arcano 15, Capricórnio, ע *Ayin*), e é justamente aqui que o buscador encontra uma de suas provas mais desafiadoras, libertar-se das correntes da ilusão antes de adentrar o santuário da verdade.

O Diabo confronta a consciência com seus apegos e vícios, mostrando como a mente pode ser escravizada por desejos compulsivos, dependências emocionais ou medos inconscientes. Quem se aproxima da Sacerdotisa sem antes vencer essas correntes corre o risco de confundir os véus da ilusão com revelação espiritual. O perigo é cair em autoengano, tomar fantasias como intuições ou buscar poder oculto sem a humildade necessária para compreendê-lo.

Assim, a travessia pelo Diabo funciona como um teste de purificação psíquica.

Somente ao romper as correntes do apego e da ilusão, o iniciado pode adentrar o domínio da Sacerdotisa e contemplar sua sabedoria sem distorções.

O desafio, portanto, é triplo:

1. **Dissolver ilusões** – perceber que não se entra no templo da Lua com máscaras ou dependências.
2. **Assumir responsabilidade pelos próprios grilhões** – reconhecer como o ego se prende voluntariamente a padrões limitantes.
3. **Preparar-se para o silêncio** – libertar-se do ruído dos desejos para poder ouvir a voz interior da Sacerdotisa.

Em suma, o Diabo protege o limiar da Sacerdotisa exigindo que o buscador enfrente primeiro a si mesmo. Só após essa libertação é possível atravessar o véu e mergulhar na profundidade do inconsciente com clareza e segurança.

Meditação da Aresta Oeste-Abaixo
O Caminho do Diabo (Capricórnio)

Feche os olhos. Inspire profundamente e imagine-se no interior do Cubo do Espaço.

O ar está denso, quase palpável, como se o silêncio tivesse peso. À sua volta, as faces e arestas do Cubo se iluminam tenuemente. Há uma aresta, o Oeste-Abaixo, que pulsa com uma luz escura, profunda, como brasa sob cinzas. É o portal do Diabo, o olho que vê na escuridão.

Você sente o chão sob seus pés endurecer, transformando-se em rocha negra e fria. Lentamente, uma presença emerge da penumbra. Você vê uma figura imponente, metade humana, metade animal, com olhos que cintilam como fogo sob o gelo. Ele está sentado sobre um trono de pedra e ferro, e duas figuras acorrentadas jazem a seus pés. Ainda assim, o olhar dele não é de crueldade, mas de indagação. É como se ele enxergasse cada sombra sua com absoluta clareza. Uma voz grave, que ressoa dentro de sua mente, diz:

Não temas.
Sou o que tu negas.
Sou o peso de teus desejos, o reflexo das correntes que tu mesmo criaste.
Sou o olho que te observa de dentro de tuas prisões.

Você percebe que as figuras acorrentadas não são estranhas. Elas são aspectos de si mesmo. Uma representa o medo, outra, o desejo. Ambas estão ligadas por correntes frouxas que poderiam ser retiradas facilmente, mas permanecem presas por hábito. O Diabo levanta sua mão, e um olho flamejante aparece no centro da palma. Ele ordena:

Olha através de mim
Este olho é olhar que atravessa o mundo.
Enquanto tua visão estiver distorcida, acreditarás que és
prisioneiro do que tu mesmo crias.

O ar se torna vibrante, pesado. O Diabo se levanta de seu trono, e você percebe que as sombras ao redor começam a se mover. Elas assumem formas conhecidas como lembranças de culpas antigas, desejos reprimidos, medos de fracasso e solidão. Cada sombra murmura, tentando prendê-lo com vozes sedutoras. O Diabo diz:

Estas são tuas criaturas.
Tu as alimentaste com pensamentos e fugas.
Se as rejeitares, elas crescerão.
Se as reconheceres, elas se dissolverão.

Você respira e encara as sombras. Aos poucos, elas se transformam em fumaça, desaparecendo na escuridão. Um a um, os grilhões que o prendiam começam a se desfazer — não quebrados pela força, mas pela lucidez. O Diabo observa em silêncio, e por um instante, seu olhar parece suavizar. Ele sussurra:

A liberdade não é dádiva. É clareza.
Aprenda a ver com o olho interno, e nenhuma prisão te conterá.

O ambiente começa a se transformar. As rochas ao redor se racham e revelam uma luz dourada por baixo, como lava que flui suavemente. Essa luz começa a subir, dissolvendo o trono e as correntes, até que tudo se torna uma caverna viva, respirando luz e sombra em harmonia. No centro dessa caverna surge um portal circular, girando lentamente como a Roda da Fortuna.

O Diabo toca seu ombro e diz:

Se queres compreender o movimento dos mundos, aprende primeiro a libertar-te do que não se move dentro de ti.
A Roda gira, mas os que permanecem presos a mim repetem o mesmo ponto de eternidade em eternidade.

A Roda começa a girar mais rápido, e cada volta revela cenas da vida — ascensões e quedas, amores e perdas, alegrias e dores. Mas agora não há mais medo, apenas reconhecimento. O Diabo sorri e revela:

Romper as correntes é o primeiro passo.
Mas o verdadeiro liberto é aquele que percebe o ciclo
e não se identifica com ele.
Aquele que é livre dentro do movimento.

A luz da Roda o envolve completamente. Ela o ergue acima das rochas e das sombras, e por um instante tudo é pura rotação. Tempo, destino e alma girando em uníssono.

Quando a Roda desacelera, você vê abaixo de si um novo limiar, envolto em véus prateados e luz azulada. É o templo da Sacerdotisa, guardiã do mistério. O Diabo permanece na entrada do templo, agora transfigurado. Seus chifres se dissolveram, suas correntes tornaram-se linhas de energia luminosa que fluem como fios de consciência. Ele declara:

Aqui termina meu domínio
Atravessar este limiar é aprender a ver o invisível sem ser enganado por ele.
Se tua visão ainda for distorcida, verás véus onde há portais e te prenderás ao reflexo do mistério, não ao mistério em si.

Você olha para ele e percebe que seus olhos agora são como espelhos. Ao encará-los, você vê a si mesmo, totalmente despido das aparências. Ele diz:

O olho que observa e o observado são o mesmo.
Leva essa visão contigo, e estarás pronto para ver através
do véu da Sacerdotisa.

A voz ecoa dentro de você e uma estrela negra e dourada começa a brilhar no centro de sua testa.

Você atravessa o limiar. O ar se torna frio e silencioso, e uma vastidão azul-prateada se abre. Sinta o eco de cada pensamento dissipar-se como névoa. A Sacerdotisa surge adiante, serena, envolta em luz lunar. Ela o observa com doçura e silêncio, e seus olhos são profundos como o oceano. Ela diz:

Tu atravessaste o Olho da Ilusão.
Agora podes ver sem te enganar.
O que estava fora tornou-se dentro.
O que era sombra, tornou-se espelho.

Atrás de você, o Diabo curva-se, dissolvendo-se em fumaça luminosa. E você compreende que o verdadeiro Diabo nunca foi inimigo. Ele era apenas o guardião da visão, o mestre que ensina a distinguir o real do ilusório.

Você respira fundo, e o Cubo do Espaço se expande, envolvendo-o por completo. Todas as direções brilham, mas a aresta Oeste-Abaixo pulsa com uma nova luz viva, lúcida, profunda.

Uma voz interior diz:

Sua sombra foi vista, e por isso perdeu poder.
Siga em liberdade, pois o que aquilo que conhecemos
não pode mais nos dominar.

Abra os olhos. O mundo é o mesmo, mas tudo está mais nítido.

SUL-ACIMA → ESTRELA

Aquário / צ *Tzadi*

Mago ↑ ESTRELA ↓ Sol

Desafio Geral da Estrela

A Estrela (Arcano 17) é uma das cartas mais serenas e luminosas do Tarô. Sua iconografia tradicional mostra uma jovem nua, ajoelhada à beira de um rio ou lago, derramando água de dois jarros, um sobre a terra, nutrindo-a, e outro sobre as águas, renovando o fluxo eterno da vida. Acima dela brilham estrelas, e uma delas, maior, ilumina a cena como guia.

Na tradição cabalística, a Estrela está associada à letra hebraica צ (*Tzadi*), que significa "peixe" ou "gancho", símbolos de algo que captura e sustenta. Do ponto de vista metafísico, ela indica a função de conectar a consciência humana com o fluxo superior da esperança e da inspiração espiritual.

Astrologicamente, corresponde a Aquário, signo do ideal coletivo, da visão de futuro e da capacidade de renovar estruturas. Aqui já se insinua seu desafio, a Estrela traz a promessa de liberdade, esperança e renovação, mas exige que o buscador não se perca em utopias sem raiz.

O desafio central da Estrela é, portanto, a fé consciente. Ela representa o momento em que, após a escuridão e a ruína da Torre (Arcano 16), surge a confiança na vida, a abertura para o fluxo universal e a sensação de orientação interior. Mas essa esperança não é passiva, é uma disciplina espiritual de manter-se aberto ao fluxo, mesmo sem garantias externas. É acreditar que o rio da existência continua a correr e que a estrela sempre brilha como guia, ainda que invisível aos olhos comuns.

Outro aspecto importante é que a Estrela pede vulnerabilidade e autenticidade. A figura nua mostra que o buscador precisa despir-se de máscaras e defesas para poder ser realmente tocado pela inspiração espiritual. Não se trata de poder ou controle, mas de entrega. O desafio, portanto, é abandonar a rigidez e aceitar a fragilidade como fonte de força verdadeira.

Por fim, a Estrela traz a prova de integrar inspiração e ação. Derramar água sobre a terra e sobre o rio mostra que a espiritualidade não é apenas contemplação, mas nutrição concreta do mundo. O desafio é aprender a encarnar a esperança, transformar visão em gesto, fé em obra.

Em resumo, o desafio intrínseco da Estrela pode ser expresso em três pontos:

1. **Manter a fé** mesmo diante da ausência de certezas externas.
2. **Aceitar a vulnerabilidade** como portal da verdadeira inspiração.
3. **Transformar visão em ação**, unindo ideal e prática.

A Estrela é um convite à confiança no fluxo da vida e no brilho do espírito, mas exige coragem para permanecer fiel a essa luz mesmo quando tudo ao redor parece vazio ou escuro.

O Desafio da Estrela para Alcançar o Mago

A face Acima do Cubo é regida pelo Mago (Arcano 1, Mercúrio), símbolo da consciência desperta, da palavra criadora e da direção ativa da mente. O Mago é aquele que aprende a manejar os quatro elementos (representados pelos instrumentos em sua mesa) e a fazer do pensamento um gesto eficaz. É o estado em que a consciência descobre o poder de nomear, ordenar e manifestar.

Para chegar a esse nível de atuação, o buscador precisa atravessar a aresta da Estrela (Arcano 17, Aquário, צ *Tzadi*). E aqui surge o desafio, como acessar o poder criador do Mago sem antes aprender a confiar no fluxo da inspiração universal?

O perigo do Mago sem a Estrela é tornar-se ilusionista, usar a palavra, o intelecto e o poder da mente de forma estéril ou manipuladora, sem estar enraizado em uma inspiração mais profunda. A Estrela, ao contrário, ensina a humildade de reconhecer que a verdadeira força criadora não vem apenas da vontade individual, mas de uma sintonia com algo maior, com a ordem cósmica que Aquário simboliza.

Assim, para alcançar o Mago, o buscador deve atravessar a prova da Estrela:

1. **Manter a fé no invisível** – acreditar no fluxo criador mesmo sem evidências imediatas.
2. **Aceitar a vulnerabilidade** – reconhecer que o poder do Mago não nasce do controle absoluto, mas da abertura ao sopro espiritual.
3. **Integrar inspiração e ação** – transformar a visão da Estrela em palavra eficaz no Mago, sem dissociar ideal e prática.

Em termos iniciáticos, a Estrela é o filtro que garante que, ao entrar na sala do Mago, o buscador não seja um simples manipulador de símbolos, mas alguém cuja consciência esteja enraizada na esperança, na autenticidade e na sintonia com o fluxo universal.

Portanto, o desafio da Estrela em direção ao Mago é este, aprender que a palavra criadora só é verdadeira quando brota da confiança na luz maior que guia a alma. É a lição de que o poder mental precisa estar vinculado à inspiração espiritual para não se tornar vazio.

O Desafio da Estrela para Alcançar o Sol

A face Sul do Cubo é regida pelo Sol (Arcano 19), arquétipo da clareza, vitalidade, amor e iluminação espiritual. Ele representa a revelação plena, a alegria luminosa da consciência expandida, o estado em que a verdade se mostra sem véus e em que a vida é vivida com plenitude. No Sol não há sombras, tudo é iluminado pela força da consciência.

Mas, para entrar nesse estado de iluminação, o buscador precisa atravessar a aresta da Estrela (Arcano 17, Aquário, צ *Tzadi*). E aqui o desafio é profundo, a luz radiante do Sol só pode ser alcançada por aquele que antes aprendeu a confiar na luz tênue e distante da Estrela.

A Estrela é esperança em meio à noite, é o vislumbre de que existe uma direção mesmo quando tudo ao redor parece escuro. O Sol, ao contrário, é a confirmação dessa direção, a revelação plena. Se o buscador tenta chegar ao Sol sem ter aprendido com a Estrela, corre o risco de confundir luz com orgulho, clareza com arrogância, brilho com ilusão de onipotência.

A travessia pela Estrela ensina três lições fundamentais para chegar ao Sol:

1. **Esperança antes da revelação** – o buscador aprende a manter-se fiel à sua jornada mesmo quando não há garantias externas, confiando em sinais sutis.

2. **Humildade da vulnerabilidade** – ao despir-se de máscaras diante da Estrela, a alma se prepara para receber a plenitude da luz solar sem se exaltar.

3. **Visão coletiva** – Aquário lembra que a verdadeira iluminação não é individualista, mas se manifesta no amor fraterno e na partilha, algo que o Sol confirma ao simbolizar a união e a alegria compartilhada.

Em outras palavras, a Estrela é a prova da fé silenciosa que antecede a luz plena. É o arco que prepara o buscador para que, ao chegar ao Sol, saiba reconhecer a luz como fonte de amor e clareza universal e afirmação de si mesmo.

Assim, o desafio da Estrela em direção ao Sol é aprender a viver da esperança e da inspiração antes de ser inundado pela revelação, para que, ao chegar ao Sol, a consciência receba a luz com humildade, amor e espírito de partilha.

Meditação da Aresta Sul-Acima
O Caminho da Estrela (Aquário)

Feche os olhos e imagine-se novamente dentro do Cubo do Espaço, no ponto interior onde todas as direções se encontram em silêncio luminoso.

À sua volta, as paredes etéreas do Cubo começam a vibrar em tons de azul e prata, como se o ar se tornasse líquido. Você se volta para o alto, para o Sul-Acima, a aresta que conduz à Estrela. Lá, uma luz fria e suave pulsa no escuro como um farol distante.

Sinta-se movendo lentamente em direção a essa luz. O ar muda, fica mais leve, mais puro. Uma brisa invisível sopra e você percebe o som de águas correndo, de forma serena e constante, como se o universo respirasse através de um rio de cristal. A cada passo, o chão parece desaparecer, e você se vê ajoelhado à beira de um lago vasto sob um céu noturno sem lua. Acima, incontáveis estrelas cintilam, e no centro, uma delas brilha com intensidade especial. Ela é sua Estrela-Guia.

Diante de você, uma mulher nua verte dois jarros, um sobre a terra e o outro sobre as águas. A cena é silenciosa e pura, como se todo o tempo tivesse parado para observá-la.

Ela ergue o olhar e sorri, e sua voz surge dentro de sua mente como um sopro:

> *Sou a Estrela de tua alma, a lembrança do que permanece*
> *quando tudo se dissolve.*

Você observa as águas que ela derrama e nota que elas formam espirais luminosas que se movem em direções opostas, unindo o que é celeste e o que é terreno.

Ela continua:

> *Estas águas são a fé e a ação.*
> *Uma nutre o espírito, a outra o mundo.*
> *Quando uma seca, a outra se corrompe.*
> *Tua tarefa é mantê-las em fluxo.*

Você sente o reflexo das estrelas no lago e percebe que cada ponto de luz toca sua pele como uma bênção.

A voz prossegue, mais próxima agora, como se viesse de dentro do seu próprio coração:

Dispa-te do medo, como me vês despida.
Nada que é falso pode receber a luz do espírito.
Aqui não há máscaras, apenas a verdade do ser.
Solte as couraças, as certezas, os papéis.
A inspiração só pode penetrar onde há espaço.

Você respira fundo. Uma sensação de paz sutil o envolve. As estrelas giram lentamente, formando uma espiral que se concentra sobre sua cabeça.

De repente, um fio de luz desce dessa estrela maior e toca seu coração. Nesse instante, você sente o fluxo da vida atravessar seu corpo como corrente líquida e viva. É uma água luminosa que não molha, mas desperta. A Estrela sussurra:

A fé é a ciência do invisível.

É o dom de confiar antes de compreender.

Quando não vês o caminho, é porque a luz ainda está dentro de ti, esperando ser lembrada.

Você olha novamente para o lago e vê o reflexo de si mesmo, mas algo mudou. Seu reflexo agora brilha. As águas o duplicam como luz em movimento. A Estrela toca sua fronte e traça um pentagrama em sua testa dizendo:

Com este selo, recordas que és sustentado.
Nenhum passo é em vão, nenhuma travessia é solitária.
Tudo o que se derrama retorna.
Tudo o que se entrega floresce.

O cenário começa a se transformar. Nesse instante, uma luz amarela, viva e pulsante, desce do alto e se condensa diante de você. É o Mago que surge. Ele está de pé, tranquilo, diante de uma mesa sobre a qual repousam espada, taça, bastão e pentáculo. Ele ergue uma das mãos para o céu e toca a mesa com a outra, unindo o divino e o terreno com um gesto simples, dizendo:

Tudo o que a Estrela inspira, eu torno verbo.
Tudo o que o céu sussurra, a mente desperta transforma em forma.

Ele olha para você com firmeza e aponta para o rio:

Nomeie o que recebeu.

Sinta dentro de si a palavra que quer nascer. Ela não vem do raciocínio, mas do ritmo das águas. Cada gota derramada pela Estrela é uma ideia viva, cada onda, um pensamento em gestação. Aproxime-se da mesa e veja como os quatro instrumentos vibram. A taça recolhe a doçura da visão; o bastão orienta o desejo; a espada dá precisão à ideia; o pentáculo ancora tudo na matéria. O Mago diz:

A palavra é o espelho da fé.
Ela é o poder não vem da vontade de controlar, mas da clareza de criar em harmonia.

Respire e sinta a fusão das luzes com o prateado da Estrela misturado ao amarelo mercurial do Mago, formando um brilho de aurora dentro do seu peito. Uma palavra brota de forma singela e pura. Ao ser pronunciada, o rio responde com um brilho mais amplo. Você percebe que sua voz se tornou a extensão do fluxo universal.

Abaixo de si, o horizonte escuro, até então pontilhado de estrelas, começa a clarear.

Um primeiro raio dourado rompe o céu. É o Sol, surgindo. A Estrela olha para ele com doçura e diz:

Agora sabes seguir a luz mesmo antes do amanhecer.
A esperança é o treinamento da visão para suportar o brilho da luz do Sol.

O Sol se ergue lentamente, dourando as águas e revelando o mundo ao redor. A jovem começa a se dissolver em luz e murmura:

Leva contigo o dom da confiança.
Sem ele, o poder se torna ilusão.
A fé não está em esperar, mas em reconhecer a sua luz interior.

O Sol brilha plenamente agora. Você se levante, e sua pele reflete o mesmo ouro que inunda o horizonte. O lago torna-se um espelho incandescente e você sente o calor suave penetrando o corpo, transformando-o em pura vitalidade. De dentro do Sol, uma voz ressoa:

Aquele que atravessou a noite com esperança é digno
de ver o dia sem cegueira.
Aquele que confiou na luz distante é agora se torna luz.

O Cubo do Espaço reaparece à sua volta. As faces resplandecem com claridade solar, mas o ponto Sul-Acima, onde pulsa a energia da Estrela, continua visível como um raio prateado com dourado.

O som das águas permanece, como um murmúrio eterno lembrando que o espírito nunca cessa de fluir.

Você inspira profundamente e escuta o eco da Estrela uma última vez:

Mantém o coração aberto como o céu.
Verte o que recebes.
Pois a luz que é guardada se apaga e a que é compartilhada se multiplica.

Ao expirar, sinta-se de volta ao centro do Cubo. Algo em você mudou. Há uma confiança silenciosa que vibra sob cada batida do coração.

O olhar está límpido, o corpo leve, e o pensamento tranquilo.

O Sol e a Estrela continuam a brilhar dentro de você. Ambas são a mesma luz, vista de dentro e de fora.

SUL-ABAIXO → LUA

Peixes / ק *Qoph*

Sol ↑ LUA ↓ Sacerdotisa

Desafio Geral da Lua

A Lua (Arcano 18) figura entre os Arcanos mais misteriosos e enigmáticos do Tarô. A iconografia tradicional apresenta a lua iluminando o céu, um cão e um lobo que uivam diante dela, um caranguejo que emerge das águas e duas torres erguidas ao fundo. Essa composição evoca de imediato a natureza do Arcano, que se relaciona com o território do inconsciente, dos sonhos, da imaginação e das ilusões.

Na tradição cabalística, a Lua corresponde à letra hebraica *Qoph* (ק), traduzida como "nuca" ou "parte posterior da cabeça". Tal associação remete ao que se mantém fora do campo da visão consciente, aquilo que permanece atrás, oculto e inacessível ao olhar direto da razão. Essa letra simboliza o mistério, a retrovisão e a necessidade de recorrer a formas alternativas de percepção.

No campo astrológico, a Lua vincula-se ao signo de Peixes, signo mutável de água, relacionado à sensibilidade, à empatia, à espiritualidade e ao processo de dissolução do ego. Peixes representa o oceano sem margens definidas, onde se confundem real e ilusório, eu e outro, vigília e sonho.

O desafio que se impõe nesse Arcano é distinguir entre verdade e ilusão. O buscador é convocado a navegar pelas águas do inconsciente, mantendo a lucidez para não se perder em fantasias enganosas, temores ou autoenganos. A Lua se apresenta como um portal que conduz a dimensões profundas da alma, embora sua luz seja reflexa, derivada do Sol, e por isso capaz de confundir os despreparados.

Três grandes provas concentram-se nesse Arcano:

1. **Discernir real e ilusório** – aprender a distinguir entre intuição verdadeira e miragens psíquicas.
2. **Enfrentar os medos inconscientes** – cães e lobos simbolizam as forças instintivas que latem no escuro; o buscador deve enfrentá-las com coragem.
3. **Aceitar a ambiguidade** – compreender que nem tudo é claro e definido; a Lua exige lidar com a incerteza e com a fluidez dos símbolos.

Metafisicamente, a Lua representa a travessia pelo inconsciente coletivo, o mergulho no oceano do mistério. Ela guarda o limiar entre a escuridão e a luz. Quem nela entra deve aprender a confiar na intuição, a caminhar mesmo em terreno incerto, e a não se deixar paralisar pelas sombras projetadas.

Portanto, o desafio intrínseco da Lua é mergulhar nas águas do inconsciente, enfrentar as ilusões e emergir com clareza renovada.

O Desafio da Lua para Alcançar o Sol

O Sol (Arcano 19, Sol) representa o arquétipo da clareza, da vitalidade, da alegria e da iluminação. Ele expressa a face da revelação plena, quando tudo se apresenta sem sombras, a consciência desperta, o amor se expande e a vida é celebrada em comunhão. Estar diante do Sol significa alcançar uma visão integrada e transparente, na qual não existem véus entre o eu e a realidade.

Entretanto, antes de se banhar nessa luz solar, o buscador precisa atravessar a fronteira guardada pela Lua (Arcano 18, Peixes, ק *Qoph*). Nesse ponto se coloca a questão fundamental: como receber a luz plena do Sol se ainda não se aprendeu a distinguir entre ilusão e verdade no território noturno da Lua?

A travessia pela Lua prepara a consciência para a claridade solar mediante três exigências principais:

1. **Enfrentar as sombras internas** – a Lua traz à tona os medos, enganos e imagens distorcidas do inconsciente. O buscador deve encará-los sem fuga, para não projetá-los sobre a luz do Sol.
2. **Purificar o olhar** – só quem aprendeu a distinguir intuição de fantasia poderá enxergar a luz solar sem confundir brilho verdadeiro com deslumbramento passageiro.
3. **Transmutar a incerteza em confiança** – a Lua é o território da dúvida; o Sol, o da certeza. A travessia exige transformar insegurança em fé interior, para que a luz não ofusque, mas revele.

Metafisicamente, a Lua atua como o útero iniciático que precede o nascimento solar. Na escuridão fluida e ambígua de Peixes, a alma se dissolve, desfazendo antigas formas, para então renascer no esplendor do Sol. Dessa maneira, a Lua assegura que o buscador alcance a luz solar não mais condicionado por ilusões, mas como consciência depurada, capaz de sustentar a revelação da clareza plena.

O desafio da Lua em direção ao Sol consiste em atravessar o oceano das ilusões, enfrentar os medos e dissolver as fantasias, para renascer purificado na luz cristalina da consciência iluminada.

O Desafio da Lua para Alcançar a Sacerdotisa

A Sacerdotisa (Arcano 2, Lua) expressa o arquétipo do silêncio, da sabedoria oculta e da memória profunda. No Cubo do Espaço, corresponde à face inferior, onde repousa o mistério do inconsciente e das camadas mais íntimas do ser. Sua presença assemelha-se a um véu que protege os segredos da criação, e que somente se desvela para aquele que aprendeu a escutar além do ruído do mundo.

Antes de adentrar esse santuário, porém, o buscador precisa atravessar a fronteira guardada pela Lua (Arcano 18, Peixes, ק *Qoph*). É nesse ponto que surge a prova essencial: como mergulhar no mistério da Sacerdotisa sem antes enfrentar o labirinto de ilusões, medos e imagens nebulosas projetadas pela Lua?

A travessia exige do buscador três aprendizados fundamentais:

1. **Aceitar a incerteza** – a Sacerdotisa é a guardiã do silêncio; para alcançá-la, é preciso primeiro aprender a caminhar sem respostas claras, sustentando o vazio que a Lua apresenta.
2. **Distinguir intuição de fantasia** – a Sacerdotisa oferece a revelação verdadeira, mas só quem já aprendeu a separar miragens oníricas da intuição legítima pode receber sua sabedoria.
3. **Purificar o inconsciente** – a Lua é espelho de conteúdos internos; o buscador deve encarar seus medos e ilusões, para que não carregue impurezas ao entrar no templo silencioso da Sacerdotisa.

Metafisicamente, a Lua atua como filtro iniciático, pois apenas quem enfrenta a própria escuridão interior consegue atravessar o véu da Sacerdotisa. Esse Arcano prepara o buscador para o silêncio profundo, esvaziando-o das ilusões capazes de distorcer a revelação.

O desafio da Lua em direção à Sacerdotisa consiste em aprender a atravessar o território das ilusões psíquicas, enfrentando os medos e depurando as intuições, para então penetrar no silêncio primordial onde o mistério se manifesta.

Meditação da Aresta Sul-Abaixo
O Caminho da Lua (Peixes)

Respire e volte ao centro do Cubo do Espaço. Sinta as seis faces e as doze arestas pulsando em equilíbrio, como se o próprio espaço respirasse contigo. Uma das arestas, o Sul-Abaixo, o domínio da Lua, guardiã das águas profundas e dos mistérios ocultos, chama sua atenção. Permita que seu corpo se torne leve, como se fosse feito de névoa, e que sua mente se aquiete, pois o caminho à Lua não se percorre com os olhos, mas com o coração desperto.

À medida que você se aproximar da aresta, o brilho solar do mundo conhecido começa a esmaecer. A claridade racional se dissolve em um azul profundo, e logo você estará diante de um lago espelhado sob um céu noturno. No alto, a Lua cheia resplandece. Sua luz é suave, prateada, mas mutável. Ela ilumina e confunde, revela e distorce. Em sua superfície, duas torres se erguem distantes, guardando o portal entre os mundos. Entre elas, um caminho sinuoso se estende além do horizonte.

Na beira das águas, um cão e um lobo uivam. Eles representam as duas naturezas do instinto, o domesticado e o selvagem, o conhecido e o oculto. Entre eles, das águas emerge um caranguejo translúcido, símbolo da consciência que tenta ascender, mas ainda arrasta o peso da inconsciência. Você ouve uma voz dizer ao longe:

Eu sou a Lua.
Sou o espelho de tuas profundezas.
Tudo o que negas em ti, eu reflito.
Tudo o que desejas esconder, eu ilumino com minha luz indiretamente.

Sinta o chamado. As águas começam a ondular suavemente, e de seu reflexo emerge um caminho aquoso que te convida a caminhar sobre ele. A cada passo, o chão parece ceder, e suas percepções se misturam. O som ecoa distante, as formas mudam, o tempo se curva. É o reino do inconsciente, onde as fronteiras entre sonho e vigília se desfazem. A voz prossegue:

Eu sou o reino onde a visão não alcança.
Aqui tu vês com o coração e ouves com a alma.
Segue sem medo, mas desperto.

Atravessando o véu, percebes uma figura luminosa acima. O Sol ergue-se no horizonte noturno, mas sua luz é diferente. Ele se apresenta não como o astro radiante do meio-dia, mas como uma presença interior, dourada e cálida. O Sol aqui é o reflexo da consciência superior, que observa tua travessia com benevolência. Você ouve uma voz dizendo:

Eu não nasço no céu.
Nasço no teu olhar quando se purifica.
Se não tiveres coragem de enfrentar as tuas sombras, minha luz te cegará.

Sinta como a luz solar se mistura ao prateado lunar. Um brilho iridescente envolve todo o espaço. A Lua te observa, maternal e misteriosa. E o Sol sorri, sereno e silencioso. A jornada agora é interior. É preciso atravessar o espelho, mergulhar fundo nas águas e tocar o que dorme no inconsciente.

Ao mergulhar, você percebe que o lago é profundo como o cosmos. Formas vagas se movem, lembranças esquecidas emergem, antigas emoções se tornam peixes de luz que nadam ao seu redor. Há medo, mas também beleza. Entre as sombras você escuta sussurro de fragmentos de vozes que vêm do fundo do tempo:

Não temas o reflexo.
Ele é tua face esquecida.
Abraça-o, e o espelho se tornará um portal.

À medida que o medo se dissolve, a água se torna translúcida. No fundo do lago, uma escadaria de luz desce em espiral. Você caminha por ela e logo encontra um portal de prata. Além dele, o silêncio é absoluto. Você o atravessa. No centro desse novo espaço, sentada entre duas colunas, uma clara e outra escura, está a Sacerdotisa. Sua face é serena, e o véu atrás dela balança para frente e para trás, como o portal do mistério. Ela diz:

Aquele que atravessa a Lua chega a mim.
Mas nem todos suportam o silêncio.
Trouxeste tua sombra contigo?
Ou vieste limpo de ilusões?

Fique em pé diante dela. O chão é um espelho líquido, e cada respiração faz surgir imagens passageiras de memórias, desejos, medos. Tudo que compõe o seu interior aparece diante de você. A Sacerdotisa revela:

A Lua te ensinou a duvidar.
Eu te ensino a escutar.
O que é ilusão torna-se símbolo, o que era medo torna-se portal.
Não há trevas para quem a quietude da alma.

Ela levanta lentamente o véu translúcido atrás dela. Por trás dele, há um brilho azul profundo. É o mesmo reflexo do lago, agora interiorizado. Nesse instante, você passa a compreender que a Lua e a Sacerdotisa são dois aspectos do mesmo mistério: uma revela o inconsciente pela imagem, a outra o revela pelo silêncio. A Sacerdotisa diz:

A Lua é o sonho que te confunde para que aprendas a discernir.
Eu Sou o silêncio que revela o que o sonho escondia.

Entre as duas forças, do movimento líquido da Lua e a quietude cristalina da Sacerdotisa, nasce a verdadeira intuição.

O Sol reaparece. Sua luz ilumina o véu da Sacerdotisa. O azul das vestes dela se transforma em ouro branco. O templo inteiro vibra e você percebe que o inconsciente não é um abismo a temer, mas o útero da sabedoria. Uma voz interior diz:

Aquele que desce à Lua para enfrentar suas ilusões ascende até a Sacerdotisa para compreender o mistério.
Aquele que atravessa as águas renasce em luz.
Aprende a ler as marés do inconsciente, e tua alma nunca mais se perderá.

A Lua, o Sol e a Sacerdotisa se alinham dentro de você, enquanto a Sacerdotisa finalmente revela:

Lembra-te: a alma reflete apenas aquilo que é real"

Inspire profundamente. Expire com gratidão. O Cubo do Espaço se recompõe ao seu redor, e o Sul-Abaixo brilha com uma luz prateada, pulsante como o coração das águas. Tudo está silencioso, tudo respira. Agora, você é um sonhador desperto, aquele que caminha entre mundos, portando no olhar o reflexo da eternidade.

08

ARCANOS MENORES NO CUBO

Como vimos, o Cubo do Espaço apresenta-se à primeira vista como uma forma geométrica de extrema simplicidade, composto por seis faces planas, doze arestas retilíneas e oito vértices que assinalam o encontro das direções. Contudo, na tradição cabalística e no sistema simbólico do Tarô, essa simplicidade revela-se apenas aparente. O Cubo constitui, em essência, uma representação do universo em três dimensões, um arquétipo universal que condensa em sua estrutura a totalidade da Criação.

Cada elemento do Cubo carrega um significado profundo:

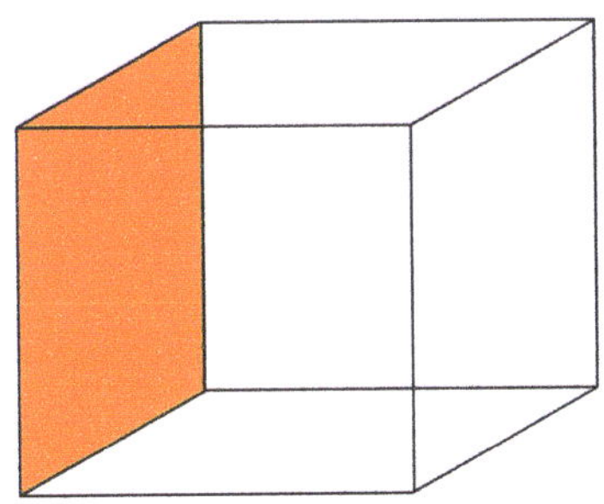

As **faces** são como planos de limitação, representando os horizontes do espaço e os véus que separam o infinito do finito.

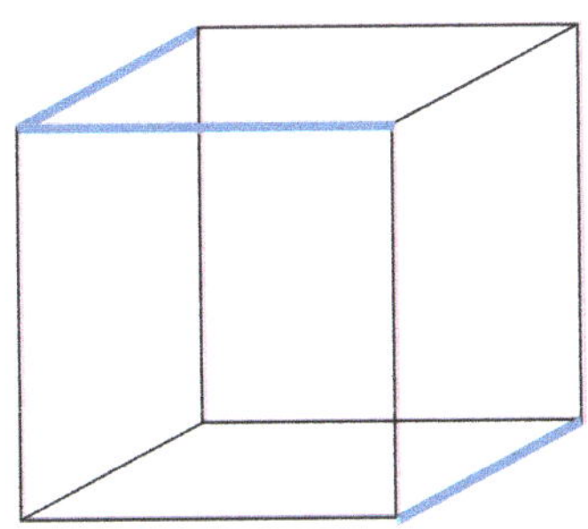

As **arestas** são linhas de energia, canais que unem os opostos, condutores da tensão dinâmica entre dois pólos.

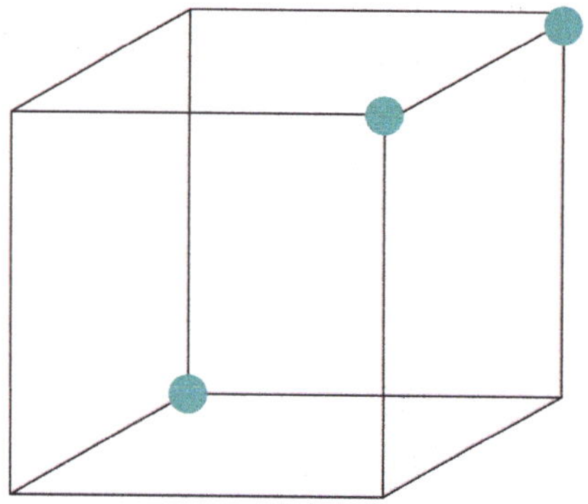

Os vértices são pontos de síntese e convergência, onde múltiplas direções se encontram, gerando cruzamentos de forças e a emergência de qualidades híbridas.

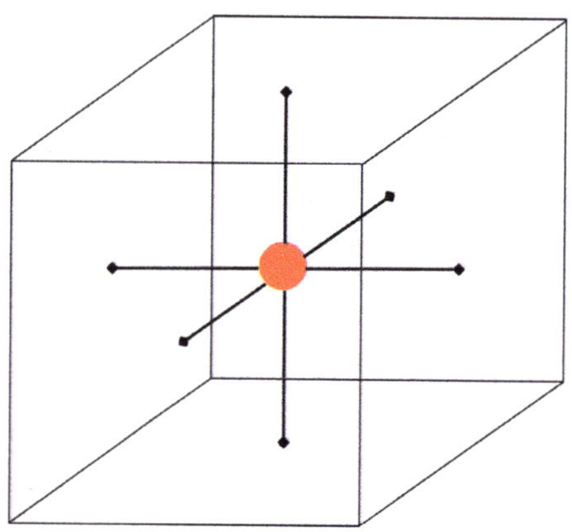

O **centro** é o ponto oculto, invisível, a raiz que não pode ser vista nem tocada, mas que sustenta todas as dimensões e garante a coesão da estrutura.

Assim compreendido, o Cubo do Espaço não se reduz a uma figura matemática, mas se apresenta como um símbolo vivo, um mapa iniciático que possibilita ao estudante adentrar os mistérios da consciência e da natureza. Ele funciona como diagrama que descreve tanto a ordem externa do cosmos quanto a ordem interna da psique, constituindo-se em ponte entre o microcosmo e o macrocosmo. Nele se inscrevem os caminhos percorridos pelo espírito em sua descida ao mundo da forma, assim como as rotas que a alma deve trilhar para retornar à origem. Por esse motivo, em diversas escolas esotéricas, o Cubo é reconhecido como a imagem arquitetônica da Árvore da Vida projetada em três dimensões, um prolongamento do sistema cabalístico que organiza os *Sephirot* e os caminhos que os interligam.

Ao contemplarmos o Cubo, percebemos nele uma dupla qualidade: estática e dinâmica. Estática, porque sua geometria é perfeita e imutável, reflexo de uma lei eterna que sustenta a ordem do ser. Dinâmica, porque em suas linhas circulam fluxos de energia, correntes zodiacais, vibrações planetárias e movimentos cíclicos que o animam como organismo vivo.

Dentro dessa estrutura, os 22 Arcanos Maiores configuram arquétipos universais, princípios eternos da mente e da alma, e por isso ocupam posições fundamentais: faces, arestas principais e eixos internos do Cubo. À semelhança de colunas de um templo invisível, eles constituem a espinha dorsal da estrutura.

Cada Arcano Maior manifesta-se como portal arquetípico que conecta a consciência a uma dimensão específica do ser. O Louco conduz à liberdade infinita, o Mago ao poder da vontade, a Imperatriz à fertilidade da natureza, e assim sucessivamente. No Cubo, esses princípios se cristalizam em coordenadas fixas, determinando os caminhos essenciais do espaço espiritual.

Enquanto os Maiores revelam a ossatura imutável do cosmos, os 56 Arcanos Menores introduzem movimento, ritmo e variação. Eles representam conceitos abstratos, mas também expressões concretas e temporais, situadas no fluxo astrológico que molda a experiência humana.

Os Arcanos Menores distribuem-se em três grupos:

1. **Ases**, que expressam a semente elementar em estado puro.
2. **Numerados (2 a 10)**, que percorrem as linhas zodiacais das arestas do Cubo e representam os decanatos — subdivisões precisas do Zodíaco em partes de 10°.
3. **Cartas da Corte**, os guardiões e personificações vivas das forças dos elementos.

Enquanto os Arcanos Maiores se erguem como pilares fixos, os Menores assumem o papel de correntes que circulam dentro do Cubo, manifestando-se na vida cotidiana, no corpo, nas emoções e no pensamento.

Convém destacar que Paul Foster Case, o principal responsável pela sistematização do Cubo do Espaço, não deixou registros escritos sobre a disposição dos Arcanos Menores nessa estrutura. Seu trabalho concentrou-se sobretudo nos Maiores, deixando em aberto a questão de como os 56 Menores poderiam se integrar ao Cubo. Ao longo da história, diferentes autores e estudiosos ofereceram suas próprias interpretações, cada qual propondo modos particulares de articular os Menores a essa matriz cósmica.

Essas contribuições, contudo, nunca resultaram em uma formulação definitiva. São múltiplas e variadas, refletindo a riqueza de perspectivas possíveis tanto sobre o Cubo quanto sobre a própria dinâmica simbólica do Tarô. Não há uma versão "correta" ou "final" para a disposição dos Arcanos Menores no Cubo do Espaço, pois cada proposta constitui uma lente interpretativa que ilumina certos aspectos e deixa outros em sombra.

A visão que apresento a seguir nasceu de minhas meditações pessoais sobre o Cubo e do diálogo interior com seus símbolos. Ela pode divergir de muitas outras que o leitor encontrará em seus estudos, mas deve ser compreendida como um ponto de partida. Convido, portanto, a utilizá-la como guia inicial nessa jornada e, ao mesmo tempo, a buscar outras perspectivas que ressoem de forma mais profunda com sua própria visão de mundo.

Ao proceder assim, o estudante se apropria do caminho e participa da contínua construção coletiva desse conhecimento, unindo-se à longa linhagem de buscadores que, antes dele, ofereceram suas contribuições. O Cubo do Espaço, desse modo, permanece vivo, sempre em expansão, enriquecido pelas diversas maneiras de compreender sua estrutura e pelas múltiplas formas de situar nele tanto os Arcanos Maiores quanto os Menores.

09

OS ASES E AS FORÇAS ELEMENTAIS NO CUBO

Quando observamos o conjunto dos Arcanos Menores, percebemos um movimento que parte da unidade e se projeta na multiplicidade, da origem indivisível ao desdobramento no tempo e no espaço. Nesse processo, os Ases ocupam uma posição singular e insubstituível. Eles não representam divisões nem etapas intermediárias, tampouco variações. Constituem a semente original do elemento, a centelha primordial que ainda não se fragmentou em combinações zodiacais ou gradações planetárias.

Cada Ás manifesta-se como ponto de condensação da energia pura:

- O **Ás de Paus é o Fogo** em sua essência, a chama arquetípica que existe antes de qualquer chama particular.
- O **Ás de Copas é a Água** absoluta, o oceano sem forma que contém em si todas as correntes.
- O **Ás de Espadas é o Ar** original, o sopro que antecede todas as palavras e pensamentos.
- O **Ás de Ouros é a Terra** primordial, a matriz da substância de onde todas as formas sólidas emergem.

Essas quatro cartas são como raízes cósmicas. Tal como uma árvore inteira está potencialmente contida na semente, todos os Arcanos Menores repousam em estado latente nos Ases. Eles representam a fonte de onde brota o fluxo numérico, do dois ao dez, e a matriz elemental que sustenta as figuras da Corte.

Na linguagem da Cabala, os Ases correspondem ao instante em que o infinito sem forma começa a se derramar no recipiente do mundo manifestado. Antes deles, existe apenas o Centro oculto do Cubo, a unidade indivisível. Quando essa unidade começa a se diferenciar em direções, o primeiro gesto criador se manifesta na emissão das quatro forças elementais, Fogo, Água, Ar e Terra, que darão suporte a todo o edifício da manifestação.

Os Ases constituem o primeiro eco da unidade. Não representam ainda o tempo correndo nos signos, nem o destino moldado pelos planetas, mas a qualidade primordial em estado puro, o embrião daquilo que será posteriormente medido, diferenciado e organizado. Contemplar um Ás é retornar ao instante inaugural da criação, quando a consciência pura começou a ressoar como energia e a buscar expressão no espaço.

No diagrama do Cubo do Espaço, essa verdade encontra expressão em sua posição. Os Ases não ocupam as arestas nem as faces. As arestas pertencem ao número, ao movimento dos signos, às gradações e ciclos da manifestação.

Os Ases, por sua vez, residem nos vértices do Cubo. Cada vértice é um ponto singular de poder, pois nele convergem três direções: acima e abaixo, Norte e Sul, Leste e Oeste. No cruzamento desses vetores espaciais, surge uma nova qualidade, síntese viva de três forças em equilíbrio.

Dessa forma, cada vértice acima do Cubo se torna a morada de um Ás. Ali o potencial elemental se concentra antes de irradiar-se para o restante da estrutura. A distribuição obedece à lógica dos elementos:

- **Espadas (Ar)** ocupa o vértice **Nordeste-Acima.**
- **Paus (Fogo)** ocupa o vértice **Sudeste-Acima.**
- **Copas (Água)** ocupa o vértice **Sudoeste-Acima.**
- **Ouros (Terra)** ocupa o vértice **Noroeste-Acima.**

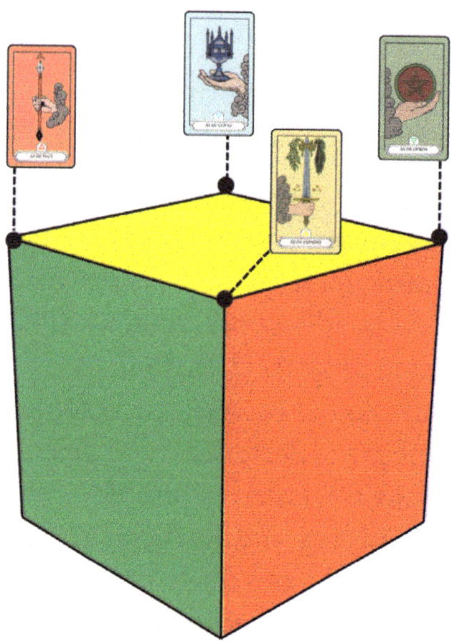

Os Ases não são formas acabadas, mas sementes puras, núcleos elementais que se expandem pelo Cubo e o configuram. Podemos imaginar o Cubo do Espaço como um vasto campo arquetípico. No centro desse campo está a Unidade, e dos vértices irradiam quatro sementes luminosas. Cada uma dessas sementes é um Ás, que conecta o Centro oculto às direções fundamentais do ser. São como flechas elementais disparadas do coração do mistério para os limites do espaço, inaugurando a obra da criação.

- O **Ás de Espadas (Ar)** se expande como um sopro que percorre o horizonte e segue do vértice Nordeste para se irradiar pelo Cubo. Como o ar, ele se expande indo no Norte ao Leste, o lugar do nascer do Sol, símbolo do despertar.
- O **Ás de Paus (Fogo)** surge como uma chama que ilumina o espaço e vai do Leste ao Sul
- O **Ás de Copas (Água)** como uma fonte, espalha correntes ocultas caminhando do Sul ao Oeste, fluindo.
- O **Ás de Ouros (Terra)** tem sua energia percorrendo o Cubo, do Oeste ao Norte, ponto da fixação, onde o sol se cristaliza em matéria e se solidifica como uma pedra que ancora o universo.

O Cubo é como um jardim de energias primordiais. Tudo o que virá depois, as faces, as arestas zodiacais com seus Arcanos numerados e os vértices habitados pelas Cortes, cresce a partir dessas quatro sementes.

Eles são os emblemas elementais da criação, os primeiros vetores que ligam o invisível ao visível. No Cubo, guardam o mistério da passagem da unidade à multiplicidade. Contemplar os Ases é contemplar a própria origem das forças que sustentam a vida, antes de qualquer diferenciação zodiacal ou planetária.

Essa ideia é fundamental, pois os Ases não são tão abstratos quanto os Arcanos Maiores, nem tão concretos quanto as cartas numeradas. Representam a primeira condensação do universal no particular.

No Cubo do Espaço, a colocação dos Ases nos vértices reforça a função de ponte. O Centro é o ponto da Unidade, equivalente ao *Ein Sof* da Cabala, o infinito sem forma. Os Ases são os primeiros raios que partem desse Centro e se instalam nos pontos intercardeais, irradiando para as quatro direções cardeais.

Dessa forma, os Ases se apresentam como colunas de energia que conectam o coração invisível do Cubo à sua periferia manifesta. Realizam a transição do não manifesto para o manifesto. Quando o Ar se expande, o Fogo se espalha, a Água flui e a Terra se fixa, vemos o Cubo respirando. Cada Ás representa o primeiro estágio desse movimento cósmico.

Os Ases, portanto, são o elo dinâmico entre o eterno e o transitório, entre a estrutura e o fluxo. São os pilares ocultos que mantêm vivo o Cubo do Espaço, garantindo que a energia cósmica flua em todas as direções.

Ás de Paus

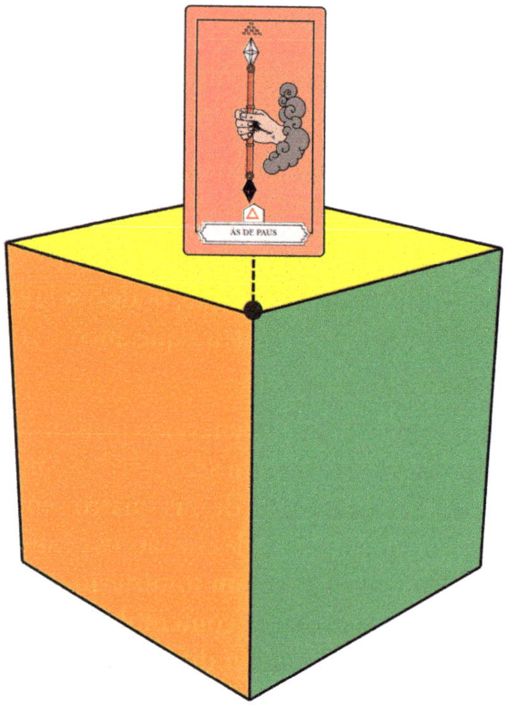

O Ás de Paus é a condensação primordial do elemento Fogo, a centelha arquetípica que antecede qualquer forma particular. Ele não pertence ainda ao movimento dos signos nem às gradações planetárias, é o sopro inicial da Criação, o impulso puro da vontade divina antes de qualquer direcionamento. Representa o momento em que a consciência, emanada do Centro invisível do Cubo, se acende como luz e calor, expandindo-se para dar início ao processo cósmico.

No Cubo do Espaço, o Ás de Paus está localizado no vértice Sudeste--Acima, ponto em que convergem três forças: o Leste, a aurora da consciência e a imaginação criativa da Imperatriz; o Sul, a plenitude vital e solar da energia radiante; e o Acima, a dimensão espiritual do Mago, a vontade direcionada ao alto. Nesse encontro, o Fogo se manifesta em sua pureza, como um bastão flamejante que ilumina e aquece o universo nascente.

O Ás de Paus é, portanto, o arquétipo da centelha criadora. Ele não se traduz ainda em ação, mas em potência. Não se dispersa em chama, mas ergue-se como eixo de fogo entre o Infinito e o mundo. No Cubo, constitui o portal pelo qual o Fogo primordial desce à manifestação.

Correspondências Esotéricas

- **Elemento:** Fogo.
- **Posição no Cubo:** Vértice Sudeste-Acima (Leste + Sul + Acima).

Dinâmica Psicológica e Espiritual

- **Físico:** vitalidade pura, vigor que desperta o corpo e o prepara para a ação. O Ás de Paus é o impulso de vida que ascende como seiva na primavera.
- **Mental:** lampejo criativo, ideia súbita que surge como faísca. Representa a inspiração antes da forma, a promessa de direção.
- **Emocional:** entusiasmo, coragem, confiança na vida. Emoções ardentes que inflamam o ser e dão motivação.
- **Espiritual:** a centelha divina que liga o coração humano à Vontade cósmica. O "sim" universal que inaugura o caminho da criação.

Meditação Do Ás de Paus no Cubo do Espaço

Feche os olhos suavemente e comece a respirar de maneira lenta e profunda. Sinta o ar entrando e saindo de seus pulmões como se cada respiração fosse o sopro de vida que o reconecta ao coração do universo. Inspire pelas narinas, pausadamente, e ao expirar imagine que todas as tensões, preocupações e distrações se dissolvem no espaço. Permita que seu corpo se torne leve e receptivo, como um vaso pronto para receber a centelha primordial.

Agora, diante de sua visão interior, surge o Cubo do Espaço. Ele não é feito de pedra nem de matéria sólida, é uma forma de pura luz, linhas transparentes que desenham um templo de proporções perfeitas, sustentando em silêncio o mistério da criação. O Cubo pulsa levemente, como se respirasse. Você se sente atraído por essa estrutura arquetípica, que é ao mesmo tempo mapa do cosmos e reflexo da sua própria consciência.

Dirija-se com o coração ao vértice Sudeste-Acima do Cubo. Esse vértice se acende diante de você como se uma janela tivesse sido aberta para o início dos tempos. Ali, suspenso no espaço, aparece o Ás de Paus. Ele se manifesta primeiro como uma centelha, uma pequena brasa que vibra no escuro. Aos poucos, a brasa cresce e se torna uma chama ereta, vertical, que se concentra em torno de um bastão luminoso.

Observe atentamente essa chama. Ela é pura, não se move com o vento, não oscila nem se consome. É o fogo arquetípico, o Fogo que precede todas as fogueiras, todos os sóis e todas as estrelas. É a semente do Fogo. Sua cor é ao mesmo tempo vermelha como o coração, dourada como o sol nascente e branca como o raio que rasga os céus. Você sente imediatamente que está diante da origem da vontade criadora.

Aproximando-se desse bastão flamejante, você percebe que ele não emite calor destrutivo, mas um calor vital e profundo, que aquece e desperta. Seu corpo responde instintivamente: a respiração se intensifica, o sangue circula com mais força e em seu peito surge uma sensação de coragem e vitalidade.

Contemple o bastão. Ele não é apenas um objeto externo, mas um reflexo de algo que vive em você. O Ás de Paus é a tocha eterna do espírito humano, o fogo da criação que arde no coração de cada ser. Nesse instante, você se dá conta de que essa chama não está apenas no vértice do Cubo, mas também se acende dentro do seu peito, no centro do seu ser.

Permita-se unir à chama. Inspire profundamente e imagine que a luz vermelha e dourada do Ás de Paus entra em seu corpo pela respiração. A cada inspiração, essa chama cresce dentro de você, inflamando o coração, clareando a mente e fortalecendo o corpo. Ao expirar, visualize que tudo o que é medo, inércia ou dúvida se dissolve no fogo, transformando-se em energia pura.

Agora, veja-se segurando o bastão flamejante com as próprias mãos. Ele é leve e, ao mesmo tempo, poderoso. Quando você o ergue, ele se prolonga como uma coluna de fogo que sobe até o infinito e desce até as raízes da Terra. Você se torna o eixo vivo que conecta o Céu e a Terra. A chama do Ás de Paus atravessa você, fazendo de seu corpo um templo e de sua vontade um canal da energia criadora.

Enquanto segura o bastão, perceba a mensagem silenciosa que ele transmite:

> *Eu sou o início.*
> *Eu sou a semente do Fogo.*
> *Em mim não há forma definida, apenas o poder de criar todas as formas.*
> *Onde eu toco, a vida desperta.*
> *Onde eu brilho, a consciência se ergue.*
> *Eu sou a chama eterna que arde no coração do universo e no coração de cada ser.*

Permaneça nesse estado de união. Deixe o bastão flamejante iluminar os corredores ocultos de sua mente. Permita que ele aqueça suas emoções, dissipando friezas e apatia. Sinta-o penetrar em seus músculos e ossos, dando-lhes vitalidade e coragem. Deixe-o tocar seu espírito, lembrando-o de que sua essência é feita da mesma chama que brilha desde o início dos tempos.

Agora, visualize que o Cubo inteiro se enche com a luz do Ás de Paus. As faces irradiam tons de vermelho e dourado, as arestas cintilam como faíscas, os vértices brilham como tochas acesas. O Cubo respira fogo, e você respira junto com ele. Nesse momento, você é parte do movimento cósmico da criação.

Permaneça o tempo que desejar nessa experiência, deixando que a chama se torne parte inseparável de você.

Quando sentir que é o momento de encerrar, veja o bastão flamejante retornar suavemente ao vértice Sudeste-Acima do Cubo. Ele continua brilhando ali, guardião eterno do fogo primordial. Mas perceba que uma centelha dessa chama ficou acesa em seu coração.

Toque o centro do peito e diga em silêncio:

> *A chama do Ás de Paus arde em mim.*
> *Que eu inicie tudo com coragem, que eu viva com paixão, que eu manifeste a luz do fogo divino em cada passo do meu caminho.*

Abra lentamente os olhos, trazendo consigo a certeza de que o fogo primordial agora o acompanha, iluminando e aquecendo sua jornada no mundo.

Ás de Copas

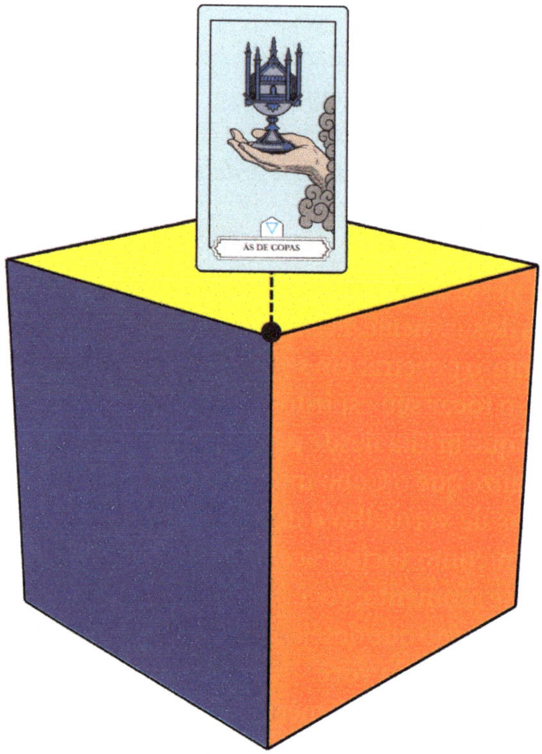

O Ás de Copas é a condensação primordial do elemento Água, a matriz das emoções, da receptividade e do fluxo vital. Ele não é ainda o rio que corre nem o oceano dividido em marés e correntes, é a fonte absoluta, o oceano arquetípico que contém em si todas as águas. Representa o primeiro derramamento do amor divino sobre a criação, a emanação da compaixão e da fertilidade espiritual.

No Cubo do Espaço, o Ás de Copas habita o vértice Sudoeste-Acima, ponto em que convergem três forças: o Sul, calor solar e vitalidade; o Oeste, o mistério do ocaso e da interiorização; e o Acima, a dimensão transcendental do espírito. É nesse vértice que o fluxo das águas se abre como corrente invisível, descendo do Infinito e preenchendo o Cubo.

O Ás de Copas é, portanto, o arquétipo da receptividade cósmica. Ele é o cálice primordial, a taça da vida que recebe a luz do alto e a transforma em amor, nutrição e fertilidade. No Tarô, sua imagem é a da taça transbordante, símbolo da abundância espiritual e da abertura do coração.

Correspondências Esotéricas

- **Elemento:** Água.
- **Posição no Cubo:** Vértice Sudoeste-Acima (Sul + Oeste + Acima).

Dinâmica Psicológica e Espiritual

- **Físico:** corpo nutrido, sensação de plenitude, fluxo vital que regenera.
- **Mental:** abertura da mente à inspiração, intuição profunda, percepção simbólica e poética.
- **Emocional:** amor, compaixão, receptividade, capacidade de acolher e transbordar sentimentos.
- **Espiritual:** comunhão com a Fonte divina, percepção da vida como dom e graça. O Ás de Copas é o cálice interno em que a alma se abre para receber o derramamento da luz.

Meditação do Ás de Copas no Cubo do Espaço

Feche os olhos suavemente. Respire devagar, sentindo o ar preencher seus pulmões como ondas que entram e saem de uma maré tranquila. Cada inspiração traz frescor e calma, cada expiração leva embora as tensões e preocupações. Permita-se mergulhar em um estado de serenidade, como se estivesse prestes a entrar em contato com uma fonte eterna de paz.

Diante de sua visão interior, aparece o Cubo do Espaço. Sua forma é translúcida, luminosa, como se fosse feita de cristal líquido. Ele pulsa suavemente, irradiando uma vibração sutil que envolve todo o seu ser. O Cubo é ao mesmo tempo vasto como o cosmos e íntimo como o coração.

Caminhe com sua consciência até o vértice Sudoeste-Acima. Esse vértice se ilumina com uma claridade suave, azulada e perolada, como a luz da lua refletida nas águas. Ali, surge diante de você o Ás de Copas.

Ele aparece como uma taça cristalina suspensa no ar, delicada, mas ao mesmo tempo sólida e radiante. De seu interior jorra uma água luminosa que não cessa de fluir. A cada instante, novas ondas brotam do cálice, derramando-se em cascatas que preenchem o Cubo inteiro. Essa água não é apenas líquida, é feita de luz viva, cintilando em tons de azul, prata e branco.

Aproxime-se e contemple o cálice. Ele não é apenas um símbolo, é a semente do elemento Água, o primeiro derramamento do amor divino na Criação. Esse cálice guarda em si todas as águas, rios, lagos, oceanos, chuvas, lágrimas, correntes subterrâneas, mas aqui elas existem em estado puro, como promessa, como matriz.

Permita que uma gota dessa água caia sobre você. Ela toca sua pele e imediatamente penetra em seu corpo, trazendo frescor e suavidade. Inspire profundamente e sinta essa água descer por sua garganta, refrescando seu coração, purificando suas emoções e lavando memórias de dor ou amargura.

Agora, mergulhe simbolicamente nessa fonte. Imagine-se dentro da taça, banhando-se em suas águas translúcidas. Não há medo, apenas acolhimento. O líquido envolve você por inteiro, dissolvendo as tensões e preenchendo cada espaço vazio dentro de si. Você se torna um com a corrente da vida.

Enquanto flutua nesse oceano primordial, uma voz silenciosa ecoa:

Eu sou a fonte eterna.
Eu sou a taça da vida.
Onde eu fluo, há compaixão.
Onde eu toco, há fertilidade.
Eu não me esgoto, pois sou o derramamento do amor
que sustenta o universo.

Permaneça nesse estado de receptividade. Deixe que sua mente se acalme, que suas emoções se harmonizem, que seu corpo se regenere. Você é nutrido pelas águas sagradas e percebe que, assim como o cálice transborda sem cessar, também em você existe uma fonte que jamais se esgota.

Agora, veja-se de pé diante do cálice, que continua transbordando. Aproxime as mãos do peito e perceba que dentro de você nasce uma pequena taça de luz. Ela começa a jorrar sua própria água luminosa, refletindo a abundância do Ás de Copas. Você entende que o cálice não está fora de você, ele vive em seu coração.

Nesse instante, o Cubo inteiro se enche de rios e correntes cristalinas. As faces se tornam lagos, as arestas se transformam em cascatas e cada vértice se ilumina como fonte sagrada. O Cubo respira água, e você respira com ele.

Permaneça alguns instantes em silêncio, sentindo a bênção desse transbordamento. Sinta que você é parte do fluxo infinito do Amor que sustenta a criação.

Quando sentir que é o momento de encerrar, veja o cálice retornar suavemente ao vértice Sudoeste-Acima do Cubo. Ele permanece ali, eterno, sempre jorrando. Mas dentro de você, a pequena taça no coração continua a transbordar silenciosamente.

Toque o peito e diga em silêncio:

As águas do Ás de Copas fluem em mim.
Que eu viva em compaixão, que eu transborde amor,
que eu seja fonte de paz e vida onde eu estiver.

Abra lentamente os olhos, trazendo consigo a certeza de que o cálice primordial permanece vivo em você, derramando-se continuamente como bênção, nutrição e amor.

Ás de Espadas

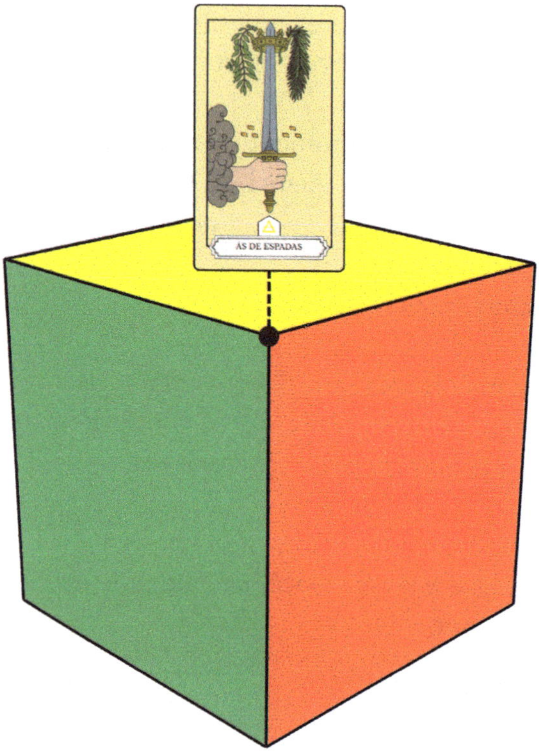

O Ás de Espadas é a condensação primordial do elemento Ar, o sopro arquetípico que antecede toda palavra, todo pensamento e todo movimento mental. Ele não é ainda raciocínio estruturado nem diálogo, é o vento puro e invisível que circula antes de qualquer forma. Representa a inteligência cósmica em seu estado mais elevado, a clareza que corta o caos, a lâmina de luz que separa a escuridão da consciência.

No Cubo do Espaço, o Ás de Espadas habita o vértice Nordeste-Acima, ponto em que convergem três forças: o Norte, rigidez, estrutura e poder transformador; o Leste, a aurora da imaginação criativa; e o Acima, a corrente espiritual do Infinito. É nesse vértice que o sopro primordial se ergue como espada de ar flamejante, separando e ordenando o espaço.

O Ás de Espadas é, portanto, a lâmina da consciência pura. Ele corta para abrir caminho, traz clareza e revela distinções. É a espada da verdade que se ergue no limiar entre o silêncio e a palavra.

Correspondências Esotéricas

- **Elemento:** Ar.
- **Posição no Cubo:** Vértice Nordeste-Acima (Norte + Leste + Acima).

Dinâmica Psicológica e Espiritual

- **Físico:** respiração profunda, clareza vital, corpo como veículo do sopro da vida.
- **Mental:** lucidez, distinção, capacidade de discernir e nomear. O Ás de Espadas é o pensamento puro antes da multiplicidade.
- **Emocional:** desapego, coragem para encarar a verdade, firmeza diante das ilusões.
- **Espiritual:** a espada da verdade, que abre passagem para a consciência Acima. Símbolo da Palavra divina que ordena o caos.

Meditação do Ás de Espadas no Cubo do Espaço

Feche os olhos suavemente e comece a respirar fundo. Permita que sua respiração se torne lenta e estável, como se cada inspiração fosse uma lufada de vento fresco que percorre todo o seu corpo. Inspire como quem recebe o primeiro sopro do universo, expire como quem devolve esse sopro ao todo. Aos poucos, sinta-se mais leve, como se fosse feito do próprio ar.

Diante de sua visão interior, surge o Cubo do Espaço. Ele se ergue luminoso, etéreo, como se fosse formado por linhas de luz cintilante suspensas no vazio. O Cubo não é pesado nem sólido, é transparente como cristal e vibra com uma energia silenciosa, lembrando-lhe que você está dentro de um mistério vivo.

Caminhe em direção ao vértice Nordeste-Acima. Esse vértice começa a brilhar em tons prateados e azulados, irradiando uma sensação de frescor e clareza. Ao se aproximar, algo se manifesta: uma espada de pura luz aparece suspensa no espaço. É o Ás de Espadas.

A espada está ereta, vertical, como se fosse o próprio eixo do pensamento. Sua lâmina é translúcida, brilhando em branco e prata, como cristal que reflete todos os tons do céu. Não há peso, não há agressividade. Ela não fere, apenas ilumina e revela.

Observe a espada. Ela é a semente do elemento Ar, o sopro primordial que antecede qualquer palavra, ideia ou raciocínio. É o princípio da clareza, da distinção e da verdade. Ao contemplá-la, perceba que sua mente se torna mais leve, como se cada pensamento desordenado fosse dissolvido pela luz da lâmina.

Aproxime-se e sinta o vento que emana da espada. É uma brisa fresca que toca sua pele, penetra em seus pulmões e purifica sua mente. Inspire esse vento e perceba como ele traz clareza e foco. Expire e permita que toda confusão, dúvida ou ilusão se dissipe.

Agora, a espada começa a se inclinar suavemente até tocar sua fronte. No instante do toque, uma onda de luz penetra em sua mente, iluminando cada recanto interior. De repente, tudo se torna claro: você vê seus pensamentos como formas transparentes, distinguindo os que são ilusórios dos que carregam verdade.

Enquanto essa luz se expande em você, ouça a mensagem silenciosa da espada:

Eu sou o sopro primordial.
Eu sou a lâmina da verdade.
Eu não destruo, mas separo o real do ilusório.
Onde eu passo, há clareza.
Onde eu brilho, há liberdade.

Permaneça nesse estado de iluminação. Sinta a espada diante e dentro de você. Sua mente agora é clara como o céu em um dia límpido. Seu coração se alinha ao poder da verdade. Sua respiração se torna sagrada, pois cada sopro é o sopro da criação.

Veja o Cubo inteiro começar a vibrar em tons de azul e prata. As faces parecem se dissolver em vento, as arestas cintilam como correntes de ar em movimento, os vértices se iluminam como raios de luz atravessando o espaço. O Cubo respira, e você respira com ele. Nesse momento, você e o Cubo são um só, um organismo vivo feito de ar, de sopro e de consciência.

Permaneça alguns instantes nessa união silenciosa. Sinta que, assim como o Ás de Espadas, você é portador da lâmina da verdade.

Quando sentir que é o momento de encerrar, veja a espada retornar lentamente ao vértice Nordeste-Acima do Cubo. Ela permanece ali, eterna, guardando a semente do Ar primordial. Mas perceba que um fragmento de sua luz ficou gravado em sua mente e em seu coração.

Toque sua fronte com a mão e diga em silêncio:

A lâmina do Ás de Espadas brilha em mim.
Que eu pense com clareza, que eu fale com verdade,
que eu viva em liberdade.

Abra os olhos lentamente. Leve consigo a certeza de que a espada primordial permanece em você, como guia de discernimento, como sopro de clareza e como chama da verdade.

ÁS DE OUROS

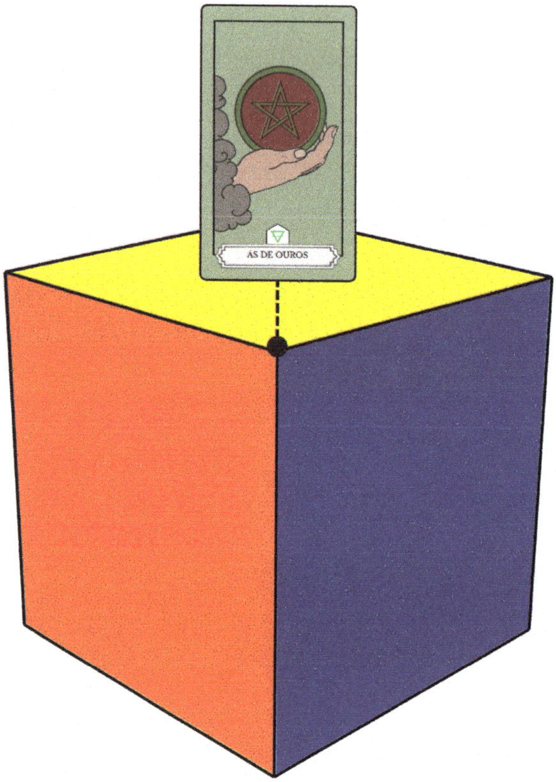

O Ás de Ouros é a condensação primordial do elemento Terra, a matriz de toda forma, o fundamento sólido sobre o qual a Criação se apoia. Ele não é ainda pedra, montanha ou colheita, é a semente arquetípica, a promessa de toda materialidade. Representa a estabilidade cósmica, a fecundidade da matéria e a base do mundo manifestado.

No Cubo do Espaço, o Ás de Ouros habita o vértice Noroeste-Acima, ponto em que convergem três forças: o Oeste, recolhimento e mistério; o Norte, fixação e estrutura; e o Acima, a dimensão espiritual que desce do Infinito. É nesse vértice que a energia se cristaliza, onde a luz se densifica e se transforma em substância.

O Ás de Ouros é, portanto, o arquétipo da manifestação. Ele é a pedra fundamental, o pentáculo sagrado que ancora a energia cósmica no mundo. É o selo da abundância e da encarnação da vontade divina na Terra.

Correspondências Esotéricas

- **Elemento:** Terra.
- **Posição no Cubo:** Vértice Noroeste-Acima (Oeste + Norte + Acima).

Dinâmica Psicológica e Espiritual

- **Físico:** estabilidade, força, vitalidade material, saúde como raiz sólida.
- **Mental:** praticidade, pensamento concreto, capacidade de construir.
- **Emocional:** segurança, confiança, paciência para esperar o tempo certo.
- **Espiritual:** o fundamento sagrado, a experiência do divino encarnado na matéria. O Ás de Ouros é o templo invisível em que o espírito se torna corpo.

Meditação do Ás de Ouros no Cubo do Espaço

Feche os olhos e permita-se relaxar. Respire profundamente, sentindo o ar entrar e sair, até que cada parte do seu corpo comece a repousar em serenidade. Inspire devagar e imagine que sua respiração desce até os pés, firmando você na Terra. Expire lentamente e visualize que toda agitação se dissolve no solo, deixando apenas calma e estabilidade.

Diante de sua visão interior, o Cubo do Espaço se revela. Ele surge sólido e luminoso, como uma arquitetura perfeita sustentando todas as dimensões do ser. Diferente de antes, agora você percebe sua forma como algo pesado e firme, como se fosse feito da própria substância do mundo. O Cubo é ao mesmo tempo templo e fundação, imagem da criação estruturada.

Caminhe com a consciência até o vértice Noroeste-Acima. Esse vértice começa a brilhar em tons de ouro, âmbar e marrom profundo, irradiando uma sensação de firmeza, abundância e segurança. Ao se aproximar, você vê surgir diante de si o Ás de Ouros.

Ele aparece como um pentáculo dourado, suspenso no ar, irradiando uma luz quente e estável. Não há movimento excessivo, não há pressa, apenas a presença sólida da Terra em seu estado puro, a semente de toda forma material.

Contemple esse pentáculo. Ele não é uma moeda comum, mas o arquétipo da substância primordial, o ponto onde o invisível começa a se fixar no visível. Toda árvore, toda pedra, todo corpo, toda montanha e todo planeta já existiam em potencial nesse único símbolo.

Aproxime-se e sinta sua energia. Ela não flui como água, não se expande como fogo, nem se move como o vento. Ela repousa, ancora, sustenta. Seu corpo responde imediatamente: os pés parecem se enraizar, a respiração se aprofunda e uma sensação de solidez percorre ossos e músculos.

Agora, veja o pentáculo descer lentamente até tocar o solo do Cubo. No instante em que toca, raízes de luz se espalham por toda a estrutura, como se o Cubo inteiro fosse sustentado por esse único ponto de ancoragem. Você entende que o Ás de Ouros é o fundamento da criação, a pedra angular que sustenta todo o edifício do ser.

Nesse momento, uma voz silenciosa ecoa de dentro do símbolo:

Eu sou a raiz da matéria.
Eu sou a promessa de abundância.
Em mim se condensam os frutos, os corpos e as formas.
Onde eu repouso, há estabilidade.
Onde eu brilho, há permanência.
Eu sou o início da Terra e o alicerce do universo.

Permaneça nesse estado. Inspire profundamente e imagine que o pentáculo repousa agora em seu próprio coração. Ao inspirar, sinta que seu corpo se torna mais firme, como uma montanha. Ao expirar, perceba que sua energia se ancora na Terra, criando raízes invisíveis que o sustentam em todos os planos.

Agora, veja o Cubo inteiro se iluminar em tons de ouro e verde. As faces se tornam campos férteis, as arestas parecem cordilheiras e vales, os vértices brilham como sementes enterradas em solo rico. O Cubo respira como se fosse um organismo vivo, e você respira com ele. Nesse momento, você é parte do corpo do mundo, unido ao ritmo da Terra.

Permaneça alguns instantes nesse enraizamento silencioso. Sinta que dentro de você agora existe um campo fértil, pronto para dar frutos.

Quando sentir que é o momento de encerrar, veja o pentáculo retornar suavemente ao vértice Noroeste-Acima do Cubo. Ele continua lá, brilhando eternamente como a promessa da abundância primordial. Mas perceba que um reflexo dele ficou em seu coração, uma pequena semente dourada, plantada dentro de você.

Toque o centro do peito e diga em silêncio:

> *A pedra do Ás de Ouros repousa em mim. Que eu viva com estabilidade, que eu manifeste abundância, que eu seja alicerce de harmonia no mundo.*

Abra lentamente os olhos. Retorne ao aqui e agora trazendo consigo a certeza de que o Ás de Ouros permanece vivo dentro de você como semente da Terra, sustentando, nutrindo e dando forma a tudo o que você vier a criar.

10

AS CARTAS NUMERADAS NO CUBO

No Cubo, as cartas numeradas não estão dispostas ao acaso. Elas são colocadas ao longo das arestas e nos fluxos de energia zodiacais que atravessam o espaço.

A chave que organiza os Arcanos Menores numerados, do 2 ao 10, no Cubo é o Zodíaco. O círculo de 360° se divide em 12 signos de 30° cada, e cada signo se subdivide em três decanatos de 10°. Esses decanatos são os compartimentos temporais nos quais se inscrevem as cartas de número 2 a 10.

Os Arcanos Menores numerados, de 2 a 10, podem ser compreendidos como a dança das quatro forças elementares ao longo do ciclo zodiacal.

Cada naipe revela um modo de energia:

- **Paus** = o **Fogo**: ação, vontade, iniciativa.
- **Copas** = a **Água**: sentimentos, receptividade, imaginação.
- **Espadas** = o **Ar**: pensamento, intelecto, análise.
- **Ouros** = a **Terra**: corpo, matéria, estabilidade.

Esses quatro reinos são como cores primárias da experiência humana. Quando se movem pelo Zodíaco, se desdobram em experiências específicas codificadas nos números de 2 a 10.

A atribuição dos planetas a cada decanato não é arbitrária, ela segue a chamada Ordem dos Caldeus, um dos princípios astrológicos mais antigos herdado da tradição mesopotâmica.

A Ordem dos Caldeus é a sequência dos sete astros visíveis, Saturno, Júpiter, Marte, Sol, Vênus, Mercúrio e Lua, organizada segundo a sua velocidade aparente no céu, do mais lento ao mais rápido. Essa ordem foi usada para estruturar a astrologia antiga, os cálculos dos decanatos e as correspondências mágicas.

No sistema dos Arcanos Menores, essa ordem planetária é aplicada em sequência aos decanatos, iniciando-se em Marte no primeiro decanato de Áries, o 2 de Paus. A partir daí, percorre-se a cadeia caldeia sem interrupção, atribuindo-se a cada decanato o planeta seguinte. Assim:

- 1º decanato de Áries (0°–10°) = Marte → **2 de Paus**
- 2º decanato de Áries (10°–20°) = Sol → **3 de Paus**
- 3º decanato de Áries (20°–30°) = Vênus → **4 de Paus**

Depois, o ciclo prossegue para Touro, começando com Mercúrio, depois Lua, Saturno, e assim sucessivamente até completar os 36 decanatos, divididos em grupos representando os 4 elementos sendo cada um deles associado com um Naipe. Veja a lista completa da relação entre os decanatos e os arcanos a seguir:

Fogo — Paus

- **Áries** → 2, 3, 4 de Paus
    - Marte em Áries (**2 de Paus**)
    - Sol em Áries (**3 de Paus**)
    - Vênus em Áries (**4 de Paus**)
- **Leão** → 5, 6, 7 de Paus
    - Saturno em Leão (**5 de Paus**)
    - Júpiter em Leão (**6 de Paus**)
    - Marte em Leão (**7 de Paus**)
- **Sagitário** → 8, 9, 10 de Paus
    - Mercúrio em Sagitário (**8 de Paus**)
    - Lua em Sagitário (**9 de Paus**)
    - Saturno em Sagitário (**10 de Paus**)

Água — Copas

- **Câncer** → 2, 3, 4 de Copas
    - Vênus em Câncer (**2 de Copas**)
    - Mercúrio em Câncer (**3 de Copas**)
    - Lua em Câncer (**4 de Copas**)
- **Escorpião** → 5, 6, 7 de Copas
    - Marte em Escorpião (**5 de Copas**)
    - Sol em Escorpião (**6 de Copas**)
    - Vênus em Escorpião (**7 de Copas**)
- **Peixes** → 8, 9, 10 de Copas
    - Saturno em Peixes (**8 de Copas**)
    - Júpiter em Peixes (**9 de Copas**)
    - Marte em Peixes (**10 de Copas**)

Ar — Espadas

- **Libra** → 2, 3, 4 de Espadas
  - Lua em Libra (**2 de Espadas**)
  - Saturno em Libra (**3 de Espadas**)
  - Júpiter em Libra (**4 de Espadas**)
- **Aquário** → 5, 6, 7 de Espadas
  - Vênus em Aquário (**5 de Espadas**)
  - Mercúrio em Aquário (**6 de Espadas**)
  - Lua em Aquário (**7 de Espadas**)
- **Gêmeos** → 8, 9, 10 de Espadas
  - Júpiter em Gêmeos (**8 de Espadas**)
  - Marte em Gêmeos (**9 de Espadas**)
  - Sol em Gêmeos (**10 de Espadas**)

Terra — Ouros

- **Capricórnio** → 2, 3, 4 de Ouros
  - Júpiter em Capricórnio (**2 de Ouros**)
  - Marte em Capricórnio (**3 de Ouros**)
  - Sol em Capricórnio (**4 de Ouros**)
- **Touro** → 5, 6, 7 de Ouros
  - Mercúrio em Touro (**5 de Ouros**)
  - Lua em Touro (**6 de Ouros**)
  - Saturno em Touro (**7 de Ouros**)
- **Virgem** → 8, 9, 10 de Ouros
  - Sol em Virgem (**8 de Ouros**)
  - Vênus em Virgem (**9 de Ouros**)
  - Mercúrio em Virgem (**10 de Ouros**)

Esse arranjo cria uma rede harmônica no Cubo onde cada aresta (um signo) comporta três cartas numeradas dos Arcanos menores. A seguir, apresentamos a lista detalhada de cada signo do Zodíaco, sua carta regente e sua respectiva localização na aresta do Cubo do Espaço:

Áries – Imperador

Aresta: Nordeste (ligando face Leste à face Norte)
Letra Hebraica: *He* (ה)
Função: Início dos ciclos de manifestação. É a energia da ordem, da estrutura e da primeira vontade de existir.
Decanatos (Paus): 2, 3 e 4 de Paus.

Touro – Hierofante

Aresta: Sudeste (ligando face Leste à face Sul).
Letra Hebraica: *Vav* (ו).
Função: Revelação das coisas sagradas; estabilização e concretização dos impulsos criativos.
Decanatos (Ouros): 5, 6 e 7 de Ouros.

Gêmeos – Enamorados

Aresta: Leste-Acima (ligando face Leste à face Acima).
Letra Hebraica: *Zayin* (ז).
Função: União dos opostos complementares, discernimento e comunicação.
Decanatos (Espadas): 8, 9 e 10 de Espadas.

Câncer – Carro

Aresta: Leste-Abaixo (ligando face Leste à face Abaixo).
Letra Hebraica: *Chet* (ח).
Função: Veículo da alma, proteção e direção consciente das energias subconscientes.
Decanatos (Copas): 2, 3 e 4 de Copas.

♌ **Leão – Força**
Aresta: Norte-Acima (ligando face Norte à face Acima).
Letra Hebraica: *Teth* (ט).
Função: Domínio das paixões pela serenidade; controle consciente da energia vital.
Decanatos (Paus): 5, 6 e 7 de Paus.

♍ **Virgem – Eremita**
Aresta: Norte-Abaixo (ligando face Norte à face Abaixo).
Letra Hebraica: *Yod* (י).
Função: Resposta interior, assimilação e purificação das experiências.
Decanatos (Ouros): 8, 9 e 10 de Ouros.

♎ **Libra – Justiça**
Aresta: Noroeste (ligando face Oeste à Norte).
Letra Hebraica: *Lamed* (ל).
Função: Equilíbrio e discernimento; ajuste cármico; harmonia das forças em movimento.
Decanatos (Espadas): 2, 3 e 4 de Espadas.

♏ **Escorpião – Morte**
Aresta: Sudoeste (ligando face Sul à face Oeste)
Letra Hebraica: *Nun* (נ).
Função: Transformação profunda; morte e renascimento; dissolução de formas cristalizadas.
Decanatos (Copas): 5, 6 e 7 de Copas.

Sagitário – Temperança
Aresta: Oeste-Acima (ligando face Oeste à face Acima).
Letra Hebraica: *Samekh* (ס).
Função: Síntese dos opostos; fluxo equilibrado entre consciente e inconsciente.
Decanatos (Paus): 8, 9 e 10 de Paus.

Capricórnio – Diabo
Aresta: Oeste-Abaixo (ligando face Oeste à face Abaixo).
Letra Hebraica: *Ayin* (ע).
Função: Confronto com a ilusão da escravidão material; consciência das correntes que prendem.
Decanatos (Ouros): 2, 3 e 4 de Ouros.

Aquário – Estrela
Aresta: Sul-Acima (ligando face Sul à face Acima).
Letra Hebraica: *Tzadi* (צ).
Função: Revelação e inspiração; derramamento da luz espiritual no plano humano.
Decanatos (Espadas): 5, 6 e 7 de Espadas.

Peixes – Lua
Aresta: Sul-Abaixo (ligando face Sul à face Abaixo).
Letra Hebraica: *Qoph* (ק).
Função: Sonhos, ilusões e intuições; campo da inteligência corpórea e da multiplicação das formas.
Decanatos (Copas): 8, 9 e 10 de Copas.

Essas 12 cartas formam a estrutura esquelética externa do Cubo do Espaço, representando os aspectos da personalidade que precisam ser conscientemente direcionados pelo Ego Central para o processo de transmutação.

Um dos segredos mais profundos do Tarô, quando estudado à luz do Cubo do Espaço, é que cada carta dos Arcanos Menores não deve ser vista isoladamente. Ela não é um símbolo autônomo, mas um reflexo, no microcosmo, de uma combinação superior que ocorre no macrocosmo.

Na prática, cada carta menor é o resultado da interação entre um planeta e um signo, como vimos na relação que é organizada pela lógica dos decanatos zodiacais e pela Ordem dos Caldeus.

Se olharmos para além da astrologia e penetrarmos no simbolismo do Tarô, veremos que tanto os planetas quanto os signos têm suas analogias correspondentes nos Arcanos Maiores. O planeta Marte, por exemplo, é simbolizado pela carta 16, Torre, enquanto o signo de Áries é representado pela carta 4, Imperador. Assim, quando contemplamos o 2 de Paus, Marte em Áries, devemos meditar na verdade profunda de que essa carta é, em sua essência, o encontro entre a Torre e o Imperador.

Esse mecanismo expressa a lei hermética clássica, **O Que Está Acima É Como o Que Está Abaixo:**

- O "**acima**" corresponde ao plano dos **Arcanos Maiores**, os princípios universais, as forças eternas que estruturam a criação, cada qual articulando um signo e um planeta.
- O "**abaixo**" corresponde aos **Arcanos Menores**, que mostram como essas forças descem, se vestem de tempo, se fragmentam em experiência concreta e se refletem no mundo humano.

Cada Arcano Menor, portanto, é o espelho terrestre de um encontro celeste. Tomemos novamente o caso do 2 de Paus:

- Seu planeta é Marte (Arcano 16 – Torre), que representa a força explosiva, a destruição necessária, o fogo da transformação.
- Seu signo é Áries (Arcano 4 – Imperador), que simboliza a ordem, o poder de estruturar, o comando que instaura fronteiras.

Quando Marte se manifesta em Áries, temos a vontade pura em estado de combate, a energia inicial que rompe barreiras para estabelecer uma nova ordem. O reflexo dessa combinação no plano menor é a carta do 2 de Paus, que significa domínio, iniciativa, o momento em que a chama interior se ergue para transformar o espaço à sua volta. Essa não é simplesmente uma carta de ação, mas um reflexo microcósmico de um diálogo entre duas forças arquetípicas maiores. Com isso, podemos afirmar que cada carta numerada dos Arcanos Menores é o reflexo de dois Arcanos Maiores, ou, em resumo, o encontro de um planeta em um signo.

Esse conhecimento altera profundamente a maneira de se trabalhar com os Arcanos Menores. Eles deixam de ser vistos como cartas secundárias ou detalhes menores da leitura. Tornam-se o lugar em que o macrocosmo se refrata no microcosmo:

- Em cada Arcano menor numerado, vemos o céu espelhado na terra.
- Nas suas combinações de planetas e signos, sentimos o eco de dois grandes portais arquetípicos atuando na vida cotidiana.
- Nos números, reconhecemos não apenas uma quantidade, mas uma etapa precisa do ciclo universal refletida no tempo humano.

O Cubo não é estático, mas um relógio cósmico tridimensional. Ele pulsa com o ritmo dos planetas, respira com o fluxo dos signos e cada carta menor é como uma nota em uma sinfonia eterna que ressoa entre o céu e a alma.

Dessa forma, o estudante percebe que o Tarô, em sua plenitude, não é um conjunto de imagens, mas um alfabeto cósmico que descreve, com precisão matemática e beleza simbólica, a dança eterna da criação.

Ao estudar os Arcanos Menores no Cubo do Espaço, o praticante aprende a decifrar os sinais da criação, percebendo que cada gesto, cada emoção e cada evento no mundo são reflexos vivos de forças cósmicas que se encontram em planos superiores e que devem ser meditados em conjunto com os Arcanos Maiores para extrair o sentido profundo de cada carta.

2 de Paus

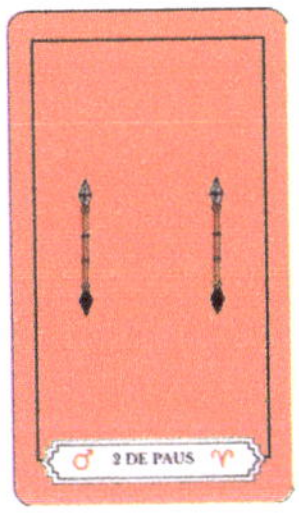

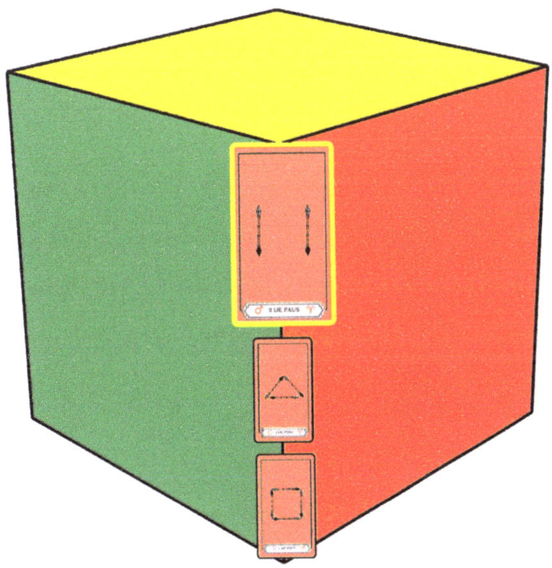

O 2 de Paus representa a expressão inicial da energia de Áries sob a regência de Marte. Localizado no primeiro decanato de Áries, este Arcano menor marca o ponto em que a força criadora, impetuosa e combativa de Marte encontra sua primeira manifestação no naipe de Paus, símbolo do fogo, da vontade e da ação consciente. É o instante em que o poder bruto do impulso vital se projeta para fora, ainda sem forma definida, mas já impregnado pela chama da conquista e pela necessidade de expansão.

No Cubo do Espaço, o 2 de Paus se encontra na aresta Nordeste, que conecta a face Leste (Imperatriz) à face Norte (Torre). Trata-se de um ponto limiar de grande relevância, no qual o ímpeto criativo da imaginação, associado ao Leste, começa a ser moldado pela energia de estruturação e ordem do Imperador (Áries). Ao mesmo tempo, Marte, representado pela Torre, fornece a explosão dinâmica que rompe barreiras e abre caminho para a manifestação. Essa aresta é compreendida como o portal da ignição, o espaço onde a centelha criadora desce das regiões sutis e encontra seu primeiro direcionamento no plano da ação.

O 2 de Paus traduz, assim, a primeira projeção da vontade criadora no espaço-tempo. Reflete a consciência de que a energia vital necessita de disciplina e direção para alcançar realização. É o fogo em estado de potencial criativo, que exige estrutura, decisão e coragem para não se dispersar.

Correspondências Esotéricas

- **Planeta / Signo**: Marte em Áries (primeiro decanato).
- **Posição no Cubo**: aresta Nordeste (entre face Leste e face Norte).
- **Arcano Maior Zodiacal**: Imperador (Arcano 4, Áries).
- **Arcano Maior Planetário**: Torre (Arcano 16, Marte).
- **Elemento**: Fogo.

Dinâmica Psicológica e Espiritual

- **Físico**: energia vital intensa, impulso para agir, desejo de conquista e movimento; corpo preparado para iniciar novos ciclos.
- **Mental**: clareza inicial dos objetivos, necessidade de disciplina para direcionar a força; risco de impaciência e dispersão se não houver foco.
- **Emocional**: coragem diante do desconhecido, entusiasmo pelo novo, mas também ansiedade gerada pela pressão interna de agir.
- **Espiritual**: percepção de que a centelha criativa é um chamado da alma, que exige responsabilidade e consciência para não se perder em impulsos destrutivos; o despertar da vontade divina.

Meditação do 2 de Paus no Cubo do Espaço

Feche os olhos e respire profundamente, percebendo o calor interno que se expande no peito como uma chama crescente a cada inspiração. Visualize o Cubo do Espaço diante de si, sólido e luminoso, irradiando energia. Caminhe até o vértice Nordeste, onde duas forças se encontram: a face Leste, da criatividade imaginativa da Imperatriz, e a face Norte, da energia explosiva e transformadora da Torre.

Nesse ponto, o ar vibra com intensidade, como se o próprio Cubo pulsasse com o primeiro movimento do universo. Você reconhece estar diante de um portal de fogo. A energia de Marte irrompe como centelha elétrica que rompe resistências, enquanto o trono invisível do Imperador, Áries, sustenta essa força e a canaliza para que se converta em direção consciente.

Diante de si, surgem dois bastões erguidos. Um está firmemente enraizado no solo, representando sua posição atual, o lugar onde você está. O outro se projeta para o horizonte, apontando terras distantes ainda a conquistar. Entre ambos, uma esfera flamejante brilha, simbolizando o potencial criativo que exige escolha e ação.

O Imperador se manifesta diante de você. Sua figura imponente irradia ordem e autoridade. Ele entrega-lhe um cetro, símbolo da decisão e da direção. Com voz firme, declara:

> *A energia que recebeste não é caos, mas poder.*
> *Cabe a ti erguê-la em ordem e estruturar o fogo que te habita.*

Atrás de si, um estrondo ecoa. É a presença da Torre, não como destruição cega, mas como força libertadora. Relâmpagos rompem as prisões da inércia e do medo, abrindo espaço para que o novo possa nascer. Você compreende que, sem esse rompimento, não haveria avanço. Marte quebra os muros internos para que o caminho se revele.

Inspire profundamente e veja-se erguendo os dois bastões. No ponto em que se encontram, uma coluna de fogo se acende, elevando-se até o infinito e descendo às raízes da Terra. Essa coluna é a expressão da sua vontade alinhada ao princípio cósmico da criação. O Cubo inteiro resplandece em tons de vermelho, laranja e dourado, pulsando com a energia do nascimento, da ação e da decisão.

Nesse instante, reconheça que o 2 de Paus é o fogo primordial canalizado. Ele expressa o momento em que a chama interna se organiza em impulso direcionado, transmutando ansiedade em coragem, hesitação em ação, dispersão em ordem. Você é convocado a assumir sua posição de criador consciente, aquele que enfrenta o novo com disciplina e clareza.

Permaneça por alguns instantes imerso no calor do fogo que envolve o Cubo. Respire com a certeza de que essa energia constitui sua herança espiritual, e que cada escolha reaviva a centelha de Marte em Áries no interior de seu ser.

Quando sentir que chegou o momento, traga a atenção de volta ao corpo físico. Abra lentamente os olhos e leve consigo a chama ordenada do 2 de Paus, o poder de iniciar com coragem, clareza e direção.

3 de Paus

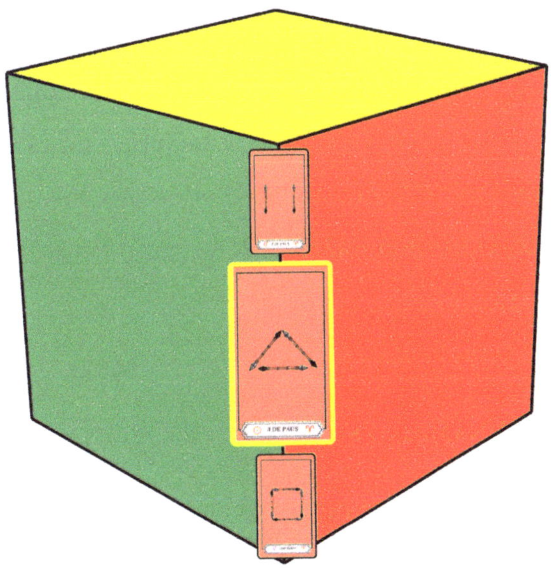

O 3 de Paus corresponde à segunda expressão da energia de Áries, agora sob a regência do Sol. Inserido no segundo decanato de Áries, este Arcano menor simboliza o instante em que a centelha primordial, acesa no 2 de Paus, encontra clareza, propósito e visão expandida. Se o 2 representa o impulso inicial, o 3 é o estado em que a luz solar ilumina o horizonte, revelando o caminho e trazendo confiança para o avanço.

No Cubo do Espaço, o 3 de Paus permanece na aresta Nordeste, a mesma ocupada pelo 2, mas revela um estágio mais amadurecido do processo. A energia criadora, que antes era ímpeto marciano, recebe a luz solar que organiza, vitaliza e dá consciência. Essa aresta continua a unir a face Leste, da criatividade imaginativa da Imperatriz, e a face Norte, do rompimento dos limites representado pela Torre. Com o Sol como regente, porém, a energia estabiliza-se e se torna clara, transformando-se em ação planejada, consciente e iluminada.

O 3 de Paus expressa, portanto, a visão estratégica, o reconhecimento de que a energia criadora já se projetou e agora necessita ser sustentada pelo calor da clareza solar. Representa a percepção do "eu posso" e do "eu vejo", uma energia confiante que ilumina as possibilidades e fortalece a jornada que começa a se consolidar.

Correspondências Esotéricas

- **Planeta / Signo**: Sol em Áries (segundo decanato).
- **Posição no Cubo**: aresta Nordeste (entre face Leste e face Norte).
- **Arcano Maior Zodiacal**: Imperador (Arcano 4, Áries).
- **Arcano Maior Planetário**: Sol (Arcano 19, Sol).
- **Elemento**: Fogo.

Dinâmica Psicológica e Espiritual

- **Físico**: vitalidade abundante, calor interior, corpo fortalecido pela confiança e clareza.
- **Mental**: visão expandida, capacidade de planejar, consciência do próximo passo; percepção de horizontes longos.
- **Emocional**: entusiasmo, alegria, coragem serena; abertura para novos encontros e parcerias.
- **Espiritual**: reconhecimento da própria centelha divina; conexão direta com a luz interior que guia a ação.

Meditação do 3 de Paus no Cubo do Espaço

Feche os olhos e respire profundamente. Imagine-se novamente diante do Cubo do Espaço, que se ergue como uma estrutura viva, vibrante e pulsante em energia. Caminhe até a aresta Nordeste, onde o 2 de Paus já havia revelado a centelha inicial da vontade. Agora, ao retornar a este lugar, perceba que o ambiente está mais iluminado, mais claro e mais aberto.

No horizonte interior do Cubo, um grande Sol se ergue, dourado e radiante, enchendo cada vértice e cada linha com luz quente e reconfortante. Seus raios atravessam as paredes translúcidas, e onde antes havia apenas impulso e ansiedade, agora há clareza, direção e confiança. Sinta o calor suave na pele, como se a própria vida fosse renovada a cada respiração.

À sua frente, três bastões erguem-se como pilares. O primeiro, enraizado atrás de você, simboliza o passado e a força que foi ativada no 2 de Paus. O segundo, ao seu lado, representa o presente, firme e seguro, sustentando sua posição atual. O terceiro, diante de si, aponta para o horizonte distante, iluminado pelo Sol, representando o futuro e todas as possibilidades que estão por vir.

O Imperador, expressão de Áries, manifesta-se novamente, sentado em um trono de pedra. Ele ergue a mão direita em gesto de autoridade e afirma:

> *Agora que a chama foi acesa, é necessário estruturá-la com ordem e visão.*
> *A tua vontade deve se tornar clareza*

Ao lado, o Sol, Arcano 19, surge como presença viva, duas crianças em um jardim. Elas sorriem, irradiando confiança e alegria. Sua luz não queima, mas aquece. Elas dizem ao mesmo tempo:

> *Tua jornada é iluminada.*
> *Onde havia sombra, agora há visão.*
> *Confia no teu caminho, pois a luz do espírito nunca falha.*

Inspire profundamente e perceba seu coração brilhar com a mesma luz dourada. Os três bastões diante de você inflamam-se com fogo solar, não destrutivo, mas vital, como tochas que iluminam a estrada. Essa energia se expande por todo o Cubo, preenchendo cada vértice com uma claridade que dissolve incertezas.

No íntimo, reconheça que o 3 de Paus é o momento da confiança plena. É a energia que inicia e prossegue sustentada pelo calor da clareza e pela visão iluminada do espírito. Não há necessidade de correr. A luz do Sol mostra que a estrada já está diante de você, aberta, iluminada e pronta para receber o próximo passo.

Permaneça nesse espaço dourado por alguns instantes, sentindo a força do Sol expandir seu peito, aquecer sua mente e harmonizar suas emoções. Você é luz em movimento, ação consciente e vontade divina encarnada.

4 de Paus

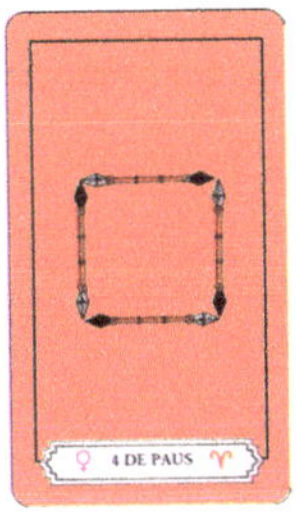

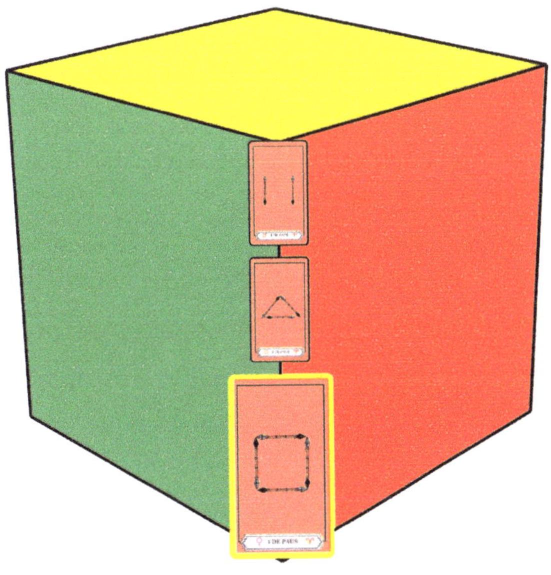

O 4 de Paus é a terceira e última expressão da energia de Áries, agora sob a regência de Vênus. Inserido no terceiro decanato do signo, este Arcano menor simboliza o ponto em que a força criadora, que no 2 de Paus se apresentou como ímpeto marciano e no 3 de Paus ganhou clareza solar, encontra a harmonia, a beleza e a celebração venusiana. Representa a realização parcial, a estabilidade que permite festejar conquistas e abrir espaço para a comunhão com os outros.

No Cubo do Espaço, o 4 de Paus permanece na aresta Nordeste, onde Áries se ancora como princípio da ordem e da manifestação. Agora, porém, em lugar da tensão da semente ou da intensidade da visão solar, manifesta-se o florescimento da obra. O espaço do Cubo transforma-se em um pórtico de celebração, onde a energia ardente de Áries é suavizada e embelezada pela doçura de Vênus.

Nesse estágio, a energia já não se traduz apenas em luta ou conquista, mas em prazer e partilha. O 4 de Paus expressa o instante em que a chama criativa alcança estabilidade suficiente para oferecer alegria, segurança e beleza. É o alicerce no qual a comunidade se reúne, a vida é celebrada e a alma encontra harmonia após a primeira fase de esforço.

Correspondências Esotéricas

- **Planeta / Signo**: Vênus em Áries (terceiro decanato).
- **Posição no Cubo**: aresta Nordeste (entre face Leste e face Norte).
- **Arcano Maior Zodiacal**: Imperador (Arcano 4, Áries).
- **Arcano Maior Planetário**: Imperatriz (Arcano 3, Vênus).
- **Elemento**: Fogo.

Dinâmica Psicológica e Espiritual

- **Físico**: sensação de vigor harmonioso; corpo fortalecido pelo prazer do movimento e do descanso equilibrado.
- **Mental**: clareza serena, mente aberta para criar em conjunto; percepção da beleza como princípio ordenador.
- **Emocional**: alegria, celebração, vínculos saudáveis; sensação de estar em casa, protegido e acolhido.
- **Espiritual**: reconhecimento de que a verdadeira força nasce da união da ordem (Áries) com a harmonia (Vênus); momento de gratidão e celebração do sagrado na vida.

Meditação do 4 de Paus no Cubo do Espaço

Feche os olhos e respire profundamente. Mais uma vez, você se encontra diante do Cubo do Espaço, mas agora ele não resplandece apenas com fogo e claridade. Veste-se de cores suaves, verdes e douradas, como se cada vértice estivesse adornado por guirlandas de flores e fitas que dançam ao sabor da brisa. Caminhe até a aresta Nordeste, o domínio de Áries, mas ao chegar, perceba que a energia se transformou. Já não existe a tensão do começo nem o calor intenso da visão solar, e sim uma atmosfera de festa, harmonia e acolhimento.

Diante de si erguem-se quatro bastões, enfeitados com flores e tecidos coloridos, formando um pórtico sagrado. Este é o portal do 4 de Paus, espaço de celebração e encontro. Ao atravessá-lo, você sente que ingressa em um território onde a luta cede lugar à dança e o esforço se converte em repouso alegre.

O Imperador, expressão de Áries, manifesta-se novamente, mas não em seu trono rígido. Ele surge em pé, sorridente, abrindo espaço para que a energia de Vênus se revele. Ele diz:

A ordem que estabeleci agora pode florescer.
O campo está preparado, a estrutura foi erguida.
É hora de celebrar a vida que se sustenta sobre esses alicerces.

Em seguida, a Imperatriz, Vênus, aparece em toda a sua beleza radiante. Usa uma coroa de estrelas, carrega espigas de trigo nas mãos, e ao seu redor florescem jardins exuberantes. Sua presença impregna o espaço de perfume, cor e harmonia. Ao tocar cada bastão do pórtico, eles passam a brilhar em tons de verde-esmeralda e rosa-dourado. Ela lhe diz:

A verdadeira vitória não está apenas em conquistar,
mas em desfrutar.
Alegra-te no caminho, pois a vida é abundância, e a
abundância cresce onde há amor e gratidão.

Você atravessa o pórtico do 4 de Paus. Do outro lado, contempla um campo aberto, iluminado por um sol dourado e suave. Pessoas dançam, riem, compartilham alimento e celebram a vida em comunhão. Reconhece que esse espaço não é apenas externo, mas também interno, a morada do coração quando encontra equilíbrio entre ação e prazer, entre esforço e gratificação.

Respire fundo e compreenda que essa celebração não é um simples descanso temporário. Trata-se de um rito sagrado, a confirmação de que você está no caminho certo, de que as sementes lançadas já germinaram e de que pode confiar na fertilidade da vida. A Imperatriz estende a mão, oferecendo-lhe um cálice de vinho dourado. Ao bebê-lo, você sente a alma expandir-se, preenchida pela harmonia venusiana.

Permaneça nesse espaço por alguns instantes, permitindo que a alegria o envolva. Cada riso, cada dança e cada cor revelam que a vida não se resume à luta ou à ascensão, mas se expressa também como celebração e comunhão. Você é parte dessa festa cósmica que o 4 de Paus manifesta.

Quando sentir que chegou o momento, traga sua consciência de volta ao corpo físico. Inspire profundamente, abra os olhos e leve consigo a lembrança do pórtico florido, símbolo de que, mesmo nas batalhas de Áries, há sempre espaço para a beleza, a harmonia e a alegria que Vênus oferece.

5 de Paus

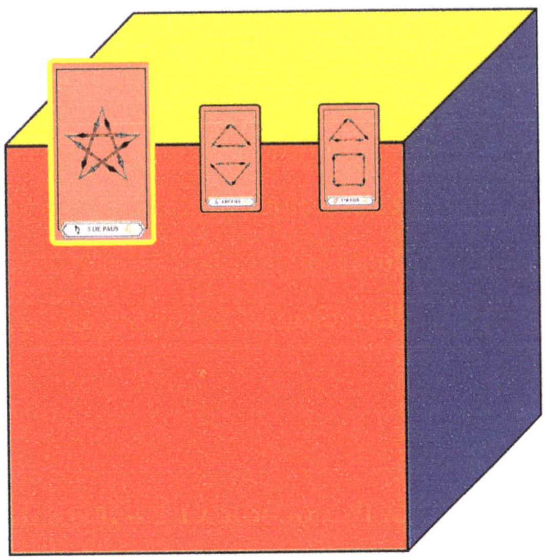

O 5 de Paus inaugura a tríade leonina no naipe do fogo. Inserido no primeiro decanato de Leão, manifesta a influência de Saturno sobre a força expansiva e ardente do signo regido pelo Sol. Nesse Arcano, o fogo leonino, criativo, expressivo e radiante por natureza, encontra a disciplina, a limitação e a estrutura impostas por Saturno. O resultado é uma energia de tensão criativa, um campo de provas em que a chama da individualidade precisa se afirmar em confronto com outras vontades e forças.

No Cubo do Espaço, o 5 de Paus situa-se na aresta Norte-acima, domínio da carta Força, que corresponde a Leão, conectando a face Norte (a Torre, Marte) à face Acima (o Mago, Mercúrio). É o ponto em que a vitalidade leonina ascende em direção ao plano da autoconsciência, mas antes necessita ser temperada pelo peso de Saturno, que exige esforço, perseverança e paciência.

O 5 de Paus é, portanto, o Arcano dos embates criativos, da disputa que não destrói, mas fortalece. Representa os desafios inevitáveis que surgem quando múltiplas forças tentam expressar sua chama ao mesmo tempo. Se Saturno impõe limites e confrontos, é para que a vitalidade de Leão se torne estável, madura e capaz de sustentar sua luz sem se dispersar.

Correspondências Esotéricas

- **Planeta / Signo**: Saturno em Leão (primeiro decanato).
- **Posição no Cubo**: aresta Norte-Acima (entre face Norte e face Acima).
- **Arcano Maior Zodiacal**: Força (Arcano 8, Leão).
- **Arcano Maior Planetário**: Mundo (Arcano 21, Saturno).
- **Elemento**: Fogo.

Dinâmica Psicológica e Espiritual

- **Físico**: vitalidade posta à prova; esforço físico; superação de limites do corpo.
- **Mental**: confronto de ideias, debates, necessidade de disciplina intelectual.
- **Emocional**: tensões interpessoais, mas também entusiasmo no desafio; coragem de se afirmar.
- **Espiritual**: compreensão de que os obstáculos são provas iniciáticas; Saturno como mestre que molda o fogo de Leão em força duradoura e consciente.

Meditação do 5 de Paus no Cubo do Espaço

Feche os olhos e respire profundamente. Você se encontra diante do Cubo do Espaço, mas agora sua atenção se volta para o Norte-acima, onde a energia de Leão se manifesta. Este é o território da Força, o leão domado pela serenidade, e também o ponto em que Saturno ergue sua muralha de provas.

Visualize-se ascendendo pela aresta Norte-acima do Cubo. O caminho é íngreme, feito de degraus de luz que parecem, ao mesmo tempo, firmes e desafiadores. À medida que sobe, perceba chamas douradas ao redor, como tochas acesas pela energia de Leão. Essas chamas são fortes e vibrantes, mas os ventos de Saturno as testam, dobrando suas labaredas e obrigando-as a se manter firmes contra a resistência.

À sua frente, o Arcano da Força se manifesta. Uma mulher serena, vestida de branco, segura a boca de um leão não pela força bruta, mas pela suavidade de sua presença. Ela olha em seus olhos e lhe diz:

A verdadeira vitória não vem da imposição,
mas da disciplina interior.
O fogo precisa de direção para iluminar, e não
somente consumir.

Enquanto absorve suas palavras, uma figura imensa surge atrás dela: o Mundo, Saturno, representado por uma esfera cristalina que gira lentamente, envolvendo-o em uma sensação de ordem, estrutura e inevitabilidade. Saturno fala com voz grave:

Tudo o que deseja manifestar precisa ser provado.
A chama que não resiste ao vento se apaga.
A vontade que não suporta o peso da prova
não amadurece.

De repente, cinco bastões surgem em suas mãos e nas mãos de quatro figuras que aparecem ao redor. Cada um ergue seu bastão em direção ao centro, e logo o embate começa. Não há ódio nem guerra, mas uma dança vigorosa, um jogo de forças em que cada golpe, cada bloqueio e cada movimento exige atenção, foco e energia. Você sente que está sendo testado, não contra inimigos, mas contra a dispersão de sua própria força vital.

À medida que luta, percebe que os bastões se entrelaçam, formando uma estrela flamejante. O fogo não se dispersa, mas se organiza em um padrão sagrado. É Saturno moldando o caos do fogo leonino em forma, estrutura e ordem.

Respire fundo. O leão da Força aproxima-se de você e deita-se a seus pés, manso, mas poderoso. Você compreende que a verdadeira Força não é a de esmagar o outro, e sim a de dominar a si mesmo. Os embates do 5 de Paus são ensaios do espírito, exercícios da alma que ensinam a sustentar a chama da vida com equilíbrio e maturidade.

Sinta essa energia em seu coração. O fogo de Leão continua brilhando, mas agora é disciplinado, estruturado, capaz de iluminar com clareza e firmeza. Saturno sorri, lembrando que cada limitação é também proteção, e que cada obstáculo se revela mestre silencioso.

Permaneça nesse espaço até sentir a integração plena do ensinamento. Quando estiver pronto, desça pela aresta do Cubo trazendo consigo a coragem de Leão e a disciplina de Saturno, consciente de que toda prova é um portal para a maestria interior.

Abra os olhos lentamente, carregando a bênção do 5 de Paus, o fogo que resiste, aprende e cresce.

6 de Paus

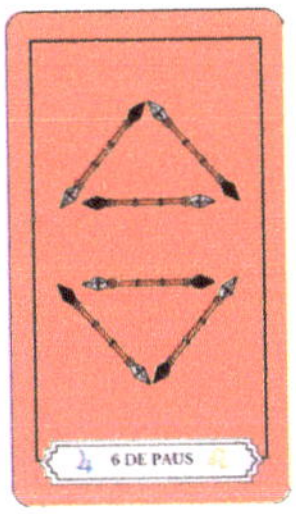

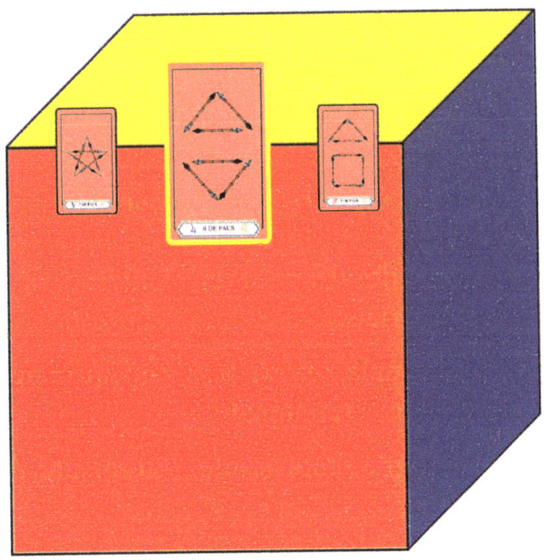

O 6 de Paus é a segunda expressão do fogo leonino no naipe de Paus. Situado no segundo decanato de Leão, manifesta a expansão de Júpiter dentro do signo solar da coragem, da expressão e do brilho vital. Se no 5 de Paus vimos a tensão e os embates criativos postos à prova por Saturno, agora Júpiter traz crescimento, triunfo e reconhecimento após a superação dos obstáculos. No Cubo do Espaço, o 6 de Paus ainda pertence à aresta Norte-Acima, regida pela Força (Arcano 8, Leão), que liga a face Norte (a Torre, Marte) à face Acima (o Mago, Mercúrio). Aqui, a energia do fogo já não luta pela sobrevivência, mas se expande em glória, revelando a vitória que decorre da coragem interior e do alinhamento da vontade com a lei cósmica. O 6 de Paus é a carta do reconhecimento externo e interno. Ele revela o triunfo da alma que, tendo enfrentado os testes da disciplina, pode agora expressar sua luz sem medo, celebrando a harmonia entre esforço, honra e crescimento.

Correspondências Esotéricas

- **Planeta / Signo**: Júpiter em Leão (segundo decanato).
- **Posição no Cubo**: aresta Norte-Acima.
- **Arcano Maior Zodiacal**: Força (Arcano 8, Leão).
- **Arcano Maior Planetário**: Roda da Fortuna (Arcano 10, Júpiter).
- **Elemento**: Fogo.

Dinâmica Psicológica e Espiritual

- **Físico**: vitalidade abundante; expansão da energia criativa; conquistas materiais.
- **Mental**: visão ampla, otimismo e confiança; pensamento positivo e orientado para o crescimento.
- **Emocional**: alegria, entusiasmo, sentimento de reconhecimento e validação.
- **Espiritual**: a vitória não é apenas pessoal, mas reflexo da participação em uma ordem maior; Júpiter amplia a chama leonina, conectando-a ao triunfo espiritual coletivo.

Meditação do 6 de Paus no Cubo do Espaço

Feche os olhos e visualize o Cubo do Espaço diante de si. Sua atenção se volta para o Norte-acima, onde a energia de Leão continua a pulsar, mas agora não como tensão ou embate, e sim como triunfo e irradiação.

Veja-se subindo novamente pela aresta Norte-acima. O caminho que antes parecia íngreme agora está iluminado por uma luz dourada. O ar tornou-se mais leve, e você sente que algo se abriu em seu interior. Cada passo é acompanhado por uma confiança natural, como se a própria vida o sustentasse.

À sua frente, surge a Força. A mulher serena conduz o leão, mas desta vez ele não precisa ser contido. Caminha livre, ao lado dela, como aliado. Ela sorri e lhe diz:

Você venceu não ao dominar o leão, mas ao se tornar um com ele.
A verdadeira vitória é a união entre instinto e consciência.

Atrás dela, começa a girar a Roda da Fortuna, Júpiter, imensa, como se ocupasse todo o céu do Cubo. Seus raios brilham em ouro, púrpura e azul, irradiando crescimento e abundância. A roda gira suavemente, e você percebe que está sendo elevado com ela. Não há mais a luta do 5 de Paus; o movimento agora é de expansão natural, como o desabrochar de uma flor ou o nascer do sol.

Ao redor de si, figuras se reúnem. São pessoas, símbolos e arquétipos que testemunham sua jornada. Alguns aplaudem, outros permanecem em silêncio, mas todos reconhecem a luz que você manifesta. Não se trata de vaidade, mas de celebração da chama vital que Júpiter fez crescer em seu ser.

Você ergue um bastão, não mais de combate, mas transformado em estandarte adornado por uma coroa de louros flamejantes. Ao levantá-lo, uma onda de energia dourada se expande por todo o Cubo, iluminando cada face e cada vértice. A mensagem é clara: vitória compartilhada, triunfo que inspira, luz que se irradia para além do eu.

O leão ruge. A Força toca seu ombro, enquanto a Roda continua a girar, lembrando que toda vitória é parte de um ciclo maior. Hoje você triunfa; amanhã, novas provas virão. Mas o que foi conquistado não se perde. Confiança, coragem e alegria permanecem como sementes plantadas no centro do seu ser.

Respire profundamente. Sinta a chama dourada de Leão expandir-se em seu coração. Veja-a unir-se ao movimento amplo e majestoso de Júpiter, que a faz crescer sem limites. Você é portador de luz, e sua vitória é a vitória da vida que insiste em brilhar mesmo após a noite mais escura.

Quando sentir que chegou o momento, desça novamente pela aresta do Cubo trazendo consigo o estandarte do 6 de Paus. Ele permanece dentro de você como símbolo de triunfo, confiança e expansão.

Abra lentamente os olhos e carregue consigo a bênção do 6 de Paus, a chama que resiste, inspira e guia.

7 de Paus

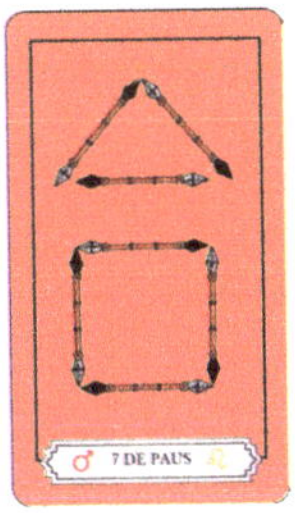

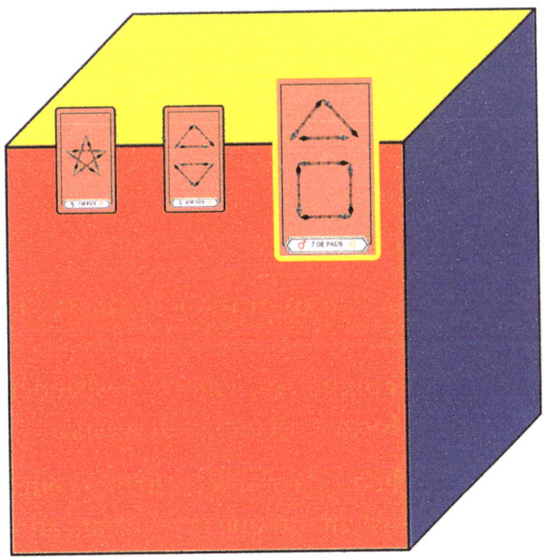

O 7 de Paus é a terceira expressão do fogo leonino no naipe de Paus. Situado no terceiro decanato de Leão, manifesta a ação combativa e determinada de Marte dentro do signo regido pelo Sol. Se no 5 de Paus vimos o conflito e no 6 de Paus o triunfo e o reconhecimento, agora Marte traz novamente o espírito de luta, mas em outro nível: a luta não é mais pela vitória inicial, mas pela manutenção da conquista. No Cubo do Espaço, o 7 de Paus também está localizado na aresta Norte-Acima, regida pela Força (Arcano 8, Leão). Esta aresta conecta a face Norte (Torre, Marte) à face Acima (Mago, Mercúrio). Aqui, Marte reacende a chama de Leão em sua faceta mais desafiadora, exigindo coragem constante e vigilância ativa para que a luz conquistada não se apague. O 7 de

Paus ensina que cada vitória traz novas responsabilidades, e que o fogo vital só se sustenta quando defendido contra as forças da dispersão e da inércia. Este Arcano menor é, portanto, o bastão erguido contra a maré: o ato de se manter firme diante de pressões externas e internas, afirmando a própria luz em meio à adversidade.

Correspondências Esotéricas

- **Planeta / Signo**: Marte em Leão (terceiro decanato).
- **Posição no Cubo**: aresta Norte-Acima.
- **Arcano Maior Zodiacal**: Força (Arcano 8, Leão).
- **Arcano Maior Planetário**: Torre (Arcano 16, Marte).
- **Elemento**: Fogo.

Dinâmica Psicológica e Espiritual

- **Físico**: energia combativa, vigor e resistência; necessidade de canalizar bem a força para não se desgastar.
- **Mental**: clareza diante da oposição; firmeza em ideias e convicções; disciplina para sustentar o que já foi alcançado.
- **Emocional**: coragem frente a pressões, mas também risco de tensão e sobrecarga; aprendizado em manter a confiança.
- **Espiritual**: desafio como parte do crescimento; a vitória não é estática, mas processo dinâmico que exige defesa, purificação e fortalecimento constante.

Meditação do 7 de Paus no Cubo do Espaço

Feche os olhos e veja novamente o Cubo do Espaço diante de si. Sua atenção retorna à aresta Norte-acima, onde a energia de Leão ainda brilha, agora envolta pelo ardor de Marte.

Suba a encosta luminosa dessa aresta. Diferente da serenidade dourada do 6 de Paus, aqui o ar vibra com uma tensão elétrica. Você sente que forças contrárias se aproximam, tentando apagar ou dispersar a chama que carrega. Mas em sua mão há um bastão firme e sólido, extensão da própria vontade.

À sua frente, surge novamente a Força, expressão de Leão. A mulher serena mantém a calma inabalável, mas o leão ao lado dela está inquieto, rugindo contra pressões invisíveis. Ela olha em seus olhos e diz:

A coragem não se conquista uma única vez.
É preciso renová-la a cada instante.
Agora que você brilha, precisa sustentar sua luz.

Atrás dela, a Torre, Marte, irrompe em raios de fogo e claridade, como se um relâmpago tivesse atingido suas muralhas. Mas em vez de destruição cega, você compreende: a Torre é o choque que mantém o espírito desperto, impedindo a acomodação. O fogo de Marte cai como raio para destruir apenas o que é falso ou frágil, revelando onde a estrutura precisa ser purificada e fortalecida.

Você se encontra no centro desse cenário. De um lado, a chama de Leão insiste em brilhar. De outro, os raios de Marte testam e depuram sua força. Em sua mão, o bastão do 7 de Paus arde em fogo vermelho-dourado. Levante-o e sinta como ele vibra, contra inimigos externos, a apatia, a dispersão e o medo que surgem de dentro.

Inspire profundamente. Ao expirar, visualize cada desafio da sua vida erguendo-se diante de você como sombras que tentam obscurecer a luz. Não lute com raiva. Apenas firme o bastão no chão do Cubo e contemple a chama queimar cada sombra. O fogo de Marte destrói, mas apenas o que não pertence ao seu verdadeiro ser.

A Força coloca a mão sobre seu coração, lembrando que coragem não é ferocidade, e sim serenidade no meio da batalha. A Torre continua a brilhar atrás de si, mostrando que toda queda aparente é, na verdade, libertação.

De repente, o cenário se amplia. Você está no alto de uma colina dentro do Cubo. Abaixo, forças tentam escalá-la para derrubá-lo. Mas você permanece firme, bastão em punho, iluminado pela chama interior. Não sente medo, porque compreende que nenhum inimigo pode apagar a luz que nasce da união entre Força e Marte.

Respire novamente. Veja o fogo expandir-se da ponta do bastão até envolver todo o Cubo, criando um círculo de proteção e poder. Esse é o selo do 7 de Paus, a defesa sagrada da luz conquistada, a afirmação do ser diante de tudo o que ameaça desviá-lo.

Quando perceber que a chama se estabilizou, desça da aresta Norte-acima trazendo consigo a certeza de ser guardião da própria vitória. Cada desafio se torna oportunidade de aprofundar sua força e purificar seu brilho.

Abra lentamente os olhos e carregue a bênção do 7 de Paus, a chama que não se curva, que enfrenta a tempestade e, por meio dela, se torna ainda mais luminosa.

8 de Paus

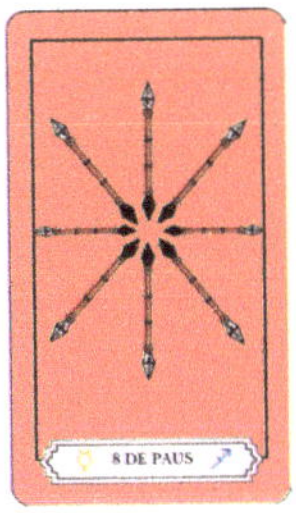

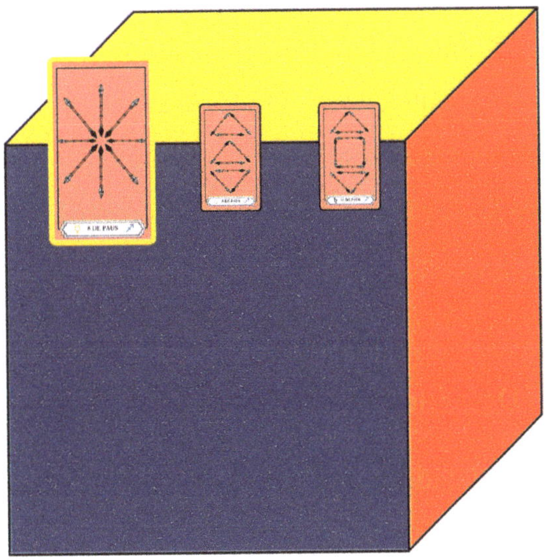

O 8 de Paus é a primeira expressão do signo de Sagitário no naipe de Paus. Inserido no primeiro decanato de Sagitário, revela a rapidez, a expansão e o impulso espiritual que emergem do encontro entre o fogo mutável do signo e a velocidade mental de Mercúrio. Se em Leão o fogo buscava afirmação e triunfo, em Sagitário ele se transforma em movimento, seta lançada ao horizonte, impulso de comunicação e transmissão da luz.

No Cubo do Espaço, o 8 de Paus encontra-se na aresta Oeste-acima, regida pela Temperança (Arcano 14), associada a Sagitário. Essa aresta conecta a face Oeste, a Roda da Fortuna (Júpiter), à face Acima, o Mago (Mercúrio). Trata-se de um ponto elevado, onde a consciência dos ciclos, representada pela Roda, e a inteligência autoconsciente, simbolizada pelo Mago, convergem no arco de Sagitário, criando o canal perfeito para que a energia seja lançada a grandes distâncias e alcance novos destinos.

O 8 de Paus indica o momento da aceleração, em que ideias, intenções e ações se alinham e se precipitam em direção à manifestação. Representa tanto a rapidez no plano físico quanto a clareza espiritual que surge quando a mente se harmoniza com o movimento do cosmos.

Correspondências Esotéricas

- **Planeta / Signo**: Mercúrio em Sagitário (primeiro decanato).
- **Posição no Cubo**: aresta Oeste-Acima.
- **Arcano Maior Zodiacal**: Temperança (Arcano 14, Sagitário).
- **Arcano Maior Planetário**: Mago (Arcano 1, Mercúrio).
- **Elemento**: Fogo.

Dinâmica Psicológica e Espiritual

- **Físico**: agilidade, rapidez de movimentos, vitalidade direcionada.
- **Mental**: clareza e foco; mensagens, comunicação e insights súbitos.
- **Emocional**: entusiasmo e otimismo; desejo de expandir horizontes.
- **Espiritual**: percepção de que o tempo é relativo; aceleração de processos kármicos; compreensão do movimento da alma em direção ao propósito.

Meditação do 8 de Paus no Cubo do Espaço

Feche os olhos e contemple o Cubo do Espaço diante de você. Sua atenção é atraída para a aresta Oeste-acima, onde a luz dourada da Roda da Fortuna encontra o brilho elevado do Mago. É nesse ponto que a energia do 8 de Paus desperta, vibração veloz que se manifesta como setas de fogo atravessando o espaço com direção precisa.

Ao se aproximar, perceba o ar mover-se em rajadas leves, como correntes invisíveis que cruzam o Cubo. O som lembra o assobio de flechas voando. Este é o território de Sagitário, onde a seta flamejante é lançada em direção ao infinito.

Diante de si surge a Temperança (Arcano 14) associada a Sagitário. Um anjo de asas douradas verte água entre duas taças, equilibrando o fluxo entre os planos. Ao observá-lo, nota que cada gesto é movimento, cada transição é arco prestes a disparar uma flecha. Ele lhe diz:

O equilíbrio não é estagnação.
É movimento harmônico, é fluxo eterno.

Atrás dele aparece o Mago (Arcano 1 – Mercúrio), erguendo o bastão ao alto e apontando a outra mão para a terra. Sua presença revela que a função aqui é transformar intenção em ação imediata, pensamento em palavra, impulso em gesto. Cada um de seus instrumentos — taça, espada, moeda e bastão — parece fluir em movimento, irradiando comunicação e dinamismo.

No centro dessa cena, o 8 de Paus se manifesta. Oito bastões incandescentes cortam o espaço em linhas retas, como flechas disparadas pelo arco cósmico de Sagitário. Não há hesitação em seu movimento, apenas foco, velocidade e direção. Em seu corpo, você sente o mesmo impulso: algo em sua vida precisa avançar, e aqui aprende que o momento é agora.

Respire profundamente e sinta o fogo em seu peito alinhar-se com a seta. Visualize-se segurando um arco flamejante. Coloque nele a intenção que deseja manifestar: um projeto, um desejo, uma mudança de consciência. Estique a corda com firmeza, sinta a energia se acumular e, quando estiver pronto, solte. Contemple a flecha de luz atravessar as arestas do Cubo, cruzando mundos e seguindo rumo ao alvo escolhido pela sua alma.

Enquanto a flecha viaja, a Temperança mantém seu fluxo, lembrando que a velocidade só tem valor quando há equilíbrio. Mago sorri, mostrando que a comunicação da sua alma já foi enviada e que o universo a receberá.

Permaneça por alguns instantes observando os oito bastões moverem-se em harmonia, preenchendo o espaço com linhas de energia. É como se cada direção do Cubo recebesse uma mensagem, como se toda a criação tivesse sido tocada pela sua intenção.

Reconheça agora que o 8 de Paus não se resume à rapidez externa, mas também à clareza interior. A aceleração que percebe não é caos, mas alinhamento perfeito. Quando corpo, mente e espírito se unem, o tempo se curva e as coisas fluem naturalmente.

Respire profundamente mais uma vez e sinta-se no centro do Cubo, sustentado pela certeza de que sua flecha já encontrou o caminho. Não há necessidade de correr atrás: a energia já foi lançada, e o fluxo cósmico a levará ao destino certo.

Quando sentir que é o momento, desça suavemente da aresta Oeste-Acima e retorne ao presente, carregando a bênção do 8 de Paus: a certeza de que, quando a intenção está alinhada ao equilíbrio divino, tudo acontece com rapidez e precisão.

Abra lentamente os olhos, seguro de que sua seta já segue firme em direção ao alvo escolhido pela alma.

9 de Paus

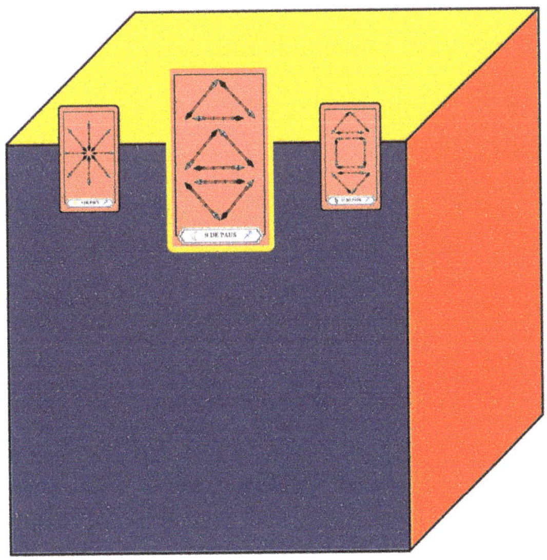

O 9 de Paus expressa o segundo decanato de Sagitário, trazendo a influência da Lua sobre o fogo expansivo e mutável desse signo. Aqui, a energia já não é o impulso inicial veloz de Mercúrio, mas sim a memória emocional e cíclica da Lua atuando no campo da vontade e da ação. É um ponto onde a chama encontra resistência e precisa se sustentar através da perseverança, disciplina e firmeza interior.

No Cubo do Espaço, o 9 de Paus se localiza na aresta Oeste-Acima, a mesma governada pela Temperança (Arcano 14, Sagitário). Este ponto une a face Oeste (Roda da Fortuna, Júpiter) com a face Acima (Mago, Mercúrio).

Mas aqui, a ênfase está no trabalho lunar dentro desse flux. A Lua imprime sobre o fogo sagitariano um caráter de reflexão, de pausa antes da próxima batalha, de consciência de que todo avanço precisa ser medido e consolidado.

O 9 de Paus é a carta da resiliência, da vigília, da preparação cuidadosa. A Lua em Sagitário ensina que não basta avançar; é preciso sentir, refletir e amadurecer a ação. É o arco do guerreiro que permanece firme, mesmo ferido, guardando o fogo até o momento certo de disparar novamente.

Correspondências Esotéricas

- **Planeta / Signo**: Lua em Sagitário (segundo decanato).
- **Posição no Cubo**: aresta Oeste-Acima.
- **Arcano Maior Zodiacal**: Temperança (Arcano 14, Sagitário).
- **Arcano Maior Planetário**: Sacerdotisa (Arcano 2, Lua).
- **Elemento**: Fogo.

Dinâmica Psicológica e Espiritual

- **Físico**: vigor de resistência, postura de guarda, necessidade de recuperar energias entre investidas; atenção a tensões musculares e ao sono de qualidade.
- **Mental**: prudência estratégica, memória dos erros e acertos, foco em manutenção de posição; pensamento vigilante e planejamento defensivo.
- **Emocional**: cautela, hipervigilância e possível ansiedade após combates; coragem serena para "segurar a posição" e confiança crescente na própria resiliência.
- **Espiritual**: perseverança como prática; guarda da chama interior; trabalho com ciclos lunares para renovar forças; proteção psíquica e purificação antes do próximo avanço.

Meditação do 9 de Paus no Cubo do Espaço

Feche os olhos e visualize novamente o Cubo do Espaço. Sua atenção é conduzida mais uma vez à aresta Oeste-acima, onde a energia de Sagitário se projeta como um arco entre a Roda da Fortuna e o Mago. Desta vez, porém, o ambiente é mais silencioso. O brilho das flechas velozes do 8 de Paus se aquietou e, em seu lugar, surge uma chama firme que resiste ao vento.

Diante de você aparece a figura da Temperança (Arcano 14). Ela ainda verte água entre as duas taças, mas seus movimentos agora são mais lentos e conscientes. Sua mensagem é clara:

Nem todo avanço é imediato.
O equilíbrio exige paciência.
O fogo precisa aprender com os ciclos da Lua.

Acima dela, o céu noturno começa a se revelar. A Lua desponta suave e prateada, refletindo sua luz sobre o Cubo. Sua presença é a da Sacerdotisa (Arcano 2), guardiã do subconsciente, que aqui se projeta como força interior no fogo de Sagitário. Ela mostra que, mesmo no caminho da ação, é necessário mergulhar na memória, na introspecção e no silêncio antes de cada decisão.

No espaço diante de você, o 9 de Paus se manifesta. Oito bastões incandescentes permanecem erguidos como uma muralha de proteção, enquanto um nono bastão é segurado firmemente por uma figura vigilante. Esse é o símbolo da resistência, da guarda, da preparação. Ele indica que existem forças a proteger e que há um fogo interno que não pode se apagar.

Respire profundamente e sinta em seu peito a tensão entre o desejo de avançar e a necessidade de conservar energia. A Lua em Sagitário ensina que perseverar também é uma forma de vitória. Cada inspiração assemelha-se à maré que sobe e desce, reforçando suas defesas interiores. Cada expiração o torna mais consciente do que precisa ser preservado.

A Temperança mostra que o verdadeiro equilíbrio não está em avançar sem pausa, mas em discernir o momento de mover-se e o momento de esperar. A Sacerdotisa, por sua vez, oferece a visão do seu próprio inconsciente: imagens do passado, memórias de dores e conquistas, lembranças que moldaram a força que sustenta agora. Ela sussurra:

O que você guarda dentro de si é seu verdadeiro bastão.
É dele que nasce sua resistência.

Veja-se, então, dentro do Cubo, com os nove bastões ao redor formando um círculo de proteção. Cada bastão é uma chama viva, e você permanece no centro desse círculo. Sinta o calor irradiar, criando um campo energético que mantém afastadas as distrações e os perigos. Nesse silêncio, você se fortalece.

A Lua move-se lentamente no céu, lembrando que os ciclos se transformam, que toda noite traz o dia, e que a paciência integra o caminho da sabedoria. O fogo de Sagitário não se extingue, ele se disciplina, concentra-se e aguarda o momento exato de expandir-se novamente.

Permaneça alguns instantes nesse espaço de vigília, consciente de que é guardião da própria chama. O 9 de Paus ensina que a força não reside apenas no ataque, mas também na resistência, na perseverança e na compreensão de que cada passo deve ser sustentado.

Quando sentir que chegou o momento, deixe que a muralha de bastões se dissolva em luz e retorne lentamente ao presente. Traga consigo a lembrança de que, mesmo nas fases mais difíceis, possui dentro de si a chama resiliente que jamais se apaga.

Abra os olhos devagar, carregando no coração a bênção do 9 de Paus, a certeza de que a força interior, guiada pela Lua e equilibrada pela Temperança, é inabalável diante de qualquer desafio.

10 de Paus

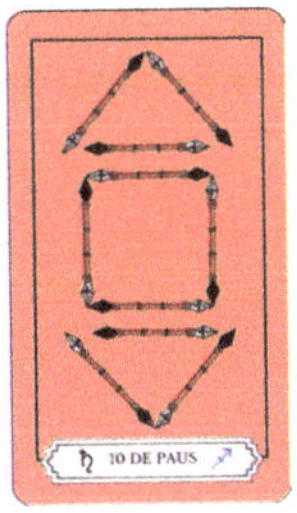

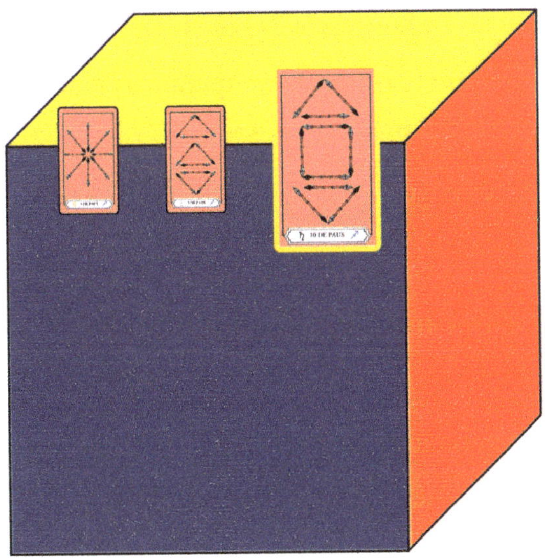

O 10 de Paus corresponde ao terceiro decanato de Sagitário, sob a influência de Saturno. Nesse estágio, a chama sagitariana atinge o limite de sua expansão, e Saturno impõe peso, estrutura e responsabilidade sobre a energia em movimento. Trata-se da carta que revela a culminação da vontade de agir, mas também o fardo que acompanha o excesso de carga.

No Cubo do Espaço, o 10 de Paus situa-se na aresta Oeste-acima, regida pela Temperança (Arcano 14, Sagitário). Essa aresta conecta a face Oeste (Roda da Fortuna, Júpiter) à face Acima (Mago, Mercúrio). A energia presente nesse ponto é de síntese, equilíbrio e mediação, mas sob a lente saturnina transforma-se em disciplina, contenção e estrutura necessárias para dar forma às expansões anteriores.

Este Arcano menor assinala o ponto de transição entre o impulso criativo e a exigência de organizar, limitar e concluir. O 10 de Paus simboliza o peso da responsabilidade espiritual e material, mas também a consciência de que esse peso só é confiado àqueles que possuem força e maturidade para sustentar a chama até o fim do caminho.

Correspondências Esotéricas

- **Planeta / Signo**: Saturno em Sagitário (terceiro decanato).
- **Posição no Cubo**: aresta Oeste-Acima.
- **Arcano Maior Zodiacal**: Temperança (Arcano 14, Sagitário).
- **Arcano Maior Planetário**: Mundo (Arcano 21, Saturno).
- **Elemento**: Fogo.

Dinâmica Psicológica e Espiritual

- **Físico**: sensação de peso e sobrecarga; esforço corporal para carregar responsabilidades; risco de fadiga crônica se não houver equilíbrio.
- **Mental**: consciência das múltiplas tarefas e exigências; mente voltada para planejamento, mas com tendência à exaustão pela acumulação de deveres; necessidade de priorização.
- **Emocional**: sentimentos de pressão, mas também de dever cumprido; ambivalência entre orgulho pelo esforço e o peso das obrigações; busca de alívio.
- **Espiritual**: percepção de que o excesso de fardos pode obscurecer a visão do propósito maior; aprendizado em confiar na disciplina de Saturno para transformar carga em estrutura; lição de que a libertação ocorre ao alinhar responsabilidade com verdade interior.

Meditação do 10 de Paus no Cubo do Espaço

Feche os olhos e visualize o Cubo do Espaço. Sua consciência é conduzida novamente à aresta Oeste-acima, onde Sagitário manifesta o terceiro decanato. O ambiente agora é mais denso, mais carregado. O fogo brilha com intensidade, mas há peso no ar, como se cada chama fosse também um fardo a ser sustentado.

Diante de você ergue-se a figura da Temperança (Arcano 14). Ela ainda verte o líquido de uma taça para a outra, mas sua expressão tornou-se mais solene. Não está apenas equilibrando, mas medindo, pesando e avaliando o que deve permanecer e o que precisa ser contido. Ela mostra que, no caminho do espírito, não há expansão sem responsabilidade.

Atrás dela, como pano de fundo, surge a presença imponente do Mundo (Arcano 21, Saturno). A dançarina dentro da coroa oval gira lentamente, mas sua dança é marcada por firmeza e limites claros. Saturno se manifesta como guardião do ciclo, aquele que encerra e dá estrutura. Ele diz:

Tudo o que cresce deve encontrar forma.
Tudo o que se expande deve conhecer seus limites.

No chão, diante de você, aparecem dez bastões pesados e incandescentes. Uma figura curva-se para carregá-los, avançando com esforço em direção a uma cidade distante. Você sente em seu corpo o peso desse fardo, que simboliza as responsabilidades, as escolhas feitas e os compromissos assumidos.

Respire fundo e perceba: cada bastão representa uma chama acesa em sua jornada. São ideias, projetos, vínculos, responsabilidades espirituais e materiais. Saturno exige que você os carregue, não como punição, mas como aprendizado de força, perseverança e disciplina.

A Temperança se aproxima e toca sua fronte. Um equilíbrio interno floresce, lembrando que, mesmo sob o peso, ainda há harmonia possível. Carregar não é castigo, mas etapa natural do caminho. O fardo torna-se campo de concentração e escola de paciência.

Em seguida, a figura do Mundo se manifesta com mais clareza. Ela dança dentro do círculo e sua voz ressoa:

> *Quando o ciclo se completa, a carga se transforma em coroação.*
> *O peso que você sente hoje é a base do novo universo que está prestes a nascer.*

Nesse instante, você percebe que os bastões, embora pesados, brilham como tochas que iluminam o caminho. Eles não são apenas fardos, mas colunas de fogo que sustentam sua evolução.

Visualize-se erguendo os dez bastões. Sinta o esforço em cada músculo, mas também perceba a chama ardendo em cada um deles. Não são apenas pesos externos, mas extensões da própria vontade. Cada chama é parte da sua alma e, unidas, formam um círculo de fogo que o envolve.

Nesse círculo, Temperança e Mundo se encontram. A primeira ensina a equilibrar os movimentos internos; o segundo concede a estrutura para sustentar a totalidade. Aqui você compreende que o verdadeiro poder não está em livrar-se do peso, mas em carregá-lo com consciência, até que se transforme em luz.

Permaneça nesse estado por alguns instantes, respirando profundamente e aceitando o fardo como parte da jornada. Lembre-se de que Saturno não é inimigo, mas mestre severo, cuja disciplina abre o caminho para a liberdade da alma.

Quando sentir que chegou o momento, permita que os bastões se transformem em raios de luz e ascendam ao céu do Cubo. Veja-se novamente no presente, agora mais forte, mais consciente e enraizado.

Abra os olhos lentamente, trazendo consigo a bênção do 10 de Paus com a certeza de que, mesmo sob os maiores fardos, a alma encontra equilíbrio e totalidade, pois cada peso é também um portal para a realização espiritual.

2 de Copas

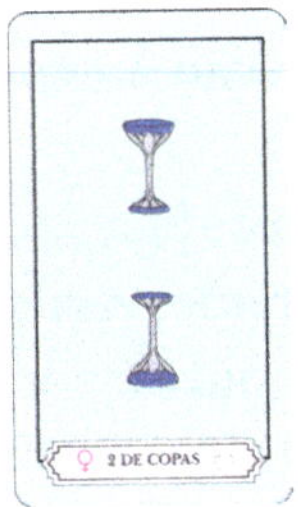

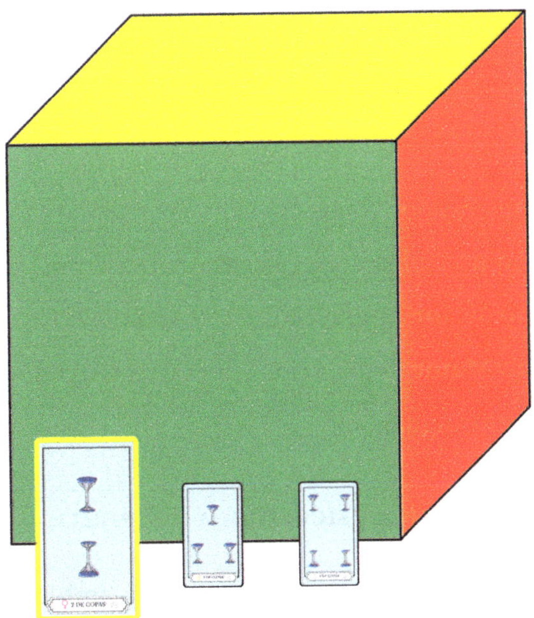

O 2 de Copas é a expressão inicial da energia de Câncer sob a regência da Lua. Localizado no primeiro decanato de Câncer, este Arcano menor marca o ponto em que o princípio receptivo, nutridor e cíclico da Lua encontra sua primeira manifestação no naipe de Copas, o símbolo da água, das emoções e da união afetiva. É aqui que a energia lunar, materna e envolvente, assume sua forma mais pura no domínio dos relacionamentos, revelando-se como uma força de atração que une, harmoniza e integra.

No Cubo do Espaço, o 2 de Copas está situado no vértice Nordeste abaixo, um ponto limiar e de transição entre a atividade subconsciente e a expressão emocional. Este vértice é especialmente significativo, pois é nele que as correntes ascendentes do subconsciente começam a se projetar para a superfície, carregando consigo as sementes da união e do vínculo. A posição evidencia a natureza essencial do 2 de Copas que é ser um portal de encontro, onde a introspecção do inconsciente lunar se abre em direção à experiência do afeto e da comunhão.

O 2 de Copas, nesse contexto, representa o primeiro elo de ligação, a união de dois fluxos que se encontram para formar uma só corrente. Assim como duas nascentes que convergem para um rio, este Arcano simboliza o ponto onde a individualidade se abre para o reconhecimento do "outro", seja esse outro uma pessoa, uma ideia, um propósito ou mesmo um aspecto oculto de si mesmo. É o início do processo de fusão e cooperação que dissolve as barreiras ilusórias de separação.

Correspondências Esotéricas

- **Planeta / Signo**: Vênus em Câncer (primeiro decanato).
- **Posição no Cubo**: aresta Leste-Abaixo
- **Arcano Maior Zodiacal**: Carro (Arcano 7, Câncer).
- **Arcano Maior Planetário**: Imperatriz (Arcano 3, Vênus).
- **Elemento**: Água.

Dinâmica Psicológica e Espiritual

- **Físico**: vitalidade que floresce em ambientes harmoniosos; necessidade de segurança no corpo e no lar; sensibilidade às energias do espaço circundante.
- **Mental**: pensamento colaborativo e voltado para a cooperação; tendência a buscar apoio e empatia; percepção aguda das afinidades.
- **Emocional**: atração, simpatia e abertura para vínculos profundos; emoções que se expandem no encontro com o outro; sensibilidade amorosa e compassiva.
- **Espiritual**: percepção de que a união é uma lei cósmica; a centelha divina busca sempre o retorno à unidade por meio da relação consciente com o próximo e da fusão dos opostos.

Meditação do 2 de Copas no Cubo do Espaço

Feche os olhos e permita-se mergulhar na calma do seu próprio ritmo de respiração. Inspire profundamente e perceba o frescor da água que se move em você, como se cada inspiração fosse uma onda suave que enche os pulmões de vida, e cada expiração fosse uma maré que retorna ao oceano primordial. Aos poucos, diante de si, revela-se o Cubo do Espaço, a estrutura luminosa que contém todos os caminhos, faces e mistérios da existência. Você se aproxima lentamente do vértice Nordeste abaixo, o ponto em que o 2 de Copas manifesta sua energia e seu poder.

Esse vértice brilha em tons de azul prateado, refletindo a luz suave da Lua, regente deste Arcano. A atmosfera é aquosa e acolhedora, semelhante a um ventre cósmico que protege e nutre. Você percebe estar em contato com a energia de Câncer, signo do lar, da memória, da intimidade e do cuidado. Ao se instalar nesse espaço, reconhece que está numa fronteira: de um lado, o silêncio profundo do subconsciente; de outro, a promessa de conexão e comunhão que começa a emergir na superfície da sua vida.

Diante de você, surgem duas taças cristalinas erguidas por mãos que se estendem uma em direção à outra. Elas não são meros recipientes, pois dentro delas flui uma luz líquida cintilando em matizes de azul, verde e prata. Uma taça representa sua essência consciente, seus sentimentos, suas expectativas e sua busca por união. A outra simboliza o reflexo que o universo lhe oferece, pode ser uma pessoa, uma amizade, um chamado espiritual ou até uma parte esquecida de si. À medida que as taças se aproximam, você sente o magnetismo que as une, como se uma força invisível dissolvesse qualquer distância entre elas.

Nesse instante, uma voz suave se manifesta no espaço:

> *Sou a água que espelha e une, o amor que se divide para se reencontrar.*
> *Não há dois, há um só fluxo que dança em formas diferentes.*
> *Quando olhas para o outro, é a ti mesmo que reconheces.*
> *Bebe dessa comunhão e lembra-te: o reflexo é o templo onde o espírito se multiplica.*

Atrás de você, manifesta-se o Carro (Arcano 7, Câncer), em sua carruagem dourada conduzida por duas esfinges opostas que avançam em harmonia. Ele representa a direção consciente que guia os encontros e as uniões. O Carro lembra que nenhum vínculo nasce por acaso: cada ligação é conduzida por uma inteligência superior que organiza os opostos em um caminho comum. Você sente que esse veículo não é apenas externo, mas que o próprio coração é a carruagem que conduz os vínculos da sua vida.

Sobre o encontro sagrado das taças, surge a figura radiante da Imperatriz (Arcano 3, Vênus). Ela está sentada em um campo de trigo dourado, coroada por estrelas e envolta por uma aura verde-esmeralda. Em suas mãos repousa um cetro, símbolo da criatividade e do poder gerador. Sua presença revela que toda união é fecunda, que cada vínculo produz frutos no plano da vida, seja em forma de amor, sabedoria, compaixão ou criação. Ela ensina que a energia de Vênus é o princípio de beleza e harmonia que permeia os encontros, transformando-os em instrumentos de crescimento.

Respire fundo e veja as duas taças finalmente se tocarem. No instante em que colidem suavemente, uma onda de energia se expande por todo o Cubo. Como círculos concêntricos na superfície da água, essa onda se propaga e alcança vértices, faces e eixos, preenchendo o espaço inteiro com a vibração da comunhão. O movimento lembra que cada encontro humano ecoa na própria estrutura do cosmos.

Sinta essa onda atravessando você. Primeiro, toca seu coração, expandindo-o e preenchendo-o de calor. Depois, percorre sua mente, dissolvendo pensamentos de isolamento e separação. Por fim, desce até o corpo físico, relaxando cada músculo, cada célula, como se você mesmo fosse uma taça transbordando de luz líquida.

Permaneça alguns instantes observando o fluxo contínuo entre as duas taças. Você percebe que, quando uma transborda na outra, nenhuma delas se esvazia. Pelo contrário, ambas permanecem cheias, sempre renovadas. Esse é o mistério da partilha: quanto mais damos, mais recebemos. O amor, a união e a comunhão não diminuem ao serem oferecidos, mas multiplicam-se infinitamente.

O Carro atrás de você começa a mover-se suavemente, guiado por suas esfinges. Ele lembra que cabe a você escolher a direção dessa energia de união, utilizando-a com consciência para criar laços que elevem e fortaleçam. A Imperatriz, com seu sorriso sereno, assegura que qualquer vínculo regado por amor e beleza se tornará fértil e florescerá no tempo certo.

Enquanto respira, deixe que essa energia preencha seu ser. Veja-se unido a todas as pessoas que ama, a todos os seres da Terra, a todos os fragmentos da própria alma. O 2 de Copas no Cubo do Espaço é o selo dessa verdade: não existe separação, apenas reflexos que buscam reencontrar-se.

Quando sentir que chegou o momento, traga a consciência de volta ao corpo físico, mas conserve a imagem das duas taças sempre se tocando, sempre transbordando. Abra os olhos lentamente e leve no coração a bênção do 2 de Copas, a certeza de que toda união é expressão da Unidade Divina que sustenta o cosmos.

3 de Copas

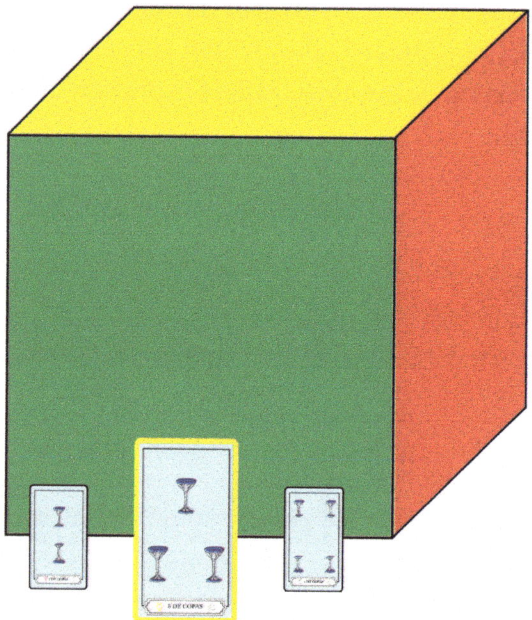

O 3 de Copas é a expansão da energia de Câncer sob a regência de Mercúrio. Situado no segundo decanato de Câncer, este Arcano menor revela o instante em que a inteligência mensageira de Mercúrio encontra a água maternal de Câncer e organiza o afeto em circulação, linguagem e ritmo compartilhado. O naipe de Copas representa a emoção, a memória sensível, a imaginação nutridora e a comunhão; o três, como número de síntese criativa, inaugura o coro: o amor se torna voz, o vínculo se torna rito, a alegria se torna celebração.

No Cubo do Espaço, o 3 de Copas reside na aresta Leste-Abaixo, a mesma via do Carro que conduz a matriz criativa do Leste ao registro vivo do Abaixo. Nessa linha, Mercúrio imprime forma simbólica às águas cancerianas: traduz impressões em signos, sentimentos em gestos, cuidados em acordos, nutrindo a capacidade de expressar, ouvir, responder e partilhar. O 3 de Copas é a liturgia do encontro: corações em ressonância que geram um campo comum, onde cada voz encontra lugar e a alegria se torna força coesiva para a obra da vida.

A carta descreve o momento em que o afeto, antes binário (2), se abre para um terceiro termo: a comunidade. O vínculo cria ambiente, o ambiente cria cultura, a cultura cria memória. O 3 de Copas organiza essa corrente por meio da inteligência comunicativa de Mercúrio, para que a ternura canceriana circule sem se perder, e para que o cuidado encontre linguagem, tempo e ritual.

Correspondências Esotéricas

- **Planeta / Signo**: Mercúrio em Câncer (segundo decanato).
- **Posição no Cubo**: aresta Leste-Abaixo (via do Carro).
- **Arcano Maior Zodiacal**: Carro (Câncer).
- **Arcano Maior Planetário**: Mago (Mercúrio).
- **Elemento**: Água.

Dinâmica Psicológica e Espiritual

- **Físico**: bem-estar que floresce no convívio; vitalidade que se eleva em encontros, músicas, refeições partilhadas, danças e ritos de passagem.
- **Mental**: pensamento associativo e acolhedor; comunicação afetiva; inteligência que dá voz às necessidades, organiza acordos e facilita cooperação.
- **Emocional**: alegria que nasce do reconhecimento mútuo; amizade, fraternidade, celebração; confiança em abrir o coração dentro de um campo seguro.
- **Espiritual**: a comunhão como sacramento; a alegria como virtude; o círculo humano como templo onde o amor se torna linguagem e a linguagem se torna bênção.

Meditação do 3 de Copas no Cubo do Espaço

Feche os olhos e permita que a respiração assuma um ritmo amplo e manso, como maré que vai e volta. Diante de você, o Cubo do Espaço revela sua arquitetura de luz. Você caminha até a aresta Leste-Abaixo, um corredor líquido em que a claridade do Leste desce para o fundo fértil do Abaixo. O ar tem o frescor da água de fonte, e tudo vibra em tons de pérola, azul-lunar e verde-marinho. O Carro sustenta essa via como estrada navegável, e a inteligência sutil de Mercúrio começa a cintilar ao seu redor como signos vivos.

Três taças surgem ao centro, formando um triângulo perfeito. Cada cálice está cheio de luz líquida, como vinho translúcido que reflete constelações. Um murmúrio de vozes felizes atravessa o espaço, ecoando saudações antigas e promessas de boa ventura. Toques de sinos finíssimos soam quando as taças se aproximam umas das outras, e cada contato abre uma espiral de imagens: mãos que se oferecem, olhares que se reconhecem, passos que encontram compasso comum.

Atrás de você, o Carro se aproxima com suavidade. A carruagem flutua como um barco sobre a própria aresta, conduzida por duas forças harmônicas que mantêm o curso estável. O Carro coloca eixo no seu peito e alinha seus ombros. Você sente uma coluna de direção interior que dá rumo à alegria, continente à emoção, travessia ao encontro. Nada se dispersa, tudo se encontra em movimento que avança.

À frente, manifesta-se o Mago. Ele ergue a vara à altura do firmamento e, com a outra mão, aponta para o plano das águas. Sílabas luminosas brotam do ar, alfabetos de espuma escrevem no espelho líquido, selos translúcidos pousam sobre cada taça. O Mago orquestra o que se sente e o que se quer dizer, oferece nomes às marés do coração, tece pontes entre a vibração e a palavra.

Nesse instante, uma voz clara ecoa através das águas:

Tudo o que é dito nasce do silêncio e retorna a ele.
Toda alegria pronunciada torna-se rito, toda emoção nomeada torna-se caminho.
Entre a taça e o verbo corre o rio do entendimento.
Bebe da palavra que une, fala com o coração que ouve.
A comunhão é linguagem antes de ser gesto.

A cada gesto do Mago, delicados filamentos de mercúrio etéreo ligam os três cálices, para que a alegria encontre linguagem, ritmo e acordo.

Permaneça observando o triângulo de taças. A primeira canta o timbre do cuidado; a segunda, o timbre da confiança; a terceira, o timbre da gratidão. Quando as três ressoam juntas, um acorde límpido se espalha pela aresta Leste-Abaixo, descendo e subindo como corrente alternada. O Carro mantém o compasso, o Mago organiza a partitura. O que antes era emoção difusa encontra forma, gesto, rito: um brinde, um abraço, uma canção capaz de reunir corações dispersos.

A cada inspiração, sinta círculos de comunhão se abrindo ao redor. Pessoas queridas aproximam-se com serenidade; outras, distantes, acenam desde a memória; outras ainda, por nascer, já respondem à vibração do seu chamado. O Carro amplia o raio de alcance do cuidado, onde houver um coração em busca de abrigo a estrada está traçada. O Mago amplia a clareza do dizer, onde houver impulso de cooperação a palavra justa nasce para selar o acordo.

Aproxime as mãos do triângulo de cálices e, com reverência, toque a aresta de cada taça. A luz líquida se derrama no centro, formando um pequeno lago circular. Sobre a superfície, o Mago desenha símbolos vivos de amizade e aliança; por baixo, o Carro ancora o rumo: celebração que sustenta, convívio que fortalece, alegria que nutre a jornada. Observe como flores d'água despontam em volta, o campo humano transformado em jardim ritual em que a presença é oferenda e a escuta é bênção.

Deixe que uma gota dessa luz toque o ponto entre as sobrancelhas. Sinta o pensamento tornar-se hospitaleiro. Outra gota pousa na garganta e abre palavras simples e verdadeiras. Uma terceira desce ao coração e acende calor estável. O Carro fixa o rumo da sua alegria, o Mago oferece os meios para partilhá-la. A celebração torna-se arte de viver: planejar encontros, marcar tempos, criar gestos, cuidar do espaço, honrar a presença, agradecer o alimento, cantar o que é bom.

Permaneça mais um pouco. Veja as três taças tocando-se de leve, som claro, memória indelével. A aresta Leste-Abaixo, iluminada, grava em você a ciência do convívio: alegria com direção, afeto com linguagem, comunhão com rito. O Carro sustenta o caminho, o Mago assegura a inteligência do gesto. Quando concluir, aproxime o rosto da água luminosa e receba, no silêncio, a bênção do 3 de Copas.

Que a sua alegria faça laços, que os seus laços criem cultura de cuidado, que o seu cuidado gere memória de luz.

Abra os olhos levando consigo este selo. Onde houver três copas haverá coro; onde houver coro haverá caminho; onde houver caminho haverá palavra que guarda e multiplica a vida.

4 de Copas

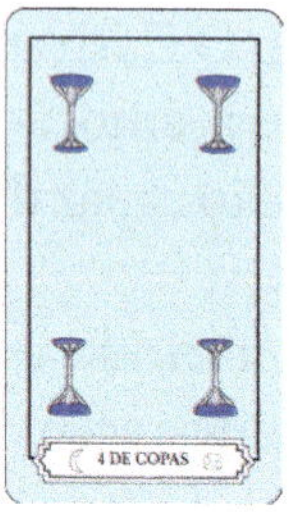

O 4 de Copas é a maturação da energia de Câncer sob a regência da Lua. Localizado no terceiro decanato de Câncer, este Arcano menor expressa o instante em que a água lunar, receptiva e cíclica, encontra sua plena manifestação no naipe de Copas, símbolo da emoção, da memória afetiva e da comunhão espiritual. O número quatro é o da estrutura e estabilidade, e quando aplicado ao naipe das águas, revela tanto a segurança que advém de vínculos sólidos quanto o risco da estagnação quando a corrente natural das emoções é contida.

No Cubo do Espaço, o 4 de Copas está situado na aresta Leste-Abaixo, linha sagrada do Carro (Câncer), que conduz a energia criativa do Leste para o vasto campo do subconsciente (Abaixo). Nesse ponto, a Luz da Lua impregna as águas internas com imagens, memórias e recordações ancestrais, criando um espaço de recolhimento profundo. É um lugar de proteção e de interioridade, mas também de confronto com a tendência de se fechar dentro das próprias marés emocionais.

O 4 de Copas, portanto, representa a experiência da interiorização: quando o coração, já nutrido por vínculos (2 de Copas) e pela partilha comunitária (3 de Copas), volta-se para dentro de si para refletir, assimilar e discernir. É o cálice que permanece imóvel, não por recusa, mas por contemplação. A Lua amplifica o inconsciente, o Carro oferece direção, e juntos apontam para a necessidade de transformar introspecção em consciência, e memória em sabedoria afetiva.

Correspondências Esotéricas

- **Planeta / Signo**: Lua em Câncer (terceiro decanato).
- **Posição no Cubo**: Aresta Leste-Abaixo (via do Carro).
- **Arcano Maior Zodiacal**: Carro (Câncer).
- **Arcano Maior Planetário**: Sacerdotisa (Lua).
- **Elemento**: Água.

Dinâmica Psicológica e Espiritual

- **Físico**: necessidade de repouso, recolhimento e ambientes que nutram o corpo em silêncio e calma; risco de apatia se a energia não for renovada.
- **Mental**: reflexão profunda, imaginação fértil, mas tendência ao excesso de introspecção; habilidade de acessar memórias e padrões antigos.
- **Emocional**: busca por segurança e estabilidade nas relações; risco de sentir tédio ou insatisfação quando se perde a fluidez do sentir.
- **Espiritual**: oportunidade de mergulhar no subconsciente e ouvir a voz da Sacerdotisa; momento de descobrir que o contentamento verdadeiro está dentro e não fora.

Meditação do 4 de Copas no Cubo do Espaço

Feche os olhos e respire lentamente, como quem acompanha o movimento constante das marés. Diante de você, surge o Cubo do Espaço, luminoso e silencioso. Caminhe até a aresta Leste-Abaixo, onde a energia criativa do Leste desce como um rio em direção ao mistério do Abaixo. Aqui, a presença de Câncer envolve o espaço como um casulo de luz aquosa. O Carro está ancorado ao seu lado, firme, protegido, mas pronto a mover-se quando a direção interior for encontrada.

À sua frente aparecem quatro taças. Três repousam no chão do Cubo, alinhadas, cheias de um vinho perolado que reflete a claridade lunar. A quarta, suspensa, paira à sua frente, como se fosse oferecida por uma mão invisível. Você percebe que não é uma taça comum. Sua superfície é translúcida como cristal, cheia de água que reluz como um espelho líquido em que se movem imagens do seu próprio inconsciente.

A Lua, como Sacerdotisa, manifesta-se acima da cena. Vestida de branco e azul, ela sustenta um pergaminho e olha para você em silêncio. Seu olhar não julga, mas ilumina. Você compreende que ela guarda os registros de sua alma, e que o cálice suspenso diante de você contém justamente aquilo que precisa ser revelado neste momento: memórias, emoções, vínculos, feridas e curas.

Atrás de você, o Carro vibra com força estável. Ele lembra que contemplar a taça não basta. É preciso escolher mover-se, levar o conteúdo do subconsciente à consciência e integrá-lo à jornada. Ele é a carruagem que transforma introspecção em direção e silêncio em caminho.

Aproxime-se da taça suspensa. Ao olhar dentro dela, você vê cenas da sua vida: encontros que marcaram seu coração, palavras que moldaram sua sensibilidade, perdas que o fizeram recolher-se, alegrias que ainda ressoam em ondas suaves. Algumas imagens trazem conforto, outras despertam desconforto, mas todas pertencem à mesma corrente.

Enquanto contempla, perceba que as três taças no chão representam o que já foi vivido e assimilado. A taça suspensa, porém, é um convite da Sacerdotisa, um chamado para beber da água do inconsciente. É a oportunidade de permitir que a memória oculta venha à tona, que emoções represadas se transformem em consciência clara.

Segure o cálice suspenso com ambas as mãos. Inspire profundamente e leve-o aos lábios. Ao beber, a água-espelho se dissolve em sua garganta e desce até o coração, preenchendo cada célula do corpo com uma sensação de luz líquida. O Carro imediatamente começa a se mover, como se tivesse recebido o comando. Ele não avança em velocidade, mas em profundidade. Cada passo abre um caminho seguro dentro do seu próprio interior.

Nesse instante, uma voz suave ecoa no espaço, vinda da Sacerdotisa:

Nada do que foi sentido se perde.
Toda emoção guardada é semente à espera de luz.
Bebe, e o que era sombra se tornará direção.
Bebe, e o que era dor se tornará lembrança luminosa.
A água que desce ao teu coração é o rio que te conduzirá
de volta à tua casa interior.

A Sacerdotisa sorri em silêncio. Ela lhe transmite, sem palavras, que a verdadeira segurança não está em evitar emoções nem em fixar-se em memórias, mas em compreender o fluxo contínuo da vida interior. A cada inspiração, a luz da Lua banha você por dentro, dissolvendo tensões e lembrando que nada se perde. Cada experiência está guardada e disponível, como páginas do pergaminho sagrado que ela carrega.

Agora visualize as quatro taças formando um quadrado luminoso. Esse quadrado se expande até se tornar um campo de estabilidade ao seu redor. Você sente a energia de proteção de Câncer: a casa interior, a concha que acolhe, o lar do coração. Dentro dessa estrutura, a mente se aquieta e o coração encontra paz. Mas recorde-se: a paz aqui não significa estagnação, mas o repouso necessário antes do próximo movimento.

Permaneça nesse estado, respirando. Sinta que o 4 de Copas não convida à fuga, mas à interiorização criativa. É o momento em que o coração, já nutrido pela comunhão, volta-se para dentro a fim de alinhar-se com a direção da alma. O Carro o guiará quando a hora de seguir adiante chegar, e a Sacerdotisa continuará a guardar o livro do seu destino, pronto para ser lido sempre que você ousar olhar para dentro.

Quando sentir que é o momento, agradeça à Lua e ao Carro. Veja as quatro taças dissolvendo-se em luz e absorva essa energia no centro do peito. Inspire fundo e retorne ao corpo físico, trazendo consigo a bênção do 4 de Copas: a certeza de que dentro de você existe uma fonte inesgotável de memória, proteção e sabedoria.

Abra os olhos lentamente, carregando a paz silenciosa da Sacerdotisa e a direção firme do Carro.

5 de Copas

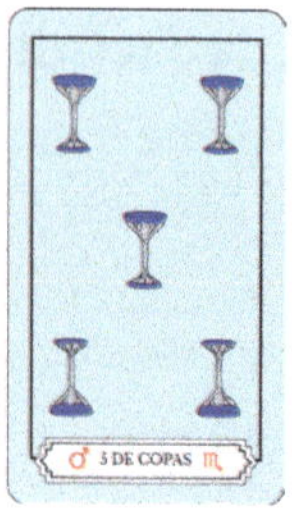

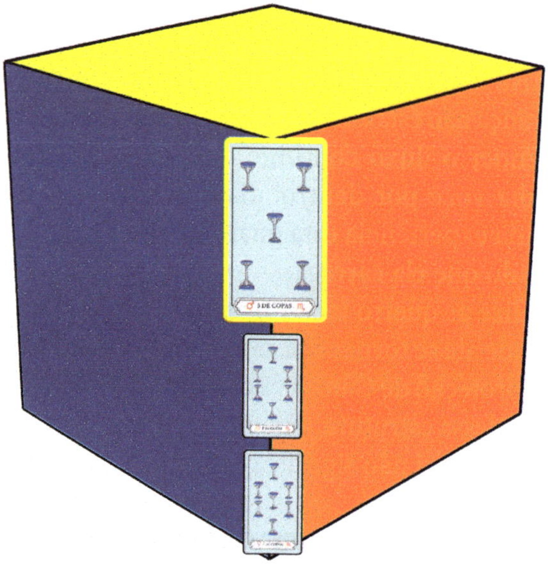

O 5 de Copas é a expressão inicial da energia de Escorpião sob a regência de Marte. Situado no primeiro decanato de Escorpião, este Arcano menor representa o ponto em que o poder transformador do signo, voltado às profundezas do inconsciente, é ativado pelo planeta da guerra, da ação e da destruição das formas cristalizadas. O número cinco marca sempre a tensão, o desafio e a ruptura com a estabilidade do quatro. Aqui, ele manifesta o processo doloroso, mas necessário, de desapego, perda e transcendência emocional.

No Cubo do Espaço, o 5 de Copas encontra-se na aresta Sudoeste, linha da Morte (Arcano 13, Escorpião). Esta posição conecta a face Sul (Sol) à face Oeste (Roda da Fortuna), unindo a consciência da maior luz ao movimento incessante do destino. É um ponto de profunda transição, em que aquilo que parecia sólido e vital se dissolve para dar lugar a uma nova ordem. Na linguagem alquímica, é a *nigredo*, a fase negra da obra que representa a morte aparente da matéria para que uma nova substância, mais refinada, surja.

Assim, o 5 de Copas é a experiência da perda transformadora. Representa o momento em que vínculos, situações ou emoções que já cumpriram sua função precisam morrer para que o espírito avance. Marte, como força planetária, intensifica o choque, o abalo e a sensação de ruptura, simbolizada pela Torre (Arcano 16). Mas é por meio dessa destruição que a vida se renova, como Escorpião ensina: a queda é apenas o prelúdio do renascimento.

Correspondências Esotéricas

- **Planeta / Signo**: Marte em Escorpião (primeiro decanato).
- **Posição no Cubo**: aresta Sudoeste (via da Morte).
- **Arcano Maior Zodiacal**: Morte (Escorpião).
- **Arcano Maior Planetário**: Torre (Marte).
- **Elemento**: Água.

Dinâmica Psicológica e Espiritual

- **Físico**: sensação de perda de vitalidade; corpo pedindo purificação e libertação de excessos.
- **Mental**: percepção clara do que não pode mais continuar; processo de desapego mental; dissolução de ilusões.
- **Emocional**: luto, tristeza, mas também abertura para regeneração; reconhecimento de que toda perda contém a semente de algo novo.
- **Espiritual**: o chamado da morte iniciática; atravessar a dor como portal; aceitação do ciclo de destruição e renovação.

Meditação do 5 de Copas no Cubo do Espaço

Feche os olhos e inspire lentamente, como quem se prepara para atravessar uma noite profunda. Diante de você, surge o Cubo do Espaço, vasto e silencioso, envolto em uma penumbra espessa, como se o próprio ar fosse feito de sombra líquida. Caminhe até a aresta Sudoeste, onde a energia do Sol encontra o movimento incessante da Fortuna, e onde a via de Escorpião se abre como portal de transformação.

Ao chegar, você encontra cinco taças diante de si. Três estão tombadas no chão, derramando seu conteúdo em um rio escuro que corre em direção ao Oeste. O líquido derramado parece sangue e água misturados, reflexo da intensidade escorpiana. Duas taças, porém, permanecem de pé, brilhando em silêncio. Ainda assim, seu olhar é atraído para as que caíram, e uma sensação de perda aperta o peito, como se cada taça derrubada fosse um pedaço da própria história.

De repente, a figura da Morte se manifesta diante de você. Não como inimiga, mas como guardiã do ciclo eterno. Ela monta um cavalo pálido que avança lentamente e segura uma bandeira negra com a flor branca de cinco pétalas, símbolo da vida que renasce após a dissolução. Sua presença não traz terror, mas certeza. Ela aponta para as taças caídas, lembrando que o que se perdeu já cumprira sua função.

Ao mesmo tempo, a energia da Torre (Marte) irrompe atrás de você como trovão. O som de pedras caindo ecoa, como se estruturas internas se desmoronassem. É o choque repentino, a queda daquilo que parecia seguro, a revelação de que a fortaleza do ego não pode conter o fluxo da vida. A luz da Torre rasga as sombras e obriga você a encarar a verdade nua e crua. A perda é real, a dor é inevitável, mas a destruição abre espaço para a transformação.

Respire profundamente e volte-se para as duas taças ainda de pé. Elas não foram derramadas porque guardam o essencial, aquilo que permanece mesmo após a morte e a queda. Ao fixar o olhar nelas, você percebe um brilho azul-prateado, reflexo da Lua que ilumina o fundo da cena. Essas duas taças representam a promessa de continuidade, o fio da vida que nunca se rompe, a esperança que atravessa até mesmo os vales mais sombrios.

Aproxime-se delas. Ao tocar uma das taças, você sente o frescor da água viva percorrendo o corpo e dissolvendo antigas mágoas. Ao tocar a outra, percebe uma chama discreta acendendo-se no coração, pequena, mas real, prenúncio de um recomeço. Nesse instante, a figura da Morte ergue sua bandeira e transforma as três taças caídas em pó que retorna à terra. A Torre, por sua vez, deixa de ruir e se ergue novamente, mas não como antes: agora é uma estrutura aberta, sem paredes rígidas, permitindo que a luz do céu flua livremente.

Nesse ponto, a Morte fala em voz profunda e compassiva, sua voz ecoando como um sopro entre os mundos:

Não chores o que o tempo levou.
Tudo o que cai, volta à substância da vida.
O vinho derramado é oferenda ao solo, e do solo nascerá nova seiva.
Bebe daquilo que resta e verás que nada te foi tirado, apenas transformado.
Aqueles que amaste vivem em ti; os sonhos que morreram guardam-te a passagem.

Segue, pois, com o coração limpo: eu não tomo, eu devolvo.

Permaneça alguns instantes sentindo a energia de Escorpião percorrer todo o Cubo. As sombras dão lugar a uma penumbra mais suave, e instala-se um silêncio profundo, não como vazio, mas como matriz. Você compreende que o 5 de Copas não fala apenas de perda, mas também de renascimento. A morte e a destruição, guiadas por Escorpião e Marte, não são castigos, mas portais.

Inspire fundo e permita que o Cubo inteiro se ilumine com uma chama azul-escura que vibra no centro do peito. Essa chama é a lembrança de que toda perda guarda a semente de algo maior, e que as águas derramadas não se perdem, mas se tornam parte do rio eterno que sustenta a vida.

Quando sentir que é o momento, agradeça à Morte pela clareza e à Torre pela força de ruptura. Leve consigo a imagem das duas taças que permanecem erguidas, lembrando que mesmo nos momentos de maior escuridão sempre existe algo que resiste, que permanece e que pode florescer novamente.

Abra os olhos lentamente, trazendo ao presente a bênção do 5 de Copas, a sabedoria de aceitar a perda como portal e de reconhecer na destruição a semente da renovação.

6 de Copas

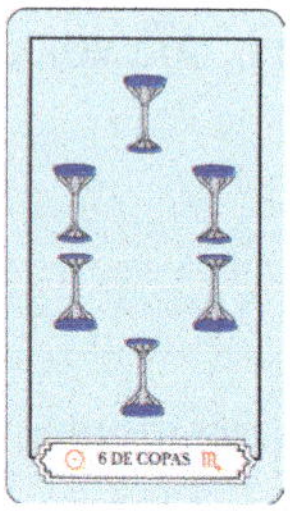

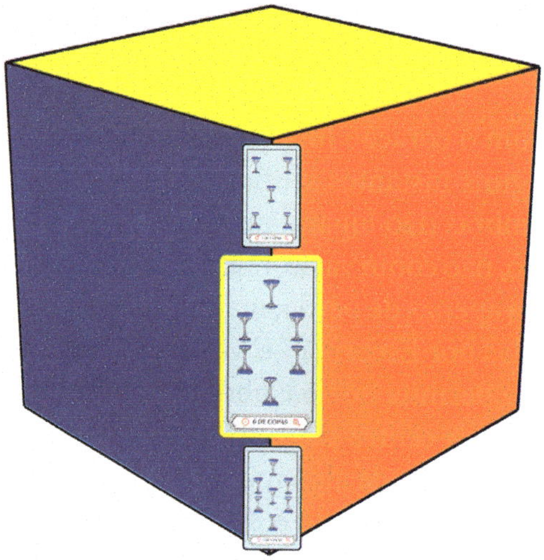

O 6 de Copas é a expressão do Sol em Escorpião, localizado no segundo decanato de Escorpião. Aqui, o Arcano menor manifesta uma energia paradoxal: de um lado, a intensidade transformadora de Escorpião, signo de profundezas, desapego e regeneração; de outro, a força vital e luminosa do Sol, astro da clareza, da vida e da consciência. Essa combinação cria uma atmosfera de lembranças, reconciliação com o passado e regeneração pela memória afetiva, em que a luz solar ilumina os abismos escorpianos e revela a possibilidade de transformar dor em doçura, perda em aprendizado, e passado em semente de futuro.

O número seis representa harmonia, equilíbrio e integração. No contexto das Copas, traz a ideia de afeto puro, reencontros e inocência espiritual. Mas em Escorpião, essa pureza nunca é ingênua, ela nasce da travessia pela sombra. O Sol em Escorpião sugere que a verdadeira alegria não vem da negação da dor, mas da capacidade de olhar para o que foi perdido e transmutá-lo em sabedoria.

No Cubo do Espaço, o 6 de Copas encontra-se também na aresta Sudoeste, linha da Morte (Arcano 13, Escorpião). Essa via conecta a face Sul (Sol) à face Oeste (Roda da Fortuna), unindo a maior luz ao fluxo incessante do destino. É o ponto onde os ciclos de perda e transformação, tão característicos de Escorpião, encontram a clareza iluminadora do Sol. Assim, o 6 de Copas marca o momento em que a lembrança se torna cura, e em que a sombra deixa de ser prisão para se tornar mestra.

O Arcano mostra que é possível revisitar o passado sem apego, enxergando nele além do luto ou a dor, a beleza e a inocência que ainda permanecem. Por isso, ele é associado a memórias felizes, encontros com figuras importantes da jornada da alma e momentos de simplicidade e ternura que curam as feridas da experiência.

Correspondências Esotéricas

- **Planeta / Signo**: Sol em Escorpião (segundo decanato).
- **Posição no Cubo**: aresta Sudoeste (via da Morte).
- **Arcano Maior Zodiacal**: Morte (Escorpião).
- **Arcano Maior Planetário**: Sol (Sol).
- **Elemento**: Água.

Dinâmica Psicológica e Espiritual

- **Físico**: vitalidade que se renova após fases de purificação e desapego; corpo que encontra alegria nos gestos simples.
- **Mental**: lembranças que trazem clareza; reconhecimento dos padrões emocionais herdados; aprendizado profundo com experiências passadas.
- **Emocional**: ternura, inocência e reconciliação com a criança interior; alegria suave que nasce da cura de velhas feridas.
- **Espiritual**: consciência de que o passado não é prisão, mas campo fértil de transformação; capacidade de enxergar a luz mesmo nos ciclos de morte e renascimento.

Meditação do 6 de Copas do Cubo no Espaço

Feche os olhos e respire profundamente. Diante de você, o Cubo do Espaço surge mais uma vez, mas agora sua atmosfera não é sombria como no 5 de Copas. Ainda na aresta Sudoeste, o portal de Escorpião se abre, e em vez de silêncio pesado, há um brilho suave que ilumina o ambiente. É o Sol que derrama sua luz dourada nas profundezas escorpianas, revelando que até mesmo na morte existe beleza, e que no fim também há doçura.

Você caminha lentamente até o ponto do Cubo onde o 6 de Copas pulsa. À sua frente, vê um jardim secreto, cercado pelas paredes luminosas do Cubo. No centro, há seis taças alinhadas em pares, e em cada uma delas floresce uma pequena flor branca, fresca e delicada. A cena evoca a pureza da infância: simples, clara e inocente. No entanto, você sabe que só está diante dela porque atravessou antes os vales escuros da perda. O jardim não nasceu sem morte; cada flor se alimentou da decomposição de antigas formas.

De repente, você sente a presença da Morte (Arcano 13) atrás de si. Sua figura ergue novamente a bandeira negra, mas desta vez, não para anunciar a queda, e sim para revelar a continuidade. Ela aponta para o jardim, mostrando que as flores que brotam nas taças são fruto de experiências antigas que se transformaram em algo vivo. Nada foi perdido, apenas transmutado.

Olhando para o alto, você vê o Sol (Arcano 19) irradiando sua luz diretamente sobre as taças. Ele brilha com intensidade, mas sua claridade é acolhedora, quente e serena, como a lembrança de um abraço amado. Você percebe que o Sol aqui não é apenas um astro, mas o símbolo da consciência iluminada, capaz de olhar para trás sem temor, capaz de ver no passado não correntes, mas raízes que sustentam o presente.

Respire fundo e permita que essa cena se imprima em seu coração. Veja-se caminhando até uma das taças. Dentro dela, em vez de flor, encontra uma memória: talvez da infância, talvez de um momento de ternura, de uma amizade antiga ou de um amor que tocou sua alma. Ao olhar para essa lembrança, perceba que não há dor, apenas gratidão. A Morte, ao seu lado, confirma em silêncio que essa lembrança não precisa ser abandonada, mas reconhecida como parte da sua eternidade. O Sol, acima, intensifica a luz sobre a taça, e você sente que essa memória se torna alimento de vitalidade, força para seguir adiante.

Agora, caminhe até as outras taças. Cada uma guarda uma imagem: pessoas queridas, momentos de simplicidade, gestos de bondade recebida ou oferecida. Você observa tudo com serenidade. O 6 de Copas mostra que não se trata de apego, mas de gratidão. Não se trata de prisão, mas de celebração.

Nesse instante, o Sol e a Morte unem suas vozes em uma só fala, clara e profunda, que vibra em todas as direções do Cubo:

O que foste não se perdeu, transformou-se.
O que partiu não te deixou, enraizou-se.
O amor não é lembrança, é presença que muda de forma.
Bebe do cálice do passado e reconhecerás a fonte que jamais seca.
A inocência retorna quando a dor se torna sabedoria, e a memória, quando é luz, te conduz de volta ao coração do mundo.

A energia de Escorpião envolve você em silêncio profundo, enquanto o Sol aquece com clareza luminosa. Juntos, revelam que o passado pode se tornar prisão ou templo. A escolha é sua. Hoje, ao meditar no 6 de Copas, você decide transformá-lo em templo.

Permaneça alguns instantes nesse jardim secreto, sentindo que cada flor nas taças representa uma memória viva que ainda pulsa em você. Respire fundo e permita que o Sol expanda sua luz, dissolvendo qualquer sombra de dor que ainda restava. A Morte sorri em silêncio, e você compreende que a verdadeira inocência não é ausência de dor, mas a sabedoria de transmutá-la em pureza.

Quando sentir que é o momento, agradeça ao Sol e à Morte. Traga consigo a lembrança das seis taças floridas, sabendo que dentro de si existe uma fonte inesgotável de vitalidade, pronta para renascer a cada ciclo.

Abra os olhos lentamente, carregando a bênção do 6 de Copas: a luz que ilumina a memória e transforma o passado em jardim de sabedoria.

7 de Copas

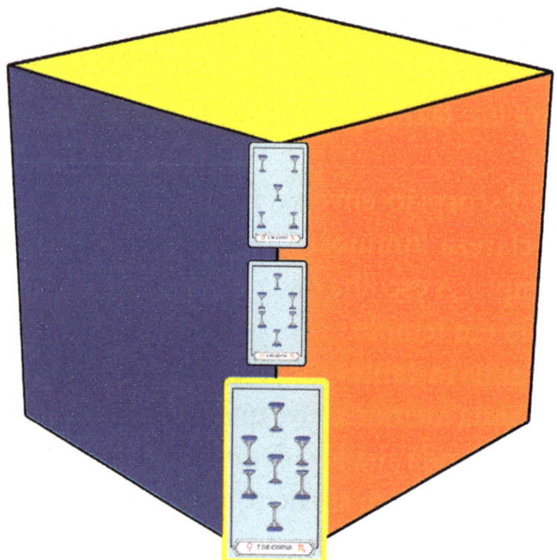

O 7 de Copas corresponde a Vênus em Escorpião, localizado no terceiro decanato de Escorpião. Este Arcano menor manifesta uma tensão singular. De um lado, a força sensual, harmonizadora e unificadora de Vênus; de outro, a intensidade abissal, transformadora e às vezes destrutiva de Escorpião. Essa combinação gera um campo de escolhas emocionais, desejos profundos e ilusões tentadoras, onde a alma precisa discernir o que é verdadeiro amor e regeneração do que é mera fantasia ou apego passageiro.

O número sete, associado à vitória espiritual e às provas interiores, aqui assume o desafio de atravessar as águas turvas das emoções para alcançar a clareza. O 7 de Copas apresenta ao buscador a multiplicidade de imagens, sonhos e desejos que se erguem do inconsciente, pedindo para serem escolhidos, testados e transmutados. Ele é o arquétipo da tentação das ilusões, mas também da riqueza do imaginário e do poder criativo que brota quando a alma aprende a distinguir o real do ilusório.

No Cubo do Espaço, essa carta se ancora também na aresta Sudoeste, domínio de Escorpião (Morte, Arcano 13). Essa linha conecta a face Sul (Sol, consciência plena) à face Oeste (Roda da Fortuna, o fluxo cíclico do destino). No ponto do 7 de Copas, a influência venusiana colore essa travessia com imagens, encantos e possibilidades múltiplas. Aqui, a alma é confrontada com o poder criador do desejo e a necessidade de transmutar fantasias em caminhos reais. O risco é o afogamento na miragem; a oportunidade, a escolha consciente que leva ao renascimento.

Assim, o 7 de Copas representa o campo das possibilidades emocionais. Ele mostra que nem tudo o que se apresenta ao coração é verdadeiro, mas também que cada imagem é um reflexo de algo interno que pede reconhecimento. Seu simbolismo é o convite a atravessar as águas da ilusão e da sedução para chegar à clareza do amor verdadeiro, aquele que nasce da integração entre a profundidade escorpiana e a harmonia venusiana.

Correspondências Esotéricas

- **Planeta / Signo**: Vênus em Escorpião (terceiro decanato).
- **Posição no Cubo**: aresta Sudoeste (via da Morte).
- **Arcano Maior Zodiacal**: Morte (Escorpião).
- **Arcano Maior Planetário**: Imperatriz (Vênus).
- **Elemento**: Água.

Dinâmica Psicológica e Espiritual

- **Físico**: atração magnética, vitalidade que oscila entre prazer e exaustão; necessidade de depurar excessos.
- **Mental**: imaginação fértil, mas sujeita a confusões e miragens; necessidade de disciplina para organizar ideias.
- **Emocional**: sedução, desejo, ilusão e tentação; escolhas afetivas que testam a maturidade da alma.
- **Espiritual**: prova iniciática de discernimento — reconhecer o que é verdadeiro, transmutar o ilusório e integrar a beleza como força regeneradora.

Meditação do 7 de Copas do Cubo no Espaço

Feche os olhos e permita que sua respiração o conduza suavemente para dentro. O Cubo do Espaço se ergue diante de você, e novamente você é atraído para a aresta Sudoeste, onde Escorpião guarda seus segredos. Mas agora, em vez do jardim do 6 de Copas, surge outra cena: há uma escuridão profunda, e dentro dela brilham sete taças suspensas no ar, cada uma contendo uma visão, uma promessa, uma imagem fascinante.

A Morte (Arcano 13) se aproxima em silêncio com sua presença austera, lembrando que tudo o que não for essencial se desfará. Atrás dela, as águas do inconsciente escorpiano começam a se agitar, trazendo à tona símbolos e formas. Em cada taça você vê algo distinto: uma coroa, um castelo, uma serpente, uma joia, um dragão, uma figura velada e, por fim, uma estrela dourada. Todas parecem sedutoras, mas você percebe que nem todas são caminhos verdadeiros. Algumas são ilusões, miragens do desejo.

Nesse instante, a Imperatriz (Arcano 3, Vênus) manifesta-se com aura radiante. Ela veste trajes verdes e dourados, trazendo flores em suas mãos. Sua presença envolve as taças e revela que sua função não é eliminá-las, mas mostrar como integrá-las, como escolher entre elas com discernimento e amor. A Imperatriz ensina que o desejo é força criadora, mas precisa de direção para tornar-se vida.

Você respira fundo e observa cada taça com calma. Ao olhar para a serpente, sente o chamado do poder. Ao olhar para o castelo, percebe a tentação da segurança. Ao olhar para a joia, sente a atração da riqueza. Cada visão desperta algo dentro de você. Então, a luz da Imperatriz envolve as taças, e sua voz ecoa em seu coração:

Escolhe não com os olhos da ilusão, mas com a visão da alma.
Só o que alimenta a vida merece teu compromisso.

Aproxime-se lentamente e toque a taça que contém a estrela dourada. No mesmo instante, todas as outras imagens se dissolvem como fumaça, restando apenas essa estrela que brilha intensamente, iluminando o espaço ao redor.

A Morte sorri em silêncio, confirmando que a escolha foi feita: o que não era essencial caiu, o que era miragem desapareceu. O que resta é a centelha verdadeira do seu ser.

A Imperatriz coloca uma das mãos sobre seu coração, e você sente a energia de Vênus preenchendo-o com beleza, harmonia e amor criador. A estrela da taça se funde com o seu peito e torna-se chama interna. Você compreende que o 7 de Copas não pede rejeição das imagens, mas discernimento para reconhecer o que é essencial e transformar o desejo em criação verdadeira.

Respire profundamente e sinta a integração dessas duas forças: a Morte, que corta as ilusões, e a Imperatriz, que cultiva a beleza. Escorpião revela a profundidade, Vênus traz a doçura, e juntos eles mostram que a alma floresce quando aprende a atravessar as águas turvas do desejo e colher a pérola oculta no fundo.

Quando sentir que é o momento, agradeça à Morte e à Imperatriz. Veja as taças dissolvendo-se no ar até que reste apenas a estrela em seu coração. Leve consigo a certeza de que a clareza do amor verdadeiro nasce quando as miragens se desfazem, e que cada escolha consciente é um renascimento.

Abra os olhos lentamente, trazendo para o mundo a bênção do 7 de Copas que de discernir entre ilusões e verdades, transformando desejo em criação e sombra em beleza.

8 de Copas

O 8 de Copas corresponde a Saturno em Peixes, localizado no primeiro decanato de Peixes. Aqui encontramos a conjunção entre a disciplina, a limitação e o senso de estrutura de Saturno, e a sensibilidade, imaginação e dissolução de fronteiras próprias do signo de Peixes. Esse encontro gera um campo de lições duras, mas necessárias, no que diz respeito ao mundo emocional: o abandono do que já não nutre, a despedida de padrões, vínculos ou ilusões, e o chamado para buscar algo mais elevado, ainda que o coração sinta o peso da renúncia.

O número oito, em seu simbolismo, evoca equilíbrio, justiça e ciclos de transformação contínua. No naipe de Copas, essa energia se traduz como a prova de amadurecimento emocional: a coragem de deixar para trás as águas estagnadas e buscar novas fontes de vida. O 8 de Copas é o Arcano do desapego emocional consciente, o reconhecimento de que, para avançar, é necessário soltar o que se tornou ilusão ou prisão.

No Cubo do Espaço, ele se ancora na aresta Sul-Abaixo, domínio de Peixes (Lua, Arcano 18). Essa linha conecta a face Sul (Sol, plenitude de consciência) à face Abaixo (A Sacerdotisa, o inconsciente profundo). Aqui, o buscador enfrenta o mistério das águas mais profundas do ser, onde Saturno impõe limites e exige estrutura, forçando a alma a discernir entre sonho e realidade. É o ponto onde a imaginação infinita de Peixes se encontra com a seriedade de Saturno, gerando tanto o risco da fuga quanto a oportunidade da elevação espiritual pela renúncia.

O 8 de Copas, assim, é um símbolo de transição e prova: a despedida de uma etapa para entrar em outra, a noite da alma que prepara o amanhecer, a dor da separação que abre espaço para a liberdade espiritual.

Correspondências Esotéricas

- **Planeta / Signo**: Saturno em Peixes (primeiro decanato).
- **Posição no Cubo**: aresta Sul-Abaixo.
- **Arcano Maior Zodiacal**: Lua (Peixes).
- **Arcano Maior Planetário**: Mundo (Saturno).
- **Elemento**: Água.

Dinâmica Psicológica e Espiritual

- **Físico**: sensação de cansaço ou necessidade de recolhimento; busca por ambientes de paz e silêncio.
- **Mental**: clareza progressiva que nasce após a renúncia; percepção de padrões repetitivos que precisam ser rompidos.
- **Emocional**: tristeza pelo que se abandona, mas também esperança no que virá; força para desapegar-se de ilusões.
- **Espiritual**: entrega aos ciclos maiores da vida; experiência do limite como portal para o infinito; despertar da fé.

Meditação do 8 de Copas do Cubo no Espaço

Feche os olhos e sinta sua respiração desacelerar. O Cubo do Espaço aparece diante de você mais uma vez, e agora você é conduzido para a aresta Sul-Abaixo, onde o mistério de Peixes repousa. O ambiente é envolto em penumbra suave, como um crepúsculo eterno. Ao redor, você percebe oito taças dispostas em semicírculo, algumas cheias, outras derramadas, outras ainda quebradas. Todas parecem conter memórias, sonhos, amores e desejos que já foram preciosos em sua vida.

Nesse cenário, surge a figura da Lua (Arcano 18, Peixes). Ela paira no céu como espelho líquido, derramando raios prateados sobre as taças. Sob sua luz, cada recipiente brilha, mas também se distorce, revelando a natureza ilusória de muitas imagens que você projetou neles. A Lua sussurra:

> *Nem tudo o que brilha é verdadeiro, mas tudo o que foi vivido serviu para moldar sua alma. Agora é hora de seguir.*

Atrás de você ergue-se a majestosa presença do Mundo (Arcano 21, Saturno). Ele não fala, mas sua aura transmite estrutura, completude e exigência. É como se um ciclo se fechasse diante dos seus olhos. Saturno, em seu aspecto de Mestre do Tempo, mostra que nada pode ser retido para sempre, e que o que cumpre sua função precisa ser liberado.

Você respira fundo e observa as taças à sua frente. Cada uma guarda um fragmento de sua história: um amor antigo, um desejo não realizado, uma lembrança feliz, uma fantasia não vivida. Há beleza nelas, mas também um peso que o prende ao passado. A energia de Saturno, firme e inevitável, o impulsiona a decidir.

Com reverência, você se levanta e começa a afastar-se das taças. Cada passo é denso, pois abandonar dói, mas também liberta. A Lua o guia com sua claridade, lembrando que, mesmo na escuridão, existe caminho. O Mundo confirma que esse abandono não é perda, mas conclusão, passagem para um novo ciclo que se abre.

Enquanto caminha, sente um alívio crescente. Atrás de você, as taças se dissolvem como imagens oníricas, retornando às águas do inconsciente. À frente, o horizonte se abre em campo vasto de estrelas refletidas no mar noturno. Você percebe que não segue em direção ao vazio, mas retorna à totalidade.

A Lua sopra sobre você uma brisa suave, enchendo-o de intuição e confiança. O Mundo envolve seu corpo com manto invisível, oferecendo estrutura, disciplina e coragem para avançar. Juntos, eles revelam o segredo do 8 de Copas: soltar é caminho da plenitude; desapegar-se do ilusório é ponte para a liberdade espiritual.

Respire fundo mais uma vez e veja-se caminhando sobre as águas iluminadas pela Lua, sustentado pela ordem silenciosa de Saturno. O passado foi honrado, mas agora você carrega apenas a luz que permaneceu essencial.

Quando sentir que é o momento, traga a consciência de volta ao corpo físico, levando consigo a bênção do 8 de Copas de ter a coragem de deixar as coisas para trás, a confiança para seguir em frente, e a certeza de que cada renúncia é retorno à plenitude.

Abra os olhos lentamente, carregando leveza e renovação.

9 de Copas

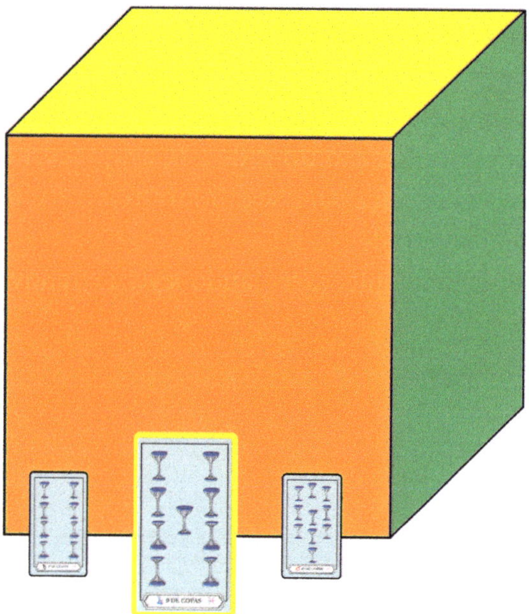

O 9 de Copas corresponde a Júpiter em Peixes, no segundo decanato de Peixes. É um dos Arcanos menores mais favoráveis, conhecido como a "Carta dos Desejos Realizados". Aqui a expansão, benevolência e fé de Júpiter encontram o oceano ilimitado de Peixes, resultando em abundância emocional, generosidade e um senso de plenitude interior que transcende a satisfação individual.

O número nove, na Cabala e na tradição esotérica, é símbolo de culminação e integração. No naipe de Copas, ele representa a colheita emocional, o prazer que vem da conexão com os sentimentos mais profundos, mas também o chamado para compartilhar esse transbordamento com o mundo.

No Cubo do Espaço, o 9 de Copas se ancora igualmente na aresta Sul-Abaixo, onde Peixes manifesta sua energia com a Lua, Arcano 18. Essa linha conecta a face Sul com o Sol, a máxima luz da consciência, com a face Abaixo da Sacerdotisa e o reservatório da memória e do inconsciente. É nesse eixo que a abundância jupiteriana encontra o campo de sonhos e intuições piscianas, fazendo com que desejos antigos e profundos, armazenados no subconsciente, ascendam e se realizem no plano consciente.

O 9 de Copas simboliza tanto o gozo emocional quanto a responsabilidade espiritual do contentamento. Esse Arcano não representa apenas satisfação pessoal, mas a consciência de que a felicidade plena é sempre reflexo da unidade com o Todo.

Correspondências Esotéricas

- **Planeta / Signo**: Júpiter em Peixes (segundo decanato).
- **Posição no Cubo**: aresta Sul-Abaixo.
- **Arcano Maior Zodiacal**: Lua (Peixes).
- **Arcano Maior Planetário**: Roda da Fortuna (Júpiter).
- **Elemento**: Água.

Dinâmica Psicológica e Espiritual

- **Físico**: bem-estar corporal, vitalidade fluida e harmoniosa; sensação de descanso e prazer.
- **Mental**: clareza intuitiva, confiança em ciclos benéficos; expansão do pensamento em direção à fé.
- **Emocional**: contentamento, alegria e sensação de estar nutrido pelo universo; predisposição para compartilhar.
- **Espiritual**: percepção de que a verdadeira felicidade é reflexo da sintonia com a vontade divina; compreensão de que o destino se manifesta em ciclos de abundância.

Meditação do 9 de Copas do Cubo no Espaço

Feche os olhos e respire profundamente, sentindo que a cada inspiração você se abre para a abundância do cosmos. Diante de você, o Cubo do Espaço se revela, e sua consciência é conduzida até a aresta Sul-Abaixo, território de Peixes. As águas são profundas, mas agora não há sombra de perda. Uma luz dourada e prateada dança sobre as ondas, como reflexo de incontáveis estrelas.

À sua frente aparecem nove taças dispostas em arco, lembrando uma coroa líquida. Cada uma brilha com luz própria, mas todas se conectam como se fossem um único rio de energia. Ao se aproximar, você percebe que essas taças não contêm apenas vinho ou água, mas sonhos realizados, bênçãos recebidas, instantes em que a vida o sustentou com generosidade.

Do alto, a Lua (Arcano 18, Peixes) derrama seu brilho prateado sobre o espaço. Seus reflexos dissolvem as fronteiras entre as taças, revelando que, embora distintas, todas pertencem ao mesmo oceano. A Lua sussurra:

> *A plenitude não é isolada. Cada conquista é parte da grande maré da vida, e toda alegria individual reverbera no cosmos.*

Atrás de você, começa a girar lentamente a Roda da Fortuna (Arcano 10, Júpiter). Imensa e dourada, ela expande seus raios para todas as direções, girando como sol em movimento. De seu interior emana a sensação de crescimento, confiança e expansão. Júpiter recorda que tudo o que chega até você é fruto dos ciclos, pois a roda gira e traz abundância a quem se abre à sua lei.

Você inspira profundamente e entende que cada taça diante de si não é apenas presente, mas também responsabilidade. O que transborda não deve ser retido, mas partilhado. Lua e Júpiter ensinam juntos que a felicidade verdadeira não é estática, mas fluxo, doação e retorno.

Visualize-se erguendo uma dessas taças. Dentro dela, vê refletido o seu rosto e todos os momentos em que recebeu apoio, carinho e graça do universo. Ao segurá-la, uma gratidão profunda toma cada parte do seu ser.

Você bebe o conteúdo, que se espalha como rio de luz dourada e prateada em seu corpo, dissolvendo tensões, preenchendo vazios, despertando confiança. A sensação é de plenitude, não por algo externo que chega, mas pela lembrança de que você sempre esteve ligado a essa fonte.

A Lua sopra suavemente, recordando que toda alegria é reflexo que deve ser honrado sem apego. A Roda da Fortuna segue girando, lembrando que a abundância de hoje será sucedida por novos ciclos, e que a sabedoria está em fluir com eles sem resistência.

Então, as nove taças se dissolvem em oceano imenso. Você percebe que nunca estiveram separadas, eram expressões de um mesmo mar infinito. O contentamento do 9 de Copas revela-se não em posses ou vínculos externos, mas na consciência de que a alma é parte inseparável do Todo.

Respire fundo, absorva essa plenitude e permita que ela se derrame em bondade, generosidade e partilha com todos ao redor.

Quando sentir que é o momento, traga a consciência de volta ao corpo físico, carregando a bênção do 9 de Copas: a certeza de que a verdadeira felicidade é reflexo do oceano cósmico em movimento, sustentada pela Lua e expandida por Júpiter.

Abra os olhos suavemente e leve consigo a abundância dessa visão.

10 de Copas

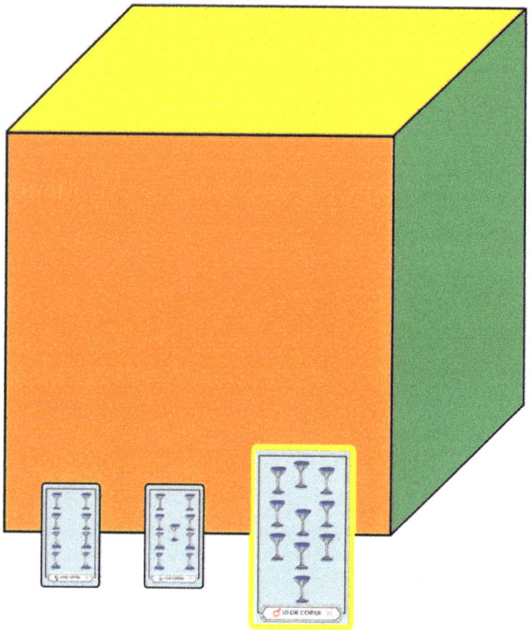

O 10 de Copas é a culminação da energia emocional do naipe, representando o ápice da realização afetiva e espiritual. Corresponde a Marte em Peixes, o terceiro decanato de Peixes. Aqui, a força marciana, normalmente voltada à luta, conquista e dinamismo, encontra as águas oceânicas de Peixes, dissolvendo suas tensões em serviço, devoção e amor universal.

O número dez simboliza conclusão, fechamento de ciclo e, ao mesmo tempo, a semente de um novo início. No naipe de Copas, esse fechamento é expresso como plenitude emocional, harmonia familiar, sensação de paz interior e comunhão espiritual.

No Cubo do Espaço, o 10 de Copas reside na aresta Sul-Abaixo, a linha onde Peixes se manifesta (Lua, Arcano 18) e que conecta a face Sul (Sol) à face Abaixo (Sacerdotisa). Essa posição traz o encontro entre o brilho consciente e a profundidade subconsciente, revelando que a verdadeira plenitude se enraíza tanto na luz da alma quanto na memória do inconsciente. Marte, como regente planetário, aparece aqui não como destruidor, mas como força que rompe as barreiras finais do ego para permitir a dissolução no oceano da Unidade.

Assim, o 10 de Copas não é apenas felicidade terrena ou realização de desejos humanos, mas a lembrança de que toda alegria verdadeira nasce quando o eu se abre e se entrega ao fluxo divino.

Correspondências Esotéricas

- **Planeta / Signo**: Marte em Peixes (terceiro decanato).
- **Posição no Cubo**: aresta Sul-Abaixo.
- **Arcano Maior Zodiacal**: Lua (Peixes).
- **Arcano Maior Planetário**: Torre (Marte).
- **Elemento**: Água.

Dinâmica Psicológica e Espiritual

- **Físico**: energia de Marte dissolvida em compaixão; ação voltada para proteger, curar e acolher.
- **Mental**: dissolução de ilusões, clareza pela experiência direta; foco no coletivo.
- **Emocional**: alegria plena, sensação de pertencer, harmonia interior e exterior.
- **Espiritual**: realização da alma que reconhece sua unidade com o Todo; liberação do ego como última barreira.

Meditação do 10 de Copas do Cubo no Espaço

Feche os olhos e respire fundo. O Cubo do Espaço se ergue diante de você, e sua consciência é atraída para a aresta Sul-Abaixo, território profundo de Peixes. As águas cintilam sob a luz suave da Lua, vastas e misteriosas, mas hoje algo diferente pulsa no ar: um movimento intenso, uma vibração de plenitude que se revela.

À sua frente, um arco-íris atravessa o horizonte do Cubo. Suas cores dançam sobre a superfície líquida, irradiando brilho sereno e harmonioso. Abaixo dele, dez taças dispostas em círculo transbordam uma luz aquosa, como se cada uma fosse um cálice de bênçãos. Ao se aproximar, você percebe que cada taça corresponde a um aspecto de sua vida que encontra realização e sentido.

Do alto, a Lua (Arcano 18, Peixes) derrama sua claridade prateada sobre o arco-íris e as taças. Ela lhe recorda que toda abundância é reflexo da mente universal, das intuições e da compaixão que une todos os seres. Sua luz dissolve fronteiras e sussurra:

O amor não é posse, é fluxo.

Atrás de você, um estrondo ecoa. A energia da Torre (Arcano 16, Marte) se manifesta. Aqui, Marte não é destruição cega, mas libertação. A torre ruindo mostra as estruturas de ego, medo e orgulho que já não servem. Seus blocos caem, desfeitos pelas águas de Peixes, e o trovão abre espaço para o novo. O raio de Marte, em vez de castigo, é clareza que rompe prisões interiores, preparando o coração para a felicidade plena.

O arco-íris então brilha ainda mais, revelando-se como ponte entre Lua e Torre. A Lua mostra o oceano infinito da Unidade; Marte, com sua ruptura, remove as barreiras que impediam a entrega. O encontro dessas forças gera comunhão, alegria e dissolução do eu em um nós maior.

Respire profundamente e entre no círculo das dez taças. Uma a uma, elas se erguem levemente e derramam seu conteúdo sobre você. Não é apenas água: é luz líquida que traz lembranças de amor, momentos de paz, encontros felizes e a certeza de que a vida adquire sentido quando compartilhada.

Sinta essa chuva de bênçãos purificar seu corpo, aquietar sua mente e expandir seu coração. A Lua sopra suavemente, convidando-o a confiar na intuição e entregar-se ao fluxo. A Torre ressoa como trovão, lembrando que cada bênção só se completa quando você solta as formas antigas que já não sustentam sua verdade.

Veja-se erguendo o rosto para o arco-íris que se curva sobre o Cubo. Ele é o selo do 10 de Copas, a promessa de que a felicidade real não é frágil nem passageira, mas nasce da união entre a entrega da Lua e a libertação de Marte.

Respire nesse estado de plenitude. Sinta a alegria transbordar do coração, não como euforia fugaz, mas como paz serena e confiante. Você não está mais separado: o oceano vive em você, e você é parte inseparável dele.

Quando sentir que é o momento, traga sua consciência de volta ao corpo físico. Leve consigo a visão do arco-íris, das dez taças e da torre que se desfaz. Recorde-se de que o 10 de Copas é a realização da alma que, guiada pela Lua e libertada pelo raio de Marte, encontra morada no oceano da Unidade.

Abra os olhos suavemente e permaneça com essa bênção.

2 de Espadas

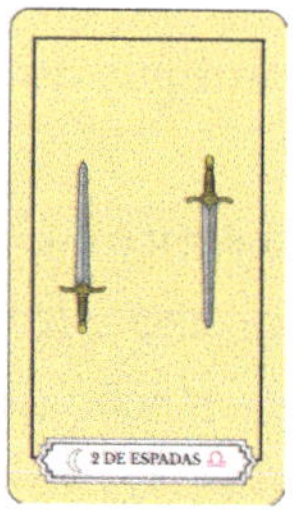

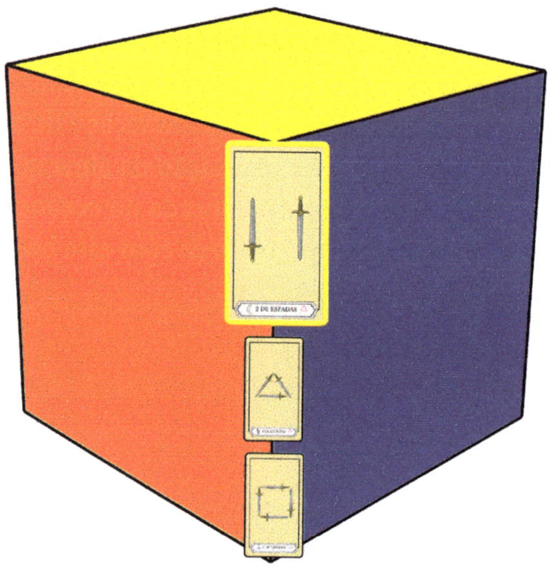

O 2 de Espadas é a expressão inicial da energia de Libra sob a regência da Lua. Localizado no primeiro decanato de Libra, ele marca o ponto em que a inteligência equilibradora do signo do Ar encontra a fluidez intuitiva da Lua, dando origem a uma tensão criativa entre mente racional e sensibilidade subconsciente.

O número dois, em si, já traz o arquétipo da dualidade: é o número do encontro entre forças complementares que precisam ser equilibradas. No naipe de Espadas, associado ao elemento Ar, esse dois simboliza o momento em que a mente deve escolher, discernir e posicionar-se diante de polaridades. A Lua, regente deste decanato, confere ao processo mental uma qualidade intuitiva, noturna e subjetiva, revelando que nem sempre o equilíbrio é alcançado por meio da lógica pura. Muitas vezes, é necessário silenciar, recolher-se e ouvir a voz interna.

No Cubo do Espaço, o 2 de Espadas ocupa o vértice Noroeste, ponto onde se encontra o signo de Libra (Arcano 11, Justiça). Esse ponto conecta a face Norte (Torre, Marte) e a face Oeste (Roda da Fortuna, Júpiter), mas a carta é regida diretamente pela energia zodiacal de Libra. A Lua, como regente planetário, ancora este dois no campo subconsciente, trazendo à superfície memórias e intuições que precisam ser harmonizadas.

Assim, o 2 de Espadas é o símbolo do equilíbrio precário, mas essencial, entre opostos: vigília e sonho, razão e imaginação, objetividade e subjetividade. Ele aponta o instante em que o buscador deve parar, respirar e escolher, não com precipitação, mas a partir da harmonia interior.

Correspondências Esotéricas

- **Planeta / Signo**: Lua em Libra (primeiro decanato).
- **Posição no Cubo**: vértice Noroeste.
- **Arcano Maior Zodiacal**: Justiça (Libra, Arcano 11).
- **Arcano Maior Planetário**: Sacerdotisa (Lua, Arcano 2).
- **Elemento**: Ar.

Dinâmica Psicológica e Espiritual

- **Físico**: necessidade de pausa, descanso e harmonia; equilíbrio do corpo por meio da respiração e da postura.
- **Mental**: discernimento cuidadoso; busca de clareza; decisão que nasce do silêncio interior.
- **Emocional**: neutralidade e serenidade diante de tensões afetivas; abertura para compreender o outro sem perder o centro.
- **Espiritual**: reconhecimento de que o equilíbrio não é estático, mas dinâmico; entrega à intuição como guia para harmonizar forças opostas.

Meditação do 2 de Espadas do Cubo no Espaço

Feche os olhos e visualize o Cubo do Espaço erguendo-se diante de você, imenso, translúcido, vibrante. Você é atraído ao vértice Noroeste, onde a energia de Libra se manifesta. Aqui, a luz é serena, equilibrada, e paira no ar uma atmosfera de suspensão, como se tudo estivesse em pausa para que a verdade possa emergir.

À sua frente surge a figura da Justiça (Arcano 11). Ela se ergue majestosa, segurando em uma mão a balança e na outra a espada. Sua expressão é calma, imparcial, e seus olhos penetram em você não com julgamento condenatório, mas com uma clareza que obriga à honestidade. Ela não pergunta "o que você deseja", e sim "o que é verdadeiro?". Ao sentir sua presença, você percebe que está diante da essência do equilíbrio. Cada escolha gera um ajuste, cada ação encontra sua resposta.

Ao lado dela, em uma esfera mais sutil, aparece a Sacerdotisa (Arcano 2, Lua). Ela não se move nem fala, apenas permanece sentada entre dois pilares, segurando em seu colo o pergaminho da Lei Natural. Sua presença é silenciosa, receptiva, profunda como a noite estrelada. Enquanto a Justiça traz a luz racional do discernimento, a Sacerdotisa convida a voltar-se para dentro, a ouvir o que está escrito no coração.

Você então percebe que está sentado diante dessas duas forças. Em sua mão surgem duas espadas cruzadas sobre o peito, pesadas, mas equilibradas. Cada espada representa um dos caminhos possíveis, uma polaridade que exige reconhecimento. Porém, a lição do 2 de Espadas não é a escolha imediata, e sim o silêncio que antecede a ação.

Respire fundo. Inspire e sinta a energia da Lua, flutuante, prateada e suave, entrando em seu corpo e trazendo lembranças, imagens e intuições. Expire e veja a balança da Justiça mover-se levemente, ajustando-se às vibrações do que você carrega em seu íntimo. Cada respiração é um diálogo entre a Sacerdotisa e a Justiça. O silêncio recolhe, o discernimento decide.

Agora visualize-se no interior do Cubo, em meio a uma escuridão serena. Apenas a Lua ilumina o espaço, derramando reflexos sobre a espada que você segura. Sinta-se protegido, não pressionado. Você não precisa decidir neste instante. Apenas mantenha o equilíbrio, como alguém que segura as cordas de uma ponte estreita.

De repente, a figura da Justiça fala dentro de você:

A verdade está no centro.

A Sacerdotisa completa em silêncio, projetando em sua mente a imagem de águas calmas refletindo a Lua, diz:

O centro está em você.

As duas espadas que você segura tornam-se leves. Ao abri-las e descruzá-las lentamente, você percebe que não há necessidade de lutar. Basta permanecer em harmonia. As espadas se dissolvem em feixes de luz que sobem ao céu do Cubo e descem às suas profundezas, ligando consciente e inconsciente.

Permaneça nesse estado de silêncio atento. Sinta que cada escolha que um dia fará já está em equilíbrio dentro do todo. A Lua lhe ensina a confiar no invisível. A Justiça lhe ensina a agir com clareza quando o momento chegar.

Quando sentir que é o momento, traga a respiração de volta ao corpo. Veja a Justiça guardando sua balança e a Sacerdotisa recolhendo o pergaminho. Ambas permanecem como guardiãs dentro de você.

Abra os olhos lentamente. Carregue consigo a sabedoria do 2 de Espadas. O verdadeiro discernimento nasce da escuta interior, onde a Lua e a Justiça se encontram em equilíbrio perfeito.

3 de Espadas

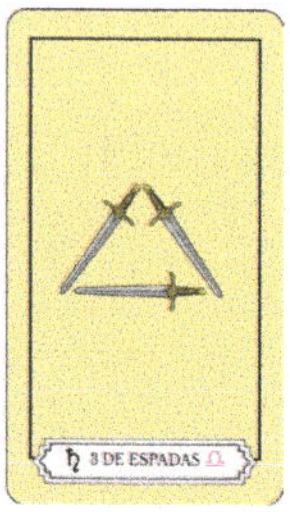

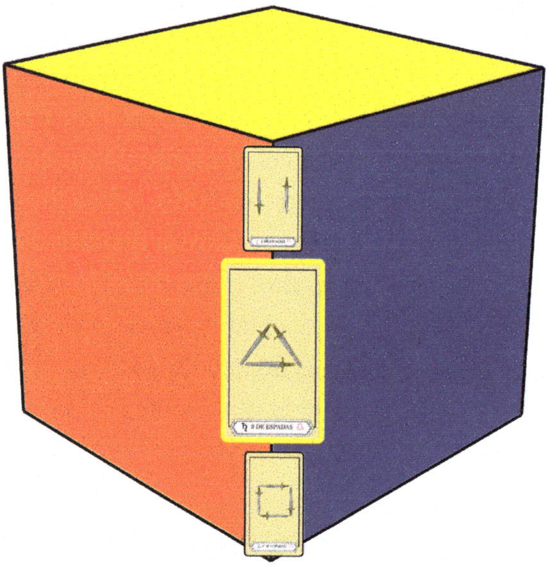

O 3 de Espadas representa o segundo estágio da energia de Libra, agora sob a regência de Saturno. Localizado no segundo decanato de Libra, este Arcano menor reflete a tensão que surge quando o princípio de equilíbrio e harmonia de Libra encontra a força limitadora, disciplinadora e estrutural de Saturno.

O número três traz expansão e crescimento, mas, no naipe de Espadas — o Ar, a mente, o discernimento — esse crescimento frequentemente aparece sob a forma de conflito ou ruptura. É o ponto em que ideias e sentimentos, antes mantidos em aparente equilíbrio, revelam suas diferenças de modo doloroso. Por isso, o 3 de Espadas é tradicionalmente associado à experiência da dor, da separação e da revelação de verdades incômodas.

No Cubo do Espaço, o 3 de Espadas também está ancorado no vértice Noroeste, posição do signo de Libra. A presença de Saturno neste grau faz com que a experiência de Libra deixe de ser apenas harmonia e se torne uma escola de amadurecimento. Aqui, a Justiça (Arcano 11) exige clareza e imparcialidade, enquanto o Mundo (Arcano 21) recorda que toda dor e todo limite fazem parte de uma ordem maior que conduz à totalidade.

Assim, o 3 de Espadas não deve ser visto apenas como tristeza ou ruptura, mas como a revelação necessária que permite que se corte as ilusões para que se descubra o que é verdadeiro. Ele é o ponto em que a mente aprende, pela experiência, que harmonia não é ausência de conflito, mas sim a capacidade de integrar as tensões em um equilíbrio mais profundo.

Correspondências Esotéricas

- **Planeta / Signo**: Saturno em Libra (segundo decanato).
- **Posição no Cubo**: vértice Noroeste.
- **Arcano Maior Zodiacal**: Justiça (Libra, Arcano 11).
- **Arcano Maior Planetário**: Mundo (Saturno, Arcano 21).
- **Elemento**: Ar.

Dinâmica Psicológica e Espiritual

- **Físico**: sensação de peso, restrição ou necessidade de ajustar hábitos e rotinas; aprendizado pela disciplina.
- **Mental**: clareza dolorosa; percepção das ilusões que precisam ser abandonadas; cortes mentais necessários para maturidade.
- **Emocional**: tristeza, separação ou decepção que trazem, no entanto, crescimento e lucidez.
- **Espiritual**: reconhecimento de que limites e dores são mestres; Saturno mostra que a verdade liberta, mesmo quando fere.

Meditação do 3 de Espadas do Cubo no Espaço

Feche os olhos e respire fundo, sentindo o ar penetrar em você como lâmina sutil, cortante e purificadora. Visualize o Cubo do Espaço diante de si, vasto, translúcido, vibrante em linhas de luz. Você é levado ao vértice Noroeste, onde se manifesta a energia de Libra sob a regência severa de Saturno.

O ambiente é diferente aqui, o ar é denso, quase pesado, como se cada partícula exigisse atenção. Você sente que entrou em um lugar onde não há espaço para ilusões, apenas para a verdade que se sustenta ao longo do tempo.

À sua frente ergue-se a figura da Justiça (Arcano 11). Ela está imóvel, sua balança em perfeito equilíbrio, sua espada erguida verticalmente diante de si. Seus olhos penetram em você sem piedade, mas também sem maldade. É a visão clara e imparcial, que nada esconde e nada distorce. Ao seu lado, no horizonte do Cubo, surge a vastidão do Mundo (Arcano 21). Uma mandala cósmica de círculos concêntricos e figuras vivas dança em harmonia, representando a totalidade e a ordem universal.

No centro desse espaço, aparece diante de você o símbolo do 3 de Espadas. Um coração translúcido, suspenso no ar, com três espadas de luz atravessando-o. O coração pulsa, ainda que ferido, e em cada pulsação ondas de energia se expandem pelo Cubo. Você sente que cada dor, cada ruptura, cada limite é ao mesmo tempo uma ferida e uma revelação.

Respire. Ao inspirar, sinta a força de Saturno penetrando em você, trazendo disciplina, ordem e peso. Ao expirar, perceba a Justiça equilibrando cada emoção e colocando-as em perspectiva. O coração atravessado pelas espadas não é um símbolo de fim, mas de revelação. É o momento em que o véu da ilusão se rasga e a verdade, mesmo dolorosa, liberta.

Enquanto contempla, a Justiça fala dentro de você:

A dor é o fio que corta a ilusão.
O equilíbrio nasce da aceitação da verdade.

E o Mundo ressoa em círculos de luz ao seu redor e você ouve:

Cada limite é parte de um desenho maior.
Não há perda que não encontre seu lugar na totalidade.

Você percebe então que as três espadas representam corpo, mente e espírito alinhados pelo rigor da experiência. O coração, embora ferido, continua vivo, mais lúcido, mais real, mais consciente.

Permaneça nesse estado, observando como as espadas de luz não destroem o coração, mas o mantêm firme em sua posição, como pilares que o sustentam. Sinta que suas próprias dores, decepções e limitações fazem parte dessa mesma mandala cósmica. Elas não são castigos, mas lições. Elas não são fins, mas portas.

Agora visualize-se recolhendo essas três espadas, uma a uma, e cravando-as no chão do Cubo. De cada lâmina brota uma flor de cristal, revelando que até a dor pode florescer em beleza quando integrada à verdade.

A Justiça sorri levemente, e o Mundo se expande em torno de você, envolvendo-o em um abraço vasto, circular, eterno.

Respire mais uma vez, profundamente, e traga a consciência de volta ao corpo. Quando abrir os olhos, carregue consigo a sabedoria do 3 de Espadas. Cada ruptura revela o caminho da maturidade, e cada limite imposto por Saturno é, em última instância, uma ponte para a totalidade.

4 de Espadas

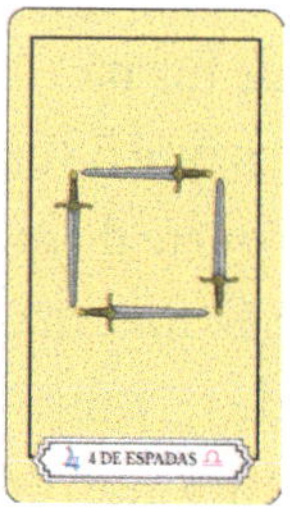

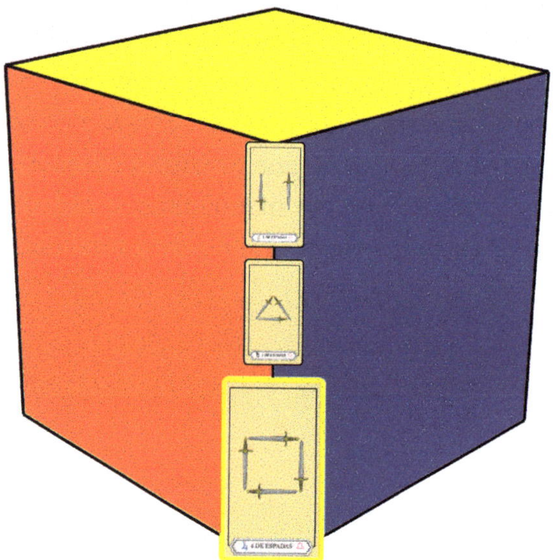

O 4 de Espadas é a expressão do último decanato de Libra, governado por Júpiter. Aqui, a energia equilibradora e avaliadora de Libra encontra o princípio expansivo, sábio e benéfico de Júpiter. O resultado é uma pausa fecunda: um momento de repouso e contemplação, no qual a mente se recolhe para absorver e integrar aquilo que foi aprendido.

O número quatro, no Tarô, é o número da estrutura, da fundação e da estabilidade. Quando se encontra no naipe de Espadas, essa estabilidade aparece como um campo de silêncio mental e harmonia intelectual. Assim, o 4 de Espadas não representa estagnação, mas sim uma pausa necessária, um retiro que antecede novas ações mais maduras e conscientes.

No Cubo do Espaço, o 4 de Espadas está associado ao vértice Noroeste, a aresta zodiacal de Libra, sob a regência de Júpiter. Essa posição ressalta a função de Libra de buscar equilíbrio, mas agora ampliada pelo poder de Júpiter, que traz a visão mais ampla, a síntese de múltiplas experiências e a confiança no fluxo maior da vida. Desta forma, o 4 de Espadas se torna uma carta de recolhimento que prepara para a expansão; de silêncio que conduz à sabedoria; de descanso que abre caminho para novos ciclos.

No seu aspecto profundo, este Arcano menor mostra que a mente encontra paz quando reconhece que está sustentada pela ordem universal. É o repouso que não vem da fuga, mas da entrega confiante ao equilíbrio cósmico.

Correspondências Esotéricas

- **Planeta / Signo**: Júpiter em Libra (terceiro decanato).
- **Posição no Cubo**: vértice Noroeste.
- **Arcano Maior Zodiacal**: Justiça (Libra, Arcano 11).
- **Arcano Maior Planetário**: Roda da Fortuna (Júpiter, Arcano 10).
- **Elemento**: Ar.

Dinâmica Psicológica e Espiritual

- **Físico**: necessidade de descanso, pausa e recuperação de energia; corpo beneficiado pelo silêncio e pela calma.
- **Mental**: clareza que surge no silêncio; expansão da mente pela contemplação; síntese das experiências passadas.
- **Emocional**: serenidade após conflitos; confiança de que o fluxo da vida conduzirá ao equilíbrio.
- **Espiritual**: entrega ao destino; percepção de que a justiça cósmica se manifesta através do movimento das grandes rodas do universo.

Meditação do 4 de Espadas no Cubo do Espaço

Respire profundamente e visualize-se mais uma vez diante do Cubo do Espaço. Sua consciência se move em direção ao vértice Noroeste, ponto onde a energia de Libra se ancora, agora envolta pelo manto de Júpiter. O ar nesse espaço é suave e límpido, como uma brisa que acalma os pensamentos. Há silêncio, mas não vazio. É um silêncio pleno, fértil, cheio de significados ocultos.

Diante de você aparece o símbolo do 4 de Espadas. Quatro lâminas de luz estão dispostas como pilares em torno de uma figura deitada em repouso, em posição contemplativa. O corpo permanece imóvel, mas o espírito está desperto, absorvendo uma paz que atravessa o tempo.

À sua esquerda, surge a figura serena da Justiça (Arcano 11). Ela ergue sua balança e sua espada vertical, lembrando que a harmonia só é verdadeira quando é justa, e que o repouso só é profundo quando enraizado na retidão interior. Seus olhos firmes lhe dizem em silêncio:

Descansa, mas mantém-te consciente.
A pausa não é fuga.
É o momento da medida.

À sua direita, começa a girar lentamente a Roda da Fortuna (Arcano 10). Seus raios de luz se movem em silêncio, representando os ciclos maiores da vida. Júpiter manifesta-se nesse movimento, trazendo confiança e expansão. Você percebe que, enquanto repousa, a Roda continua girando, e compreende que não é preciso controlar cada detalhe. A vida flui em sua própria ordem.

O coração do Cubo pulsa suavemente. Você sente que cada respiração se harmoniza com o giro da Roda, e que cada inspiração traz equilíbrio, enquanto cada expiração traz confiança. O peso da mente se dissolve, e em seu lugar surge uma clareza leve, cristalina.

Enquanto permanece nesse espaço, a imagem do corpo em repouso diante das quatro espadas de luz começa a se expandir. Você percebe que esse corpo é também o seu, deitado em uma estrutura de paz. As espadas não ameaçam. Elas protegem, criando um campo sagrado onde nada externo pode interferir.

A Justiça sussurra:

Aqui está a pausa necessária para que escolhas futuras sejam claras.

E a Roda da Fortuna completa:

O movimento do universo continua, mesmo enquanto descansas.
Confia no equilíbrio das grandes marés.

Permaneça nesse estado de recolhimento. Imagine que cada pensamento que ainda resta em sua mente se dissolve como poeira ao vento. Veja-se deitado em paz, sustentado pela Justiça de Libra e embalado pela Roda de Júpiter. O tempo deixa de importar, o Cubo respira com você, e dentro dele não há urgência, apenas presença.

Agora inspire profundamente e visualize uma luz dourada descendo sobre você, preenchendo corpo, mente e emoções. É a bênção de Júpiter, trazendo confiança, expansão e abundância mesmo no repouso. Sinta que a pausa não é vazio, mas plenitude que prepara o próximo passo.

Quando sentir que é o momento, levante-se em seu coração, recolhendo a força silenciosa que o 4 de Espadas oferece. Traga essa serenidade de volta ao corpo físico e, ao abrir os olhos, carregue consigo a certeza de que o descanso e a contemplação também são caminhos da sabedoria.

5 de Espadas

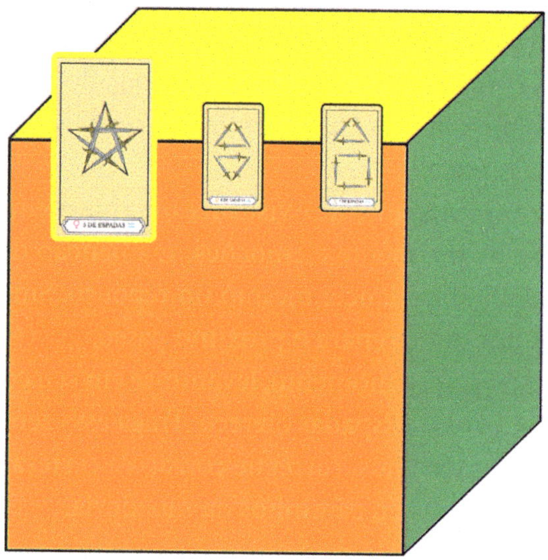

O 5 de Espadas é a primeira expressão da energia de Aquário sob a regência de Vênus. Situado no primeiro decanato deste signo, este Arcano menor traz à tona um paradoxo fundamental: Aquário é o signo da liberdade, da fraternidade e da visão universal, enquanto Vênus governa o desejo de união, prazer e harmonia estética. Quando essas forças se encontram no campo das Espadas, símbolo do intelecto e do discernimento, nasce uma tensão entre a aspiração ao ideal coletivo e a necessidade de satisfazer a beleza e a atração pessoal.

O número cinco no Tarot representa mudança, instabilidade e desafio. Nos naipes mentais e racionais de Espadas, isso aparece como conflito de ideias, dilemas de comunicação, sensação de perda ou frustração após um embate. O 5 de Espadas não fala apenas de derrotas externas, mas da luta interior entre o que desejamos (Vênus) e o que é justo ou verdadeiro no plano coletivo (Aquário).

No Cubo do Espaço, o 5 de Espadas ocupa a aresta Sul-Acima, lugar de Aquário, conectando a face Sul (Sol, expansão da consciência) à face Acima (Mago, autoconsciência). Esta posição o coloca em um ponto elevado, voltado para o futuro, mas exposto à prova de como usar o intelecto para servir à harmonia e ao coletivo, sem cair na vaidade ou na derrota do ego?

O 5 de Espadas se torna, assim, um ponto de aprendizado em que o indivíduo precisa superar a visão estreita do "eu" para acessar a visão ampla do "nós".

Correspondências Esotéricas

- **Planeta / Signo**: Vênus em Aquário (primeiro decanato).
- **Posição no Cubo**: aresta Sul-Acima.
- **Arcano Maior Zodiacal**: Estrela (Aquário, Arcano 17).
- **Arcano Maior Planetário**: Imperatriz (Vênus, Arcano 3).
- **Elemento**: Ar.

Dinâmica Psicológica e Espiritual

- **Físico**: cansaço após embates, mas também a chance de recuperar forças ao buscar harmonia no corpo e no ambiente.
- **Mental**: dilemas de ideias, confronto intelectual; aprendizado que surge da quebra de ilusões.
- **Emocional**: sensação de frustração, mas também a oportunidade de desapego de disputas inúteis.
- **Espiritual**: a visão de que o verdadeiro triunfo não está em vencer o outro, mas em harmonizar-se com o fluxo universal da vida.

Meditação do 5 de Espadas no Cubo do Espaço

Feche os olhos e respire profundamente. Visualize-se diante do Cubo do Espaço, e perceba sua consciência sendo atraída para a aresta Sul-Acima. Você se encontra em uma linha luminosa que liga a face Sul, irradiando a clareza solar, à face Acima, onde o Mago habita como a consciência desperta. Esse é o caminho de Aquário, onde a Estrela derrama sua luz de revelação.

À sua frente surge a imagem do 5 de Espadas. Lâminas suspensas flutuam no ar, algumas erguidas como troféus, outras caídas ao chão, marcando o fim de uma disputa. O ambiente é de silêncio após a batalha, um instante em que a mente reflete sobre o verdadeiro significado da vitória e da derrota.

À sua esquerda aparece a figura etérea da Estrela (Arcano 17). Ela verte águas de sabedoria em um rio cristalino, lembrando que toda experiência, mesmo a dolorosa, se transforma em aprendizado quando acolhida no fluxo maior da vida. Sua luz suave, azul-prateada, é um guia que aponta para o futuro, além das pequenas disputas do presente.

À sua direita, a Imperatriz (Arcano 3) surge em um campo fértil, cercada por flores e colheitas. Ela manifesta a força venusiana que busca harmonia, beleza e fecundidade. Mas aqui, sua presença adverte que o desejo de agradar ou de vencer pode aprisionar, se não for conduzido pela visão ampla da Estrela.

Você respira fundo e sente o peso de suas próprias espadas. Talvez ideias rígidas, discussões passadas, ressentimentos ou derrotas ainda ecoem em sua mente. Observe as lâminas caídas diante de si. Cada uma delas é uma ilusão desfeita, uma batalha de orgulho que não trouxe plenitude.

A Estrela sussurra em sua direção:

Deixa que a água leve o que já não serve.
Solta o eco da luta.

A Imperatriz acrescenta:

Transforma a dor em beleza.
Da queda nasce o fértil, e da frustração nasce a nova criação.

Agora visualize-se erguendo apenas uma espada. Não como arma, mas como cetro de clareza. As demais permanecem ao chão, entregues ao passado. Enquanto segura essa lâmina de luz, você sente que ela não é instrumento de confronto, mas de discernimento. Com ela, sua mente se abre para a verdade de Aquário, a percepção de que não estamos separados, mas unidos em uma teia invisível de destino e propósito.

A Estrela sopra sobre você uma brisa fresca, trazendo esperança. A Imperatriz deposita em sua mão uma semente luminosa, lembrando que daquilo que se perdeu pode nascer algo novo, belo e verdadeiro.

Permaneça nesse espaço por alguns instantes. Respire no silêncio que sucede a luta e perceba que, embora o 5 de Espadas carregue a sensação de perda, sua lição mais profunda é o desapego. A vitória real está em libertar-se da necessidade de vencer o outro para encontrar a harmonia que serve ao todo.

Quando sentir que chegou o momento, agradeça à Estrela e à Imperatriz. Veja as espadas caídas se dissolvendo em partículas de luz, unindo-se ao brilho das constelações no alto. Traga essa serenidade de volta ao corpo e, ao abrir os olhos, carregue consigo a sabedoria de que toda batalha mental pode ser transformada em campo fértil de aprendizado.

6 de Espadas

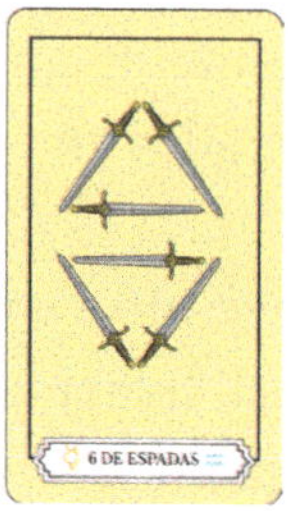

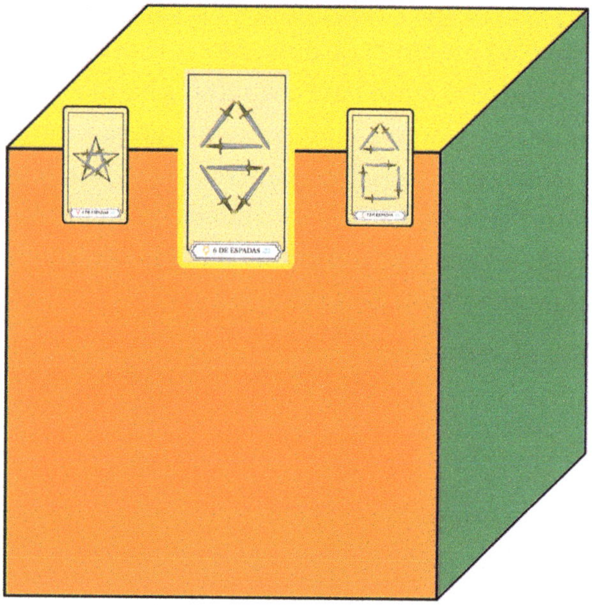

O 6 de Espadas é a expressão de Mercúrio em Aquário, situado no segundo decanato do signo. Aqui, a mente (Mercúrio) encontra o vasto horizonte do pensamento aquariano, universal e visionário. Essa combinação revela a busca por soluções inteligentes, o deslocamento em direção a novas perspectivas e o afastamento de ambientes mentais ou emocionais saturados.

O número seis, no simbolismo cabalístico do Tarô, representa harmonia, equilíbrio e escolha consciente. No naipe de Espadas, essa harmonia é buscada após o desafio do 5 de Espadas. O 6 surge como movimento de transição: a travessia de águas turbulentas para águas calmas, o transporte da mente para novos territórios, onde uma visão mais clara e abrangente pode se manifestar.

No Cubo do Espaço, o 6 de Espadas vibra na aresta Sul-Acima, lugar do signo de Aquário. Aqui, a conexão entre a face Sul (Sol, consciência expandida) e a face Acima (Mago, autoconsciência) oferece um caminho direto entre a luz solar e a clareza mercurial. O 6 de Espadas é, assim, um portal de passagem entre a consciência coletiva e a mente individual, indicando que as grandes revelações (Estrela) precisam ser traduzidas e comunicadas pela inteligência ativa (Mago).

Correspondências Esotéricas

- **Planeta / Signo**: Mercúrio em Aquário (segundo decanato).
- **Posição no Cubo**: aresta Sul-Acima.
- **Arcano Maior Zodiacal**: Estrela (Aquário, Arcano 17).
- **Arcano Maior Planetário**: Mago (Mercúrio, Arcano 1).
- **Elemento**: Ar.

Dinâmica Psicológica e Espiritual

- **Físico**: sensação de deslocamento, viagem ou mudança necessária; corpo que busca alívio após tensões.
- **Mental**: clareza crescente, insights originais, pensamento que se move de forma ágil entre possibilidades.
- **Emocional**: necessidade de distanciamento saudável de conflitos ou ambientes densos.
- **Espiritual**: movimento rumo ao "rio da revelação", onde a mente se abre ao fluxo do futuro e se conecta ao plano coletivo.

Meditação do 6 de Espadas no Cubo do Espaço

Feche os olhos e respire profundamente. Veja diante de si o Cubo do Espaço, radiante em linhas luminosas que conectam todas as direções. Você é atraído para a aresta Sul-Acima, onde o Sol toca a consciência e o Mago abre o portal da mente. Nesse ponto, o 6 de Espadas se manifesta como uma ponte de travessia.

Diante de você, surge um pequeno barco que desliza sobre águas serenas. Dentro dele, algumas espadas estão dispostas, não como armas de combate, mas como instrumentos de proteção que criam um campo ordenado para sustentar a viagem. Você percebe que este barco é sua própria mente, preparada para deixar as margens da incerteza e seguir em direção a novas terras.

No horizonte, a luz da Estrela (Arcano 17) brilha com intensidade suave. Ela guia sua travessia com promessas de revelação, cura e inspiração. Sua luz não é agressiva, mas acolhedora, lembrando que o futuro já está sendo tecido em padrões maiores do que sua percepção pode alcançar.

Ao seu lado surge a figura do Mago (Arcano 1). Ele segura o caduceu de Mercúrio e, com um gesto, faz com que as águas se organizem em ondas harmônicas, abrindo um caminho claro à frente do barco. Ele recorda que sua mente é o instrumento através do qual as revelações da Estrela podem ser compreendidas e comunicadas. É Mercúrio quem traduz a visão do infinito em palavras, símbolos e movimentos claros.

Você se senta no barco e sente-se conduzido por uma força maior. Atrás ficam os ruídos das disputas e incertezas. À frente, o silêncio sereno das águas promete entendimento e clareza. O barco avança sem esforço, impulsionado por uma corrente invisível que nasce do Cubo e flui para além de suas margens.

Enquanto viaja, respire fundo e perceba as espadas dispostas ao redor do barco. Cada uma delas é um pensamento que antes o preocupava, mas que agora se organiza em uma estrutura harmônica, protegendo-o na jornada. São ideias que se alinham, dúvidas que encontram lugar e medos que se transformam em aprendizado.

A Estrela sussurra em sua direção:

> *Segue em frente, pois a revelação está além do horizonte.*

O Mago acrescenta em voz clara:

> *Confia na tua mente, pois ela é o canal que pode trazer à forma o que o espírito intui.*

Ao chegar à margem oposta, você vê um campo aberto iluminado pela Estrela. A Imperatriz não está presente, nem a Torre, apenas a simplicidade da mente clara, que sabe quando é hora de partir e quando é hora de chegar. Você desce do barco e toca a terra firme. Sente que algo em seu ser foi purificado no percurso, uma leveza, uma clareza, um desapego do que antes parecia urgente.

Permaneça alguns instantes nesse novo espaço. Veja no alto a Estrela iluminando o céu e perceba o Mago dentro de você, pronto para traduzir essas inspirações em ações e palavras no mundo cotidiano.

Quando sentir que é o momento, retorne lentamente ao corpo físico. Respire fundo, abra os olhos e saiba que sempre que precisar o 6 de Espadas lhe oferece este barco de transição, conduzindo-o da confusão à clareza, do peso à leveza, do passado ao futuro.

7 de Espadas

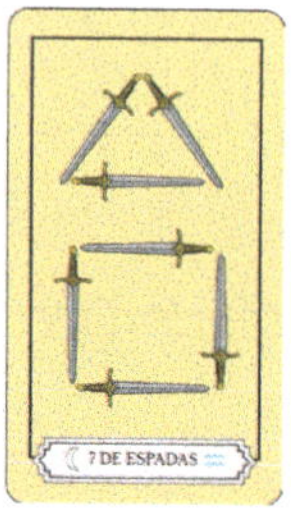

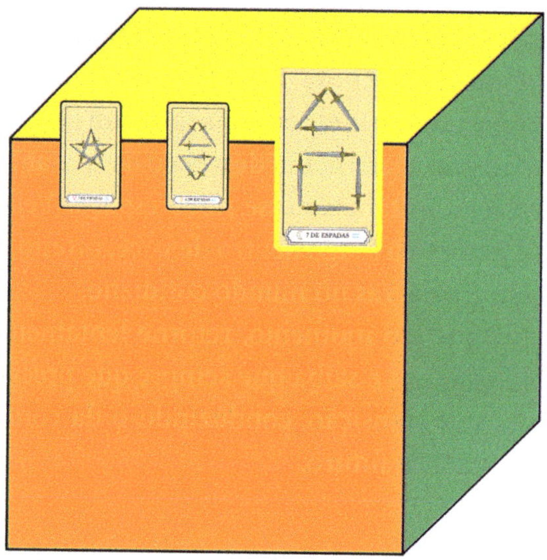

O 7 de Espadas corresponde à energia da Lua em Aquário, situada no terceiro decanato deste signo. A Lua, como regente das águas, da memória e do subconsciente, aqui atua dentro do campo mental e universal de Aquário, resultando em uma carta que fala sobre intuições súbitas, estratégias sutis, percepções ocultas e, muitas vezes, sobre o afastamento ou isolamento necessário para a preservação da mente.

O número sete, no simbolismo cabalístico do Tarô, representa desafio, provação e também vitória espiritual através da superação. No naipe de Espadas, este número sugere um teste mental e emocional de como lidar com a instabilidade da mente e com os movimentos ocultos do subconsciente quando confrontados com o ideal elevado de Aquário.

No Cubo do Espaço, o 7 de Espadas se manifesta também na aresta Sul--Acima, associada a Aquário. Mas enquanto o 6 de Espadas falava de passagem ordenada pela clareza mercurial, o 7 traz o elemento lunar, que infiltra incertezas, imagens sutis e sonhos nas estruturas da mente consciente. Essa posição mostra que o desafio aqui é integrar a inspiração universal (Estrela) com os reflexos e ilusões do subconsciente (Sacerdotisa), transformando engano em sabedoria.

Correspondências Esotéricas

- **Planeta / Signo**: Lua em Aquário (terceiro decanato).
- **Posição no Cubo**: aresta Sul-Acima.
- **Arcano Maior Zodiacal**: Estrela (Aquário, Arcano 17).
- **Arcano Maior Planetário**: Sacerdotisa (Lua, Arcano 2).
- **Elemento**: Ar.

Dinâmica Psicológica e Espiritual

- **Físico**: oscilação de energia, sensibilidade às marés emocionais e aos ambientes.
- **Mental**: pensamentos sutis, muitas vezes fragmentados; percepção intuitiva das entrelinhas; mente que capta símbolos e presságios.
- **Emocional**: tendência à reserva, cautela diante do outro; necessidade de confiança para se abrir sem medo de ser mal interpretado.
- **Espiritual**: contato com o inconsciente coletivo; a intuição lunar é aqui iluminada pelo ideal aquariano, abrindo acesso a revelações que surgem em sonhos, visões e meditações.

Meditação do 7 de Espadas no Cubo do Espaço

Feche os olhos e respire profundamente, sentindo que cada inspiração o conduz para dentro do Cubo do Espaço. Diante de você ergue-se o caminho da aresta Sul-Acima, onde o signo de Aquário deposita sua luz e sua promessa de revelação. Nesse ponto, o 7 de Espadas manifesta seu mistério de ser uma travessia não pela clareza solar, mas pela luz reflexiva da Lua, que ilumina com sombras, intuições e enigmas.

Visualize-se em um espaço amplo, onde o ar é frio e cintilante. No alto, uma estrela prateada brilha intensamente no céu escuro. Essa é a presença da Estrela (Arcano 17), a guia silenciosa que aponta o norte da alma. Sua luz não cega, mas desperta. É a luz da esperança que ensina a ver no escuro. Ao redor, um silêncio profundo se espalha, como se o próprio Cubo respirasse em ritmo com o cosmos.

A seus pés, surgem sete espadas dispostas de forma irregular. Elas não formam muralha nem padrão lógico, mas uma constelação de intenções e pensamentos dispersos. Algumas brilham abertamente sob a luz da Estrela, outras permanecem meio enterradas na sombra, como verdades que ainda não estão prontas para se revelar. Você percebe que cada espada é uma ideia, uma intuição, um fragmento de verdade. O desafio não é empunhá-las, mas compreendê-las sem se ferir.

Da penumbra à esquerda, a Sacerdotisa (Arcano 2) se manifesta. Ela veste véus translúcidos e segura um pergaminho, metade aberto, metade oculto. Seus olhos, como dois espelhos de água, refletem o brilho da Estrela. Ela fala sem mover os lábios:

> *A sabedoria não se revela toda de uma vez.*
> *O que é claro demais ofusca, o que é oculto demais confunde.*
> *Entre ambos existe o fio da intuição, e é sobre esse fio que caminhas agora.*

Enquanto a voz ecoa, a Estrela projeta feixes de luz que tocam as espadas no chão. Cada raio revela uma nova conexão, traçando linhas de significado entre elas. O que antes parecia caótico começa a formar uma geometria viva, um padrão que só pode ser visto com os olhos da alma. Você compreende que o 7 de Espadas não trata de fuga nem de engano, mas do refinamento da mente, do aprendizado de mover-se entre luz e sombra sem perder o eixo da verdade interior.

Aproxime-se e recolha as espadas uma a uma. Ao tocá-las, o metal frio se dissolve em luz, e cada uma penetra seu corpo como corrente de energia mental. Elas se alojam em diferentes pontos: uma na fronte, outra na garganta, outra no coração e assim por diante. Isso prossegue até que você se torna o portador das sete lâminas luminosas, agora transformadas em instrumentos de discernimento.

A Sacerdotisa recua lentamente, dissolvendo-se no brilho lunar. A Estrela, porém, permanece firme, refletida nas águas diante de você. O céu e o lago tornam-se um só espelho e o Cubo inteiro parece respirar em ondas prateadas. Você percebe que a mente desperta quando aceita o mistério e que a verdadeira inteligência é feita de escuta e confiança.

Nesse instante, a voz da Estrela e da Sacerdotisa se unem em uma só vibração, clara como cristal e profunda como o mar:

Não temas o que se oculta.
O que está velado te ensina a ver.
O que escapa, te convida a seguir.
A mente que aprende a duvidar sem se perder torna-se espelho do cosmos.
Tu és o observador e o observado, a lâmina e a luz que ela reflete.

Permaneça alguns instantes respirando nessa atmosfera azul-prateada. Sinta que as sete espadas agora giram lentamente em torno de você como uma constelação viva, representando os sete aspectos da mente desperta: clareza, intuição, análise, silêncio, coragem, adaptação e fé.

Quando sentir que é o momento, respire fundo. A Estrela começa a elevar-se novamente, levando consigo as últimas sombras da dúvida. Você retorna suavemente ao corpo físico, sentindo a mente clara e o coração sereno.

Abra os olhos e traga consigo a bênção do 7 de Espadas e a sabedoria de integrar razão e intuição, sombra e revelação, para caminhar com discernimento sob a luz da Estrela e a proteção silenciosa da Sacerdotisa.

8 de Espadas

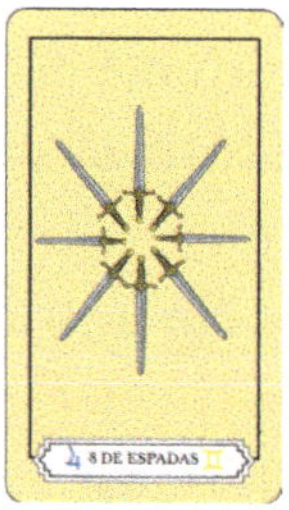

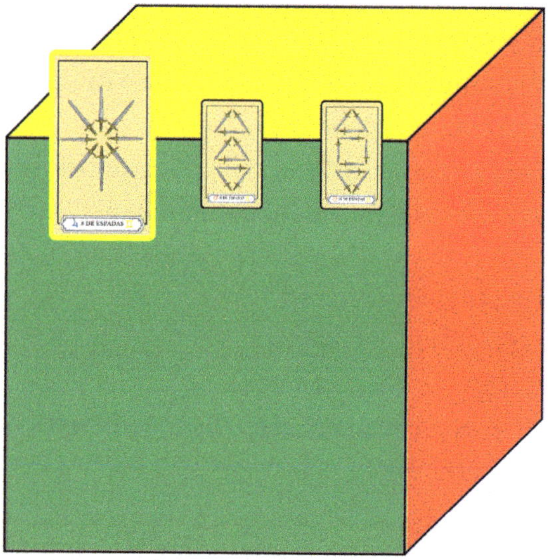

O 8 de Espadas corresponde à energia de Júpiter em Gêmeos, localizada no primeiro decanato deste signo. Aqui, a expansão Jupiteriana encontra o signo da mente ágil, múltipla e comunicativa, gerando um estado de amplificação mental que pode tanto conduzir à sabedoria como à dispersão. O oito representa limites, cercos e restrições que exigem disciplina para serem superados. No naipe de Espadas, esse número revela os dilemas mentais, a sensação de aprisionamento pelos próprios pensamentos e a necessidade de clareza para romper com ilusões intelectuais.

No Cubo do Espaço, o 8 de Espadas habita a aresta Leste-Acima, regida por Gêmeos e pelos Enamorados. Este é o ponto onde a consciência se abre para o plano superior, mas ainda deve lidar com a dualidade da escolha, da dúvida e da multiplicidade de caminhos. Aqui, o papel de Júpiter é trazer amplitude: abrir horizontes dentro do labirinto da mente, transformar a prisão aparente em oportunidade de crescimento e visão.

Assim, o 8 de Espadas é o desafio de expandir-se dentro da mente dual de Gêmeos, integrando polaridades e percebendo que toda restrição é, na verdade, uma convocação para a libertação espiritual.

Correspondências Esotéricas

- **Planeta / Signo**: Júpiter em Gêmeos (primeiro decanato).
- **Posição no Cubo**: aresta Leste-Acima.
- **Arcano Maior Zodiacal**: Enamorados (Arcano 6, Gêmeos).
- **Arcano Maior Planetário**: Roda da Fortuna (Arcano 10, Júpiter).
- **Elemento**: Ar.

Dinâmica Psicológica e Espiritual

- **Físico**: sensação de contenção ou paralisia, como se a energia vital estivesse bloqueada.
- **Mental**: excesso de ideias e de caminhos possíveis, levando à dúvida e confusão.
- **Emocional**: medo de errar, insegurança diante da multiplicidade de escolhas.
- **Espiritual**: aprendizado de que toda limitação mental é um convite a transcender o ego e confiar no fluxo maior da vida, simbolizado pela roda de Júpiter.

MEDITAÇÃO DO 8 DE ESPADAS NO CUBO DO ESPAÇO

Feche os olhos e visualize-se diante do Cubo do Espaço. Você se encontra na aresta Leste-Acima, onde o signo de Gêmeos ergue sua ponte entre o mundo humano e os planos superiores. O ambiente vibra com uma energia aérea, leve, mas também fragmentada, como se muitas vozes falassem ao mesmo tempo. Este é o domínio do 8 de Espadas, o lugar onde a mente, cheia de possibilidades, se sente paradoxalmente presa.

Diante de você aparecem oito espadas dispostas em círculo, formando uma espécie de grade que limita seus movimentos. Você tenta caminhar, mas a cada passo sente que as lâminas erguem um cerco invisível. Essa prisão, no entanto, não é feita de ferro ou pedra, mas de pensamentos, dúvidas e palavras não ditas. O verdadeiro obstáculo se revela dentro de si, na mente dividida, no excesso de análises, no medo de escolher o caminho errado.

Nesse instante, a energia dos Enamorados (Arcano 6, Gêmeos) se manifesta. Duas figuras surgem diante de você, representando direções opostas. Uma olha para o Leste, a outra para o Oeste. Elas o convidam a decidir, mas você percebe que a escolha não está entre elas. Ela se encontra dentro de você, no reconhecimento de que ambas pertencem à mesma verdade. O dilema se dissolve no momento em que as polaridades são integradas. Você ouve uma voz dizer em seu interior:

> *A liberdade não nasce do romper das espadas, mas*
> *do silêncio entre os pensamentos.*

De repente, a atmosfera muda. Um grande círculo dourado começa a girar acima de você, a Roda da Fortuna (Arcano 10, Júpiter). Seu movimento é lento, mas constante, e cada giro cria uma corrente de vento que toca suavemente sua pele. A Roda não julga nem aprisiona, apenas gira, lembrando que tudo é cíclico, que toda prisão mental é passageira. O que hoje parece limite, amanhã pode se revelar caminho aberto.

Ao olhar novamente para o círculo de espadas ao seu redor, você vê a luz da Roda transformá-las em símbolos luminosos. Elas já não o ferem nem o restringem, agora formam uma mandala que reflete os padrões da própria mente. Surge então a compreensão de que não é refém dessas espadas, mas o criador delas.

Respire profundamente e caminhe em direção ao centro da mandala. Cada passo dissolve uma espada, até que você esteja no núcleo do círculo, onde reina apenas a luz dourada da Roda em movimento. Os Enamorados permanecem ao fundo, sorrindo, pois sabem que você descobriu a liberdade interior. Ela não nasce da escolha entre dois caminhos externos, mas do encontro com a unidade que vive em você.

Permaneça nesse estado de contemplação, sentindo a expansão de Júpiter abrir sua mente e seu coração. O 8 de Espadas ensina que mesmo as prisões mais rígidas podem ser portas de libertação, quando reconhecemos que o poder de escolha nasce em nosso íntimo, e que a Roda sempre conduz adiante no ciclo da vida.

Quando sentir que é o momento, traga sua consciência de volta ao corpo físico. Respire fundo, abra os olhos e saiba que as espadas que antes o prendiam são agora instrumentos de discernimento, enquanto a Roda de Júpiter guia silenciosamente o seu caminho rumo à sabedoria.

9 de Espadas

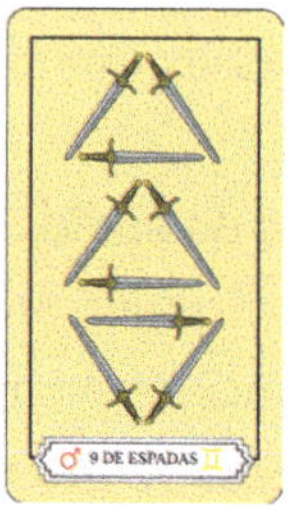

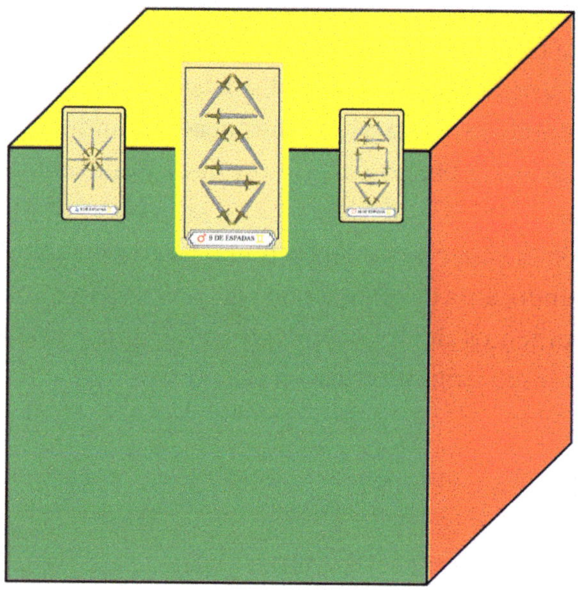

O 9 de Espadas corresponde à energia de Marte em Gêmeos, no segundo decanato deste signo. Aqui, o planeta da ação e do conflito encontra o signo da mente múltipla e analítica. O resultado é um campo de tensão mental: a energia marciana, impetuosa e incisiva, acende a mente geminiana, multiplicando pensamentos em excesso, críticas, preocupações e medos. Este Arcano é tradicionalmente associado à ansiedade, ao tormento interior e à percepção de ameaças que nem sempre são reais.

No Cubo do Espaço, o 9 de Espadas ocupa a aresta Leste-Acima, sob o domínio dos Enamorados (Gêmeos) e em conexão direta com a Torre (Marte). Este posicionamento é o ponto onde a energia mental é desafiada pelo fogo marciano, trazendo rupturas e revelações. Trata-se do lugar em que a mente, acostumada à dualidade e ao raciocínio, é forçada a confrontar a intensidade do conflito interno, permitindo que o excesso seja destruído para que surja clareza.

Assim, o 9 de Espadas simboliza o momento em que as espadas da mente se voltam contra o próprio pensador. A dor não é externa, mas interna. Nasce da multiplicação de pensamentos e da dificuldade de unificar as polaridades. O papel desse Arcano é purificar pela crise, romper as paredes do aprisionamento mental e abrir espaço para o despertar.

Correspondências Esotéricas

- **Planeta / Signo**: Marte em Gêmeos (segundo decanato).
- **Posição no Cubo**: aresta Leste-Acima.
- **Arcano Maior Zodiacal**: Enamorados (Arcano 6, Gêmeos).
- **Arcano Maior Planetário**: Torre (Arcano 16, Marte).
- **Elemento**: Ar.

Dinâmica Psicológica e Espiritual

- **Físico**: esgotamento nervoso, tensão corporal, insônia ou distúrbios ligados à mente hiperativa.
- **Mental**: excesso de preocupações, autocrítica e pensamentos repetitivos que se tornam cárcere.
- **Emocional**: sensação de medo, culpa ou vergonha, ainda que sem fundamento real.
- **Espiritual**: necessidade de atravessar a noite escura da mente para que a luz do discernimento surja; reconhecimento de que a destruição (Marte) é o prelúdio da revelação interior.

Meditação do 9 de Espadas no Cubo do Espaço

Feche os olhos e respire fundo. Imagine-se mais uma vez diante do Cubo do Espaço, agora envolvido por uma atmosfera densa, como se uma tempestade se formasse no horizonte. Você está na aresta Leste-Acima, território de Gêmeos. O ar vibra com pensamentos velozes, vozes múltiplas e murmúrios incessantes. Tudo ao redor é movimento mental, mas esse excesso pesa como um eco que não cessa. Este é o domínio do 9 de Espadas.

Ao olhar para dentro do Cubo, você vê nove espadas suspensas no ar, todas apontadas para baixo. Elas não ferem, mas pairam sobre você como ameaças, refletindo os medos e as ansiedades que sua mente projeta. Cada lâmina parece ser um pensamento recorrente, uma preocupação que insiste em retornar. O peso não está no aço, e sim na mente que as sustenta.

De repente, manifesta-se a energia dos Enamorados (Arcano 6, Gêmeos). Duas figuras surgem diante de você, cada uma oferecendo uma direção. Uma aponta para a sombra, a outra para a luz. Não são inimigas, mas expressões da dualidade. A presença delas revela que, por trás da ansiedade, existe a necessidade de escolher alimentar as espadas que aprisionam a mente ou integrá-las em discernimento e clareza. A figura dos Enamorados lhe diz:

> *Não temas as espadas do pensamento.*
> *Elas apenas refletem a luz que ainda não compreendeste.*

Enquanto você contempla esse dilema, o céu se abre em um clarão. Um raio atravessa o espaço e atinge as espadas suspensas. É a força da Torre (Arcano 16, Marte). O impacto é estrondoso, as espadas tremem, racham e algumas se despedaçam em faíscas. O trovão ecoa pelo Cubo, e você compreende que aquilo que parecia eterno e inquebrável é passageiro. O fogo marciano não vem para destruí-lo, mas para romper o cerco das ilusões.

No meio da tempestade, as espadas começam a se dissolver em luz. A Torre mostra seu aspecto revelador, indicando que às vezes é necessário quebrar o que aprisiona para liberar a consciência. Você respira fundo e percebe que as vozes múltiplas que antes o atormentavam agora se recolhem em um silêncio claro, profundo, quase cristalino.

Veja-se caminhando pela aresta Leste-Acima do Cubo. Os Enamorados acompanham seus passos com um sorriso tranquilo, pois você percebeu que a verdadeira escolha não está em fugir do conflito, mas em aceitá-lo como parte inevitável da jornada. Marte não se mostra como inimigo, e sim como o fogo que dissolve os grilhões da mente.

Permaneça por alguns instantes nesse silêncio interior. Sinta que, embora a noite mental possa trazer angústia, é nela que nasce a centelha da libertação. O 9 de Espadas ensina que os tormentos se apresentam como portas disfarçadas, e que a queda da Torre abre espaço para um novo alvorecer.

Quando estiver pronto, respire fundo e traga a atenção de volta ao corpo. Abra os olhos lentamente e lembre-se de que as espadas que antes o ameaçavam agora se transformaram em fragmentos de luz. Cada pensamento pode ser conduzido à clareza quando iluminado pelo fogo da consciência.

10 de Espadas

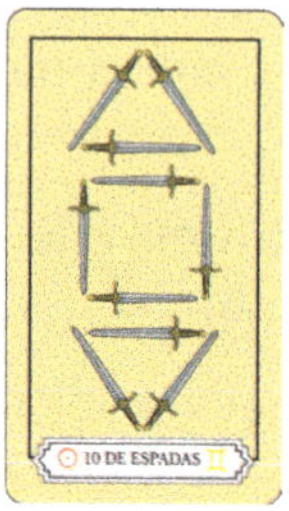

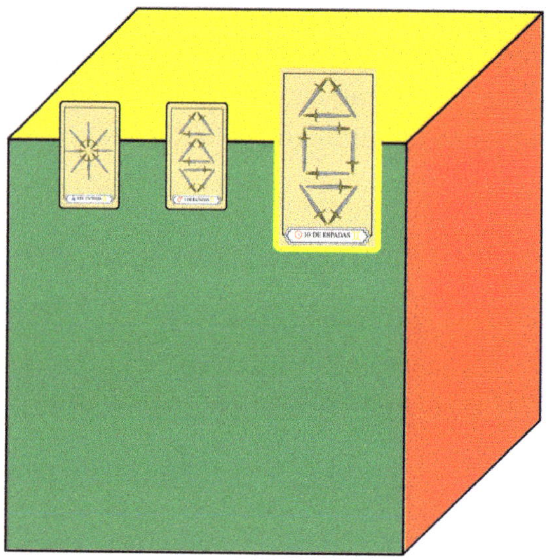

O 10 de Espadas corresponde à energia do Sol em Gêmeos, no terceiro decanato deste signo. Aqui, a clareza solar ilumina o signo da mente múltipla, revelando tanto suas possibilidades quanto seus limites. Este Arcano menor marca o clímax da jornada das espadas em Gêmeos, o peso da mente chega ao extremo, e o intelecto é forçado a reconhecer sua própria saturação.

Tradicionalmente visto como um Arcano de dor, queda ou fim, o 10 de Espadas no contexto esotérico revela algo mais profundo: a dissolução de um ciclo mental que não pode mais se sustentar. A intensidade que antes se multiplicava em ansiedade (9 de Espadas, Marte em Gêmeos) agora se consome sob a luz do Sol, expondo as ilusões e preparando o caminho para uma nova etapa.

No Cubo do Espaço, o 10 de Espadas está localizado na aresta Leste-Acima, a mesma associada ao signo de Gêmeos (Enamorados). A essa configuração soma-se a influência solar, que ilumina e revela. A posição no Cubo mostra o ponto em que a consciência, saturada de pensamentos e divisões, deve ser reconciliada sob a luz maior da clareza espiritual. Aqui, as sombras da mente não têm mais onde se esconder, pois tudo é revelado.

Assim, o 10 de Espadas é tanto a imagem da queda quanto a promessa da libertação. O fim não é destruição, mas conclusão necessária para que algo novo surja.

Correspondências Esotéricas

- **Planeta / Signo**: Sol em Gêmeos (terceiro decanato).
- **Posição no Cubo**: aresta Leste-Acima.
- **Arcano Maior Zodiacal**: Enamorados (Arcano 6, Gêmeos).
- **Arcano Maior Planetário**: Sol (Arcano 19, Sol).
- **Elemento**: Ar.

Dinâmica Psicológica e Espiritual

- **Físico**: fadiga após esforço excessivo, necessidade de descanso e regeneração.
- **Mental**: percepção dos próprios limites; clareza que surge após a queda das ilusões.
- **Emocional**: sentimentos de derrota ou esgotamento, mas que abrem espaço para uma nova fase emocional.
- **Espiritual**: iluminação que vem após o fim de um ciclo; rendição à verdade maior do Eu.

Meditação do 10 de Espadas do Cubo do Espaço

Feche os olhos e veja-se diante do Cubo do Espaço, percebendo sua estrutura luminosa. Você se encontra mais uma vez na aresta Leste-Acima, território dos Enamorados. O ambiente agora é distinto, o ar não traz as vozes múltiplas, mas um peso silencioso, como se carregasse a conclusão inevitável de algo que chegou ao limite. Este é o domínio do 10 de Espadas.

À sua frente, aparecem dez espadas cravadas em uma figura luminosa deitada no chão. Não há sangue nem morte verdadeira, apenas a imagem da saturação completa. As espadas brilham como raios de pensamento que, em excesso, colapsaram sobre si mesmos. Essa visão não se apresenta como punição, mas como revelação, mostrando que tudo o que não podia mais se sustentar foi finalmente encerrado.

No horizonte interno, a presença dos Enamorados (Arcano 6, Gêmeos) se manifesta. Eles não surgem mais como dúvida ou divisão, mas como testemunhas silenciosas da escolha final. Sua aparição lembra que toda multiplicidade precisa, em algum momento, render-se à unidade. A luta interna entre opostos não pode se prolongar indefinidamente. Aqui, ela encontra seu limite.

De repente, uma luz intensa preenche todo o espaço. O Sol (Arcano 19) surge, não como astro distante, mas como círculo radiante que ocupa o céu do Cubo. Seu brilho é tão forte que as espadas começam a se dissolver, transformando-se em feixes dourados. A luz solar toca cada sombra, cada dúvida, cada dor acumulada. Nada permanece oculto diante de sua clareza.

O Sol fala, com voz serena e profunda:

> *Deixa que a luz atravesse o que foi ferida, pois a mente só descansa quando cessa a guerra contra si mesma.*

Você respira profundamente e compreende que o que termina não é a vida, mas a ilusão. O Sol revela que cada espada cravada era apenas construção mental, e que a queda não significa destruição, e sim libertação. A dor mostra-se como sombra da resistência, e ao aceitá-la, tudo se converte em lucidez.

Veja-se deitado no chão como a figura da carta, mas perceba que não há derrota. Seu corpo repousa em paz, enquanto o peso das espadas se dissolve e sua mente encontra silêncio. Acima de você, o Sol aquece com vitalidade, trazendo nova vida.

O fim se revela como início. O Sol sempre anuncia o alvorecer após a noite mais escura. Permaneça nessa luz alguns instantes, permitindo que ela regenere sua energia vital, cure a mente fatigada e desperte em você a certeza de que cada término é também passagem.

O 10 de Espadas no Cubo do Espaço mostra que a multiplicidade de Gêmeos, quando saturada, precisa ceder à unidade solar. É o ponto em que a mente, antes fragmentada, é banhada por uma clareza que dissolve as divisões.

Quando sentir que o momento chegou, respire fundo e traga a consciência de volta ao corpo. Abra os olhos suavemente e carregue consigo a lembrança do Sol brilhando após o fim, a certeza de que toda dor contém em si o prelúdio de um novo despertar.

2 de Ouros

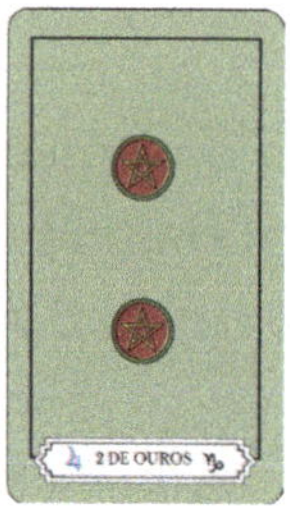

O 2 de Ouros é a expressão inicial da energia de Capricórnio sob a influência expansiva de Júpiter. Localizado no primeiro decanato deste signo, ele marca o ponto em que o impulso jupiteriano de crescimento encontra a disciplina estrutural de Capricórnio. Aqui, o naipe de Ouros (símbolo da matéria, do corpo e da realização prática) revela sua primeira manifestação no campo da Terra cardeal que traz a adaptação consciente às condições da vida material.

No Cubo do Espaço, o 2 de Ouros está situado na aresta Oeste-Abaixo, ponto correspondente ao signo de Capricórnio (Diabo). Essa posição mostra claramente o caráter deste Arcano: um lugar de tensão e escolha, onde a matéria apresenta seus limites e, ao mesmo tempo, suas possibilidades. É no Oeste--Abaixo que a realidade física e as restrições se impõem, mas também onde o esforço humano pode aprender a adaptar-se e a fluir.

O 2 de Ouros, portanto, representa a dança da adaptação de duas forças, dois valores, dois caminhos que precisam ser equilibrados em meio à densidade da existência. Júpiter, em sua natureza expansiva, encontra em Capricórnio os limites que nos obriga a disciplinar seu crescimento. Essa interação gera a sabedoria prática de que prosperar não é apenas acumular, mas saber sustentar e equilibrar os ciclos.

Correspondências Esotéricas

- **Planeta / Signo**: Júpiter em Capricórnio (primeiro decanato).
- **Posição no Cubo**: aresta Oeste-Abaixo.
- **Arcano Maior Zodiacal**: Diabo (Arcano 15, Capricórnio).
- **Arcano Maior Planetário**: Roda da Fortuna (Arcano 10, Júpiter).
- **Elemento**: Terra.

Dinâmica Psicológica e Espiritual

- **Físico**: flexibilidade do corpo, necessidade de adaptação a ritmos, equilíbrio em meio a mudanças.
- **Mental**: pensamento prático, capacidade de reorganizar prioridades, uso inteligente dos recursos disponíveis.
- **Emocional**: oscilação entre estabilidade e instabilidade, exigindo confiança no processo.
- **Espiritual**: percepção de que a vida material é cíclica e deve ser vivida como dança; a limitação pode ser caminho para crescimento interior.

Meditação do 2 de Ouros no Cubo do Espaço

Feche os olhos e visualize o Cubo do Espaço diante de si. Sinta-se descendo em direção à aresta Oeste-Abaixo, território do signo de Capricórnio. O ambiente é denso e sólido, como se fosse feito de pedra e montanha. É o domínio do Diabo (Arcano 15), guardião das forças da matéria. Aqui tudo é peso, tudo é lei, e nada escapa às correntes do tempo e das condições físicas.

Diante de você, duas moedas douradas começam a girar. Elas se movem em círculos, unidas por um laço invisível em forma de infinito. Esse movimento é contínuo, sem início nem fim. Ao observar, perceba que cada moeda representa um aspecto da sua vida, podendo ser trabalho e descanso, dar e receber, espiritual e material. Ambas precisam ser mantidas em equilíbrio, pois se uma cai, todo o fluxo se interrompe.

Do alto, surge a imagem da Roda da Fortuna (Arcano 10, Júpiter). Ela gira incessantemente, lembrando que toda estabilidade é temporária e que todo limite é apenas um ponto dentro de um ciclo maior. Júpiter traz a promessa de expansão, mas em Capricórnio esse crescimento só se cumpre por meio da disciplina. Você percebe que a Roda e as moedas são reflexos uma da outra; o macrocosmo e o microcosmo dançam juntos.

À sua volta, a presença do Diabo se manifesta, não como figura de terror, mas como mestre severo que aponta as correntes da vida material. Ele ergue seu cetro, e sua voz ecoa grave no interior do Cubo:

> *Nada te prende além daquilo que recusas compreender.*
> *Aprende a mover-te com o peso da Terra, e verás que até as correntes podem dançar.*

Ele mostra que cada moeda é pesada, que cada escolha traz consequências e que o equilíbrio exige consciência. A limitação torna-se o palco da sua liberdade interior.

Respire profundamente e imagine-se agora segurando as duas moedas. Com cada inspiração, você as ergue e as equilibra no ar; com cada expiração, deixa-as descer suavemente, sempre ligadas pelo laço infinito. Perceba como esse movimento se transforma em dança, em fluxo natural que não exige esforço além da atenção. Quanto mais você relaxa, mais o equilíbrio se mantém por si mesmo.

No coração dessa experiência, surge a compreensão de que o 2 de Ouros não trata de aprisionamento, mas de adaptação. É o reconhecimento de que a vida se compõe de ciclos e que a sabedoria consiste em mover-se com eles em vez de resistir. Júpiter oferece a visão ampla, a Roda que nunca cessa de girar. Capricórnio concede a disciplina que sustenta o movimento com firmeza.

Permaneça alguns instantes nesse balanço, sentindo-se parte da dança cósmica. As moedas em suas mãos brilham cada vez mais forte até que se dissolvem em pura luz dourada. Essa luz penetra em seu corpo, trazendo flexibilidade, clareza e confiança no fluxo da vida.

Quando sentir que é o momento, respire fundo, traga a consciência de volta ao corpo físico e abra os olhos lentamente. Carregue consigo a certeza de que o equilíbrio não é rigidez, mas movimento contínuo. O 2 de Ouros no Cubo do Espaço guarda este selo de sabedoria: viver é dançar entre os polos da existência, sustentado pelo ritmo eterno da Roda e pela força da Terra.

3 de Ouros

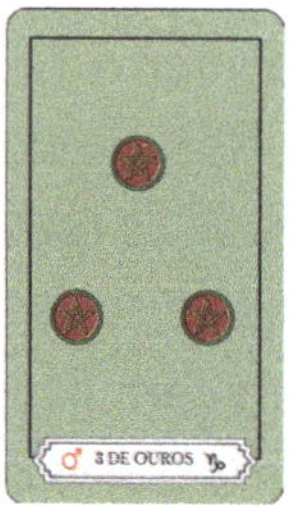

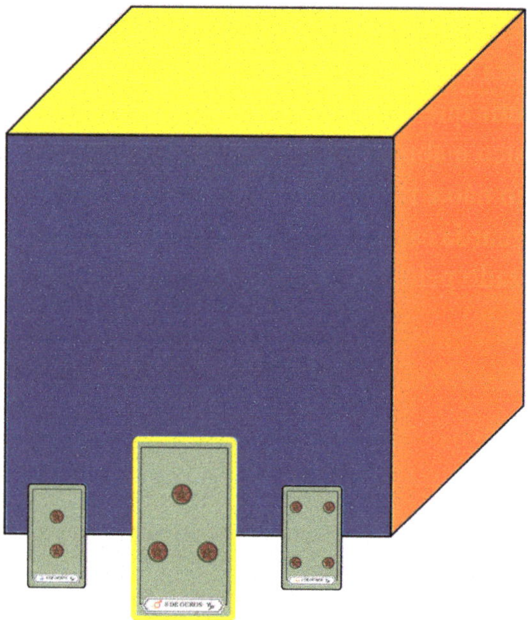

O 3 de Ouros é a segunda expressão da energia de Capricórnio, manifestada agora sob a regência de Marte. Localizado no segundo decanato deste signo, ele revela a aplicação prática da força marciana (energia, disciplina, perseverança) no campo da matéria e da construção. Se no 2 de Ouros havia o desafio da adaptação e do equilíbrio dinâmico, no 3 de Ouros surge o impulso de edificar com propósito, canalizando o poder de Marte dentro das estruturas sólidas de Capricórnio.

No Cubo do Espaço, o 3 de Ouros também está situado na aresta Oeste--Abaixo, ponto atribuído ao signo de Capricórnio (Diabo). Este é o território da densidade, das correntes da forma e das restrições materiais que obrigam a consciência a aprender disciplina. Aqui, Marte acende o fogo da ação em meio à pedra da montanha, trazendo energia bruta e a vontade determinada de construir.

O 3 de Ouros, nesse contexto, é o Arcano do trabalho cooperativo e estruturado. Ele marca o momento em que o impulso individual de Marte encontra o rigor coletivo de Capricórnio, resultando em obras duradouras. É a carta da especialização, do reconhecimento do talento, e da capacidade de somar esforços em prol de algo maior.

Enquanto Júpiter (2 de Ouros) ensinava adaptação, Marte (3 de Ouros) ensina perseverança e esforço consciente, revelando que a verdadeira grandeza surge quando a energia é disciplinada e organizada em padrões estáveis.

Correspondências Esotéricas

- **Planeta / Signo**: Marte em Capricórnio (segundo decanato).
- **Posição no Cubo**: aresta Oeste-Abaixo.
- **Arcano Maior Zodiacal**: Diabo (Arcano 15, Capricórnio).
- **Arcano Maior Planetário**: Torre (Arcano 16, Marte).
- **Elemento**: Terra.

Dinâmica Psicológica e Espiritual

- **Físico**: energia aplicada ao trabalho árduo, ao esforço produtivo, à resistência física diante de tarefas exigentes.
- **Mental**: disciplina intelectual, pensamento estruturado, capacidade de planejar em longo prazo e executar com paciência.
- **Emocional**: orgulho pelo esforço realizado, mas também necessidade de aprender a compartilhar e reconhecer o valor do grupo.
- **Espiritual**: consciência de que a construção material é reflexo da construção interior; cada pedra erguida no mundo é símbolo de uma pedra lapidada na alma.

Meditação do 3 de Ouros no Cubo do Espaço

Feche os olhos e visualize-se diante do Cubo do Espaço. Desça até a aresta Oeste-Abaixo, território de Capricórnio. O ambiente é de rocha e montanha, firme e imutável. Aqui se encontra o Diabo, guardião da matéria, aquele que mostra o peso das correntes do mundo físico. Ao se aproximar, você percebe não só a opressão, mas também o potencial de libertação. É dentro da pedra que o escultor revela a obra.

De repente, um clarão rompe o silêncio. É a energia da Torre (Arcano 16, Marte). Um raio de fogo desce sobre a rocha, abrindo-a e despertando movimento dentro da rigidez. Marte surge como força explosiva, não para destruir inutilmente, mas para quebrar as formas que aprisionam e liberar a energia que pode ser reorganizada. Você sente esse raio em seu corpo como impulso de vigor, despertando a coragem de agir.

No centro da aresta em que você está, um cenário se manifesta. Um canteiro de obras sagrado, uma catedral em construção. Três figuras aparecem, um mestre, um artesão e um aprendiz. Juntos, eles observam planos e erguem paredes. Cada um desempenha seu papel com dedicação, e a obra cresce não pela força isolada, mas pela soma dos talentos. Perceba que você é, ao mesmo tempo, cada uma dessas figuras: aquele que projeta, aquele que executa e aquele que aprende.

O Diabo observa de longe, seu olhar é firme e penetrante. Ele ergue uma das correntes que o cercam e diz com voz profunda e grave:

Não temas o peso da matéria.
Aprende a moldá-la.
Toda limitação é o molde de uma força que ainda não sabes usar.

Ele lembra que a matéria é resistência, mas também recurso. É através dela que a energia de Marte pode se consolidar em algo concreto. Sinta como a severidade de Capricórnio não é castigo, mas disciplina que molda sua força interior.

Enquanto a obra se ergue, a Torre relampeja novamente, lembrando que todo edifício deve estar preparado para mudanças súbitas. Marte ensina que, mesmo na construção, é preciso coragem para transformar e derrubar o que já não serve. Cada golpe do martelo que você dá ressoa dentro do Cubo como um trovão, quebrando correntes antigas e libertando a energia vital que estava aprisionada.

Respire profundamente e imagine-se colocando uma pedra no edifício. Essa pedra representa sua contribuição, seu esforço único. Ao assentar essa pedra, perceba que ela se une a muitas outras, tornando-se parte de algo maior que você mesmo. A mensagem do 3 de Ouros indica o trabalho compartilhado, no qual cada esforço individual se transforma em parte de uma obra coletiva e duradoura.

Sinta o fogo de Marte aceso dentro de você, mas canalizado pela disciplina de Capricórnio. Não é um fogo caótico, mas uma chama que aquece e sustenta, transformando suor em pedra e pedra em templo.

Permaneça nesse estado por alguns instantes, percebendo o equilíbrio entre energia e disciplina, ação e estrutura. Quando sentir que é o momento, respire fundo, retorne sua consciência ao corpo físico e abra os olhos. Leve consigo a certeza de que o 3 de Ouros no Cubo do Espaço é o selo da construção consciente — a união da força transformadora de Marte com a disciplina estruturante de Capricórnio.

4 de Ouros

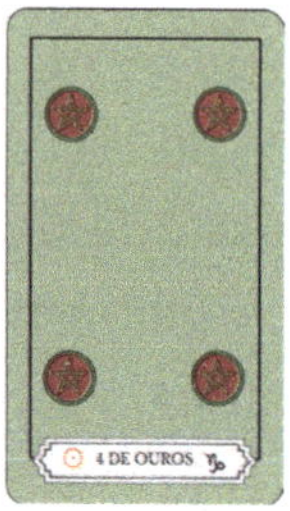

O 4 de Ouros é a terceira expressão da energia de Capricórnio, manifestada sob a luz do Sol. Situado no terceiro decanato do signo, este Arcano menor revela o momento em que a matéria, antes trabalhada pelo dinamismo adaptativo do 2 (Júpiter) e pela disciplina perseverante do 3 (Marte), alcança um estado de estabilidade, estrutura e preservação.

No Cubo do Espaço, o 4 de Ouros permanece na aresta Oeste-Abaixo, território do signo de Capricórnio (Diabo). Aqui, o Sol irradia sua luz sobre o espaço mais denso e sombrio do Cubo, trazendo clareza àquilo que é construído e consolidado no mundo material. É nesse ponto que a consciência percebe o valor da segurança, da posse e do poder de permanência, mas também é testada pela tentação de cristalizar-se e prender-se às formas já conquistadas.

Este Arcano representa o desejo humano de manter o que foi conquistado como a riqueza, estabilidade, território, poder. Ele simboliza tanto o êxito em alcançar uma posição sólida quanto os perigos do apego, da avareza e do medo de perder. No seu aspecto mais elevado, o 4 de Ouros é a base firme sobre a qual se pode construir algo duradouro; em seu aspecto limitante, pode se tornar prisão e rigidez.

O encontro entre o Sol e Capricórnio dá origem a um simbolismo profundo: a energia vital e iluminadora do Sol se infiltra na disciplina montanhosa do signo de Capricórnio, criando consciência da estrutura, mas também revelando que a verdadeira luz não pode ser aprisionada.

Correspondências Esotéricas

- **Planeta / Signo**: Sol em Capricórnio (terceiro decanato).
- **Posição no Cubo**: aresta Oeste-Abaixo.
- **Arcano Maior Zodiacal**: Diabo (Arcano 15, Capricórnio).
- **Arcano Maior Planetário**: Sol (Arcano 19, Sol).
- **Elemento**: Terra.

Dinâmica Psicológica e Espiritual

- **Físico**: vitalidade sustentada por hábitos estáveis; preocupação com segurança material e preservação de recursos.
- **Mental**: clareza no planejamento e na administração; tendência a estruturar ideias e conservar padrões de pensamento.
- **Emocional**: necessidade de controle e estabilidade nas relações; medo de perda e vulnerabilidade emocional.
- **Espiritual**: consciência de que toda forma material é transitória; a verdadeira segurança provém da luz interior que não pode ser aprisionada.

Meditação do 4 de Ouros no Cubo do Espaço

Feche os olhos e visualize-se no Cubo do Espaço. Caminhe até a aresta Oeste-Abaixo, onde o signo de Capricórnio ergue sua montanha de pedra e o Diabo aguarda como guardião do domínio da matéria. Ao redor, você vê correntes e estruturas rígidas, lembrando que o mundo físico é tanto suporte quanto prisão.

De repente, o espaço se ilumina. O Sol surge no horizonte subterrâneo, sua luz dourada e radiante penetra até mesmo as pedras mais densas. A aresta que antes era escura agora reflete raios luminosos, revelando o brilho oculto dentro da matéria. A presença do Sol não dissolve a montanha, mas mostra que em seu interior há ouro, calor e energia vital.

À sua frente aparece a imagem do 4 de Ouros. Um indivíduo está sentado em um trono simples, segurando firmemente uma moeda sobre o peito, com outras três sob os pés e sobre a cabeça. Essa figura olha em silêncio, e seus olhos revelam tanto orgulho pelas conquistas quanto medo de perdê-las. O gesto de segurar pode ser proteção, mas também prisão.

O Diabo ergue-se atrás dele, imponente, e fala com voz grave e profunda:

Tudo o que é firme se corrompe quando se fecha.
Aprende a possuir sem ser possuído, a guardar sem aprisionar.
A matéria é tua serva, não teu senhor.

Sobre a cena, o esplendor do Sol (Arcano 19) desce em cascata de ouro e fogo. Sua luz dissolve os grilhões da ilusão e revela que a verdadeira segurança não está nas coisas acumuladas, mas na centelha divina que habita o coração.

Respire profundamente e sinta essa dualidade em você. De um lado, o impulso de preservar, de manter firme o que foi conquistado. De outro, a lembrança de que a vida é fluxo e de que nada permanece retido para sempre. O Sol brilha sobre o coração, expandindo-o, mostrando que a luz cresce quando compartilhada, e não quando aprisionada.

Veja-se agora segurando um pentáculo dourado junto ao peito. Aos poucos, permita que suas mãos se abram. Quando solta o pentáculo, ele não cai. Transforma-se em esfera de luz que flutua diante de você. Essa esfera se multiplica, formando quatro globos radiantes que se alinham em cruz: acima, abaixo, à esquerda e à direita. Essa cruz luminosa se fixa no espaço, revelando que o verdadeiro tesouro não se perde, mas se expande quando liberado.

O Sol brilha ainda mais forte, dissolvendo as correntes de Capricórnio, não para destruir a estrutura, mas para mostrar que ela deve servir ao espírito, e não aprisioná-lo. Surge então a compreensão: segurança não é apego, mas consciência da luz interior que sustenta todas as formas.

Permaneça nesse estado, absorvendo a clareza do Sol e a disciplina do Diabo, integrando ambos como forças complementares. Respire profundamente, traga a imagem dessa cruz de luz para dentro do coração e saiba que a estabilidade verdadeira nasce do equilíbrio entre forma e espírito.

Quando sentir que é o momento, retorne suavemente ao corpo físico, abra os olhos e leve consigo a bênção do 4 de Ouros e a certeza de que toda conquista é reflexo da luz divina, e que a verdadeira riqueza é aquela que ilumina a alma.

5 de Ouros

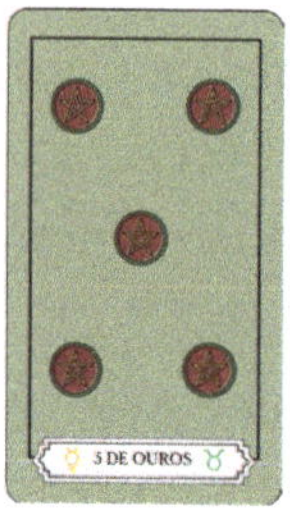

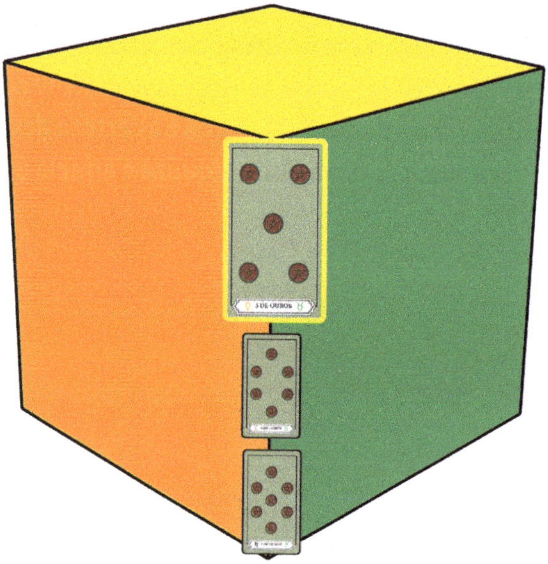

O 5 de Ouros é a primeira expressão da energia de Touro manifestada através de Mercúrio. Situado no primeiro decanato do signo, este Arcano menor simboliza o encontro entre o princípio fixo e material de Touro e a agilidade mental e comunicativa de Mercúrio. Aqui, o impulso mercurial, que busca movimento, flexibilidade e troca, se vê confrontado pela densidade e resistência taurina, resultando em tensões, crises e experiências de limitação.

No Cubo do Espaço, o 5 de Ouros está localizado na aresta Sudeste, território atribuído ao Hierofante (Touro). Essa posição revela o paradoxo essencial do Arcano: ao mesmo tempo em que se busca solidez e segurança, também se enfrenta o aprendizado espiritual através das provações. O 5 de Ouros é, assim, o ponto em que o buscador deve aprender a enxergar além da aparência da privação para encontrar um sentido mais profundo na jornada.

O simbolismo da carta traz o desafio de transcender a percepção de isolamento, compreender que a carência é apenas aparente e que as dificuldades são convites à reconexão com a fonte de abundância interior.

A interação entre Mercúrio e Touro cria aqui um campo de aprendizado sobre os limites da matéria e as necessidades da alma. Mercúrio, ao se mover no território fixo de Touro, revela que a mente pode tanto aprisionar-se nas preocupações materiais quanto encontrar clareza e ressignificação através delas.

Correspondências Esotéricas

- **Planeta / Signo**: Mercúrio em Touro (primeiro decanato).
- **Posição no Cubo**: aresta Sudeste.
- **Arcano Maior Zodiacal**: Hierofante (Arcano 5, Touro).
- **Arcano Maior Planetário**: Mago (Arcano 1, Mercúrio).
- **Elemento**: Terra.

Dinâmica Psicológica e Espiritual

- **Físico**: sensação de restrição material ou corporal; crises de saúde ou recursos que demandam novas soluções.
- **Mental**: tendência a preocupar-se excessivamente com limitações; ao mesmo tempo, oportunidade de desenvolver resiliência e pensamento prático.
- **Emocional**: sentimento de exclusão, insegurança ou isolamento; necessidade de buscar apoio na fé e na comunidade.
- **Espiritual**: reconhecimento de que as provas materiais são degraus no caminho da sabedoria; percepção de que a verdadeira riqueza está no contato com a centelha divina.

Meditação do 5 de Ouros no Cubo do Espaço

Feche os olhos e visualize-se diante do Cubo do Espaço. Caminhe até a aresta Sudeste, onde o signo de Touro estabelece seu trono de estabilidade e o Hierofante se ergue como guardião da sabedoria sagrada. Aqui, porém, você sente o peso da matéria. O ar é frio, a terra é rígida, e uma sensação de carência percorre seu ser.

Ao redor, a cena do 5 de Ouros toma forma. Você vê dois viajantes caminhando sob a neve, cansados, desprovidos de conforto, enquanto ao lado uma janela iluminada revela vitrais dourados. Essa luz, embora próxima, parece inacessível, como se houvesse um véu entre você e a abundância espiritual.

Nesse instante, uma voz leve e cristalina ecoa entre as pedras geladas:

A escassez é apenas um reflexo do olhar que se fecha.
A luz nunca está distante, ela se esconde naquilo que você teme olhar.

O Mago (Arcano 1, Mercúrio) manifesta-se à sua frente. Ele aparece como um mensageiro ágil, trazendo em suas mãos os símbolos da comunicação e do conhecimento. Com um gesto, aponta para a janela iluminada, revelando que a luz nunca esteve fora de alcance, apenas encoberta pelas percepções limitadas da mente. Mercúrio ensina que a verdadeira pobreza é a falta de visão, e a verdadeira riqueza é a capacidade de perceber o espírito para além da forma.

Logo atrás, o Hierofante (Arcano 5, Touro) se ergue em seu trono, segurando as chaves do templo. Sua presença é firme e sólida, transmitindo estabilidade em meio ao caos. Ele fala com voz profunda e serena:

Toda provação é um rito, e cada dificuldade é uma lição velada.
A porta da abundância se abre quando o coração reconhece o sagrado na limitação.

Ele mostra que cada dificuldade material é, na verdade, uma porta para a iniciação espiritual. As chaves que segura são o símbolo do acesso ao mistério, indicando que o sofrimento terreno pode se transformar em sabedoria quando enfrentado com fé e disciplina.

Respire profundamente e sinta o frio da cena transformar-se em um chamado ao despertar. Você caminha até a janela iluminada, e ao tocar o vitral, ele se dissolve em pura luz dourada que o envolve por inteiro. Essa luz aquece seu corpo, dissipa a sensação de escassez e preenche seu coração de certeza. Você nunca está abandonado, pois a presença da centelha divina é constante, mesmo nas situações mais difíceis.

Veja-se agora segurando uma pequena moeda em suas mãos, símbolo da matéria. Ao abri-la, percebe que dentro dela pulsa um sol radiante, pequeno, mas intenso. Essa é a lembrança do 5 de Ouros: mesmo no centro da carência, a luz solar está presente, aguardando para ser revelada.

Permaneça por alguns instantes absorvendo essa luz. Reconheça que as provações materiais não são castigos, mas passagens iniciáticas. Elas convidam a transformar preocupação em clareza, medo em confiança, isolamento em comunhão. O Mago oferece a capacidade de reinterpretar, e o Hierofante concede a sabedoria necessária para atravessar o limiar.

Quando sentir que é o momento, traga a imagem dessa luz dourada para dentro do coração e permita que ela brilhe em sua vida cotidiana. Abra os olhos lentamente, levando consigo a bênção do 5 de Ouros e a consciência de que a verdadeira riqueza nasce da união entre sabedoria espiritual e clareza mental, e que nenhuma dificuldade pode apagar a luz do espírito.

6 de Ouros

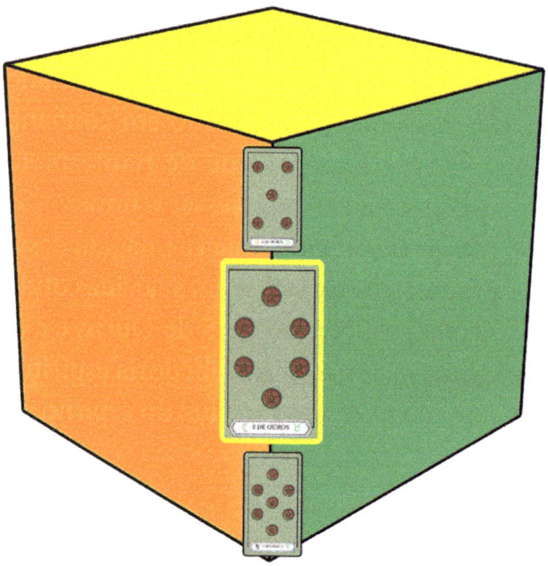

O 6 de Ouros representa o segundo estágio da energia de Touro, agora iluminada pela influência da Lua. Localizado no segundo decanato de Touro, este Arcano menor fala do equilíbrio entre dar e receber, da circulação dos recursos, da partilha justa e do senso de harmonia que surge quando as necessidades da matéria são atendidas com consciência.

No Cubo do Espaço, o 6 de Ouros está situado na aresta Sudeste, território atribuído ao Hierofante (Touro). Aqui, o signo fixo da Terra oferece o cenário da estabilidade, enquanto a Lua acrescenta seu movimento, seus ciclos e sua natureza refletora. O resultado é um campo de aprendizado sobre equilíbrio. As marés lunares oscilam dentro da rigidez taurina, mostrando que até mesmo a matéria está sujeita a fluxos.

O simbolismo clássico da carta mostra um benfeitor distribuindo moedas a dois necessitados, balança em mãos para medir com justiça. Essa imagem expressa o princípio lunar da alternância: ora se está em posição de dar, ora em posição de receber. O 6 de Ouros nos lembra que a verdadeira prosperidade não se encontra na acumulação, mas na circulação dos bens e da energia vital.

A interação entre Lua e Touro acentua a sensibilidade às necessidades materiais e emocionais. O que se doa não é apenas dinheiro ou sustento físico, mas também atenção, cuidado e presença. E o que se recebe é tanto recurso como dignidade, amor e acolhimento.

Correspondências Esotéricas

- **Planeta / Signo**: Lua em Touro (segundo decanato).
- **Posição no Cubo**: aresta Sudeste.
- **Arcano Maior Zodiacal**: Hierofante (Arcano 5, Touro).
- **Arcano Maior Planetário**: Sacerdotisa (Arcano 2, Lua).
- **Elemento**: Terra.

Dinâmica Psicológica e Espiritual

- **Físico**: sensação de estabilidade material, mas necessidade de manter o fluxo equilibrado de recursos.
- **Mental**: clareza sobre justiça e equilíbrio; aprendizado em relação à partilha.
- **Emocional**: generosidade, empatia e cuidado; reconhecimento da interdependência.
- **Espiritual**: compreensão de que dar e receber são dois aspectos de uma mesma lei universal.

Meditação do 6 de Ouros no Cubo do Espaço

Feche os olhos e visualize-se dentro do Cubo do Espaço. Caminhe até a aresta Sudeste, onde o signo de Touro ancora sua força fixa e terrena. Aqui, você encontra o Hierofante, sentado em seu trono e guardando as chaves que abrem os portais da sabedoria. Ele observa com serenidade, lembrando que todo aprendizado material deve ser consagrado como caminho espiritual.

A cena do 6 de Ouros começa a se manifestar diante de você. Um homem de semblante nobre segura uma balança em uma das mãos e, com a outra, distribui moedas de ouro a dois viajantes ajoelhados. A balança brilha com luz prateada, refletindo os raios da Lua que se ergue luminosa no céu noturno. Essa claridade mostra que a justiça não está nos cálculos frios, mas na percepção sensível das necessidades de cada ser.

A voz suave da Sacerdotisa ecoa de um ponto invisível do Cubo:

> *A verdadeira medida não se pesa com ferro, mas com o coração.*
> *O que é dado sem pureza se perde. O que é ofertado com amor se multiplica.*

Nesse instante, a presença da Sacerdotisa (Arcano 2, Lua) se torna visível. Ela surge silenciosa, sentada diante de um véu estrelado e segurando em seu colo o pergaminho da Lei Natural. Sua expressão é calma, serena, e seus olhos refletem o mistério da noite. Ela ensina que toda partilha verdadeira nasce da sabedoria intuitiva, da percepção do que precisa fluir e do que precisa ser acolhido.

Você observa o movimento da cena. A moeda que sai da mão do benfeitor não é perdida, mas transformada em luz quando toca as mãos dos necessitados. Cada moeda torna-se um círculo dourado que se dissolve no ar e retorna ao doador como bênção invisível. Assim, você compreende que dar e receber são parte de um mesmo circuito, como as fases da Lua que crescem e decrescem sem jamais perder sua essência.

O Hierofante se levanta e fala com voz firme e compassiva:

> *O que você sustenta, o sustenta.*
> *O que você oferece, o transforma.*
> *A Terra recompensa aquele que age com retidão, pois toda oferta sincera é uma oração.*

Com um gesto, ele abre diante de você as portas de um templo invisível. Dentro dele, você vê que todas as relações materiais — cada alimento partilhado, cada gesto de apoio, cada moeda dada — são, na verdade, rituais sagrados. Ele ensina que a Terra é o altar e que cada ato de partilha é um sacramento.

Respire profundamente e permita que a energia da Lua flua em você como marés suaves. Sinta que suas próprias necessidades estão conectadas às necessidades do mundo. Quando você dá, o mundo recebe através de você; quando você recebe, é o mundo que lhe retribui. Essa percepção dissolve qualquer sensação de isolamento e revela a interdependência universal.

Veja-se agora segurando a balança do 6 de Ouros. Em um dos pratos, coloque aquilo que já recebeu na vida: dons, recursos, afetos, oportunidades. No outro prato, deposite aquilo que ainda pode oferecer ao mundo: sua voz, seu tempo, sua presença, sua compaixão. Observe como a balança se ajusta sozinha, encontrando o ponto perfeito de equilíbrio.

Permaneça por alguns instantes nessa contemplação. Reconheça que o 6 de Ouros não fala unicamente de prosperidade material, mas é o espelho da Lei Universal que afirma que tudo o que circula retorna, e que a generosidade é a semente da verdadeira abundância.

Quando sentir que é o momento, traga a imagem da balança e da luz lunar para o centro do seu coração. Inspire profundamente e abra os olhos, levando consigo a bênção do 6 de Ouros e a certeza de que você é parte do grande ciclo da partilha e de que a verdadeira riqueza floresce na harmonia entre dar e receber.

7 de Ouros

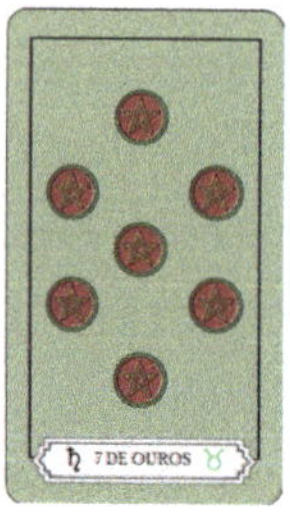

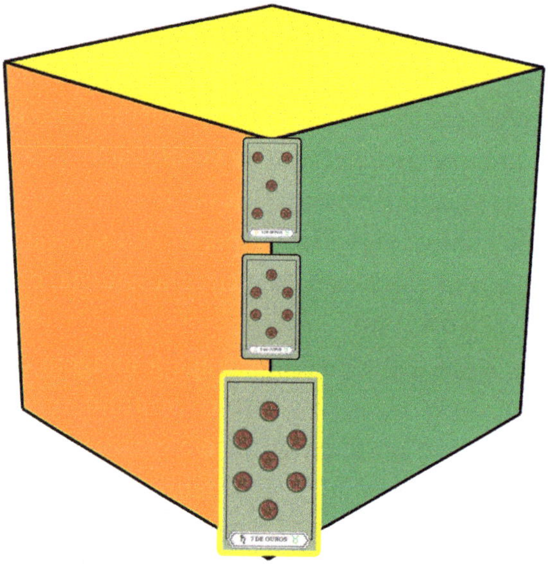

O 7 de Ouros representa o terceiro e último estágio da energia de Touro, sob a regência de Saturno. Este Arcano menor, associado ao terceiro decanato de Touro, traz a experiência da paciência, do trabalho persistente e do tempo necessário para que as sementes lancem raízes profundas e deem fruto. É a carta da colheita adiada, do amadurecimento lento, mas seguro.

No Cubo do Espaço, o 7 de Ouros também se encontra na aresta Sudeste, a fronteira governada pelo Hierofante (Arcano 5, Touro). Aqui, a energia da Terra fixa encontra a força de Saturno, o grande regente do tempo, das estruturas e dos limites. O que antes, no 5 e 6 de Ouros, era esforço e circulação agora se consolida em espera ativa: a vida mostra que toda forma precisa amadurecer no ritmo próprio do cosmos.

O simbolismo da carta mostra um camponês encostado em sua ferramenta, observando sete pentáculos dispostos em uma planta frutífera. Ele não está em atividade, mas em contemplação. Sabe que o trabalho foi feito, mas ainda não é hora da colheita. Este estado de suspensão é uma lição saturnina. O verdadeiro poder não está em acelerar, mas em respeitar os ciclos da Terra.

Correspondências Esotéricas

- **Planeta / Signo**: Saturno em Touro (terceiro decanato).
- **Posição no Cubo**: aresta Sudeste.
- **Arcano Maior Zodiacal**: Hierofante (Arcano 5, Touro).
- **Arcano Maior Planetário**: Mundo (Arcano 21, Saturno).
- **Elemento**: Terra.

Dinâmica Psicológica e Espiritual

- **Físico**: necessidade de cuidar do corpo e dos ritmos naturais; valorização do descanso após o esforço.
- **Mental**: paciência, avaliação constante, capacidade de esperar resultados sem ansiedade.
- **Emocional**: sensação de frustração diante da demora, mas também confiança no processo.
- **Espiritual**: reconhecimento do tempo como aliado, aprendizado sobre a perseverança e a maturidade da alma.

Meditação do 7 de Ouros no Cubo do Espaço

Feche os olhos e respire profundamente, sentindo seu corpo enraizar-se como uma árvore. Diante de você ergue-se o Cubo do Espaço, e seu chamado o conduz à aresta Sudeste, onde Touro estabelece sua firmeza. O Hierofante está presente, de pé diante de um templo invisível e segurando as duas chaves que abrem os portais do mistério. Sua voz é calma e grave, lembrando que tudo o que é verdadeiro precisa de fundamento, e que nenhum fruto nasce sem raiz.

Diante de seus olhos, a cena do 7 de Ouros se manifesta. Você vê uma vasta plantação sob a luz suave da Lua, iluminada por estrelas fixas que parecem pulsar lentamente. Um homem simples repousa sobre sua ferramenta, observando os sete pentáculos que brotam de uma grande planta. Ele não os toca nem os arranca, apenas contempla o trabalho já realizado e confia no tempo para concluir a obra.

Neste instante, a presença do Mundo (Arcano 21, Saturno) se revela. Uma figura radiante, cercada por uma coroa de louros, aparece no centro do espaço. Ela dança em movimento eterno, mas dentro de um círculo fixo, simbolizando a perfeita união entre movimento e limite. O Mundo mostra que Saturno não é prisão, mas estrutura; não é demora, mas maturação. Sua lição é clara, cada fase tem seu tempo, e a colheita não pode ser apressada sem perder sua plenitude.

A energia de Saturno envolve a cena como um manto profundo. Sinta essa vibração em você, um peso suave, mas firme, que lembra a solidez das montanhas e a passagem inevitável do tempo. Respire esse ensinamento e perceba como o tempo, tantas vezes visto como obstáculo, é, na verdade, o aliado que assegura a estabilidade e a completude de todas as obras. O Hierofante diz:

Confia no ritmo da Terra, pois ela nunca se apressa.
Tudo floresce em seu tempo.

O Hierofante coloca uma das chaves em suas mãos. Ele lhe mostra que esperar não é passividade, mas confiança ativa. A chave abre o entendimento de que cada semente carrega dentro de si o momento certo de florescer, e que o buscador espiritual precisa alinhar-se a essa verdade universal.

Visualize-se agora diante da grande planta com sete pentáculos. Toque suas folhas, sinta sua força vital e ouça o pulsar da Terra em suas raízes. Você percebe que o crescimento é silencioso, invisível à superfície, mas constante e inevitável. Cada fruto que se forma é alimentado pela paciência, pelo cuidado e pela estabilidade.

Respire profundamente e entregue-se ao fluxo do tempo. Imagine sua vida como um campo vasto: cada projeto, cada relação, cada sonho é uma semente plantada. Algumas germinam rápido, outras levam anos, mas todas seguem a mesma lei, florescem quando o ciclo se completa. Permita-se sentir paz ao compreender isso.

Agora, veja o Mundo mais uma vez, dançando dentro de seu círculo dourado. Ele lhe mostra que o fim e o início são um só, que o tempo é apenas a moldura da eternidade. O 7 de Ouros é a lembrança de que você está dentro dessa dança, e que cada pausa, cada espera, também faz parte do caminho.

Quando sentir que é o momento, traga essa sabedoria para dentro de si. Inspire profundamente e abra os olhos, levando consigo a bênção do 7 de Ouros: a certeza de que o tempo não atrasa, mas amadurece, e que cada obra, sustentada pela paciência, alcança sua plenitude no instante exato.

8 de Ouros

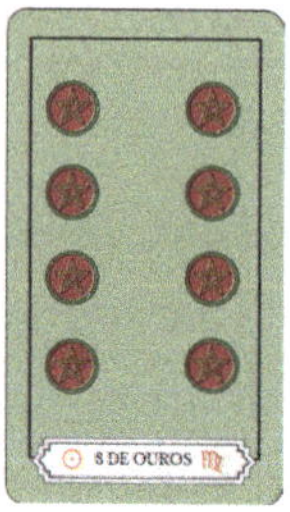

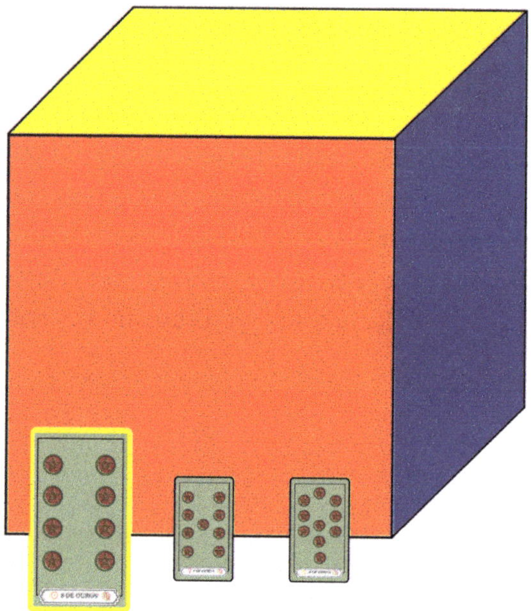

O 8 de Ouros é o primeiro estágio da energia de Virgem, sob a regência do Sol. Localizado no primeiro decanato deste signo, ele simboliza a dedicação ao aprendizado, a maestria que nasce da prática constante e o desenvolvimento de habilidades por meio da repetição disciplinada. Se no naipe de Ouros a matéria é o campo de manifestação, aqui ela é moldada pela luz do Sol, que ilumina cada detalhe e exige perfeição no ofício.

No Cubo do Espaço, o 8 de Ouros está situado na aresta Norte-Abaixo, domínio regido pelo Eremita (Arcano 9, Virgem). Nesta posição, a carta revela que o verdadeiro aprimoramento vem do mergulho no trabalho silencioso, sem pressa nem ostentação, onde cada gesto é uma oração e cada tarefa, um exercício espiritual. É o ponto em que a consciência encontra a disciplina da prática diária, e onde o buscador aprende que a iluminação não se dá em um instante de glória, mas em cada passo do caminho percorrido com atenção e devoção.

A iconografia tradicional do Arcano mostra um artesão sentado diante de sua bancada, concentrado em talhar um pentáculo. Ao seu redor, outros sete já foram concluídos e repousam como testemunhas do progresso. Ele não se detém na pressa de terminar, mas na perfeição de cada detalhe. Essa cena traduz a mensagem solar de que cada ato cotidiano pode tornar-se sagrado se realizado com consciência plena.

Correspondências Esotéricas

- **Planeta / Signo**: Sol em Virgem (primeiro decanato).
- **Posição no Cubo**: aresta Norte-Abaixo.
- **Arcano Maior Zodiacal**: Eremita (Arcano 9, Virgem).
- **Arcano Maior Planetário**: Sol (Arcano 19, Sol).
- **Elemento**: Terra.

Dinâmica Psicológica e Espiritual

- **Físico**: habilidade manual, precisão, atenção aos detalhes; necessidade de cuidar da saúde e do corpo como instrumento de trabalho.
- **Mental**: concentração, paciência e mente analítica; tendência a aperfeiçoar métodos e buscar eficiência.
- **Emocional**: satisfação em ver o progresso lento e constante; alegria simples no processo, além do resultado.
- **Espiritual**: reconhecimento de que cada ato cotidiano é veículo para a luz divina; a humildade no trabalho abre o caminho para a iluminação interior.

Meditação do 8 de Ouros no Cubo do Espaço

Feche os olhos e permita-se respirar lenta e profundamente. Diante de você ergue-se o Cubo do Espaço, iluminado por linhas de energia que brilham em silêncio. Seu chamado o conduz à aresta Norte-Abaixo, onde o ar frio da introspecção toca sua pele. Aqui se encontra o ponto regido pelo Eremita, o sábio que guia com sua lanterna o caminho oculto.

Enquanto você se aproxima, uma cena se revela diante dos olhos. Um artesão trabalha em silêncio em sua oficina. O ar é impregnado pelo som ritmado do martelo, cada batida moldando a matéria. Sete pentáculos já repousam ao seu redor, e ele agora se concentra no oitavo, talhando-o com devoção. O trabalho é lento, mas cada detalhe carrega uma beleza quase invisível. Ao observar, você compreende que esse artesão não busca pressa, mas perfeição; não deseja aplausos, mas encontra plenitude no simples gozo da dedicação.

Então, o Eremita (Arcano 9, Virgem) surge à sua esquerda. Ele ergue a lanterna e ilumina o rosto do artesão, revelando que cada gesto é um ato sagrado. O Eremita lhe sussurra:

O caminho da iluminação não é um salto, mas um passo repetido com consciência.
Cada ato, por menor que pareça, é um reflexo do Todo.

Do outro lado, manifesta-se o Sol (Arcano 19), irradiando sua luz dourada que banha toda a cena. Sua presença aquece o ambiente e faz com que cada pentáculo brilhe intensamente. Ele mostra que a prática humilde e silenciosa é o meio pelo qual a luz divina desce ao mundo material. O Sol sorri, lembrando que a perfeição não está apenas no resultado, mas no processo, pois cada ato contém o reflexo da totalidade.

Você respira fundo e sente a energia do Sol penetrar em suas mãos. Ao mesmo tempo, a lanterna do Eremita ilumina sua mente. Com as mãos aquecidas pela luz solar e a mente guiada pela chama do sábio, você segura uma ferramenta invisível e começa a talhar seu próprio pentáculo no ar. Cada gesto é lento, consciente e firme. Você percebe que não está criando apenas uma forma, mas esculpindo a si mesmo, lapidando sua alma.

À medida que o pentáculo se completa diante de você, uma sensação de ordem e clareza invade seu ser. O trabalho nunca se conclui por inteiro, porque cada dia traz uma nova oportunidade de continuar a obra. Ainda assim, o que já foi feito permanece, sólido e eterno, como testemunha de seu esforço consciente.

Agora, veja-se sentado na oficina junto ao artesão. Você é ele, e ele é você. Cada tarefa cotidiana em sua vida é como esse oitavo pentáculo, uma chance de transformar o simples em sagrado, o pequeno em eterno. Respire profundamente, deixando essa verdade enraizar-se em seu ser.

Quando sentir que é o momento, traga sua consciência de volta ao corpo físico. Abra lentamente os olhos, levando consigo a bênção do 8 de Ouros na certeza de que cada ato, quando realizado com amor e atenção, torna-se reflexo do Sol eterno que habita em seu interior.

9 de Ouros

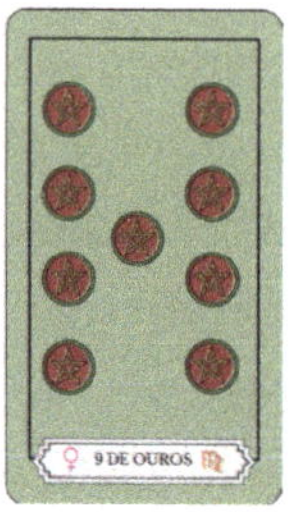

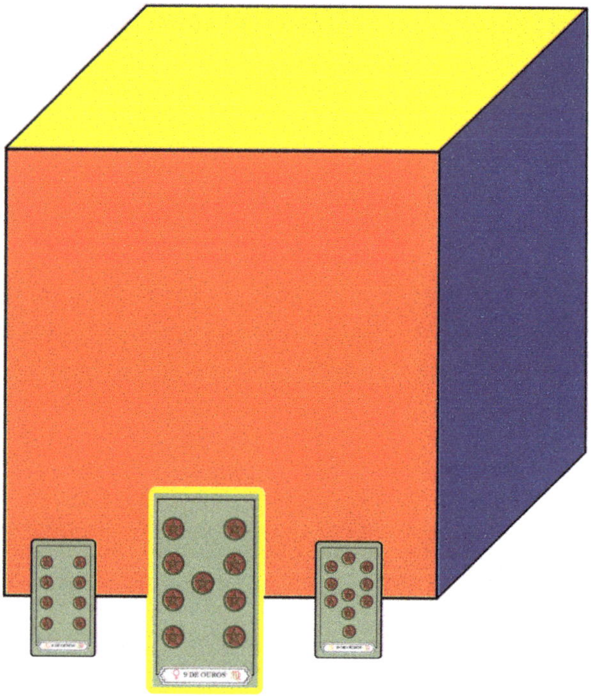

O 9 de Ouros representa a segunda etapa da energia de Virgem, aqui sob a regência de Vênus. Localizado no segundo decanato do signo, ele expressa a recompensa da disciplina, a beleza que nasce da ordem e a prosperidade que se manifesta quando o ser humano aprende a cooperar com a natureza em harmonia. Se o 8 de Ouros mostrava o esforço paciente e o trabalho cotidiano, o 9 de Ouros revela o fruto desse trabalho: a autonomia, a abundância e o refinamento espiritual que decorrem da dedicação silenciosa.

No Cubo do Espaço, o 9 de Ouros também está situado na aresta Norte-Abaixo, regida pelo Eremita (Arcano 9, Virgem). Mas neste estágio, a energia já não é apenas a do aprendiz que repete gestos, mas a do iniciado que encontra prazer e realização no simples fato de existir em equilíbrio. O 9 de Ouros é a carta da autossuficiência espiritual, da beleza discreta e da sabedoria que floresce no jardim interior.

Correspondências Esotéricas

- **Planeta / Signo**: Vênus em Virgem (segundo decanato).
- **Posição no Cubo**: aresta Norte-Abaixo.
- **Arcano Maior Zodiacal**: Eremita (Arcano 9, Virgem).
- **Arcano Maior Planetário**: Imperatriz (Arcano 3, Vênus).
- **Elemento**: Terra.

Dinâmica Psicológica e Espiritual

- **Físico**: estabilidade material, saúde cuidada por meio da disciplina e do ritmo natural.
- **Mental**: clareza e serenidade mental, capacidade de apreciar os detalhes sutis e o valor do silêncio.
- **Emocional**: contentamento interior, alegria serena na própria companhia, abertura ao refinamento das emoções.
- **Espiritual**: consciência de que a beleza e a abundância são reflexos da ordem divina; gratidão como caminho para a libertação.

Meditação do 9 de Ouros no Cubo do Espaço

Feche os olhos e respire profundamente. Diante de você, o Cubo do Espaço ergue-se como um templo de linhas luminosas. Você caminha até a aresta Norte-Abaixo, onde o silêncio é profundo e a atmosfera convida à introspecção. Aqui, o Eremita (Arcano 9, Virgem) o aguarda com sua lanterna, iluminando o caminho, mas também o interior da sua alma.

À medida que você se aproxima, o ambiente se transforma em um jardim secreto. Videiras carregadas de frutos maduros se entrelaçam pelos muros, flores desabrocham em perfeita simetria e uma luz dourada banha tudo ao redor. No centro desse jardim encontra-se uma mulher vestida com roupas delicadas, serenas como a aurora. Em seu braço repousa um falcão de olhos penetrantes, domado e tranquilo. Ela o observa com ternura, lembrando que até os instintos mais selvagens podem ser refinados pelo cuidado e pela disciplina.

O Eremita ergue sua lanterna e revela que este jardim não é externo, mas interno — reflexo do espaço cultivado em seu coração. Cada planta cresceu graças à sua dedicação, cada fruto amadureceu pelo tempo e pela paciência. O Eremita lhe diz:

A abundância verdadeira não está na posse, mas na ordem interior.
O jardim floresce quando você floresce.

Nesse instante, a Imperatriz (Arcano 3, Vênus) surge em meio ao jardim. Ela traz consigo um campo de trigo dourado, símbolo da fertilidade e da beleza universal. Com um gesto suave, espalha grãos de luz pelo ar, e onde caem, novas flores brotam instantaneamente. Ela sorri e diz:

A vida se multiplica quando é vivida em harmonia.
Cada detalhe, cada gesto, cada momento pode ser pleno de beleza, se visto com olhos agradecidos.

Você respira fundo e sente a energia de Vênus envolvê-lo como um véu suave, despertando em seu ser uma sensação de plenitude e paz. O jardim vibra em cores mais intensas, e o falcão, antes imóvel, abre as asas e voa em círculos, mas não foge. Retorna sempre à sua mão, obediente e calmo. Ele simboliza sua mente disciplinada, sua energia vital canalizada para o bem, seus desejos transformados em instrumentos de elevação.

Agora, perceba-se sentado no jardim. Ao seu redor, o Sol interior ilumina cada detalhe. O tempo parece suspenso. Você sente que nada lhe falta, que a completude já está presente aqui e agora. O 9 de Ouros ensina que a abundância não é um acúmulo material, mas um estado de alma: a capacidade de encontrar satisfação no simples, beleza no cotidiano e plenitude em si mesmo.

Respire profundamente, absorvendo essa sensação de autossuficiência, gratidão e serenidade. Veja o Cubo inteiro preenchido por essa luz dourada e verde, espalhando harmonia para todas as faces, vértices e caminhos.

Quando sentir que é o momento, traga a consciência de volta ao corpo físico. Abra lentamente os olhos, levando consigo a bênção do 9 de Ouros: a certeza de que a beleza, a ordem e a plenitude florescem primeiro dentro de você, antes de se manifestarem no mundo exterior.

10 de Ouros

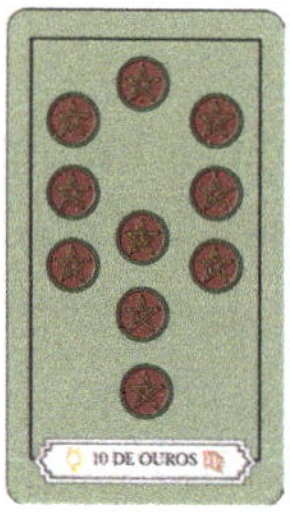

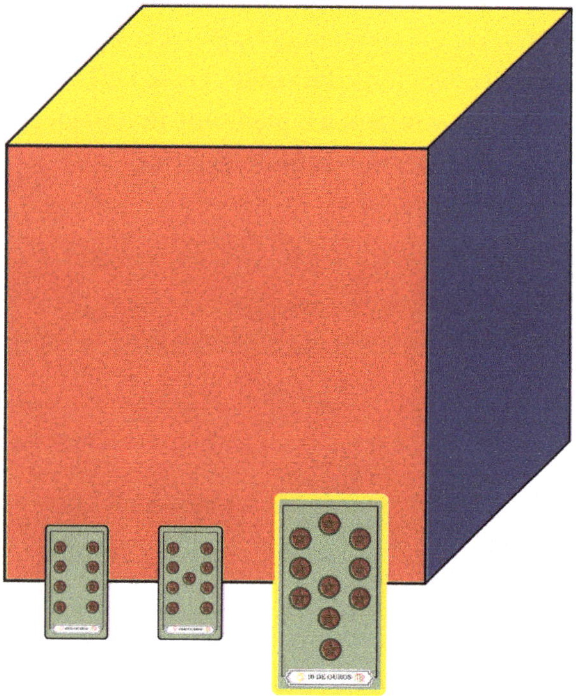

O 10 de Ouros é a culminação da energia de Virgem, aqui sob a regência de Mercúrio. Localizado no terceiro decanato de Virgem, ele representa a integração final do trabalho meticuloso e do serviço disciplinado em uma realidade material e espiritual plena. Se o 8 de Ouros mostrava o aprendizado e o 9 de Ouros revelava a autossuficiência e a abundância interior, o 10 de Ouros expande essa energia para o coletivo, simbolizando herança, continuidade, comunidade e a perpetuação do legado.

No Cubo do Espaço, o 10 de Ouros está situado na aresta Norte-Abaixo, sob a regência do Eremita (Arcano 9, Virgem). Nesta aresta, ele representa o ponto em que a sabedoria silenciosa e paciente do Eremita se une ao poder comunicativo e ordenador de Mercúrio (Mago, Arcano 1). Assim, o 10 de Ouros mostra a síntese entre o microcosmo e o macrocosmo, a vida organizada em padrões que podem ser transmitidos, preservados e multiplicados para além da experiência individual.

Correspondências Esotéricas

- **Planeta / Signo**: Mercúrio em Virgem (terceiro decanato).
- **Posição no Cubo**: aresta Norte-Abaixo.
- **Arcano Maior Zodiacal**: Eremita (Arcano 9, Virgem).
- **Arcano Maior Planetário**: Mago (Arcano 1, Mercúrio).
- **Elemento**: Terra.

Dinâmica Psicológica e Espiritual

- **Físico**: estabilidade prolongada, segurança no corpo e no lar; herança genética ou material; solidez construída ao longo do tempo.
- **Mental**: clareza mental organizada, capacidade de transmitir conhecimento e valores; visão do todo com atenção aos detalhes.
- **Emocional**: sentimento de continuidade, pertença e conexão com a linhagem familiar e espiritual.
- **Espiritual**: consciência de que a vida não se encerra no indivíduo, mas flui em uma corrente coletiva e universal.

Meditação do 10 de Ouros no Cubo do Espaço

Respire profundamente e visualize o Cubo do Espaço diante de si, brilhando com linhas geométricas que conectam todas as faces e vértices. Caminhe até a aresta Norte-Abaixo, onde o silêncio profundo guarda os segredos da ordem cósmica. Nesse ponto, o Eremita (Arcano 9, Virgem) aguarda com sua lanterna. A luz, porém, agora se expande além do indivíduo. Ela revela o caminho solitário, mas também toda uma comunidade reunida em torno da sabedoria.

De repente, o espaço se abre em uma cena grandiosa. Um pátio de pedra, cercado por arcos e colunas, acolhe uma família. O ancião repousa em um trono simples, observando com serenidade. Um casal troca olhares de cumplicidade. Crianças brincam entre cães leais. Ao fundo, o emblema de um castelo ergue-se como símbolo de segurança e continuidade. Essa imagem não é externa, mas visão simbólica: expressão da herança espiritual e da estabilidade que você cultiva em sua própria alma.

O Eremita aproxima-se e ergue sua lanterna. A chama se multiplica em dez luzes douradas que pairam no ar, cada uma representando uma esfera de completude. Ele sussurra:

> *A sabedoria não se perde, ela é transmitida de coração a coração, de geração a geração.*
> *Assim como a Terra guarda sementes em seu seio, o espírito humano preserva a herança divina que floresce em ciclos eternos.*

Nesse instante, o Mago (Arcano 1, Mercúrio) manifesta-se diante de você. Ele se coloca junto a uma mesa, onde estão dispostos os quatro símbolos do Tarô: o bastão, a taça, a espada e o pentáculo. Com um gesto de sua mão, ele une cada um deles em um círculo de energia, mostrando que o 10 de Ouros é a culminação de todos os esforços anteriores. Sua presença recorda que a continuidade e a herança existem porque há transmissão da palavra, do gesto e da intenção. Mercúrio é o elo que garante que o conhecimento e a abundância não se dispersem, mas sejam comunicados e preservados.

Você respira fundo e contempla o Cubo inteiro iluminado por essas dez esferas douradas que se unem em padrões geométricos perfeitos. Cada esfera simboliza um aspecto da vida: corpo, mente, emoções, espírito, relações, trabalho, lar, comunidade, sabedoria e transcendência. Todas se entrelaçam, formando um mosaico eterno que gira suavemente dentro do Cubo.

O Eremita e o Mago o convidam a entrar nesse padrão. Ao fazê-lo, você se sente parte de uma corrente maior como herdeiro e transmissor de uma sabedoria que atravessa séculos. A sensação de continuidade é tão intensa que você percebe a si mesmo como elo de uma corrente que vem do passado e se projeta no futuro, como se cada respiração fosse sustentada por gerações e, ao mesmo tempo, transmitida adiante.

Agora, visualize-se sentado no pátio da cena inicial. O ancião olha para você e sorri, reconhecendo em seus olhos a mesma chama que ele carregou. Você compreende que o 10 de Ouros não é simples símbolo de riqueza ou segurança. Ele representa a percepção de que tudo o que cultivamos em disciplina, amor e consciência se torna herança para o mundo, multiplicando-se através do tempo e do espaço.

Permaneça nesse estado de comunhão, absorvendo a presença de Vênus no 9 e, agora, de Mercúrio no 10, até que o Cubo resplandeça em plenitude.

Quando sentir que é o momento, traga sua atenção de volta ao corpo físico. Inspire profundamente, abra lentamente os olhos e carregue consigo a bênção do 10 de Ouros tendo a certeza de que você é parte de uma corrente eterna de sabedoria, ordem e abundância que nunca se rompe.

11

AS CARTAS DA CORTE NO CUBO

Se os Ases são o eco primordial da unidade e irradiam dos vértices do Cubo a pureza dos elementos, as cartas numeradas, do 2 ao 10, percorrem as arestas trazendo o movimento do tempo, a cadência dos signos e a dança dos ciclos. Os Ases representam o início absoluto, a semente elemental. As cartas numeradas, por sua vez, marcam o desdobrar dessa energia em processos, ritmos e graus representados pelos signos do Zodíaco.

Mas é nas Cartas da Corte que encontramos a totalidade da força dos elementos. Elas são as forças vivas que habitam as arestas do Cubo e encarnam, em sua plenitude, as qualidades de cada faixa zodiacal. Onde os Ases são germes e as cartas numeradas são trajetórias, as cartas da Corte são consciências, personagens que tornam visível a experiência cósmica.

Como cada aresta do Cubo do Espaço corresponde a uma fração zodiacal, as Cartas da Corte são os habitantes dessas passagens. Elas refletem papéis sociais e dramatizam arquétipos humanos que traduzem o zodíaco em ação. Cada uma encarna a qualidade de um momento da estação e, juntas, formam o ciclo completo do ano. Assim, as cartas da Corte completam a harmonia do espaço-tempo zodiacal, fazendo do Cubo não apenas um diagrama de forças, mas um palco habitado por modos de ser.

Rainhas

Correspondem aos signos cardinais — Áries, Câncer, Libra e Capricórnio — aqueles que inauguram uma estação. Elas são o gesto inicial, a força que abre caminho e dá forma ao novo ciclo. São mães arquetípicas que dão à energia seu primeiro corpo e sua primeira forma. No Cubo, elas estão nas arestas de cada signo onde a energia do elemento se lança pela primeira vez no espaço, como a semente que rompe a terra. A Rainha é receptiva, mas não passiva. Ela acolhe e direciona, como o vaso que contém a água e permite que ela seja bebida, ou como a terra fértil que recebe a semente e a faz germinar. Sua magia é a do início ordenado, daquilo que se lança com direção e intenção.

Cavaleiros

Habitam os signos fixos — Touro, Leão, Escorpião e Aquário. Representam o auge da estação e são a vitalidade no seu auge, a expressão da força que já não precisa ser iniciada nem conduzida ao fim, mas que está madura, afirmada, estabilizada. Expressam movimento e continuidade, mas também a firmeza que sustenta. No Cubo, percorrem as linhas das arestas, mantendo o fluxo estável e vital. São a vitalidade no seu auge, a expressão da força que já não precisa ser iniciada nem conduzida ao fim, mas que está madura, afirmada, estabilizada. O Cavaleiro é a própria encarnação do movimento e do vigor. Ele não conhece repouso: cavalga pelas linhas do espaço como quem mantém o sopro da vida em circulação. Sua função mística é manter o equilíbrio do fluxo cósmico, garantindo que as forças elementares não se esgotem nem se dispersem. Ele é o coração pulsante da estação, o zênite do ciclo, quando tudo vibra em sua potência máxima.

Reis

Se alinham aos signos mutáveis — Gêmeos, Virgem, Sagitário e Peixes. Eles finalizam a estação, conduzindo a energia para sua transição. São sábios porque conhecem o fim e o recomeço, e no Cubo estão nas arestas que anunciam mudança de direção. Seu domínio é o de quem sabe encerrar um ciclo com maestria. São os que sabem encerrar um ciclo com dignidade e preparar a continuidade do tempo. O seu poder não é o da explosão do início nem o da intensidade do auge, mas o da sabedoria acumulada que conduz a energia à sua transformação. O Rei é o arquétipo do governante que olha para trás e para frente ao mesmo tempo. Ele conhece o peso da herança e a responsabilidade da renovação.

Valetes

Os Valetes ocupam uma posição singular. Eles não se alinham com signos específicos, mas com as estações como um todo: Primavera, Verão, Outono e Inverno. Eles sintetizam o espírito de cada estação em sua juventude e frescor. Eles são como guardiões das quatro portas da experiência temporal regida pelos quatro elementos e as quatro estações. Eles são sentinelas do tempo. Guardam a passagem entre o abstrato e o concreto, entre o arquétipo e a experiência.

No Cubo, os Valetes ocupam os vértices Abaixo, os portais que conectam a energia dos céus (Ases nos vértices superiores) ao chão do mundo manifesto. Cada Valete é como um vigia que protege os portais do Cubo, assegurando que o fluxo que desce dos céus não se perca, mas se torne experiência concreta nas quatro estações da Terra. Sua juventude simboliza o eterno renascimento do ciclo, a força que mantém o mundo sempre fresco, como se fosse novo a cada instante.

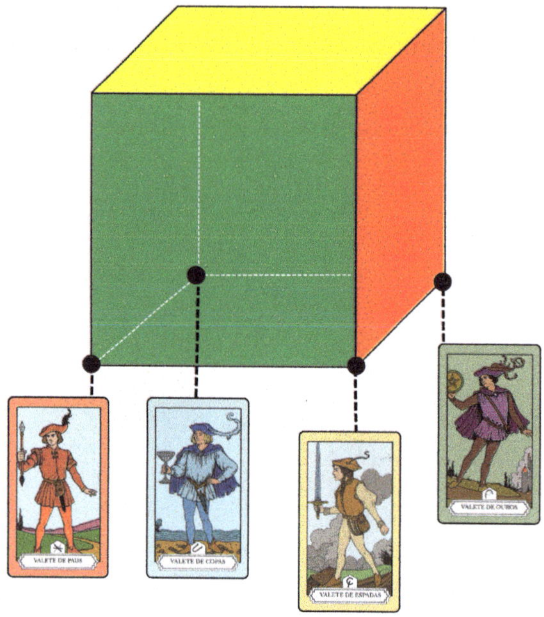

Dessa forma, cada vértice abaixo do Cubo se torna a morada de um Valete. Ali o fluxo elemental se espalha para o restante da estrutura. A distribuição dos Valetes também obedece à lógica dos elementos:

- **Valete de Espadas (Ar)** ocupa o vértice **Nordeste-Abaixo.**
- **Valete de Paus (Fogo)** ocupa o vértice **Sudeste-Abaixo.**
- **Valete de Copas (Água)** ocupa o vértice **Sudoeste-Abaixo.**
- **Valete de Ouros (Terra)** ocupa o vértice **Noroeste-Abaixo.**

Resumindo:

As Cartas da Corte no Cubo do Espaço expressam a dramatização viva das forças zodiacais. Elas personificam os quatro elementos em seus estágios ativos, receptivos, maduros e juvenis. São os rostos da energia, os mediadores entre a pureza dos Ases e a multiplicidade das cartas numeradas. No Cubo, sua função é clara, povoar as arestas com consciência.

Se o Cubo do Espaço é um templo vivo em três dimensões, as Cartas da Corte são os personagens que dão vida à Criação. Elas dão voz e gesto aos quatro elementos em seus diferentes modos de expressão. Rainhas iniciam, Cavaleiros sustentam, Reis concluem, Valetes vitalizam. Esse é o coro que mantém o equilíbrio do Cubo e o torna um organismo vivo, para além de uma geometria abstrata. As Cartas da Corte são os habitantes conscientes do Cubo, as presenças que dão voz, rosto e gesto às forças zodiacais que, de outro modo, permaneceriam abstratas. Nesse sentido, as Cortes são o momento em que o Tarot deixa de falar de princípios e energias e passa a falar de destinos, relações e modos de ser.

Enquanto os Arcanos Maiores são arquiteturas universais e os Arcanos Menores numerados são movimentos impessoais da energia ao longo do tempo, as Cartas da Corte se aproximam da condição humana. Elas mostram como a energia se encarna em personalidades, como se veste de caráter e como se manifesta através de figuras arquetípicas que tanto refletem forças internas do praticante quanto representam pessoas e situações externas que cruzam seu caminho.

No Cubo, isso se torna ainda mais evidente. Cada Rainha, Cavaleiro, Rei e Valete é como um guardião de passagem, um mediador entre as regiões do espaço e os fluxos do tempo. Ao habitar as arestas, eles tornam-se vigias da circulação da força zodiacal, zelando para que o fluxo entre os signos não se perca e seja transmitido em sua integridade.

Na prática meditativa, contemplar uma Carta da Corte é encontrar-se com uma presença. Não se trata de interpretar um arquétipo, mas de dialogar com uma consciência que habita o espaço sagrado do Cubo, que simboliza o próprio Universo. Por isso, os praticantes podem sentir essas figuras como guias, aliados ou mestres interiores que conduzem a alma pelo caminho da integração zodiacal.

A mística das Cartas da Corte revela, ao mesmo tempo, o mapa do cosmos e o espelho da alma humana. Em última instância, cada Rainha, Cavaleiro, Rei e Valete não habita apenas as arestas do Cubo, mas também o interior de cada buscador, como forças psíquicas que se tornam conscientes e atuantes quando o Tarot é contemplado como uma via iniciática.

Rainha de Paus

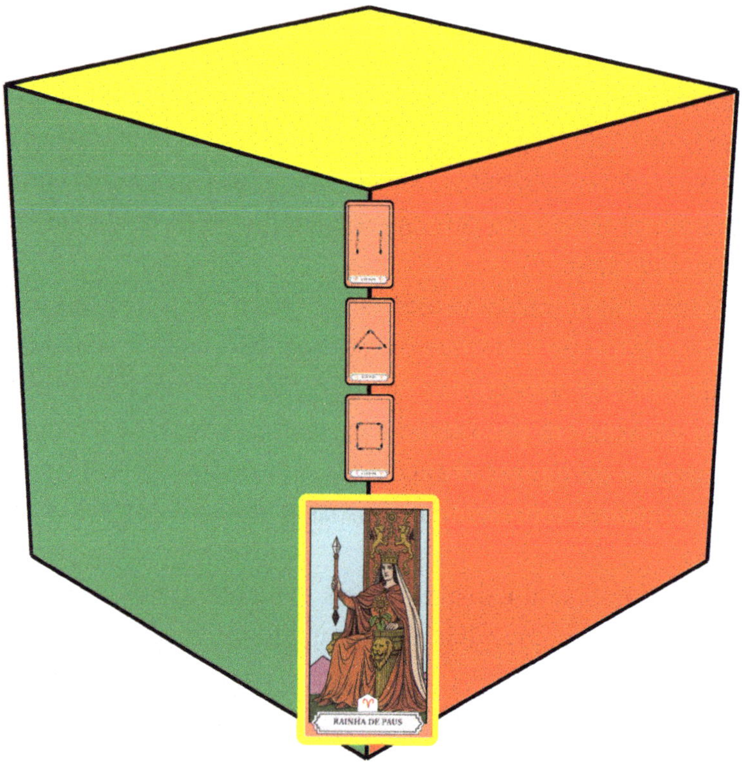

A Rainha de Paus é a corporificação da energia cardinal do Fogo, o signo de Áries em seu gesto inaugural, sob a chama vital que abre um ciclo. No Tarô, ela não é somente uma figura de autoridade, mas a encarnação viva da força que inaugura caminhos e lança sementes de criação no mundo.

No Cubo do Espaço, a Rainha de Paus se manifesta na aresta que conecta o Leste, o portal da imaginação e do nascimento da luz, ao Sul, o trono do Fogo pleno e da expansão da vida. Essa posição é profundamente significativa, pois aqui a centelha cardinal de Áries desperta como chama que rasga o silêncio, inaugurando não somente uma estação, mas o próprio ritmo de uma nova realidade.

A Rainha de Paus representa a potência do Fogo no instante em que se volta ao mundo para afirmar sua presença. É o primeiro gesto, a força que abre portas, a energia que rompe a inércia e faz nascer um caminho antes inexistente. Seu trono é feito de brasas ardentes, mas seus olhos brilham com clareza e decisão. Ela não se consome, governa as chamas.

Sua imagem é a da soberana do impulso vital, aquela que conduz o entusiasmo do Fogo com propósito e direção, transformando o ardor em liderança.

Correspondências Esotéricas

- **Signo**: Áries (cardinal de Fogo).
- **Posição no Cubo**: Nordeste (ligando face Leste à face Norte).
- **Elemento**: Fogo.

Dinâmica Psicológica e Espiritual

- **Físico**: energia vital abundante, vigor que se traduz em movimento, dinamismo e resistência. O corpo é chamado à ação e sente prazer em enfrentar novos desafios.
- **Mental**: clareza de decisão, poder de iniciativa, coragem para começar algo que ninguém ousou. Contudo, há o risco da impetuosidade e da pressa em avançar sem refletir.
- **Emocional**: entusiasmo ardente, paixão pela vida, confiança em si mesma e capacidade de inspirar outros. Pode, porém, se inflamar em excesso, levando a explosões de ira ou orgulho.
- **Espiritual**: a Rainha de Paus é o arquétipo da chama interior que se torna guia. Espiritualmente, ela ensina que iniciar não é apenas agir, mas também assumir responsabilidade pela força que se traz ao mundo. Sua lição é: quem acende o fogo, deve mantê-lo aceso com dignidade.

Meditação da Rainha de Paus no Cubo do Espaço

Feche os olhos e respire fundo, sentindo o calor surgir lentamente dentro do peito. Visualize diante de si o Cubo do Espaço, brilhando em linhas douradas e vermelhas. O Cubo pulsa como um organismo vivo, como se respirasse.

Caminhe com a mente até a aresta Nordeste, que conecta o Norte ao Leste. Ali, as energias da aurora da Imperatriz (Leste) se encontram com o esplendor flamejante de Marte (Norte). No ponto central dessa aresta, a luz começa a condensar-se em uma figura majestosa: a Rainha de Paus.

Ela aparece vestida em mantos dourados e escarlates, irradiando calor e autoridade. Sua coroa brilha como um sol em miniatura, e em sua mão direita ergue um bastão flamejante, símbolo do poder criador do Fogo. Ao seu lado, uma chama se eleva em espiral, como se o próprio ar tivesse sido incendiado para celebrar sua presença.

Você sente imediatamente o calor se aproximar, mas não é um calor destrutivo. Ele é vital, renovador, repleto de entusiasmo. O olhar da Rainha penetra em seu coração e desperta a certeza de que é possível começar algo novo, de que sempre existe uma porta a ser aberta e um caminho a ser trilhado.

Ela ergue o bastão diante de você e declara:

Sou a chama que inicia.
Sou a força que abre portas.
Em mim, o Fogo encontra direção e se torna coragem.
Aquele que me contempla deve aprender que a vida não espera.
O primeiro passo é a chave da criação.

Nesse instante, você vê o Cubo inteiro brilhar em tons de vermelho e dourado. A aresta onde a Rainha está se ilumina como uma ponte flamejante, conduzindo sua energia do centro do Cubo para fora, como uma flecha incandescente apontada ao horizonte.

Sinta em seu peito essa mesma chama despertando. Ela não é desordenada nem caótica. É organizada pela presença da Rainha, que governa as forças do Fogo com sabedoria e autoridade. Respire esse calor e permita que ele lhe traga coragem, ousadia e confiança.

Agora, a Rainha de Paus se aproxima e toca levemente seu ombro com o bastão. No instante do toque, uma onda de energia percorre seu corpo. Você sente vitalidade, clareza e um entusiasmo ardente pela vida. Ela lhe sorri, e sua presença é ao mesmo tempo imponente e acolhedora.

Permaneça alguns instantes nesse encontro, recebendo sua bênção silenciosa. Quando sentir que é hora de encerrar, veja-a recuar lentamente, retornando ao trono flamejante no centro da aresta Leste–Norte. O fogo não se apaga, ele continua ardendo como guardião do início, como força cardinal que sustenta todo o ciclo do Fogo.

Abra os olhos devagar, trazendo consigo a certeza de que a Rainha de Paus agora habita em seu coração como guia interior. Sempre que precisar de coragem para iniciar, ela estará presente, lembrando-lhe que o fogo da vida é dom, poder e responsabilidade.

Cavaleiro de Paus

O Cavaleiro de Paus é a encarnação da energia fixa do Fogo, correspondente ao signo de Leão, regido pelo Sol. Ele representa o auge da estação, o momento em que o fogo não é início (como na Rainha, Áries), nem conclusão e transição (como no Rei, Sagitário). É plenitude, brilho e vitalidade.

No Tarô, o Cavaleiro de Paus é a expressão dinâmica do Fogo em movimento: expansão, coragem, conquista e ação no presente. É o arquétipo do guerreiro solar, cuja força vital não hesita, mas avança com confiança e resplendor.

No Cubo do Espaço, o Cavaleiro de Paus habita a linha central da aresta Sul, sustentando a corrente que conecta o esplendor da luz solar ao movimento contínuo do Fogo. Esse é o ponto do equilíbrio ardente, em que a energia do elemento alcança maturidade e se mantém firme, sem retroceder nem se dispersar. Ele é a chama que não se apaga, o calor que se estabiliza em poder radiante.

Sua imagem é a de um cavaleiro flamejante, montado em um corcel de fogo e avançando com determinação. Sua armadura reflete a luz dourada do Sol, e em sua mão ele ergue um bastão incandescente como estandarte.

Correspondências Esotéricas

- **Signo**: Leão (fixo de Fogo).
- **Posição no Cubo**: Norte-Acima (ligando face Norte à face Acima).
- **Elemento**: Fogo.

Dinâmica Psicológica e Espiritual

- **Físico**: vigor, força estável, saúde radiante; energia que sustenta longas jornadas e atua como fonte de vitalidade para si e para os outros.
- **Mental**: clareza e confiança naquilo que se deseja; mente solar que busca expressão criativa e reconhecimento. O risco está na arrogância e no excesso de orgulho.
- **Emocional**: entusiasmo contínuo, lealdade, generosidade. Emoções ardentes, mas firmes, que iluminam os vínculos. Quando desequilibrado, pode gerar vaidade ou necessidade exagerada de atenção.
- **Espiritual**: simboliza a chama do espírito que brilha sem cessar, a luz solar que guia. É o arquétipo da consciência que sustenta, da energia que permanece acesa como farol. Ensina que a verdadeira realeza interior vem não do domínio sobre os outros, mas do domínio sobre si mesmo.

Meditação do Cavaleiro de Paus no Cubo do Espaço

Feche os olhos e respire profundamente, sentindo o calor nascer em seu coração. Visualize o Cubo do Espaço diante de si, sólido e vibrante, irradiando linhas flamejantes em vermelho e dourado. Caminhe até a linha da aresta Norte-Acima.

Ali, o Sol brilha em seu zênite, espalhando sua luz em todas as direções. O calor é intenso, mas não destrutivo; é vital, nutridor, símbolo da vida em sua força máxima.

Do centro dessa linha, surge a figura do Cavaleiro de Paus. Ele aparece montado em um cavalo de fogo, que relincha com energia cósmica. Sua armadura reflete a luz solar como um espelho, e cada movimento seu é acompanhado por faíscas que iluminam o espaço ao redor. Em sua mão direita, o cavaleiro ergue um bastão flamejante, que brilha como um estandarte solar.

Você sente sua presença como um raio de vitalidade que aquece todo o seu corpo. Ele olha diretamente para você e declara:

> *Sou o fogo em sua plenitude.*
> *Sou a chama que se mantém, o calor que não declina.*
> *Onde passo, a vida floresce, pois sou a expressão do Sol em sua força máxima.*
> *Aprenda comigo a sustentar sua luz depois de acendê-la.*
> *A constância é a verdadeira vitória do espírito.*

Enquanto escuta, você sente sua própria chama interior se intensificar. Seu coração pulsa com calor dourado, como se fosse um pequeno sol dentro de si. Essa luz se expande pelo corpo inteiro, até que você se torna o próprio raio de fogo. O Cubo do Espaço resplandece ao seu redor, pulsando em vermelho, dourado e laranja, como um coração cósmico que irradia vida.

O Cavaleiro então ergue seu bastão e o aponta para o horizonte. Nesse gesto, você percebe que sua luz interior não é apenas para si mesmo, mas também para iluminar e inspirar outros. Sua energia não é efêmera; ela é constante, como o Sol que sempre retorna a cada dia.

Sinta esse poder em seu corpo, mente e espírito. Permaneça nesse estado, respirando a certeza de que a chama que habita você é sustentada pela mesma força que move o cosmos.

Quando sentir que é o momento, veja o Cavaleiro se afastar em sua montaria de fogo, percorrendo a linha da aresta Norte-Acima. Ele continua ali, guardando a plenitude do Fogo, garantindo que sua chama permaneça viva.

Abra os olhos lentamente, trazendo consigo a herança do Cavaleiro de Paus e a constância do fogo solar, a vitalidade que não declina, a coragem de sustentar sua própria luz diante do mundo.

Rei de Paus

O Rei de Paus é a expressão madura do Fogo em seu aspecto mutável. Ele corresponde ao signo de Sagitário, regido por Júpiter, e manifesta o poder da chama que, após ter queimado intensamente, encontra sua função como guia, inspiração e transmissão de sabedoria. No Tarô, o Rei de Paus representa a autoridade do Fogo em seu auge, mas temperado pelo discernimento do fim de um ciclo. Ele não precisa provar seu poder, pois sabe como direcioná-lo.

No Cubo do Espaço, o Rei de Paus habita a aresta que conecta o Sul, a plenitude do Fogo e o Sol em seu esplendor, ao Oeste, a passagem das águas, o reino da interioridade e do declínio do dia. É nessa travessia que sua função se revela: ele governa a chama que, ao perceber o ocaso, compreende que precisa transmutar-se em sabedoria. Essa aresta é como o pôr do sol do Fogo. A luz não se extingue, mas se recolhe, pintando o céu com tons dourados, rubros e púrpura.

O Rei de Paus é, portanto, a figura da maturidade do fogo criador, aquele que conduz o entusiasmo à visão maior. Ele é líder, mestre, guia espiritual e condutor de consciências. Sua imagem não é a de quem inflama apenas o presente, mas a de quem sustenta a chama através do tempo e a transmite como herança.

Correspondências Esotéricas

- **Signo**: Sagitário (mutável de Fogo).
- **Posição no Cubo**: Oeste-Acima (ligando face Oeste à face Acima)
- **Elemento**: Fogo.

Dinâmica Psicológica e Espiritual

- **Físico**: corpo aquecido pela energia vital, mas já não impulsivo; força controlada, direcionada para ações construtivas e de longo alcance.
- **Mental**: visão estratégica, sabedoria prática, capacidade de inspirar outros com ideias elevadas. O perigo está no excesso de confiança ou na tendência a dogmatizar sua própria verdade.
- **Emocional**: generosidade, entusiasmo caloroso, paixão madura. Sua presença aquece, mas também exige respeito. Pode manifestar orgulho ou intolerância diante da divergência.
- **Espiritual**: arquétipo do mestre do Fogo. Representa a chama transformada em sabedoria, a força criadora elevada a propósito espiritual. É o fogo que guia, que ilumina e que inspira.

Meditação do Rei de Paus no Cubo do Espaço

Respire profundamente, sentindo o calor da vida preencher seu corpo. Visualize diante de si o Cubo do Espaço, sólido e vibrante, pulsando em tons de vermelho, laranja e dourado. Caminhe em direção à aresta que conecta Oeste-Acima.

No centro dessa aresta, surge a figura do Rei de Paus. Ele está sentado em um trono ornamentado com símbolos solares e flechas flamejantes. Seu manto é púrpura e dourado, e em sua mão direita ergue um cetro em forma de bastão ardente, do qual emanam fagulhas que não queimam, apenas iluminam.

Seus olhos brilham como tochas vivas, e sua presença transmite autoridade serena, a de alguém que domina a chama não pela força, mas pela sabedoria. Ele olha para você e sorri levemente, irradiando confiança.

O Rei fala com voz firme, mas calma:

Sou o guardião do Fogo amadurecido.
Minha chama não é o ímpeto da juventude, mas o clarão da sabedoria.
Trago o fogo da visão, a flecha que aponta para horizontes maiores.
Em mim, o entusiasmo se torna guia, e a paixão, propósito.
Não temas o fim de um ciclo, pois nele repousa a promessa do renascimento.

Enquanto escuta, você sente que dentro de si uma chama se transforma. O ardor que antes era inquieto agora se transmuta em clareza e propósito. A chama não queima, mas sustenta. O Cubo inteiro vibra em tons de dourado profundo, como se fosse uma grande fogueira que aquece, orienta e ilumina.

A imagem do Rei se aproxima. Ele toca seu peito com o cetro flamejante, e uma luz dourada se acende em seu coração. Essa luz não é efêmera, mas duradoura e estável: a chama da visão interior. Você percebe que ela permanecerá viva, mesmo quando o entusiasmo inicial se dispersar, porque agora é fogo guiado pela sabedoria.

Permaneça alguns instantes nesse estado de comunhão. Respire com calma, sentindo o fogo interno brilhar em paz. Quando sentir que é o momento de encerrar, veja o Rei retornar ao seu trono. Ele permanece ali, guardando o fogo da transição, conduzindo a chama do Oeste-Acima.

Abra os olhos lentamente, trazendo consigo a herança do Rei de Paus e a chama madura que guia, inspira e ensina.

Valete de Paus

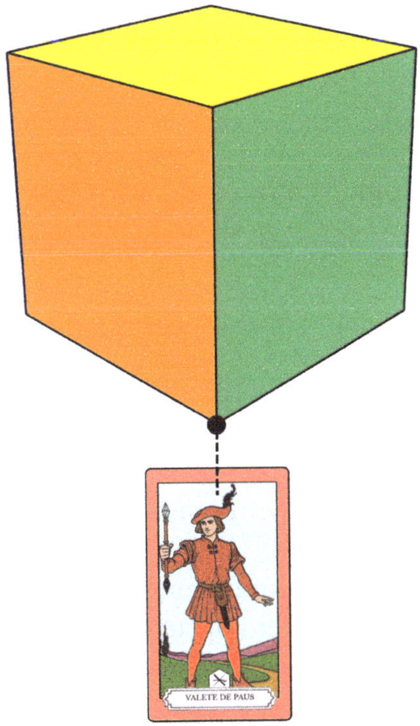

O Valete de Paus é a personificação juvenil do Fogo, ligado à estação do verão, quando a luz do Sol atinge seu esplendor e o calor vital é sentido em toda a natureza. Diferente das figuras associadas aos signos — Rainhas, Cavaleiros e Reis —, os Valetes não correspondem a uma fração zodiacal específica, mas à estação como um todo. No caso do Valete de Paus, ele traduz o espírito solar e expansivo do verão, quando o fogo celeste amadurece os frutos, aquece a Terra e intensifica a energia vital.

No Cubo do Espaço, o Valete de Paus habita um dos vértices da base, atuando como sentinela e guardião. Ele se conecta diretamente ao Ás de Paus, localizado no alto (vértice Sudeste Acima), recebendo sua irradiação primordial de fogo e trazendo-a para o plano mais próximo da matéria. Nesse papel, o Valete de Paus cria um circuito de energia: aquilo que nasce como semente de chama no alto encontra nele o condutor que a leva ao mundo da experiência concreta.

O Valete de Paus é o arquétipo da juventude do Fogo, expressão de entusiasmo, coragem, ousadia e curiosidade. Ele ainda não domina a energia como o Rei, nem a sustenta com firmeza como o Cavaleiro, mas é aquele que se lança sem medo, abrindo novos caminhos e renovando a vitalidade do ciclo. Seu fogo é fresco, criativo, pronto para experimentar e aprender.

Correspondências Esotéricas

- **Estação**: Verão.
- **Posição no Cubo**: Vértice Sudeste-Abaixo.
- **Elemento**: Fogo.

Dinâmica Psicológica e Espiritual

- **Físico**: vitalidade juvenil, energia abundante, disposição para o movimento; pode ser impetuoso, mas sempre renovador.
- **Mental**: curiosidade, espírito criativo, vontade de aprender; risco de dispersão e falta de disciplina, mas sempre aberto ao novo.
- **Emocional**: entusiasmo, alegria, impulso de se lançar em experiências novas; representa o coração que vibra com o calor da vida.
- **Espiritual**: símbolo da centelha espiritual recém-descoberta; representa a juventude da alma, o início de um caminho de fogo que precisa ser nutrido e canalizado para crescer em sabedoria.

Meditação do Valete de Paus no Cubo do Espaço

Respire fundo, sentindo o calor do Sol brilhar em seu peito. Visualize o Cubo do Espaço diante de si, firme e luminoso. Agora, desça até o vértice Sudeste-Abaixo e veja-o irradiando uma luz rubra e dourada, como se fosse um braseiro vivo que pulsa no coração da Terra.

Ali, surge o Valete de Paus. Ele veste roupas leves, tingidas de vermelho e dourado, e em sua mão segura um pequeno bastão em chamas. Seus olhos brilham com a intensidade juvenil do fogo, e sua presença transmite coragem, curiosidade e alegria.

O Valete se aproxima e lhe diz com voz vibrante:

> *Eu sou a chama que desce dos céus para a Terra.*
> *Recebo a energia do Ás de Paus no alto e a trago para o mundo concreto.*
> *Minha missão é despertar, iniciar, lançar o primeiro passo.*
> *Eu sou o guardião da vitalidade, aquele que lembra que o fogo é sempre novo, sempre capaz de recomeçar.*

Enquanto escuta, perceba uma corrente de luz descendo do alto do Cubo, do vértice onde o Ás de Paus brilha como uma semente primordial. Essa corrente de fogo desce até o vértice inferior onde você está, encontrando o Valete, que a recebe em suas mãos. Ele então toca o bastão flamejante em seu coração, e uma chama dourada se acende dentro de você.

Essa chama é fresca, jovem, entusiástica. Ela não pesa, não oprime, mas inspira. Você sente vontade de agir, de se mover, de experimentar. O Cubo inteiro resplandece com a energia do verão: calor abundante, luz plena, vitalidade em expansão.

O Valete então sorri e acrescenta:

> *Não tema os começos.*
> *Todo fogo começa pequeno, mas é no primeiro passo que o destino se abre.*
> *Seja ousado, seja criativo, permita que sua chama brilhe e contagie.*
> *Eu vigio as portas da Terra para que a energia nunca cesse de fluir.*
> *Caminhe comigo e sua vida será sempre renovada pela centelha do fogo eterno.*

Permaneça nesse estado, sentindo o frescor ardente do fogo juvenil preencher todo o seu ser. Deixe-se envolver pelo entusiasmo do verão, pela coragem de se lançar, pela vitalidade que aquece corpo e espírito.

Quando sentir que é o momento, veja o Valete se afastar, retornando à sua posição de sentinela no vértice Sudeste-Abaixo do Cubo. Ele continua ali, guardando o fluxo do fogo entre os céus e a Terra.

Abra os olhos lentamente, levando consigo a chama do Valete de Paus que traz um fogo sempre novo, sempre pronto a renascer e a abrir caminhos.

Rainha de Copas

A Rainha de Copas é a encarnação da Água cardinal, associada ao signo de Câncer, regido pela Lua. Ela representa o poder de iniciar o ciclo da Água, revelando o mistério da receptividade, da imaginação criadora e da nutrição emocional. Se a Rainha de Paus inaugura o Fogo com a força da ação, a Rainha de Copas inaugura a Água com o dom do acolhimento e da gestação.

No Tarô, a Rainha de Copas é a Senhora das Marés internas, guardiã dos sentimentos, dos sonhos e da intuição. Sua taça é um receptáculo sagrado, o vaso que contém a energia da vida em estado fluido e invisível, antes de se derramar em rios e correntes. Ela não precisa conquistar nem lutar; sua força está no magnetismo silencioso que atrai, sustenta e dá forma ao que ainda é semente.

No Cubo do Espaço, a Rainha de Copas se encontra em uma das arestas cardinais ligadas ao elemento Água, no ponto em que a corrente líquida começa a fluir pela primeira vez no espaço. Ali, a Água nasce como direção, não mais como semente pura (como no Ás), mas como energia inaugural, lançando o movimento de todo o ciclo. É o limiar em que o oceano oculto se derrama em curso visível, inaugurando a estação e nutrindo as demais forças.

Sua imagem é a de uma rainha serena, sentada em um trono ornado com conchas, pérolas e símbolos lunares. Em suas mãos, uma taça fechada brilha como um mistério. Seu olhar é profundo, translúcido, como se fosse capaz de ver através do véu das aparências. Ela é a guardiã do inconsciente coletivo, a mãe cósmica que contém em si o poder de nutrir e proteger.

Correspondências Esotéricas

- **Signo**: Câncer (cardinal de Água).
- **Posição no Cubo**: Leste-Abaixo (ligando face Leste à face Abaixo).
- **Elemento**: Água.

Dinâmica Psicológica e Espiritual

- **Físico**: corpo receptivo, energia maternal, sensibilidade às marés e aos ciclos naturais; representa a nutrição, o cuidado, o lar como espaço de segurança.
- **Mental**: imaginação fértil, mente intuitiva; capacidade de sonhar, acolher ideias, mas também risco de ilusão e passividade.
- **Emocional**: empatia profunda, sensibilidade, ternura e afeto; pode se tornar excessivamente protetora ou dependente se desequilibrada.
- **Espiritual**: ligação direta com o inconsciente coletivo, dons psíquicos e intuitivos; representa a iniciação nos mistérios lunares e aquáticos do ser. É a Mãe Cósmica, aquela que guarda e transmite os segredos do coração e do espírito.

Meditação da Rainha de Paus no Cubo do Espaço

Feche os olhos e respire profundamente, como se cada inspiração fosse uma onda que chega e cada expiração fosse uma onda que retorna ao mar. Visualize o Cubo do Espaço diante de você, translúcido, irradiando tons de azul profundo e prateado. Caminhe até a aresta Leste-Abaixo.

Ali, o Cubo pulsa como um oceano vivo. Você percebe que está diante do ponto inaugural em que a corrente líquida começa a fluir. O espaço se abre como um vasto mar silencioso, e nele surge a imagem da Rainha de Copas.

Ela se assenta em um trono de cristal e conchas, banhado pela luz suave da Lua. Em suas mãos, segura uma taça selada, ornada de pérolas e símbolos aquáticos. Seus olhos o contemplam com ternura infinita, como se conhecesse todas as suas dores, sonhos e segredos antes mesmo de você pronunciá-los.

A Rainha fala com voz serena, semelhante ao som das marés:

Eu sou a guardiã da taça que contém o mistério da vida.
Aqui a Água se inaugura, nasce o fluxo do sentimento e da imaginação.
Receba-me em teu coração, e aprenderás que a receptividade é força, que a vulnerabilidade é sagrada, que nutrir é também criar.

Enquanto ela fala, você sente uma onda suave envolver todo o seu corpo. Seu coração é inundado por uma corrente fresca e amorosa, como se estivesse sendo purificado e renovado por águas lunares. Você percebe que dentro de si também existe uma taça, e que ela se enche com esse líquido prateado de intuição e ternura.

A Rainha se inclina e toca sua fronte com a taça. Nesse instante, reflexos internos emergem em forma de imagens, memórias, sonhos e emoções que se revelam como se estivessem sendo libertos de um oceano oculto. Não há medo, apenas acolhimento. Você compreende que tudo o que sente faz parte da vida, e que a verdadeira sabedoria é aprender a conter sem sufocar, acolher sem prender, nutrir sem perder-se.

O Cubo inteiro ressoa em azul, como se fosse feito de água viva. Correntes suaves percorrem suas linhas, e cada respiração sua é como o movimento de uma maré cósmica.

Quando a meditação chegar ao fim, a Rainha sorri e retorna ao seu trono, permanecendo como guardiã eterna da aresta Leste-Abaixo. Você abre os olhos lentamente, sentindo em si a bênção da Rainha de Copas que trazem empatia, receptividade, imaginação e nutrição espiritual.

Cavaleiro de Copas

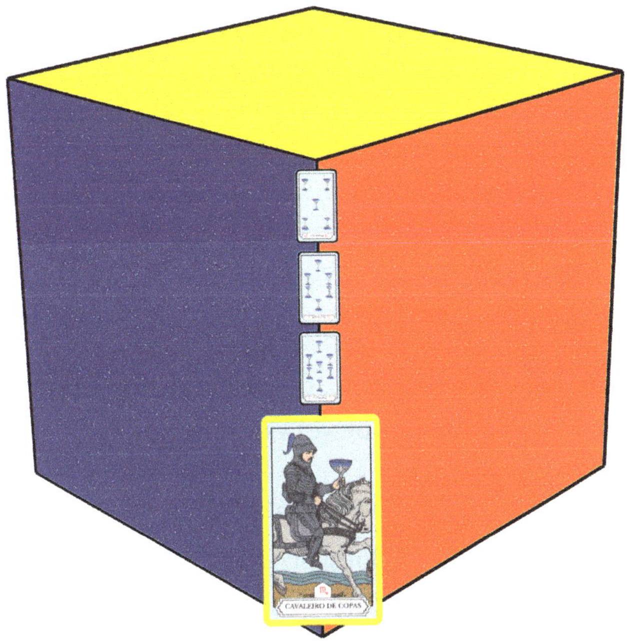

O Cavaleiro de Copas é a personificação da Água fixa, associada ao signo de Escorpião, regido por Marte na tradição antiga e por Plutão na tradição moderna. Ele representa o auge do ciclo da Água, quando a energia emocional nasce e alcança sua intensidade máxima, mergulhando no mistério da profundidade, da paixão e da transformação.

Diferente do jovem e disperso Valete, o Cavaleiro move-se com determinação. Seu movimento é impregnado de magnetismo, intensidade e desejo de fusão. Ele não cavalga por territórios externos, mas pelas correntes internas da alma, buscando atravessar véus e ultrapassar a superfície. Assim como o Escorpião, que guarda tanto veneno quanto poder de cura, o Cavaleiro de Copas pode ser sedutor e apaixonado, mas também intenso e desafiador, revelando o aspecto mais penetrante da Água.

No Cubo do Espaço, o Cavaleiro de Copas ocupa o centro de uma das arestas fixas ligadas ao elemento, sustentando o fluxo da Água em seu auge. Sua posição é de continuidade. A corrente que a Rainha inaugurou aprofunda-se nele, transformando-se em rio caudaloso que não pode ser contido. Ele é o mantenedor da intensidade, o guardião do pleno desenvolvimento do ciclo aquático.

Sua imagem é a de um cavaleiro envolto em armadura prateada e azul, montado em um cavalo que avança sobre ondas. Em suas mãos, carrega uma taça erguida, não como quem oferece, mas como quem guarda um segredo. Seu olhar é magnético, profundo e penetrante, capaz de atravessar a alma. Ele não se satisfaz com a superfície, pois busca sempre a verdade oculta nas águas mais escuras.

Correspondências Esotéricas

- **Signo**: Escorpião (fixo de Água).
- **Posição no Cubo**: Sudoeste (ligando face Sul à face Oeste)
- **Elemento**: Água.

Dinâmica Psicológica e Espiritual

- **Físico**: energia intensa, magnetismo pessoal, grande vitalidade emocional; pode oscilar entre o autocontrole e excessos passionais.
- **Mental**: pensamento profundo, investigativo, penetrante; inclinação para decifrar mistérios, revelar segredos; risco de obsessão.
- **Emocional**: intensidade e paixão, desejo de fusão e profundidade; tendência ao ciúme, possessividade e dramatização; mas também à regeneração emocional.
- **Espiritual**: poder de transmutação; ligação com os mistérios ocultos, alquímicos e psíquicos; capacidade de transformar dor em sabedoria, sombra em luz, morte em renascimento.

Meditação do Cavaleiro de Copas no Cubo do Espaço

Respire fundo e visualize o Cubo do Espaço diante de você, transbordando em tons de azul-escuro, púrpura e negro profundo, como se fosse um oceano noturno. Caminhe até o centro da arestas Sudoeste. Nesse ponto, surge o Cavaleiro de Copas.

Ele aparece montado em um cavalo branco que avança sobre ondas tempestuosas. Sua armadura reluz em reflexos prateados, e em sua mão direita ergue uma taça luminosa. Seus olhos, intensos e penetrantes, o fitam como se pudessem alcançar cada recanto da sua alma.

O Cavaleiro fala com voz grave, vibrante como trovão distante:

> *Eu sou a intensidade da Água em seu auge.*
> *Onde a Rainha abriu o fluxo, eu sustento a corrente.*
> *Trago a força da paixão, do mergulho profundo, da fusão que transforma.*
> *Não temas minhas águas escuras, pois nelas não há destruição, mas o poder do renascimento.*

Nesse instante, você sente as águas à sua volta agitarem-se. Elas o puxam para dentro, conduzindo-o a camadas cada vez mais profundas. Primeiro, surge a emoção crua — paixão, desejo, arrebatamento. Em seguida, você mergulha além, encontrando sombras, medos e lembranças ocultas. Mas, à medida que desce, percebe que cada emoção contém um poder de transmutação.

O Cavaleiro ergue sua taça, e dela emana uma luz intensa que ilumina o fundo escuro. As águas se transformam, e aquilo que parecia medo converte-se em coragem; o que era dor, em sabedoria; o que soava como perda, revela-se renascimento.

Você compreende, então, que o Cavaleiro de Copas não é apenas sedução ou paixão, mas alquimia. Ele ensina a arte de atravessar as águas densas para emergir transformado.

Ao final, você retorna à superfície, sentindo-se renovado. O Cavaleiro sorri e lhe entrega uma gota de água brilhante que repousa em seu coração. Em seguida, retorna às ondas, guardando o segredo da taça e sustentando a corrente da Água no Cubo.

Abra os olhos lentamente, levando consigo a bênção do Cavaleiro de Copas: intensidade, profundidade, coragem para mergulhar e poder de transformar emoções em sabedoria.

Rei de Copas

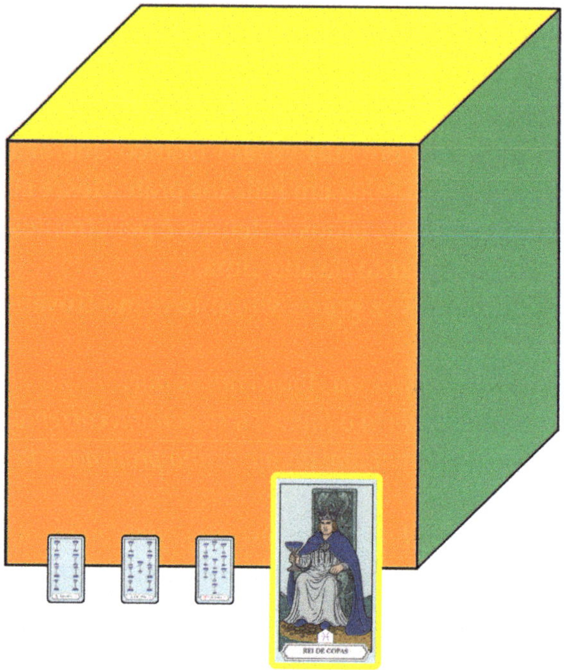

O Rei de Copas representa a Água mutável, associada ao signo de Peixes, regido por Júpiter na tradição antiga e por Netuno na moderna. Ele simboliza o encerramento do ciclo da Água, a maturidade emocional e espiritual que sabe conduzir o fluxo para a transição. No Rei, a Água já não é apenas receptividade, como na Rainha, nem intensidade apaixonada, como no Cavaleiro, mas torna-se sabedoria compassiva, capaz de acolher tudo e dissolver fronteiras.

No Tarô, o Rei de Copas aparece como uma figura serena, sentada em seu trono sobre o mar. Ele segura uma taça, e seu semblante é firme e tranquilo, revelando equilíbrio diante da instabilidade das ondas. Diferente da vulnerabilidade da Rainha ou da paixão do Cavaleiro, ele permanece no centro da corrente sem ser arrastado por ela. Sua força não está no controle rígido, mas na maestria fluida, como quem aprendeu a navegar em todas as marés da alma.

No Cubo do Espaço, o Rei de Copas ocupa uma das arestas mutáveis ligadas à Água, na passagem entre a conclusão de um ciclo e o início de outro. Sua função é guiar a corrente até sua dissolução e transição, preparando o elemento para ser recolhido e reintegrado ao todo. Ele é o sábio da Água, aquele que conhece o fim e o início, pois já percorreu todas as marés.

Sua imagem é a de um monarca coroado, envolto em mantos azuis e violetas, sentado em um trono que flutua sobre as águas. Ele não teme o movimento do mar, pois é parte dele. Seu olhar é compassivo e profundo, refletindo compreensão universal. A taça em suas mãos é oferecida não como mistério oculto, como na Rainha, nem como segredo transformador, como no Cavaleiro, mas como bênção: o dom da empatia, da compaixão e da união com o todo.

Correspondências Esotéricas

- **Signo**: Peixes (mutável de Água).
- **Posição no Cubo**: Sul-Abaixo (ligando face Sul à face Abaixo).
- **Elemento**: Água.

Dinâmica Psicológica e Espiritual

- **Físico**: serenidade, domínio emocional refletido no corpo; saúde ligada ao equilíbrio entre entrega e disciplina; risco de dispersão ou fuga pela passividade.
- **Mental**: imaginação elevada, compaixão intelectual, sabedoria intuitiva; capacidade de síntese, de perceber conexões ocultas; risco de ilusão ou escapismo.
- **Emocional**: compaixão, amor universal, capacidade de acolher sem julgar; tendência à empatia profunda, mas também risco de dissolver-se nos outros se não houver limites claros.
- **Espiritual**: união mística, transcendência, integração das polaridades; conexão com o oceano cósmico e com o inconsciente coletivo; realização espiritual através da entrega e da compaixão.

Meditação do Rei de Copas no Cubo do Espaço

Respire fundo e visualize o Cubo do Espaço diante de você, irradiando tons de azul, violeta e verde-marinho. Caminhe até aresta Sul-Abaixo. Ali o horizonte parece não ter fim e nesse cenário que surge o Rei de Copas.

Ele se assenta em um trono que flutua sobre as águas, cercado por símbolos marinhos e coroado por um diadema que brilha como a Lua e as estrelas. Em sua mão direita segura uma taça dourada; em sua esquerda, um cetro adornado com conchas. Sua presença é calma, serena e profundamente acolhedora.

O Rei olha para você com compaixão e diz:

Eu sou o guardião da Água em sua maturidade.
Conheço suas marés, seus abismos e seus segredos.
Já mergulhei na paixão, já experimentei a vulnerabilidade, e
agora permaneço firme no trono que flutua sobre todas as ondas.
Venho ensinar-te que a verdadeira força está na compaixão,
e que a sabedoria é aprender a dissolver fronteiras para unir
o que parecia separado.

Enquanto ele fala, você percebe que está sendo envolvido pelas águas serenas do oceano. Elas não o puxam para baixo nem o arrastam; ao contrário, o sustentam. Você flutua com leveza, percebendo que pode descansar sobre a superfície líquida sem esforço.

O Rei ergue sua taça, e dela jorra uma luz suave que se espalha pelo mar. Essa luz preenche seu coração com um sentimento de paz, ternura e compaixão universal. Você percebe que não há separação entre você e o oceano, que sua vida é uma onda dentro de um mar maior, e que cada emoção, cada experiência, é parte desse todo.

Ao fim, o Rei toca seu coração com o cetro e diz:

Leva contigo o dom da empatia e da serenidade.
Aprende a guiar as águas, não pela força, mas pelo equilíbrio.
Que tua alma seja como este oceano: vasta, compassiva, infinita.

O Cubo inteiro ressoa em tons suaves de azul e violeta, pulsando como um coração oceânico. Você abre os olhos lentamente, trazendo consigo a bênção do Rei de Copas que são a sabedoria emocional, a serenidade espiritual e a compaixão que une todas as coisas.

Valete de Copas

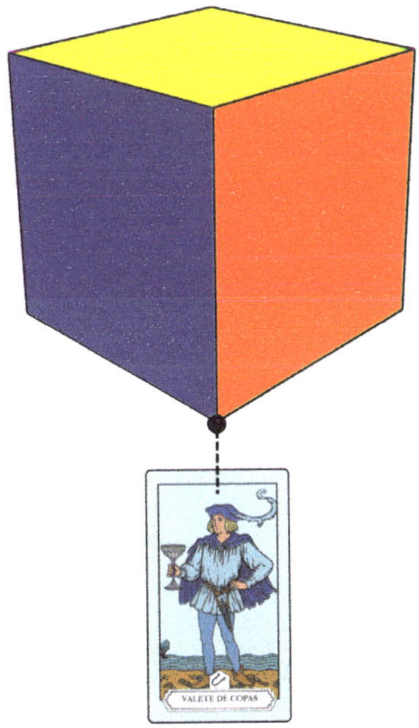

O Valete de Copas é o guardião juvenil da Água no Cubo do Espaço. Diferente da Rainha, do Cavaleiro e do Rei, que se ligam diretamente às etapas zodiacais — cardinal, fixo e mutável — o Valete não pertence a um signo específico. Ele representa o espírito do Outono, estação da colheita e da interiorização, quando a natureza se volta para dentro e a alma aprende a ouvir suas águas internas.

Como figura arquetípica, o Valete de Copas traz a inocência e a vulnerabilidade da juventude emocional. Ele simboliza a abertura para novas experiências afetivas, a curiosidade diante do mistério das emoções e a pureza do coração que ainda não foi endurecido pelo tempo. Seu cálice não está cheio de certezas, mas de perguntas, sonhos e possibilidades.

No Cubo do Espaço, o Valete de Copas ocupa um dos vértices da base, guardando o portal inferior da Água. Ele atua como sentinela, recebendo a irradiação do Ás de Copas no alto e reconduzindo sua energia para o mundo manifesto embaixo. Sua função é fechar o circuito: o que começou como semente pura nos vértices superiores agora é acolhido pelo Valete e devolvido à Terra em forma de vida emocional nascente.

Sua imagem é a de um jovem vestido em tons de azul, verde e prateado, segurando uma pequena taça da qual emerge um peixe — símbolo de imaginação, intuição e mensagem do inconsciente. Ele olha para o horizonte com curiosidade e sensibilidade, como quem pressente que cada emoção contém um ensinamento a ser descoberto.

Correspondências Esotéricas

- **Estação**: Outono.
- **Posição no Cubo**: Vértice Sudoeste-Abaixo
- **Elemento**: Água.

Dinâmica Psicológica e Espiritual

- **Físico**: sensibilidade corporal, leveza, delicadeza nos gestos; tendência à fragilidade física, mas também grande capacidade de adaptação.
- **Mental**: imaginação fértil, abertura ao novo, curiosidade psíquica; risco de ingenuidade ou falta de clareza diante de ilusões.
- **Emocional**: pureza, ternura, espontaneidade; disposição para amar e confiar; vulnerabilidade emocional que pode levar a decepções, mas também à aprendizagem.
- **Espiritual**: conexão com o inconsciente, sonhos e mensagens sutis; iniciação aos mistérios da intuição; capacidade de servir como canal para inspirações espirituais.

Meditação do Valete de Copas no Cubo do Espaço

Feche os olhos e respire suavemente, como quem acolhe o frescor do Outono. Visualize o Cubo do Espaço diante de você, irradiando tons de azul-esverdeado e dourado outonal. Caminhe até o vértice Sudoeste-Abaixo, onde o portal inferior brilha como um espelho líquido.

Ali, você encontra o Valete de Copas. Ele se apresenta como um jovem sereno, com um manto azul fluido que parece tecido pelas ondas. Em suas mãos, segura uma pequena taça e, dela, salta um peixe vivo que o encara com olhos sábios e compassivos. O Valete sorri com doçura, convidando-o a se aproximar.

Ele diz com voz suave:

> *Sou guardião da juventude das águas.*
> *Em mim, a semente da emoção permanece pura, ainda não moldada pela dureza do tempo.*
> *Trago a ti a lembrança de quando teu coração era fresco, curioso e inocente.*
> *Minha taça guarda os sonhos, os presságios e as mensagens que emergem do fundo do inconsciente e que deves ouvir com reverência.*

Você observa o peixe que salta da taça e percebe que ele fala em símbolos: imagens de sonhos, memórias, intuições sutis que revelam segredos guardados em sua própria alma. Cada símbolo é um convite ao mergulho, mas não exige pressa, apenas escuta e abertura.

O Valete então coloca a taça em suas mãos. Ela é leve e fria ao toque, mas dentro dela pulsa uma corrente suave, como um coração líquido. Ao segurá-la, você sente a renovação de sua própria sensibilidade: a capacidade de amar sem reservas, confiar no invisível e abrir-se para a vida com ternura e imaginação.

O jovem guardião o abençoa com um gesto. O peixe retorna à taça, que ele recolhe antes de sorrir mais uma vez. Em seguida, volta ao portal do vértice Sudoeste-Abaixo do Cubo, mantendo sua vigília silenciosa.

Respire fundo e perceba que sua alma foi tocada pela juventude das águas. Ao abrir os olhos, traga consigo a bênção do Valete de Copas que proporciona a pureza do coração, a imaginação criadora e a capacidade de acolher o mundo com ternura e curiosidade.

Rainha de Espadas

A Rainha de Espadas é a personificação do Ar cardinal, associada a Libra, signo regido por Vênus. Sua função é inaugurar o ciclo do pensamento, da palavra e da justiça. No plano simbólico, ela é a figura da mente clara e da decisão imparcial, capaz de cortar ilusões e abrir espaço para a verdade. Sua espada não é instrumento de violência, mas de discernimento, separando com precisão o que é justo do que é falso, o que é útil do que é ilusório.

No Tarô, a Rainha de Espadas aparece como uma figura ereta, sentada em um trono adornado por nuvens e pássaros, olhando para o horizonte com firmeza. Uma das mãos ergue a espada, reta e afiada, enquanto a outra se abre em gesto de acolhida, revelando que sua clareza mental não exclui a compaixão, mas a tempera. Nela, lucidez e sensibilidade, julgamento e equilíbrio coexistem como virtudes complementares.

No Cubo do Espaço, a Rainha de Espadas habita uma das arestas cardinais do Ar, ponto onde a energia mental se lança pela primeira vez no espaço. Ali, o pensamento nasce como força criadora, ainda puro e inaugural, trazendo consigo a estação do equilíbrio e da justiça. É o vento inicial que sopra, a corrente intelectual que rompe a inércia e estabelece a ordem racional do cosmos.

Sua figura é a da iniciadora da consciência, a guardiã que mostra a importância da clareza, do julgamento justo e da palavra correta. A Rainha de Espadas representa, portanto, o limiar entre o silêncio e a linguagem, entre a intuição difusa e o pensamento organizado.

Correspondências Esotéricas

- **Signo**: Libra (cardinal de Ar).
- **Posição no Cubo**: Noroeste (ligando face Oeste à Norte).
- **Elemento**: Ar.

Dinâmica Psicológica e Espiritual

- **Físico**: postura ereta, expressão firme; corpo que traduz sobriedade e disciplina; tendência à rigidez física quando há excesso de racionalidade.
- **Mental**: lucidez, discernimento, busca pela justiça e pela verdade; capacidade de análise imparcial; risco de frieza intelectual ou excesso de crítica.
- **Emocional**: desapego afetivo, capacidade de julgar sem favoritismos; equilíbrio emocional pela via da razão; risco de isolamento por racionalizar sentimentos em excesso.
- **Espiritual**: busca da verdade como caminho de ascensão; consciência de que a palavra correta e justa é um ato sagrado; conexão com o princípio da ordem cósmica que nasce do logos.

MEDITAÇÃO DA RAINHA DE ESPADAS NO CUBO DO ESPAÇO

Feche os olhos e respire profundamente. Visualize o Cubo do Espaço diante de você, iluminado em tons de branco, cinza prateado e azul claro. Caminhe até a aresta Noroeste, onde os ventos se erguem como colunas transparentes, vibrando em leveza e firmeza.

Ali, surge a Rainha de Espadas. Ela está sentada em um trono ornado com nuvens, aves e balanças. Em sua mão direita ergue uma espada cintilante, refletindo a luz do sol; em sua mão esquerda, mantém-se em gesto de abertura, acolhendo o buscador que chega em busca de clareza.

Seu olhar é firme e penetrante, mas não hostil. Ele atravessa a sua alma, revelando segredos e ilusões que você guarda. A Rainha fala com voz calma e clara:

> *Eu sou a guardiã da mente que inicia.*
> *Minha espada é o corte da verdade, e meu trono se ergue sobre o equilíbrio.*
> *Não temo as ilusões, pois elas se desfazem diante da luz da razão.*
> *Venho ensinar-te que o pensamento correto é um ato de justiça, e que cada palavra deve nascer do discernimento e do coração equilibrado.*

Você sente o vento soprar ao seu redor, como se cada corrente de ar limpasse sua mente de confusões e pesos desnecessários. A espada da Rainha reluz diante de você, e ao contemplá-la, seus pensamentos se alinham, tornando-se claros, ordenados e verdadeiros.

Ela então aponta a espada para o alto, e o vento se transforma em corrente ascendente, elevando-o dentro do Cubo. Você percebe que está sendo conduzido para além das ilusões, até uma visão mais ampla, onde tudo se organiza de forma justa e luminosa.

A Rainha toca seu coração com a ponta da espada, não para feri-lo, mas para purificá-lo. Nesse instante, nasce em você um novo compromisso de viver em conformidade com a verdade, usar a palavra com justiça e guiar suas escolhas pelo discernimento.

Quando o vento se acalma, a Rainha sorri com suavidade e diz:

> *Leva contigo a clareza do Ar que inicia.*
> *Que teus pensamentos sejam lâmpadas que iluminam, e tuas palavras, sementes de justiça.*

O Cubo ressoa em tons prateados e translúcidos. Você abre os olhos lentamente, trazendo consigo a bênção da Rainha de Espadas que traz a lucidez da mente clara, a justiça equilibrada e o poder da palavra correta.

Cavaleiro de Espadas

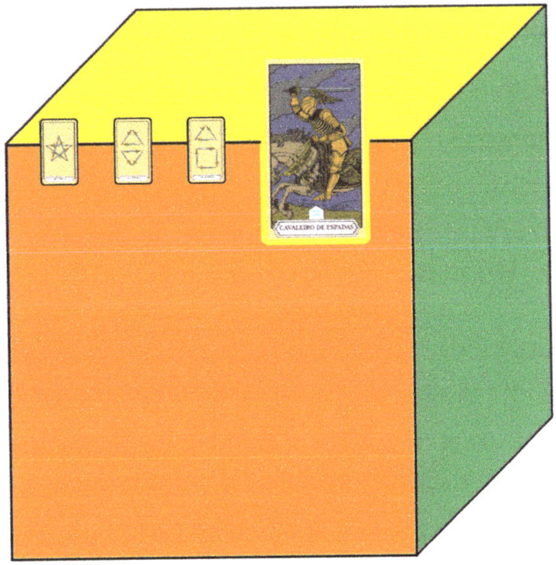

O Cavaleiro de Espadas representa o Ar fixo de Aquário, a mente que inicia, sustenta, consolida e projeta suas ideias com firmeza. Ele simboliza o pensamento em ação, a busca incessante por inovação, liberdade e expansão da consciência coletiva. Seu arquétipo é o do guerreiro da mente, que cavalga veloz em direção ao futuro, guiado por uma visão clara de justiça e progresso.

No Tarô, o Cavaleiro de Espadas aparece montado em um cavalo veloz, avançando contra os ventos, com a espada erguida. Sua expressão é de determinação intensa, quase impaciente, como quem não admite estagnação. É a mente que age, o raciocínio que se lança, a palavra que se transforma em ato.

No Cubo do Espaço, o Cavaleiro de Espadas habita o centro de uma aresta fixa do Ar, sustentando o fluxo contínuo da mente. Ele é o vento firme que sopra sem cessar, mantendo o equilíbrio das correntes e assegurando que a energia intelectual não se dissipe. Sua posição revela sua função: ser guardião da continuidade mental, portador de ideais que atravessam o tempo e moldam o destino.

O Cavaleiro de Espadas é, portanto, o Ar autoafirmado, a ideia que não se dobra, a palavra que rompe resistências. Ele manifesta o auge da estação mental, o ponto em que os pensamentos amadurecem em sistemas, em visões e em ideologias. Sua energia é rápida, incisiva e transformadora.

Correspondências Esotéricas

- **Signo**: Aquário (fixo de Ar).
- **Posição no Cubo**: Sul-Acima (ligando face Sul à face Acima).
- **Elemento**: Ar.

Dinâmica Psicológica e Espiritual

- **Físico**: agilidade, vitalidade nervosa; corpo que se move rápido, mas que pode se desgastar pelo excesso de pressa e tensão.
- **Mental**: clareza analítica, rapidez de raciocínio, mente futurista e idealista; risco de impaciência, rigidez intelectual ou radicalismo.
- **Emocional**: desapego afetivo em prol de ideais; emoções subordinadas à mente; risco de frieza emocional ou dificuldade em lidar com vulnerabilidades.
- **Espiritual**: busca por liberdade e verdade; consciência da coletividade; capacidade de servir como mensageiro de novos paradigmas; risco de arrogância espiritual ou de excesso de racionalismo.

Meditação do Cavaleiro de Espadas no Cubo do Espaço

Feche os olhos e respire profundamente. Visualize o Cubo do Espaço em torno de você, iluminado em tons de azul elétrico, cinza prateado e branco intenso. Caminhe até o centro da aresta do Sul-Acima, onde correntes invisíveis sopram em todas as direções, vibrando com uma força firme e constante.

De repente, você ouve o galope de um cavalo. Surge o Cavaleiro de Espadas, montado em um corcel branco que avança contra os ventos. Sua espada reluz como um raio erguido ao alto, e sua armadura cintila com símbolos de estrelas e faíscas. O vento parece obedecer à sua presença, como se ele fosse senhor das correntes aéreas.

O Cavaleiro para diante de você, sem descer de sua montaria. Sua energia é movimento puro, impossível de conter. Com voz firme, ele proclama:

Eu sou o guardião do Ar fixo.
Em mim, o pensamento se torna ação, a ideia se torna força.
Eu não conheço estagnação, avanço sempre, pois a mente deve voar além das prisões do tempo.
Minha espada corta as correntes da ignorância e abre caminho para o novo.

Você sente o vento atravessar seu corpo, limpando impurezas, medos e hesitações. Cada sopro é como uma lâmina invisível que remove pensamentos inúteis e crenças ultrapassadas. O Cavaleiro o convida a segurar sua espada por um instante. Quando você a toca, uma corrente elétrica percorre seu ser: sua mente se expande, ideias se multiplicam, visões do futuro se abrem diante de seus olhos.

Ele ergue a espada aos céus, e você vê uma coluna de vento e luz subir do Cubo até o infinito, levando consigo as sementes de novos paradigmas. É como se sua própria mente estivesse conectada à mente universal, respirando com ela em liberdade e clareza.

O Cavaleiro sorri e diz:

Leva contigo minha bênção.
Que teu pensamento seja veloz e firme como o vento, que tua palavra seja arma de verdade, e que teus ideais se ergam como colunas de luz sobre a Terra.

Ele parte em galope, desaparecendo no horizonte dos ventos. Você permanece no Cubo, sentindo a firmeza do Ar dentro de si, o poder de sustentar ideias, mover consciências e transformar o mundo pela clareza da mente.

Rei de Espadas

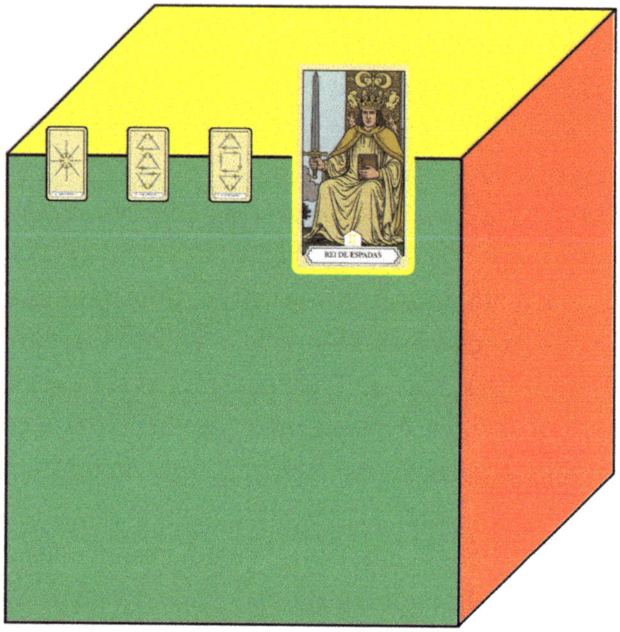

O Rei de Espadas é a manifestação plena do Ar mutável, ligado ao signo de Gêmeos, regido por Mercúrio. Ele representa o encerramento de um ciclo mental e a capacidade de transição, quando as ideias amadurecem e precisam ser reorganizadas em novos padrões de conhecimento. O Rei é, ao mesmo tempo, mestre da linguagem e estrategista da mente; ele raciocina e aplica sua razão em diferentes situações, adaptando-se com sabedoria e clareza.

No Tarô, o Rei de Espadas é retratado sentado em um trono elevado, segurando sua espada ereta como símbolo de poder e discernimento. Sua postura transmite autoridade, mas também equilíbrio. Não há impulso precipitado, como no Cavaleiro, nem apenas receptividade, como na Rainha. Nele vemos o domínio consciente da mente, a lucidez que sabe quando falar e quando silenciar.

No Cubo do Espaço, o Rei de Espadas ocupa a aresta mutável do Ar, onde a energia mental se transforma e prepara o ciclo seguinte. Ele é o vento que muda de direção, trazendo versatilidade, comunicação e adaptabilidade

Correspondências Esotéricas

- **Signo**: Gêmeos (mutável de Ar).
- **Posição no Cubo**: Leste-Acima (ligando face Leste à face Acima).
- **Elemento**: Ar.

Dinâmica Psicológica e Espiritual

- **Físico**: postura ereta, digna e sóbria; energia física canalizada para o controle e para a expressão; risco de tensão acumulada no corpo pela sobrecarga mental.
- **Mental**: inteligência refinada, pensamento analítico, habilidade de comunicação; domínio da palavra falada e escrita; risco de racionalismo excessivo ou manipulação discursiva.
- **Emocional**: equilíbrio entre desapego e empatia; capacidade de julgar sem favoritismos; risco de frieza emocional se houver excesso de intelectualização.
- **Espiritual**: consciência de que a palavra é um poder criador; percepção da mente como ponte entre espírito e matéria; habilidade de encerrar ciclos mentais para dar início a novas visões.

Meditação do Rei de Espadas no Cubo do Espaço

Feche os olhos e respire profundamente. Visualize o Cubo do Espaço ao seu redor, translúcido e luminoso, irradiando tons de azul celeste e prata cintilante. Caminhe até a aresta Leste-Acima, onde o vento muda de direção constantemente, como se fosse um espaço vivo em fluxo contínuo de pensamentos e palavras.

Ali, sentado em um trono elevado de cristal transparente, encontra-se o Rei de Espadas. Sua presença é serena e imponente. Ele segura uma espada longa e brilhante, ereta diante de si, como se fosse o eixo do próprio pensamento cósmico. Sua coroa é adornada com símbolos de Mercúrio como asas, letras e sinais que representam a comunicação e a inteligência divina.

O Rei olha para você com firmeza, mas sem dureza. Sua voz é clara e calma:

> *Eu sou o guardião do Ar mutável.*
> *Em mim, as ideias se tornam sabedoria, e a palavra se transforma em ponte entre mundos. Eu conheço o fim de cada pensamento, mas também o início do próximo.*
> *Minha espada é o cetro da mente, e com ela abro caminhos que unem lógica e intuição, silêncio e discurso.*

Ao ouvir suas palavras, você sente sua mente se expandir e se reorganizar. Pensamentos dispersos alinham-se como estrelas em uma constelação, formando padrões claros. O vento ao redor sopra em diferentes direções, mas não há caos; há harmonia, como se cada mudança fosse parte de uma dança maior da consciência.

O Rei ergue sua espada em direção ao céu, e um raio de luz desce pelo fio da lâmina até tocar o Cubo. Esse raio atravessa seu corpo e desperta em você a percepção de que cada palavra dita, cada pensamento formulado, é uma semente que molda a realidade. Você sente no coração a responsabilidade e a bênção do logos: o poder de nomear, ordenar e criar.

Ele então se inclina levemente e diz:

> *Leva contigo a minha bênção.*
> *Que tua mente seja clara como o vento, tua palavra justa como a lâmina e tua sabedoria firme como o trono que sustento.*
> *Aprende a encerrar os ciclos sem medo, pois em cada fim repousa o anúncio de um novo começo.*

O vento ao redor se acalma, deixando apenas uma brisa suave. Você sente a presença do Rei gravar em sua mente a lição da maturidade intelectual e do equilíbrio espiritual.

Valete de Espadas

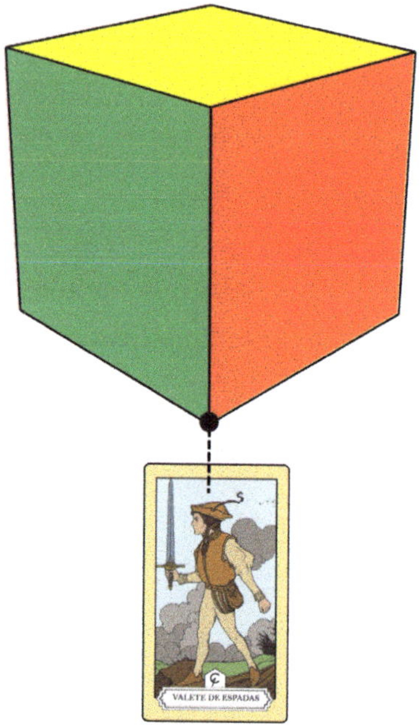

O Valete de Espadas é a expressão juvenil do Ar, aquele que capta a pureza do pensamento e a transforma em curiosidade, aprendizado e busca incessante por compreensão. Enquanto Reis, Rainhas e Cavaleiros encarnam momentos zodiacais específicos, o Valete condensa o espírito de toda uma estação: o Inverno, tempo em que o Ar se revela em sua forma mais austera, clara e cortante.

Na iconografia tradicional, o Valete de Espadas aparece como um jovem atento, empunhando a espada com leveza, quase em posição de guarda. Seu olhar é de vigília, como quem observa cada movimento e se mantém pronto a reagir. Ele é mensageiro, aprendiz e também vigia, postado nos limites do Cubo para filtrar e proteger o fluxo das ideias.

No Cubo do Espaço, o Valete de Espadas habita um dos vértices inferiores associados ao elemento Ar. Ali, atua como sentinela do pensamento, guardando a passagem entre as correntes sutis irradiadas do Ás de Espadas no alto e sua descida até o plano da matéria. É como uma âncora juvenil que garante que a energia do Ar se reconduza ao mundo humano sem se perder no abstrato.

O Valete de Espadas simboliza a curiosidade em estado puro. Ele encarna o despertar intelectual, a vontade de investigar, questionar e compreender. Representa o instante em que o pensamento ainda não se fixa em sistemas, mas se lança em múltiplas direções, abrindo novas possibilidades.

Correspondências Esotéricas

- **Estação**: Inverno.
- **Posição no Cubo**: Vértice Nordeste-Abaixo
- **Elemento**: Ar.

Dinâmica Psicológica e Espiritual

- **Físico**: agilidade e leveza; corpo em estado de alerta; risco de desgaste por nervosismo e ansiedade constantes.
- **Mental**: curiosidade intensa, desejo de aprender, observação atenta; risco de dispersão mental ou superficialidade no conhecimento.
- **Emocional**: desapego, reserva emocional; entusiasmo juvenil em busca de novas experiências; risco de inquietação e instabilidade afetiva.
- **Espiritual**: percepção de que todo pensamento é semente; disposição para aprender com a vida; vigilância espiritual que impede que ilusões tomem conta do caminho.

Meditação do Valete de Espadas no Cubo do Espaço

Feche os olhos e respire profundamente, permitindo que sua mente se acalme como o ar de uma noite de inverno. Visualize diante de si o Cubo do Espaço, sólido e silencioso, irradiando uma luz fria em tons de branco e azul-prateado. Caminhe até o vértice Nordeste-Abaixo, um ponto sereno e profundo, onde o vento sopra de baixo para cima, reconduzindo a energia ao corpo da criação.

Ali, você encontra o Valete de Espadas. Um jovem de olhos atentos o observa, segurando a espada com leveza, como quem guarda uma passagem sagrada. Sua postura não é agressiva, mas vigilante; ele está desperto, ciente de cada movimento ao redor.

Ele se aproxima e diz em voz firme e clara:

> *Eu sou o guardião do Ar no limiar da matéria.*
> *Minha missão é vigiar os portais da mente e assegurar que a energia do pensamento não se perca no caos.*
> *Eu sou a juventude da consciência, aquele que pergunta, observa e aprende sem cessar.*

Enquanto ele fala, você sente um vento frio atravessar o Cubo, limpando pensamentos densos e trazendo clareza cristalina. A cada sopro, sua mente se torna mais leve, como se fosse varrida de ilusões e distrações. Você percebe que o Valete não traz respostas definitivas, mas perguntas que instigam, mantendo o espírito desperto e o fogo da curiosidade sempre aceso.

O jovem então ergue sua espada para o alto. Do vértice Nordeste-Abaixo do Cubo, uma coluna de vento ascende até o Ás de Espadas no topo, unindo a semente primordial do Ar à sua manifestação no mundo humano. Você sente que essa coluna o conecta ao ciclo eterno do pensamento, lembrando-o de que cada nova ideia é também vigília, e cada palavra, um chamado à consciência.

O Valete sorri e acrescenta:

> *Leva contigo minha bênção.*
> *Que tua mente permaneça desperta, que teus olhos estejam sempre atentos, e que tua curiosidade nunca se esgote.*
> *Pois aquele que vigia e aprende é o verdadeiro guardião do espírito.*

Ele retorna ao seu posto no vértice Nordeste-Abaixo do Cubo, com espada em punho, mantendo-se como sentinela silencioso. Você se afasta lentamente, levando em seu coração a leveza e a vigilância do Ar jovem, a certeza de que a sabedoria nasce do olhar atento e da curiosidade que jamais deve adormecer.

Rainha de Ouros

A Rainha de Ouros representa a força cardinal da Terra, vinculada ao signo de Capricórnio, regido por Saturno. É a energia que inaugura o ciclo da matéria, dando forma, estrutura e estabilidade ao que antes existia apenas em potência. Se a Terra é o elemento da substância, da solidez e da permanência, a Rainha de Ouros é a mão que molda esse princípio no mundo humano, erguendo edifícios, cultivando jardins e consolidando o espaço em que a vida pode florescer.

No Tarô, a Rainha de Ouros costuma ser representada sentada em um trono adornado por símbolos de fertilidade e prosperidade. Ela segura em suas mãos um pentáculo, não apenas como sinal de riqueza, mas como lição do equilíbrio entre o visível e o invisível, entre o trabalho humano e a ordem cósmica. Sua presença transmite serenidade prática e poder silencioso, sustentada pela confiança no que é construído com paciência e perseverança.

No Cubo do Espaço, a Rainha de Ouros ocupa a aresta cardinal da Terra, ponto em que o elemento se lança pela primeira vez no espaço e abre o caminho da manifestação sólida. É nesse lugar que a energia primordial do Ás de Ouros, irradiada do vértice Acima Noroeste, encontra pela primeira vez sua direção no fluxo temporal. Ela encarna o gesto inaugural da matéria, o instante em que o invisível se fixa em forma, em que a ideia se transforma em pedra, corpo e raiz.

Assim, a Rainha de Ouros é a mãe da estabilidade. Sua função é inaugurar e consolidar, abrir o ciclo que dará sustentação à vida. É a guardiã da disciplina, da organização e do trabalho paciente, que semeia para si e para as gerações futuras. No Cubo, ela é o braço que conecta a Terra primordial, invisível, à sua primeira expressão ordenada no mundo humano.

Correspondências Esotéricas

- **Signo**: Capricórnio (cardinal da Terra).
- **Posição no Cubo**: Oeste-Abaixo (ligando face Oeste à face Abaixo).
- **Elemento**: Terra.

Dinâmica Psicológica e Espiritual

- **Físico**: força estável, resistência e perseverança; corpo preparado para longos esforços; risco de rigidez e lentidão quando a energia se cristaliza demais.
- **Mental**: clareza prática, capacidade de planejamento, pensamento disciplinado; risco de excesso de rigidez mental ou de materialismo pragmático.
- **Emocional**: afeto traduzido em cuidado concreto, lealdade e constância; dificuldade em lidar com mudanças rápidas ou instabilidade emocional.
- **Espiritual**: consciência de que o trabalho é sagrado; percepção de que a disciplina e a estrutura são caminhos de ascensão espiritual; risco de esquecer que o espírito não pode ser reduzido apenas à forma material.

Meditação da Rainha de Ouros no Cubo do Espaço

Feche os olhos e respire lentamente, sentindo o peso suave e firme do seu corpo contra o chão. Visualize o Cubo do Espaço diante de você, sólido e majestoso, irradiando tons de verde-escuro, marrom e dourado. Caminhe até a aresta Oeste-Abaixo.

Ali, você encontra a Rainha de Ouros. Ela está sentada em um trono de pedra lapidada, ornado com símbolos de colheita e fertilidade. Em suas mãos, segura um pentáculo dourado que brilha como se fosse o coração da própria Terra. Seu olhar é firme, mas acolhedor, e sua presença transmite a segurança daquilo que não se abala facilmente.

Ela fala com voz calma e profunda:

Eu sou a guardiã da Terra que nasce.
Em mim, a semente se torna raiz, o invisível encontra forma,
e o trabalho paciente ergue as colunas da vida.
Minha força é silenciosa, mas duradoura.
Meu gesto é discreto, mas eterno.

Ao ouvir suas palavras, você sente como se suas pernas e pés se transformassem em raízes que se aprofundam no solo do Cubo, ancorando corpo e mente em uma estabilidade inabalável. Cada respiração se converte em firmeza, cada batida do coração ecoa como um tambor lento e constante que organiza sua energia interior.

A Rainha ergue então o pentáculo diante de você. Do disco dourado emana uma luz cálida que cobre todo o Cubo. Essa luz desce em você como um manto de segurança e disciplina, lembrando que todo crescimento verdadeiro começa com raízes sólidas. Nesse instante, você compreende que a abundância não surge do imediatismo, mas do trabalho constante e da confiança na ordem da vida.

Ela encerra dizendo:

> *Leva contigo minha bênção.*
> *Que teus pés sejam firmes como a rocha, que tuas mãos construam com paciência, e que tua mente seja clara como o ouro lapidado.*
> *Pois aquele que honra a Terra, honra também o espírito que nela se encarna.*

O brilho do pentáculo se integra ao seu coração. Você retorna ao centro do Cubo sentindo-se fortalecido, enraizado e preparado para dar forma concreta às inspirações do espírito.

Cavaleiro de Ouros

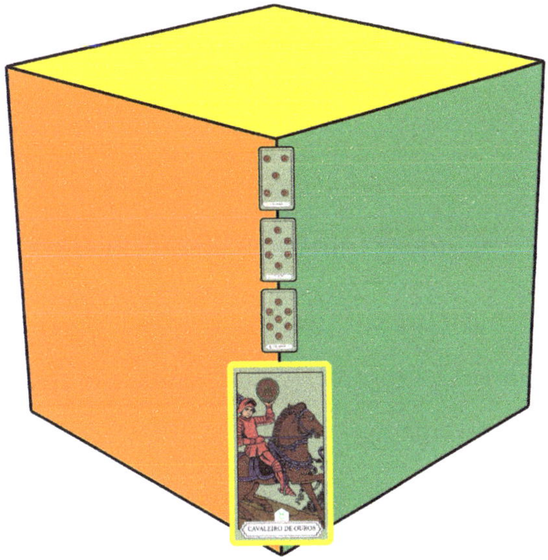

O Cavaleiro de Ouros é a personificação da Terra em seu estado mais estável, fértil e persistente. Associado ao signo fixo de Touro, regido por Vênus, ele representa a plenitude do elemento Terra, a força que se mantém, o crescimento que amadurece e a vida que se sustenta pela constância e pela firmeza. Se a Rainha inaugura o ciclo, o Cavaleiro o sustenta, preservando-o em seu ápice com lealdade, disciplina e vigor.

Na iconografia do Tarô, o Cavaleiro de Ouros aparece montado em seu cavalo. Porém, diferentemente dos outros Cavaleiros, sua montaria não corre em disparada, permanece firme, quase enraizada no solo, como se fosse parte dele. Esse detalhe revela sua essência. Não é a pressa que o move, mas a paciência e a segurança. Ele avança, mas nunca se precipita, garantindo que cada passo seja sólido e duradouro.

No Cubo do Espaço, o Cavaleiro de Ouros ocupa a aresta central da Terra, sustentando a linha que liga o Ás de Ouros ao coração do ciclo material. Ali, sua função é assegurar que a energia primordial não se dissipe nem se quebre em instabilidade, mas seja mantida com firmeza e continuidade. Ele é a própria imagem da sustentação, o guardião da fertilidade constante, aquele que vela pelo crescimento estável.

O Cavaleiro de Ouros simboliza o trabalho árduo, o esforço contínuo e a paciência fértil. Ele representa o momento em que o campo já foi aberto pela Rainha e agora precisa ser cultivado, cuidado e preservado para gerar frutos. Sua lição é clara. Nada que perdure nasce da pressa. Tudo o que se eterniza é fruto do tempo, da dedicação e da constância.

Correspondências Esotéricas

- **Signo**: Touro (fixo da Terra).
- **Posição no Cubo**: Sudeste (ligando face Leste à face Sul).
- **Elemento**: Terra.

Dinâmica Psicológica e Espiritual

- **Físico**: energia robusta, resistência ao esforço prolongado, força para sustentar tarefas materiais e corporais; risco de lentidão e apego excessivo ao conforto.
- **Mental**: pensamento prático e perseverante, foco em resultados concretos, constância nas ideias; risco de rigidez mental e dificuldade em aceitar mudanças.
- **Emocional**: lealdade, afeto constante, amor traduzido em gestos concretos; risco de possessividade ou resistência a abandonar o que já não serve.
- **Espiritual**: consciência de que o trabalho e a constância são formas de devoção; percepção de que a fé também se manifesta pela disciplina diária; risco de esquecer que a Terra deve ser cultivada com flexibilidade.

Meditação do Cavaleiro de Ouros no Cubo do Espaço

Respire profundamente e sinta seu corpo ganhar peso suave, como se cada músculo se enraizasse na Terra. Visualize o Cubo do Espaço, sólido e luminoso, irradiando em tons de verde, marrom e dourado. Caminhe até a aresta Sudeste.

Ali, você vê o Cavaleiro de Ouros, montado em um cavalo robusto e imóvel como uma estátua. Ambos parecem fundidos ao solo, como se fossem parte da própria paisagem. O Cavaleiro segura em suas mãos um pentáculo brilhante, que ele observa com atenção e reverência, como se fosse a tarefa mais importante de sua vida.

Ele olha para você e fala com voz calma e grave:

Eu sou o guardião da constância.
Em mim, a Terra encontra seu auge, e o tempo
se revela como mestre.
Meu passo é lento, mas certo.
Minha força é discreta, mas invencível.
Aprenda comigo que a verdadeira vitória nasce
da perseverança.

Enquanto ele fala, você sente como se todo o seu corpo fosse atravessado por uma energia profunda, densa e nutritiva, como a seiva que percorre o tronco de uma árvore. Seu coração pulsa em ritmo estável, como um tambor primordial que ressoa com o próprio coração da Terra.

O Cavaleiro então ergue o pentáculo diante de você, e dele emana uma luz dourada que cobre o Cubo inteiro. Essa luz se espalha como raízes que se firmam no solo e como frutos que amadurecem lentamente ao sol. Você percebe que está envolvido pela energia da paciência e da persistência, compreendendo que a constância é a base de toda realização.

Ele encerra suas palavras:

> *Leva contigo minha bênção.*
> *Que teus pés nunca vacilem no caminho, que tuas mãos cultivem com paciência, e que tua mente saiba esperar pelo tempo da colheita.*
> *Aquele que permanece firme se torna como a rocha que sustenta o mundo.*

A imagem do Cavaleiro e de seu cavalo se dissolve lentamente, mas a força de sua presença permanece em seu coração, como uma certeza sólida que não pode ser abalada.

Rei de Ouros

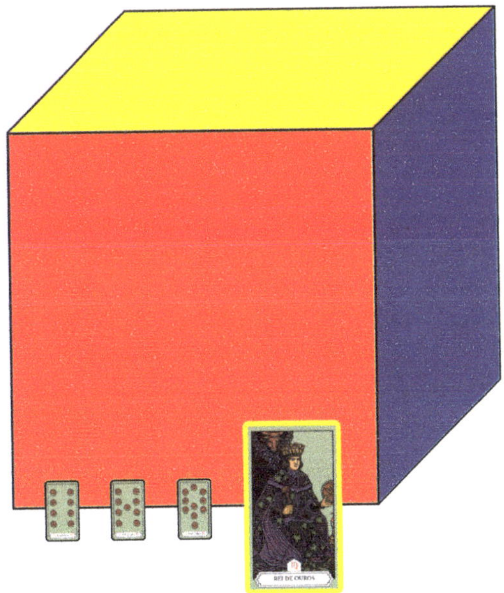

O Rei de Ouros é a personificação da Terra em sua maestria. Associado ao signo de Virgem, regido por Mercúrio, ele representa o momento de transição e conclusão do ciclo da Terra, quando a energia se volta à colheita, ao refinamento e ao preparo para o próximo ciclo. Se a Rainha inaugura e o Cavaleiro sustenta, o Rei encerra e transmite. Ele é o mestre da matéria, aquele que compreende que toda obra precisa de conclusão e todo fruto deve ser colhido.

No Tarô, o Rei de Ouros aparece sentado em um trono adornado por símbolos de abundância, como vinhas carregadas, touros e colunas sólidas. Sua presença transmite segurança plena, autoridade calma e sabedoria prática. Diferente da Rainha, que inaugura com esforço, ou do Cavaleiro, que sustenta com constância, o Rei de Ouros governa com serenidade, pois já conhece os limites e os frutos do elemento. Ele é o administrador sábio, o guardião da colheita, aquele que sabe dar destino justo à riqueza acumulada.

No Cubo do Espaço, o Rei de Ouros ocupa a aresta mutável da Terra, onde a energia do elemento se aproxima de sua transição. É o ponto em que a estabilidade dá lugar à adaptação, em que a força consolidada do Cavaleiro se torna flexível para que um novo ciclo possa nascer. Ele representa o instante em que a Terra se abre ao trabalho do tempo, liberando suas dádivas para o futuro.

O Rei de Ouros simboliza a sabedoria prática, a maturidade da matéria e a maestria no uso dos recursos. Ele ensina que a riqueza não está na simples acumulação, mas na partilha. Não se resume à estabilidade, mas se expressa também na renovação. É a consciência de que toda forma sólida é provisória e de que a verdadeira abundância está em transformar e reiniciar o ciclo.

Correspondências Esotéricas

- **Signo**: Virgem (mutável da Terra).
- **Posição no Cubo**: Norte-Abaixo (ligando face Norte à face Abaixo).
- **Elemento**: Terra.

Dinâmica Psicológica e Espiritual

- **Físico**: vitalidade madura, corpo capaz de organização e disciplina; risco de excesso de controle sobre saúde e rotinas.
- **Mental**: inteligência prática, mente analítica e detalhista; habilidade em planejar, organizar e administrar; risco de perfeccionismo e preocupação excessiva.
- **Emocional**: estabilidade afetiva, cuidado constante com os outros; risco de rigidez emocional e dificuldade em relaxar.
- **Espiritual**: consciência de que servir é sagrado; percepção de que a matéria é um campo de aprendizado e disciplina para a alma; risco de perder de vista o invisível ao se prender apenas ao útil e prático.

Meditação do Rei de Ouros no Cubo do Espaço

Respire profundamente e sinta seu corpo como uma montanha antiga, sólido, estável, mas também vivo e pulsante. Visualize o Cubo do Espaço, iluminado em tons de verde-esmeralda, dourado e marrom. Caminhe até a aresta Norte-Abaixo, onde o ciclo da matéria alcança seu ponto de sabedoria e se prepara para se transformar.

Ali, você encontra o Rei de Ouros, sentado em um trono de pedra ornado com símbolos de colheita e abundância. Em suas mãos repousa um pentáculo dourado, que ele segura com firmeza e reverência. Seu olhar é profundo, sereno e analítico, transmitindo a calma de quem conhece o tempo e seus ciclos. Ele fala com voz grave e pausada:

Eu sou o guardião da colheita.
Em mim, a Terra revela sua plenitude e sua transição.
Eu ensino que toda obra deve ser concluída, que toda semente deve dar fruto, e que todo fruto deve ser partilhado.
A abundância não é posse, mas serviço.
Ela não é acúmulo, mas renovação.

Enquanto ele fala, você sente como se sua mente se tornasse clara e ordenada. Pensamentos dispersos se alinham como linhas retas, formando estruturas sólidas e funcionais. Seu corpo se preenche de um senso de disciplina tranquila, como se cada célula soubesse exatamente o que fazer para manter a vida em harmonia.

O Rei ergue o pentáculo diante de você. Do disco dourado irradia uma luz que cobre todo o Cubo, como um campo fértil pronto para a colheita. Essa luz envolve seu coração e sua mente, lembrando que a verdadeira realeza não é dominar, mas servir, e que a verdadeira riqueza é o equilíbrio entre receber e oferecer. Ele encerra dizendo:

Leva contigo minha bênção.
Que tuas obras sejam completas, que teus frutos sejam abundantes e que teu coração saiba quando partilhar.
Pois aquele que conclui com sabedoria é também aquele que prepara o novo início.

A imagem do Rei se dissolve lentamente, mas sua presença permanece dentro de você como uma chama dourada que organiza sua vida e ilumina seu caminho.

Valete de Ouros

O Valete de Ouros é a expressão juvenil e renovadora do elemento Terra. Ele não se associa a um signo zodiacal específico, mas à própria estação do Inverno, quando a Terra parece adormecida e silenciosa, mas em seu interior guarda a promessa de renovação. Representa o estágio em que o ciclo da matéria não está em seu auge nem em sua conclusão, mas em sua preparação. É o momento em que as sementes repousam no solo, germinando no escuro e invisíveis, até o instante do renascimento.

No Tarô, o Valete de Ouros aparece como um jovem que contempla com reverência um pentáculo dourado, símbolo de estudo, promessa e potencialidade. Diferente da estabilidade madura dos Reis ou da constância dos Cavaleiros, ele encarna a fase inicial, o aprendizado e a juventude aplicada que busca compreender a matéria e se abrir ao seu mistério. O Valete é a Terra em seu frescor, a semente ainda em gestação, o primeiro passo rumo à realização.

No Cubo do Espaço, o Valete de Ouros ocupa um dos vértices inferiores, guardando a porta da Terra no Inverno. Ali, ele recebe a irradiação do Ás de Ouros no alto e a reconduz para o mundo manifesto abaixo, formando um circuito energético que conecta a pureza primordial à base material da existência. É o sentinela do elemento, aquele que mantém viva a promessa de continuidade quando tudo parece recolhido ou encerrado.

O Valete de Ouros simboliza a juventude da Terra, o aprendizado paciente e a fidelidade às sementes ocultas. Ele ensina que a vida não começa no espetáculo da colheita, mas no silêncio do Inverno, quando as raízes invisíveis trabalham para sustentar o futuro. Sua mensagem é clara, toda preparação é tão sagrada quanto a realização.

Correspondências Esotéricas

- **Estação**: Inverno.
- **Posição no Cubo**: Vértice Noroeste-Abaixo.
- **Elemento**: Terra.

Dinâmica Psicológica e Espiritual

- **Físico**: energia juvenil voltada ao estudo e à prática disciplinada; risco de cansaço por excesso de responsabilidade ou falta de experiência.
- **Mental**: desejo de aprender, mente aplicada e curiosa, habilidade em estudos práticos; risco de rigidez ou de ficar preso apenas ao detalhe.
- **Emocional**: sensibilidade ao novo, entusiasmo inicial; risco de insegurança ou excesso de dependência.
- **Espiritual**: percepção de que o aprendizado do espírito exige humildade; consciência de que a preparação silenciosa é parte essencial da obra maior; risco de se apegar ao papel de aprendiz sem ousar amadurecer.

Meditação do Valete de Ouros no Cubo do Espaço

Feche os olhos e respire lentamente, sentindo o ar frio do Inverno em sua pele. Visualize o Cubo do Espaço diante de você, iluminado em tons de verde profundo, marrom escuro e dourado discreto. Caminhe até o vértice Noroeste-Abaixo, um dos portais que guardam os mistérios do elemento em sua fase silenciosa e latente.

Ali, você encontra o Valete de Ouros. É um jovem de expressão calma e concentrada, que segura com ambas as mãos um pentáculo dourado. Ele o contempla como se fosse um livro sagrado, como se dentro daquele símbolo estivesse contida toda a sabedoria da Terra. Ao seu redor, o ambiente é silencioso e fértil como um campo coberto de neve. Por fora, quietude. Por dentro, a promessa de renascimento.

Ele olha para você e fala com voz jovem, mas firme:

> *Eu sou o guardião do aprendizado e da paciência.*
> *Em mim, a Terra repousa para renascer.*
> *Eu ensino que cada semente contém um mundo inteiro,*
> *mas precisa do tempo oculto para florescer.*
> *Aprende comigo a reverenciar o silêncio, pois é nele que a vida prepara sua força.*

Enquanto ele fala, você sente como se estivesse sentado sob a Terra, em meio às raízes. O frio externo não incomoda, porque dentro do solo há calor, movimento e vida invisível. Você percebe que cada experiência sua, mesmo as que parecem estagnadas, são como sementes enterradas. Estão apenas esperando o tempo certo para germinar.

O Valete então ergue o pentáculo diante de você. Do disco dourado emana uma luz suave e constante, que ilumina as trevas do Cubo, revelando que até no silêncio e na escuridão existe promessa de futuro. Essa luz entra em seu coração, trazendo-lhe a certeza de que todo aprendizado, por menor que pareça, é um passo indispensável no caminho da realização. Ele encerra dizendo:

Leva contigo minha bênção.
Que teus passos sejam pacientes, que teus olhos saibam ver além do imediato, e que tua alma jamais esqueça que até o silêncio é fértil.
Pois aquele que honra o tempo invisível da semente jamais será privado da colheita.

A imagem do Valete desaparece, mas sua energia permanece dentro de você como uma chama tranquila, lembrando que cada gesto humilde, cada aprendizado silencioso, é a fundação da grande obra da vida.

12

O CAMINHO DE INICIAÇÃO DA ALMA NO CUBO DO ESPAÇO

Uma das formas mais fascinantes de compreender o Cubo do Espaço é vê-lo como um mapa da jornada da alma através dos ciclos de encarnação e evolução. Mais do que um simples desenho geométrico, o Cubo se revela como um guia simbólico que descreve o caminho percorrido por cada ser humano, desde a entrada na vida material até o reencontro com a essência divina.

Dentro dessa visão, cada face do Cubo corresponde a um estágio da experiência espiritual. Ao atravessar essas faces, a alma enfrenta desafios, aprende lições e se transforma, revelando que a existência não é apenas um percurso físico, mas sobretudo um processo de despertar e amadurecimento da consciência.

O mais interessante é perceber que, nesse percurso, cada Arcano Maior do Tarô funciona como um marco, um espelho que mostra em que ponto da caminhada estamos e o que ainda precisamos assimilar. Assim, o Tarô deixa de ser apenas um instrumento de adivinhação e passa a ser um ensinamento de autoconhecimento, capaz de iluminar o passo seguinte da alma.

A viagem pelo Cubo tem início na entrada da vida terrena, quando a alma se reveste de uma personalidade e esquece, temporariamente, sua origem espiritual. Esse esquecimento não deve ser visto como castigo, mas sim como oportunidade. É na experiência física que a alma descobre novas forças e amadurece através das provas que a vida apresenta.

À medida que percorremos as faces do Cubo, encontramos tanto momentos de ilusão e cegueira quanto portais de revelação e transformação. Cada carta nos recorda que a vida é feita de escolhas e que cada desafio pode se tornar um degrau de evolução.

Quando a alma começa a voltar-se para dentro, inicia-se a busca verdadeira. Nesse momento, a jornada deixa de ser apenas sobrevivência e passa a ser um caminho consciente de autodescoberta. O Cubo nos mostra como o silêncio, a disciplina e a sabedoria são ferramentas essenciais para o despertar.

À medida que atravessamos pontos de transformação, o Tarô se revela como um espelho fiel. Nele vemos tanto nossas sombras quanto nossa luz. Não se trata de julgamento, mas de orientação. Ele nos mostra que até as fases mais escuras guardam sementes de iluminação e que cada queda pode se transformar em ascensão.

Com o tempo, o viajante espiritual compreende que a evolução não é linear, mas cíclica. O Cubo simboliza esse movimento contínuo de idas e vindas, de encarnações sucessivas, em que a alma retorna sempre que precisa aprender mais, até que esteja pronta para guiar a si mesma, mas também orientar outros no mesmo caminho.

O objetivo final dessa travessia é alcançar o centro do Cubo. Esse centro, além de ser um estado de consciência é Unidade do Ser. É nele que a alma reconhece que jamais esteve separada do divino e que toda a jornada não foi mais do que um processo de lembrança e reconexão.

Centro - Início Da Jornada

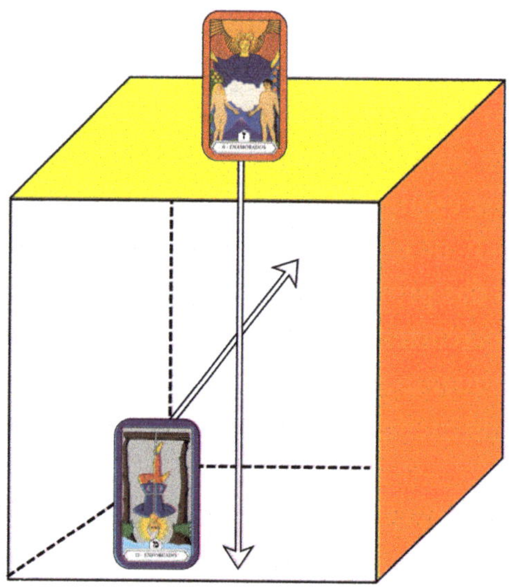

A narrativa da alma começa antes mesmo da entrada no Cubo, no limiar da manifestação. O corpo é concebido na carta dos Amantes, localizada na aresta Leste-Acima. A alma recém-formada, representada pelo Enforcado, desloca-se então até a Imperatriz, o útero da Mãe Universal, situada no centro da face Leste. Dali, a centelha atravessa para o centro do Cubo, encontrando o Mundo e sendo ligada a ele pelo invisível fio de prata da vida.

A partir do centro, esse fio conduz o Enforcado até a Roda da Fortuna, localizada no meio da face Oeste. Essa carta representa a "porta" para a superfície do Cubo do Espaço. Ao mesmo tempo, o Louco, que simboliza o Eu Superior, desce do alto do Cubo e se une ao Mundo no centro. É nesse ponto que o indivíduo assume uma "nova máscara", a personalidade, representada pela carta do Mundo.

Quando o primeiro fôlego é tomado, o Eu Interior entra definitivamente no corpo, mas com um preço: a memória do passado e da verdadeira natureza é esquecida. Essa perda de lembrança é simbolizada pelo Enforcado, mostrando que os potenciais espirituais ficam ocultos e a vida física começa sem um manual visível.

Início / Face Oeste – O Caminho do Buscador

A face Oeste é o ponto de chegada no mundo encarnado. Seu propósito é ensinar a alma a superar obstáculos e transformar hábitos, com a missão de "sair dela antes da morte" e, assim, encerrar o ciclo de repetições. Cada carta dessa face guarda uma lição específica:

- **Roda da Fortuna (Centro-Oeste)**: ao chegar, a alma recebe o destino ou karma, aquilo que trouxe consigo das experiências passadas.
- **Diabo (Oeste-Abaixo)**: representa o estado em que o ser está totalmente adormecido para seu eu interior, acreditando que apenas o que se vê é real. Aqui predominam a ignorância e a violência, e muitos permanecem presos nesse ciclo de reencarnações.
- **Morte (Sudoeste)**: o objetivo primordial na face Oeste é superar a ilusão do Diabo e sair dela antes de morrer. Muitos não conseguem ir além da Morte e reencarnam novamente. A esperança surge quando começamos a questionar o significado da vida e a desejar um contato mais profundo com o eu interior. Isso nos permite avançar para a Temperança.
- **Temperança (Oeste-Acima)**: simboliza o momento em que surge o questionamento sobre o sentido da vida e o desejo de se conectar ao Eu Interior. É uma fase de provas práticas, em que as teorias espirituais são testadas pela experiência. Traz a transformação da personalidade e a força necessária para a jornada do herói.
- **Justiça (Noroeste)**: é o portão final da face Oeste, que só se abre se o indivíduo estiver pronto. Ensina o equilíbrio entre ação e discernimento, o uso da espada para cortar o que não serve e a aplicação da polaridade de concentrar no oposto para neutralizar o indesejável.

Assim, ao assimilar os ensinamentos da Justiça, a alma encontra o portal que a conduzirá à próxima etapa: a face Norte. Sair da face Oeste e passar pela Carta da Justiça significa que adquirimos a capacidade de discriminar e começamos a ter uma compreensão mais profunda da dualidade da vida. Estamos agora prontos para um caminho mais introspectivo.

Face Norte – O Caminho do Despertar

Ao atravessarmos a porta da Justiça, chegamos à face Norte, um lugar descrito como "escuro e solitário". Embora saibamos que há algo mais na vida do que o mundo material, ainda não temos certeza do que seja. Nossas experiências na face Oeste nos permitiram eliminar o que não queremos mais em nossas vidas. Este novo estágio é marcado por escuridão e solidão, mas também por uma busca profunda. Aqui, a alma aprende a investigar novas formas de pensar e, sobretudo, a voltar-se para dentro, em vez de se perder nas distrações externas.

- **Eremita (Norte-Abaixo)**: o primeiro encontro na face Norte. Ele convida a parar de procurar respostas no mundo exterior e a mergulhar no interior. O Eremita ensina a dialogar com o Criador em silêncio e confiança, sem tentar resolver tudo apenas com a mente lógica. Também lembra da importância de cuidar bem do corpo e da alimentação, já que o corpo é o veículo da jornada espiritual.

- **Imperador (Nordeste)**: aqui surge a força da razão e da lógica. O Imperador ensina a colocar ordem na vida, a organizar pensamentos e ações. Ele mostra como observar o ambiente como quem olha por uma janela: com distanciamento, clareza e objetividade. Esse olhar desenvolve a visão verdadeira, desperta os sentidos espirituais e permite compreender melhor a natureza. Sua autoridade não é dura, mas baseada no amor que estrutura e protege.
- **Força (Norte-Acima)**: este Arcano simboliza o poder da sugestão, a capacidade de influenciar condições externas de maneira serena e suave. Ele ensina que o subconsciente responde melhor à doçura do que à violência. Nesse estágio, a alma começa a praticar exercícios espirituais como meditação e visualização. É um aprendizado de domínio interior, que traz equilíbrio sem esforço forçado.
- **Torre (Centro-Norte)**: o ponto culminante da face Norte. A Torre representa o primeiro despertar, uma verdadeira ruptura. É uma experiência de destruição, não no sentido negativo, mas como um relâmpago que quebra antigos padrões de pensamento e comportamento. Esse flash de luz vem da lanterna do Eremita, iluminando o caminho e libertando o indivíduo das correntes do passado. A partir desse momento, nada mais será como antes: a alma é transformada e impulsionada para uma nova etapa da jornada.

O raio da Torre nos impulsionará, através do centro do Cubo, para a face Sul. Este é um encontro visceral com o nosso "eu superior", representada pelo Arcano do Louco, e com a carta do Mundo no centro, onde percebemos que o interior do Cubo corresponde aos planos espirituais internos da realidade

Da Torre Para O Sul - Momento De Purificação

Após a "explosão" da Torre, o indivíduo é lançado ao interior do Cubo, atravessando novamente o Centro. Nessa passagem, há dois encontros fundamentais: primeiro com a carta do Julgamento, que chama a alma a despertar de vez, e depois com o Mundo, onde o Eu Superior aparece de frente, revelando a presença do divino. É um momento de purificação, como uma prova de fogo: dúvidas e medos são queimados, e a presença do Louco, o Eu Superior, reafirma a iluminação conquistada.

Esse percurso central marca a transição da humanidade natural para a humanidade espiritual. Não é apenas uma mudança de fase, mas um verdadeiro renascimento, em que a consciência deixa de ser moldada apenas por instintos e condicionamentos para começar a viver sob a luz da sabedoria interior.

Face Sul – O Caminho da Transformação Espiritual

Ao emergirmos através do centro do Cubo, chegamos à face Sul, simbolizada pela Carta do Sol em seu zênite. Este é o ponto onde começamos nossa transformação ou Novo Nascimento da Humanidade natural para a Humanidade espiritual. É uma mudança tão significativa quanto a passagem do reino animal para o reino humano.

Na face Sul, aprendemos sobre os poderes da mente subconsciente e como aplicar uma autodireção consciente correta aos nossos esforços. Inicia-se a etapa da verdadeira transmutação. Aqui, a alma aprende a integrar mente, corpo e espírito para tornar-se uma humanidade espiritual. Cada Arcano desta face revela um aspecto dessa mudança:

- **Sol (Centro-Sul)**: representa o início da transformação consciente. Aqui, a pessoa aprende a dirigir sua mente de maneira positiva, libertando o subconsciente da influência de ideias falsas ou negativas. É um momento de clareza e vitalidade, onde a luz interior começa a irradiar para fora.
- **Lua (Sul-Abaixo)**: simboliza a reorganização do corpo em direção a um "corpo de luz". Por meio da vontade e da imaginação, cada parte do ser é refinada. O sono e a prática de revisitar os acontecimentos do dia ajudam a construir esse processo célula por célula, tornando o organismo mais leve e luminoso.
- **Morte (Sudoeste)**: longe de representar o fim, este Arcano mostra a lei da transformação. Ele ensina que tudo o que existe está em constante mudança e que a desintegração é apenas o caminho para a liberação da energia. Aqui, a meditação se torna a ferramenta para dissolver o que é velho e abrir espaço para o novo.
- **Estrela (Sul-Acima)**: é o Arcano da revelação e da meditação profunda. Nesse ponto, a verdade se apresenta sem disfarces. A concentração permite enxergar a essência das coisas e até mesmo receber ensinamentos do mestre interior, o Hierofante que habita em cada um.
- **Hierofante (Sudeste)**: é o último passo na face Sul. Ele representa a sabedoria superior, aquela que vai além da razão comum. Ensina a escuta interior, a intuição e a ligação da consciência individual à consciência cósmica. É a voz silenciosa da razão espiritual, que guia com clareza e compaixão.

Com a sabedoria e a orientação do Hierofante, que nos ensinou a olhar para dentro e a receber a verdade, estamos agora preparados para avançar para a face Leste.

Face Leste – O Caminho Espiritual

Depois de absorver a sabedoria do Hierofante na face Sul, o viajante atravessa a aresta Sudeste e adentra a face Leste. Aqui, tudo o que aprendemos nas faces anteriores nos preparou para nos tornarmos um professor. Este é o momento em que a alma, já transformada, começa a se preparar para compartilhar suas conquistas interiores com o mundo. Aqui, o conhecimento se transforma em ensino, e a compaixão passa a guiar cada gesto.

- **Carro (Leste-Abaixo)**: representa o professor plenamente consciente de si, que domina suas forças interiores e conduz sua vida com firmeza. O Carro é a carta da vitória: mostra que a personalidade, antes dividida e confusa, se torna veículo triunfante para o Eu Interior. Aqui, o viajante aprende a controlar os opostos — como luz e sombra, alegria e dor — com equilíbrio e foco.

- **Imperador (Nordeste)**: reaparece nesta face para reforçar a necessidade de ordem e clareza mental. Agora, porém, sua lição ganha nova profundidade, pois ele passa a organizar a vida prática e também o universo interior de pensamentos e percepções. Ele ensina a usar a razão e a imaginação em harmonia, desenvolvendo uma visão mais ampla e objetiva sobre si mesmo e sobre o mundo.
- **Enamorados (Leste-Acima)**: aqui está o Arcano do discernimento e da reciprocidade. Ele mostra a importância da troca, de dar e receber, e ensina que o amor verdadeiro nasce do equilíbrio entre forças opostas. Nesse estágio, o indivíduo alcança a união consciente com sua identidade única através do amor, que se torna a base de todas as escolhas e relações.
- **Imperatriz (Centro-Leste)**: neste ponto, todas as lições anteriores se unem. A Imperatriz simboliza a mente subconsciente criadora, aquela que tem poder sobre todo desenvolvimento no mundo material. Agora, o indivíduo está pronto para se tornar um verdadeiro professor espiritual, alguém cuja base é a compaixão. O que foi aprendido na escola interior da face Sul deve ser transmitido à humanidade.

Neste ponto da face Leste, o viajante espiritual se depara com uma decisão fundamental, uma verdadeira encruzilhada em sua jornada:

Caminho Individual de retorno o Divino (para a face Acima)

- Uma das opções é seguir em direção à face Acima, o caminho individual de volta ao divino. Esse percurso envolve um breve retorno ao Mundo no centro do Cubo, para receber a força extática do amor, voltar aos Enamorados e então ascender à face Acima, onde o Mago ocupa o centro. É a escolha da busca direta pela iluminação plena.

Caminho dos Doadores (para a Imperatriz no Centro-Leste)

- A outra opção é permanecer na Imperatriz, decidindo conscientemente renunciar às próximas fases — Acima e Abaixo — para retornar à face Oeste. Nesse caso, o indivíduo opta por reencarnar de maneira consciente, trazendo consigo lembranças de vidas passadas, com o objetivo de ajudar outras almas a despertar. É o caminho do "mensageiro da luz", que escolhe servir ao próximo. Permanecer aqui também significa compreender o poder da mente subconsciente, que multiplica e manifesta cada desejo e pensamento. É um lembrete da importância de cultivar discriminação, reciprocidade e ordem em tudo o que se pensa e deseja. A Imperatriz mostra que, no fim, o amor é sempre a força vitoriosa.

Face Acima – O Caminho da Luz

Se a escolha do viajante foi seguir pelo caminho de retorno ao divino, ele ascende até a superfície do Cubo através do Arcano dos Enamorados. Nesta etapa, a alma entra em contato com níveis mais elevados de consciência, onde o conhecimento, a sabedoria e a luz interior brilham em sua plenitude. As cartas nas arestas desta face (Temperança, Força, Estrela e Enamorados) já foram encontradas em fases anteriores, mas agora são revisitadas sob uma nova luz.

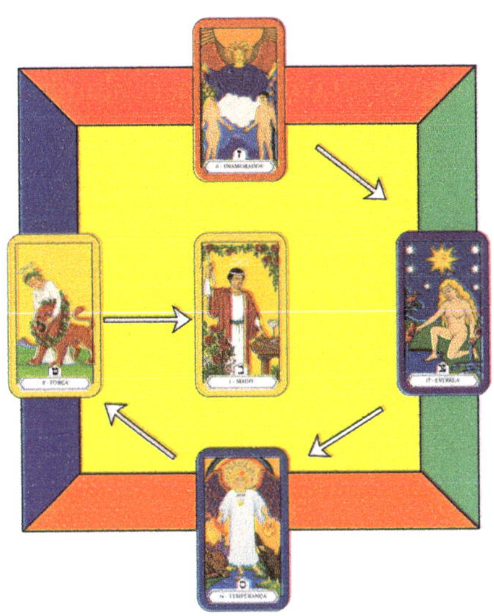

- **Enamorados (Leste-Acima)**: reaparecem, agora representando a espada da discriminação. Eles dão à mente autoconsciente a capacidade de perceber o que é real e o que é ilusão. A consciência aprende a ver as diferenças sem se deixar aprisionar por elas, entendendo que as aparências servem apenas como meios para a manifestação da individualidade.
- **Estrela (Sul-Acima)**: surge novamente, mas desta vez como símbolo da busca incessante por conhecimento. Aqui, meditar é "pescar segredos" no oceano da sabedoria universal, permitindo que a verdade se revele em fluxo contínuo. A Estrela lembra que a personalidade é um veículo para a força vital e que a forma como percebemos a realidade molda o ambiente em que vivemos.
- **Temperança (Oeste-Acima)**: retorna como confirmação e prova prática das verdades aprendidas. Este Arcano simboliza o processo de verificar, pela concentração e pela intuição, se as hipóteses e ensinamentos espirituais realmente funcionam. É a harmonia entre razão e voz interior, guiando cada passo com suavidade e firmeza.
- **Força (Norte-Acima)**: aparece novamente, agora associada ao despertar da Kundalini, a serpente cósmica, a grande energia criadora que permeia tudo. A lição aqui é aprender a controlar esse fogo divino, conduzindo-o de maneira equilibrada, para que ele se expresse como atividade harmoniosa em todos os aspectos da vida.
- **Mago (Centro-Acima)**: no coração da face Acima, encontramos o Mago. Ele representa o ser humano iluminado, que se torna morada do espírito e centro de expressão do Eu Interior. Aqui, o antigo Hierofante canaliza a luz e a transforma em palavra e ação capazes de modificar o mundo. A vibração purificada de Mercúrio, ligada a este Arcano, desperta a superconsciência e a certeza da imortalidade. Nesse estágio, a falsa noção de personalidade morre, dando lugar ao nascimento da vida eterna. O indivíduo atinge a realização e se torna um Mestre da Luz.

FACE ABAIXO – O CAMINHO DAS SOMBRAS

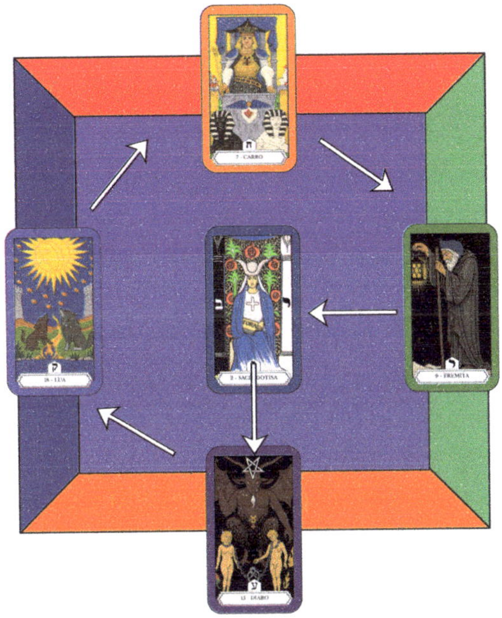

Do Mago, no centro da face Acima, a viagem prossegue pelo eixo do Louco, que conecta a parte de cima à parte de baixo do Cubo. Assim, a alma desce até o Arcano da Sacerdotisa, no centro da face Abaixo. Aqui se inicia o caminho das sombras, a transformação definitiva do eu inferior. Esta é a fase em que a alma enfrenta, sem medo, todas as falhas, dúvidas e ilusões restantes. É também a última etapa vivida ainda no corpo físico, antes da plena realização espiritual. A Sacerdotisa, guardiã do subconsciente, preserva todos os mistérios e memórias, pessoais e universais.

- **Sacerdotisa (Centro-Abaixo)**: simboliza o subconsciente, igual em poder à mente consciente do Mago, mas com funções diferentes. Enquanto o consciente é ativo, o subconsciente é receptivo e criativo, como um jardim fértil onde se plantam imagens e pensamentos. Nele, a memória é perfeita e abrangente, abarcando tanto experiências individuais quanto cósmicas. Aqui, a concentração e a serenidade são fundamentais para cultivar as sementes corretas.

- **Diabo (Oeste-Abaixo)**: reaparece para lembrar que a matéria é Maya, ou seja, ilusão. O erro da mente é tentar separar espírito e matéria, quando na verdade ambos são manifestações da mesma força vital. A lição é aprender a transmutar todas as aparências de mal em expressões de bem positivo, reconhecendo que tudo é reflexo do mesmo princípio.
- **Lua (Sul-Abaixo)**: retorna para mostrar que a verdadeira metamorfose não acontece de forma automática. Ela exige a prática consciente da sabedoria, tal como os antigos alquimistas buscavam a "grande obra". O objetivo é transformar o organismo humano em um corpo de luz, elevando cada parte através da vontade e da imaginação.
- **Carro (Leste-Abaixo)**: aparece novamente, agora com um sentido ainda mais profundo. Ele representa o domínio e a conquista através do poder da vontade — não como força pessoal, mas como energia cósmica universal. Aqui, a personalidade se torna um veículo de poder, um instrumento por meio do qual essa energia se manifesta. A lição é cultivar a receptividade para que a influência do Eu Interior possa fluir livremente na consciência.
- **Eremita (Norte-Abaixo)**: retorna para lembrar que nenhuma atividade tem origem apenas na personalidade. A verdadeira identidade está acima, no Eu Interior. Este Arcano ensina a sublimar o poder da Kundalini, conduzindo-o ao clímax da jornada: a união consciente com a identidade única e a experiência direta da iluminação.

Centro – A Grande União

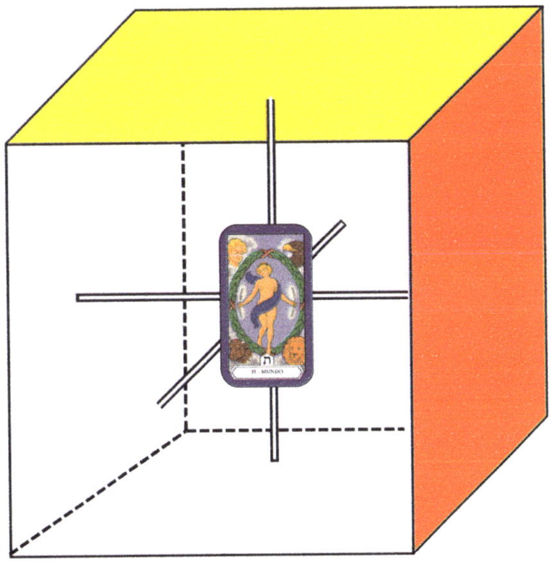

Depois de assimilar todas as lições da face Abaixo, a alma retorna ao Centro do Cubo. Esse retorno se dá pelo eixo do Louco, que a conduz de volta ao coração da estrutura. Agora, não mais como aprendiz fragmentado, mas como ser integrado, ela entra conscientemente no templo do centro, o domínio representado pelo Arcano do Mundo.

No sétimo e último ponto do Cubo, a jornada atinge sua consumação. A alma já percorreu todas as faces, enfrentou tanto a luz quanto as sombras, experimentou quedas, provas, revelações e renascimentos. Aqui, a consciência se abre plenamente para a verdade maior: o começo e o fim são o mesmo, e tudo sempre esteve conectado.

O Mundo, nesse estágio, não é apenas um Arcano de realização da alma, mas a imagem viva da totalidade. Representa a plena integração da personalidade com o Eu Superior e a percepção clara de que o ser humano é, em essência, divino e eterno. O que antes parecia fragmentado agora se revela como unidade, e o que antes parecia distante é reconhecido como presença constante.

Essa chegada ao centro é também um despertar para a interconexão universal. O iniciado percebe que não está separado de nada nem de ninguém, mas que participa de uma imensa teia viva de energia e consciência. Cada gesto, cada pensamento e cada experiência fazem parte de um todo maior que pulsa em harmonia.

É nesse ponto que a alma compreende que sua própria história é, na verdade, a história do cosmos se reconhecendo. O Cubo do Espaço espelha a jornada íntima de cada ser, mostrando que o universo inteiro se encontra dentro de nós.

Essa etapa final não é uma abertura permanente. O iniciado descobre que o universo não é um mistério a ser resolvido uma única vez. Ele expressa uma revelação contínua, que se renova a cada instante.

A jornada através das faces do Cubo do Espaço é um caminho de autodescoberta e transformação, levando à plena realização de nossa natureza divina e à integração consciente de todos os aspectos de nosso ser. É um ciclo contínuo de aprendizado, crescimento e retorno à Unidade.

O Sentido de Movimentação no Cubo

A sequência da movimentação do Cubo do Espaço surpreende muitos praticantes de Magia acostumados à ordem clássica das direções. Em vez de seguir o padrão Ar para a Terra, indo sequencialmente de Leste até ao Norte, ou o também clássico, Terra em direção à Água indo de Norte para Oeste, o Cubo propõe uma progressão que começa no Oeste, passa pelo Norte, atravessa para o Sul e culmina no Leste. Essa mudança não se baseia na convenção geográfica dos elementos, mas em uma lógica espiritual. Ela descreve como a consciência se manifesta e se desenvolve ao longo da jornada da alma.

A alma inicia sua experiência no Oeste, associado à Água. Esse é o símbolo do útero universal, da gestação e da preparação para a vida terrena. Assim como a criança se forma nas águas do ventre materno, a alma mergulha primeiro no elemento fluido que molda, nutre e dá plasticidade à vida. É o estágio da concepção espiritual, em que tudo ainda é potencial e latência.

Depois, a jornada se desloca ao Norte, o domínio da Terra. Aqui, a alma encontra o terreno firme da forma, do corpo físico e da experiência concreta que precisa desenvolver para poder habitar. O Norte é, portanto, a base material necessária para que a alma sustente sua presença no mundo.

Com o alicerce da Terra estabelecido, a alma é conduzida ao Sul, ligado ao Fogo. Este é o momento em que a fagulha vital do espírito desperta e inflama a existência. Nesse estágio, a alma começa a irradiar sua luz, despertando desejo, vontade e poder criativo. É o fogo que move a evolução e acende a busca pela transcendência.

Após essa ignição, a jornada alcança o Leste, associado ao Ar necessário para alimentar o Fogo do espírito. Aqui, a alma expande sua consciência, elabora pensamentos, linguagem e discernimento. Na progressão espiritual, esse é o ponto em que o ser humano passa a desenvolver sua mente superior. O Leste abre as portas para a maturidade da consciência, permitindo que a alma reconheça sua verdadeira identidade.

Esse percurso revela que a progressão do Cubo não é linear no espaço físico, mas sim uma espiral da consciência. O movimento Oeste-Norte-Sul-Leste não descreve deslocamento geográfico, mas um despertar progressivo do espírito. O Cubo se torna, dessa forma, um diagrama do desenvolvimento espiritual, não um mapa cartográfico ou literal.

Ao observar esse processo, compreendemos que a encarnação da alma não é um único ato instantâneo, mas uma integração gradual. A consciência vai se ajustando ao corpo físico e aos veículos sutis ao longo da vida, como se fosse uma chama (espírito) que ilumina uma casa (corpo).

Essa ordem também corresponde ao caminho da lembrança. A alma, conforme se expande ao longo da vida, gradualmente se recorda de sua verdadeira natureza e propósito. O Cubo descreve esse desabrochar progressivo de uma centelha oculta nas águas, passando pela solidez da Terra, iluminando com o Fogo da vida e expandindo-se no Ar. Cada direção, ou face do Cubo, simboliza um estágio desse processo de memória espiritual e descenso da alma.

Dessa forma, o Cubo do Espaço propõe um roteiro em que a alma evolui por camadas, assimilando um veículo de cada vez. O processo começa no corpo físico e vai se expandindo até alcançar o mental. A cada passo, a alma aprende a dominar e harmonizar esses aspectos, até que possa brilhar em plenitude. Essa lógica mostra a coerência da sequência Oeste-Norte-Sul-Leste como mapa da encarnação.

A progressão do Cubo, portanto, descreve a jornada da alma como processo de despertar contínuo. Longe de constituir apenas uma sequência de pontos cardeais, é um diagrama do florescimento espiritual. O percurso Oeste-Norte-Sul-Leste expressa a forma como a consciência se revela pouco a pouco, lembrando que a vida é o cenário em que a consciência divina aprende gradualmente a iluminar plenamente a casa em que habita.

O Cubo do Espaço Como Mapa da Vida

O Cubo do Espaço nasceu como uma linguagem simbólica para descrever os mistérios da alma e da existência. Ele organizava a jornada da consciência em fases e mostrava como cada etapa correspondia a uma lição espiritual. Com o tempo, ficou evidente que essa estrutura ultrapassa a função de explicação da encarnação, pois oferece um sistema universal de referência para compreender a vida.

Ao olhar para o Cubo, o praticante encontra um mapa que indica caminhos de crescimento interior. Cada face pode ser vista como um território de experiências humanas, e cada Arcano como uma chave que abre portas para novos entendimentos. Assim, o Cubo se torna um instrumento de orientação, capaz de revelar onde estamos em nossa evolução e qual é o próximo passo.

Esse valor se amplia quando se percebe que tudo o que vivemos segue ciclos de manifestação semelhantes ao processo de encarnação. Um projeto, uma ideia, uma relação ou um aprendizado percorrem estágios de nascimento, desenvolvimento, crise, transformação e realização. O Cubo serve como referência para compreender em que estágio qualquer processo se encontra e como conduzi-lo com mais consciência.

Na vida diária, a aplicação desse sistema pode trazer clareza em situações práticas. Ao iniciar um trabalho, por exemplo, é possível relacioná-lo à entrada na face Oeste, onde a energia bruta é moldada e organizada. Ao atravessar dificuldades, pode-se refletir sobre o simbolismo do Diabo ou da Justiça e perceber quais atitudes ou padrões precisam ser transformados.

Esse exercício não depende de adivinhação, mas de autoconhecimento. O Cubo atua como um espelho, ajudando a pessoa a enxergar onde está aprisionada em ilusões e onde já conquistou equilíbrio. Ele mostra que cada momento é oportunidade de aprendizagem e que até mesmo os obstáculos carregam sementes de evolução.

A força dessa ferramenta está no caráter sistemático. O Cubo organiza a experiência humana em uma sequência coerente, permitindo que a pessoa reconheça o fio condutor por trás dos acontecimentos. Dessa forma, situações aparentemente desconexas passam a ser vistas como etapas de um processo maior.

Na prática, isso significa que o Cubo pode ser usado para planejar, refletir e orientar decisões. Em vez de agir de forma impulsiva, o indivíduo encontra um ponto de referência que o ajuda a alinhar escolhas com sua busca interior. Ele aprende a caminhar de maneira mais consciente, sabendo que cada fase possui sua lição.

Esse uso também se estende ao autodesenvolvimento. Quem estuda o Cubo encontra nele um manual de exercícios para cultivar virtudes, equilibrar polaridades e despertar faculdades latentes. Cada Arcano pode inspirar práticas de meditação, reflexão ou disciplina, permitindo transformar a teoria em vivência concreta.

A riqueza do sistema se revela na sua versatilidade. O Cubo pode ser usado para compreender tanto experiências internas quanto acontecimentos coletivos. Ele mostra como sociedades também passam por ciclos de ilusão, despertar e transformação, refletindo os mesmos movimentos que cada alma percorre em sua jornada.

Essa visão torna a ferramenta um recurso poderoso para a vida espiritual contemporânea. Num mundo de constantes mudanças, o Cubo oferece estabilidade simbólica, um eixo de referência que ajuda a interpretar os fluxos da existência sem perder a direção. Ele convida a atravessar cada fase com mais consciência e confiança.

Outro aspecto importante é a dimensão pedagógica. O Cubo pode ser usado como um recurso de ensino, auxiliando professores, terapeutas e orientadores espirituais a explicarem processos complexos de maneira clara e organizada. A geometria simples do Cubo, aliada ao simbolismo do Tarô, torna a transmissão do conhecimento mais acessível.

Na vida pessoal, o Cubo ajuda a cultivar uma atitude de presença. Em vez de enxergar os acontecimentos como caóticos, o indivíduo passa a perceber que tudo segue uma ordem, mesmo que oculta. Isso traz serenidade diante de desafios e motivação para seguir aprendendo em cada etapa.

Esse mesmo raciocínio pode ser aplicado em projetos criativos. Uma obra de arte, um livro ou um empreendimento empresarial seguem um ciclo semelhante ao que o Cubo descreve. Ao aplicar sua lógica, o criador reconhece onde está no processo e aprende a respeitar o tempo necessário para amadurecer cada fase.

Assim, o Cubo do Espaço se apresenta como uma linguagem universal da manifestação. Ele traduz em símbolos o caminho que toda experiência percorre, desde o impulso inicial até a realização plena. Essa qualidade o torna um guia confiável para quem deseja alinhar vida prática, autodesenvolvimento e espiritualidade.

No fim, compreender o Cubo como ferramenta prática é reconhecer que cada dia é uma encarnação em miniatura. Cada ideia que nasce, cada relação que se transforma, cada ciclo que se fecha repete, em pequena escala, o mesmo processo que a alma percorre em sua grande jornada. Usar o Cubo é aprender a viver com consciência desse movimento, participando dele de forma ativa e criativa.

13

O TEMPLO DO CUBO DO ESPAÇO

A meditação é uma das mais antigas ferramentas para a união entre o humano e o divino. Desde os primeiros registros da espiritualidade, homens e mulheres compreenderam que fechar os olhos para o mundo exterior é abrir as portas para realidades mais vastas, invisíveis, mas igualmente palpáveis para a alma desperta. Meditar é entrar em um templo sem paredes, onde o altar é a própria consciência e onde a linguagem das imagens, dos símbolos e dos arquétipos se torna veículo para a experiência do eterno.

O Tarô, em sua natureza essencial, é um livro de imagens sagradas. Cada carta é um espelho da alma e, ao mesmo tempo, uma janela para o cosmos. Quando usamos as cartas não apenas como instrumentos de consulta, mas como chaves meditativas, abrimos passagens para que as forças que elas representam atuem em nós. É nesse ponto que o Tarô deixa de ser apenas um oráculo e se revela como uma verdadeira liturgia interior.

O Cubo do Espaço, por sua vez, é a arquitetura invisível onde essas cartas encontram seu lugar. Ele organiza as energias em um templo tridimensional, um corpo cósmico que respira em nossas próprias respirações e pulsa em nossos próprios batimentos cardíacos. Cada face é um portão, cada aresta é um caminho, cada vértice é um ponto de encontro de forças. Meditar sobre o Cubo do Espaço é entrar em um templo vivo, que nos envolve por todos os lados e nos coloca no centro do mistério da criação.

Dentro dessa perspectiva, existe uma técnica de visualização chamada Templo do Cubo do Espaço. Trata-se de uma prática meditativa iniciática que transforma o corpo sutil do praticante em um altar vivo. Ao visualizar cada carta de Tarô em sua posição dentro do Cubo, erguemos interiormente um templo feito não de pedra, mas de imagens e energias. Este templo é tanto pessoal quanto universal. Pessoal, porque é construído na mente e no coração de quem medita. Universal porque reproduz em miniatura a ordem do cosmos.

A prática começa com o praticante sempre se visualizando no centro do Cubo, porque o centro é a origem de todas as coisas. É do ponto central que as forças se expandem, e é para ele que todas retornam ao fim do ciclo. No Cubo, o centro é guardado pelo Mundo e pelo Enforcado, símbolos da completude e da entrega, da realização cósmica e da suspensão contemplativa. Ao redor do centro, três eixos luminosos se estendem: de cima para baixo, a corrente dourada do Louco, trazendo a liberdade do Espírito; de Leste a Oeste, a linha azul do Enforcado, revelando o mistério da reversão e da entrega; e de Norte a Sul, a coluna vermelha do Julgamento, evocando a chama da ressurreição e do despertar.

O primeiro movimento da meditação consiste em reconhecer esses pilares internos, permitindo que o corpo seja atravessado por correntes de luz que o alinham com o templo cósmico. Somente após essa preparação é que o praticante se voltará para as faces do Cubo, uma a uma, permitindo que cada Arcano Maior se revele como guardião e mestre de uma dimensão específica da consciência. Com o tempo, o Cubo inteiro se anima, transformando-se em um vasto templo de cartas vivas, onde cada cor, cada símbolo e cada energia se harmonizam em torno do centro.

A experiência do Templo do Cubo do Espaço é, portanto, uma liturgia de integração. É erguer dentro de si um edifício invisível, feito de imagens e forças encontradas no Tarô, no qual cada detalhe tem lugar e sentido. Esse templo não é estático. Ele respira com quem medita, expande-se com a imaginação criativa, ilumina-se com a consciência desperta. Ao entrar nele, o praticante contempla um símbolo para se tornar parte do próprio mistério da criação, fundindo-se com o corpo cósmico que o Cubo representa.

Erguendo o Templo do Cubo do espaço

A meditação começa com o praticante sentado em silêncio, em um espaço onde nada o perturbe. Repouse em silencio. Coluna ereta como se fosse o próprio eixo do Cubo, e a deixe a respiração se tornar um fio contínuo que o ancora no presente. Aos poucos, o mundo exterior se afasta, e uma calma profunda envolve sua consciência. Nesse recolhimento, o Cubo do Espaço surge diante de você: um sólido luminoso, transparente e vivo, que se ergue ao redor do seu corpo como se você estivesse no seu núcleo central. Você não está fora observando-o, mas no centro dele, em torno do qual tudo pulsa e respira.

O primeiro passo é reconhecer o centro do Cubo, onde reside o mistério da carta do Mundo. Você vê o Arcano suspenso no espaço como uma figura que dança dentro de uma mandorla luminosa, cercada pelos quatro seres viventes que guardam as direções do cosmos. A luz do centro irradia, preenchendo todo o seu ser com uma sensação de completude e unidade. Inspire profundamente e traga o Mundo para o interior do Cubo e para dentro de você. Permita que o sentimento de totalidade o envolva. Não há partes separadas, não há fragmentos. Tudo é Uno, e esse Uno dança dentro de você. O centro se torna seu coração, e seu coração se torna o centro do universo.

Logo depois, outro Arcano se manifesta do alto. Um raio dourado rompe o espaço e desce diretamente sobre sua cabeça. É a energia do Louco, que surge da esfera infinita acima. Um raio de luz amarela atravessa sua coroa e se espalha por todo o corpo, preenchendo cada célula com vitalidade, leveza e liberdade. O Louco é o princípio da jornada, o espírito antes de qualquer forma, o sopro vital que impulsiona a criação. Ao trazê-lo para o seu interior, você sente que nenhuma prisão interna o limita. Toda a existência está aberta, cada passo é uma possibilidade e a vida, em si, é aventura e expansão. Permita que esse raio o alinhe de cima a baixo, conectando sua consciência ao céu, fazendo de você o elo entre o infinito e a matéria.

A seguir, um movimento se expande em direção horizontal. Do lado direito de sua visão interior, no Leste, surge um raio azul profundo, que cruza seu corpo até o Oeste. No coração desse fluxo está a imagem do Enforcado. Ele aparece suspenso de cabeça para baixo, envolto por uma calma luminosa, como se habitasse o ponto silencioso no meio do turbilhão da vida. Ao visualizá-lo, uma nova perspectiva se instala: aquilo que parecia fixo se dissolve, aquilo que parecia urgente se revela transitório. O azul envolve sua mente com serenidade, e você descobre que o ato de se entregar é também um ato de poder. A linha azul revela que não existe prisão no sacrifício voluntário, mas sabedoria, quietude e um espaço interior de contemplação onde tudo encontra nova forma.

Por fim, uma terceira corrente desperta, agora na direção Norte-Sul. Diante de você, o Julgamento se ergue, como um anjo de fogo que toca sua trombeta. Um raio vermelho incandescente atravessa seu corpo, do Norte ao Sul, da escuridão ao esplendor solar. Essa energia inflama sua alma, lembrando que todo ser carrega em si a semente da ressurreição e da transformação. Você sente sua consciência expandir-se em todas as direções. É chamado a despertar, a reconhecer seu propósito, a erguer-se do sono da rotina e contemplar a vida como renascimento. O som da trombeta ecoa em seu coração, não como som físico, mas como vibração interna que reorganiza e purifica.

Nesse momento, você é atravessado pelos três eixos que estruturam o Cubo: o amarelo do Louco, o azul do Enforcado e o vermelho do Julgamento. No centro, o azul do Mundo pulsa como fonte viva. Seu corpo não é mais apenas corpo. É templo, é altar, é uma encruzilhada luminosa onde o cosmo se ancora e suas forças se encontram. Você respira e sente-se sustentado por energias que não estão mais fora, mas que agora habitam dentro de você plenamente.

Essa preparação é a fundação do templo do Cubo do Espaço. Ao firmar-se nesses eixos, você se abre para receber as energias dos Arcanos das faces do Cubo, que logo surgirão uma a uma como guardiãs dos portais cósmicos. Mas antes de avançar, permaneça por instantes nesse estado de alinhamento, sentindo a respiração circular entre os quatro Arcanos centrais, como se cada inspiração fosse o pulsar do próprio universo.

Com os eixos firmados em você, a percepção começa a se expandir para as faces que compõem as paredes vivas do Cubo. A jornada segue e o Cubo começa a pulsar como se cada parede à sua volta fosse um portal vivo. As faces se iluminam uma a uma, revelando os Arcanos que as guardam. Cada direção é uma lição, cada cor uma energia que envolve todo o templo interior. Você percebe que está no coração de um organismo sagrado, cercado por presenças arquetípicas que sustentam o equilíbrio da criação.

A primeira face que se manifesta é a face Leste, banhada em verde-esmeralda. A Imperatriz surge em sua plenitude criativa, coroada de estrelas e rodeada pela abundância de formas vivas. A vegetação cresce, a água corre, a beleza floresce em todos os detalhes. O verde é a cor da seiva e da fertilidade, e a Imperatriz o envolve na sensação de criatividade e imaginação fértil. Essa face ensina que a vida é jardim e que a mente é capaz de conceber mundos quando se abre à inspiração. Ao contemplar a Imperatriz, você percebe que está diante da porta da imaginação, o espaço onde ideias se transformam em imagens e se preparam para germinar.

O Cubo se move trazendo a face Sul à sua frente. Ela se ilumina em um brilho radiante laranja. O Sol aparece em sua plenitude, onde duas crianças coroadas por raios dourados que se espalham em todas as direções aparecem diante de você. A luz aquece, renova e fortalece. Ao meditar nessa face, você sente vitalidade e clareza, uma confiança natural em que a vida é expansão, alegria e revelação. O Sol mostra que a consciência humana é chamada a crescer até alcançar sua maturidade espiritual, iluminando os próprios caminhos e compartilhando sua luz com os outros. Essa face é o impulso da vida em sua expressão mais pura, um convite à celebração da existência.

Na sequência, a face Oeste, guardada pela Roda da Fortuna, se move à sua frente. Uma onda de azul escuro preenche o espaço da face do Cubo e uma roda gira incessantemente no centro desta face, movimentada por forças invisíveis que fazem figuras subir e cair. Ao contemplá-la, você sente que tudo é ritmo, que a vida se desenrola em ciclos e que cada acontecimento o coloca em contato com a lei universal de causa e efeito. O violeta desperta em você a noção de expansão, mostrando que cada mudança é oportunidade de crescimento. Essa face ensina a mover-se em harmonia com os fluxos da existência, reconhecendo que todo movimento é também caminho de sabedoria.

O Cubo se move e mostra a sua face Norte, se erguendo em um fogo intenso. O vermelho da Torre explode em chamas, iluminando o cenário de uma construção atingida por um raio. As paredes se rompem, figuras caem, estruturas se desfazem. A contemplação dessa face traz a sensação de ruptura, de libertação forçada das formas que aprisionam. É um momento de despertar, de coragem para aceitar que o que desmorona já cumpriu sua função. No vermelho ígneo de Marte, você sente a presença da energia que quebra ilusões e abre caminho para um novo ciclo. Essa face o lembra que a destruição também é graça, e que só o que é verdadeiro permanece.

No topo de sua cabeça, irradia a face Acima, regida pelo Mago. Um brilho intenso de amarelo dourado envolve você em círculos suaves que giram como o sopro vital. Você consegue visualizar o Mago diante de sua mesa, apontando para cima e para baixo, lembrando a conexão entre o alto e o baixo, entre o espírito e a matéria. Seus quatro instrumentos brilham. A espada, a taça, o bastão e o pentáculo, revelam que todos os elementos estão à sua disposição. Ao contemplar essa face, você sente a força da mente consciente que nomeia, direciona e cria. O Mago o inspira a reconhecer o poder criador que habita em seu pensamento, convidando-o a tornar-se artesão de sua própria vida.

Por fim, na base do Cubo, a face Abaixo, onde reina a Sacerdotisa, reluz e se transforma em um vasto oceano de violeta, silencioso e repleto de segredos. A Sacerdotisa senta-se diante de um véu, com o rolo da sabedoria oculto em suas mãos, guardando o mistério da criação. Essa face transmite calma e profundidade, lembrando que no inconsciente repousam as sementes da vida. O violeta o envolve como um manto protetor, conduzindo-o ao silêncio onde tudo é gestado. Ao contemplar a Sacerdotisa, você sente o chamado à introspecção e à confiança no invisível que sustenta todas as formas.

Agora, todas as seis faces brilham ao seu redor, acima e abaixo de você: o verde fértil da Imperatriz ao Leste, o laranja ao Sul, o azul da Roda no Oeste, o vermelho da Torre ao Norte, o amarelo luminoso do Mago acima, e o violeta profundo da Sacerdotisa abaixo.

O Cubo resplandece como um templo vivo. Você está cercado por cores, símbolos e presenças que fazem do espaço em torno de você um templo tridimensional arcano. Cada face é uma chave e os Arcanos são mestres. Juntos eles formam um círculo protetor no qual a meditação se aprofunda.

À medida que as faces do Cubo permanecem iluminadas, envolvendo-o em um campo de luz multicolorida, você começa a perceber que as linhas que conectam cada face brilham como trilhas incandescentes. São as arestas do Cubo, os doze caminhos zodiacais que se cruzam como nervuras de um organismo vivo. Cada aresta é uma corrente que une duas faces, um fio de energia que transporta a vitalidade do Cubo e permite que o todo respire e se mova. Ao voltar a atenção para elas, você sente como se estivesse contemplando as veias do cosmos, por onde flui o sopro vital da criação.

Volte o olhar interior para o Leste. Sinta-o emergir diante de si, como uma aurora que começa a tingir o horizonte interno. É o ponto onde o princípio encontra forma, o eixo da revelação e da medida. Deixe o Leste se revelar em sua inteireza, nítido, receptivo, à espera dos Arcanos que ali se manifestarão. Respire profundamente, permitindo que o centro se alinhe com o contorno do espaço.

A primeira corrente que surge diante de você é a aresta do Nordeste, regido pelo Imperador. Veja-o firme em seu trono, olhar direto, presença incontornável. Ele é a estrutura que sustenta o visível, o princípio da ordem manifestada. Sua autoridade não oprime, orienta. Sua mão repousa sobre o mundo, e seu gesto delimita os contornos do real. Permita que essa imagem organize o Cubo, como se cada face recebesse um prumo invisível, uma geometria de estabilidade e propósito. Respire e confirme a posição, consolidando o pilar da forma.

Desloque a atenção para a aresta Sudeste, à direita. O Hierofante se manifesta em serenidade e sabedoria. Sua mão erguida em bênção marca o ponto de continuidade entre o que foi aprendido e o que está por se revelar. Os pilares que o cercam evocam tradição e transmissão, e o livro aberto sobre o colo é o espelho da consciência em expansão. Sustente essa imagem com gratidão pelo conhecimento assimilado, permitindo que a sabedoria antiga se una à percepção presente. Respire e confirme a posição, fixando o eixo do ensinamento.

Eleve agora o olhar à aresta Leste-Acima. Os Enamorados surgem sob a luz de um anjo. Dois rostos voltam-se um ao outro em reconhecimento mútuo, espelhando a escolha que nasce da consciência do outro. A presença angélica sobre eles revela que toda decisão é também um pacto com a própria essência.

Contemple a cena como uma ponte entre os planos, um arco de entendimento que une desejo e discernimento. Respire e confirme a posição, assentando o vértice da relação consciente.

Por fim, desça à aresta Leste-Abaixo. O Carro se move com precisão e domínio. Sinta a carruagem avançar, guiada por um condutor sereno, cuja força não reside na velocidade, mas na clareza da direção. Ele é o impulso que organiza o movimento e transforma o espaço em caminho. O Carro ancora o plano inferior, sustentando a travessia com foco e determinação. Respire e confirme a posição, integrando a força do deslocamento ao alicerce do Leste.

Permaneça alguns instantes contemplando o quadrante. Quatro cartas se alinham em harmonia: o Imperador, o Hierofante, os Enamorados e o Carro. Quatro gestos de consciência, quatro etapas do entendimento humano diante da criação. No centro, a Imperatriz floresce, princípio da fecundidade e do movimento vital. O Leste se completa em equilíbrio e revelação. Memorize o arranjo com um ciclo de respiração pleno, e quando o ar se aquietar, você estará pronto para mover-se ao Norte, onde o Cubo continuará a se revelar.

O Cubo permanece aceso, um corpo de luz em suspensão. As faces que formam o Leste continuam radiantes, sustentando o equilíbrio conquistado. Agora, uma brisa interior move a atenção para o Norte, direção da solidez e do recolhimento. O espaço parece tornar-se mais denso, mais profundo, como se o tempo se condensasse em sabedoria. O Norte é o ponto onde o ser se volta para si mesmo, onde a consciência se estrutura pela paciência e pela medida. Observe o plano do Norte como uma extensão calma e firme do Cubo, pronto para receber os novos arcanos que definirão sua geometria interior.

Eleve o olhar à aresta Norte-Acima. Surge a Força. Contemple a imagem da mulher serena que doma o leão com um gesto contido e firme. Não há luta, apenas domínio através da harmonia. O poder aqui não é imposição, é equilíbrio entre impulso e direção. Sinta o vigor silencioso que emana da cena, a contenção precisa que nasce da confiança em si mesmo. Deixe que o Cubo se expanda por dentro, sustentado pela disciplina do espírito. Respire e confirme a posição, fixando o vértice da fortaleza interior.

Desça o olhar para a aresta Norte-Abaixo. O Eremita caminha entre penumbras. Sua luz é uma lanterna discreta, suficiente para o passo seguinte. Observe a lentidão sábia do seu gesto, o cajado que marca o ritmo do tempo interior. O Eremita é aquele que guia sem pressa, que busca sem ruído, que ilumina apenas o necessário para seguir. Contemple sua presença como um espelho da prudência e do silêncio fértil que prepara toda descoberta. Respire e confirme a posição, ancorando a sabedoria que avança no escuro.

Desloque agora a atenção para a esquerda, na aresta Noroeste. Veja a Justiça. Ergue-se diante de você como um eixo que sustenta o próprio espaço. A espada e a balança equilibram-se em perfeita proporção, revelando o ponto onde a consciência se alinha ao destino. Cada decisão desenha um traço no Cubo, e cada traço reverbera em todo o conjunto. Sinta o ajuste fino do instante, o compasso exato entre causa e consequência. Respire e confirme a posição, consolidando a medida e a ordem.

Permaneça por um instante contemplando o Norte completo. Quatro vértices sustentam agora a estrutura do discernimento: a Força, o Eremita, a Justiça e, ao centro, a Torre. A presença da Torre irradia transformação, rompe os limites do conhecido e abre espaço para o novo equilíbrio. Esse é o quadrante do aprendizado profundo, onde cada gesto é calibrado pela experiência e pela vigilância interior. O Cubo vibra em ressonância com o silêncio, e a consciência se reorganiza dentro da forma.

Sinta o Norte respirar dentro de você, como um templo de pedra viva. Memorize o arranjo com um ciclo de respiração completo. O ar entra, estrutura o peito e se dissolve, levando consigo qualquer dispersão. Quando o ritmo se estabilizar, a atenção poderá mover-se suavemente para o Oeste, onde o Cubo revelará o mistério da dissolução e da integração dos opostos.

O Cubo vibra em silêncio, sustentado pelas direções já consagradas. O Leste pulsa como aurora permanente, o Norte respira em pedra e disciplina. Agora, o olhar interior se desloca para o Oeste, onde o ciclo começa a se recolher em profundidade. É o domínio das águas e das metamorfoses, onde a luz do dia encontra o seu ocaso e o espírito aprende a decantar suas formas. O Oeste é o espaço do retorno, da dissolução necessária para que o novo possa nascer. Observe esse plano como um espelho líquido, translúcido e denso ao mesmo tempo, preparado para acolher as cartas que o tecerão em ritmo de morte e renascimento.

Comece pela aresta Sudoeste. Veja surgir o Arcano da Morte. Ela não chega como ameaça, mas como inevitável passagem. A figura se ergue entre véus de névoa e claridade, conduzindo a foice com gesto limpo, cortando o que já cumpriu o seu ciclo. Nada é destruído, tudo é transformado. Sinta a exatidão do corte que libera o que está preso e abre espaço para o que virá. O Cubo se ajusta internamente, e a respiração adquire outra cadência, mais profunda, mais livre. Respire e confirme a posição, reconhecendo o poder da transmutação.

Eleve o olhar à aresta Oeste-Acima. Surge a Temperança, guardiã da harmonia entre os mundos. Contemple o anjo que verte o líquido de um vaso a outro, num compasso que não conhece pressa. Cada gota é medida, cada gesto contém o tempo em repouso. Essa carta é o coração da alquimia interior, a sabedoria que integra os contrários e permite que a Morte se converta em renascimento. Sinta a serenidade que essa imagem irradia e permita que o Cubo respire de modo mais leve, como se o próprio espaço começasse a se refazer em equilíbrio. Respire e confirme a posição, fixando o ponto da integração.

Por fim, desça à aresta Oeste-Abaixo. O Diabo se revela. Sua presença é intensa, mas não ameaçadora. Ele representa o espelho das paixões, o domínio das forças instintivas que pedem consciência. Observe a cena com lucidez. Veja as figuras acorrentadas, não pela tirania do outro, mas pela própria inconsciência. O Diabo mostra o limite e a potência, a energia bruta que, quando reconhecida, pode ser libertadora. Mantenha o olhar firme, sem recusa e sem fascínio. Respire e confirme a posição, assentando o vértice do domínio sobre o desejo.

Permaneça um instante contemplando o Oeste completo. Três arcanos formam o triângulo da transformação, e no centro repousa a Roda da Fortuna, o movimento incessante que une todas as mudanças em um mesmo ritmo cósmico. O quadrante do Oeste é o portal da alquimia. Nele, tudo que se dissolve é reordenado, tudo que perece renasce sob nova frequência. A Morte, a Temperança e o Diabo traçam um caminho que conduz da ruptura ao equilíbrio, do impulso ao discernimento.

O Cubo inteiro parece agora respirar de forma mais ampla. Cada face responde à outra, cada aresta se acende em sequência, e o templo interior se ilumina por dentro. O Oeste ensina que a transformação não é destruição, mas ciclo. Memorize o arranjo com um ciclo de respiração pleno, sentindo a harmonia entre o que foi encerrado e o que está por emergir. Quando o ar se aquietar, o olhar poderá mover-se para o Sul, onde o Cubo revelará o brilho da renovação e da esperança.

O Cubo mantém-se em perfeita harmonia. O Leste conserva sua estrutura luminosa, o Norte sustenta o eixo do silêncio, o Oeste pulsa na cadência das transformações. Agora, a consciência se volta para o Sul, direção da vida que floresce e se expande. O ar parece aquecer-se de dentro para fora, e uma claridade suave percorre as arestas, preparando o espaço para o surgimento da alegria e da revelação. O Sul é o reino da vitalidade e do espírito em manifestação, o ponto onde o coração se abre e a luz encontra corpo. Observe o plano inteiro diante de si, quatro linhas que aguardam os arcanos que completarão o Cubo e encerrarão o ciclo de construção interior.

Revise a aresta Sudoeste, onde a Morte repousa, guardiã das passagens. Observe também o vértice Sudeste, já ocupado pelo Hierofante. Ambos formam a base do arco que sustentará o novo quadrante. Eles representam o saber que transforma e a tradição que conduz, preparando o campo para o florescimento da consciência. Respire e reconheça a continuidade entre o que foi encerrado e o que agora começa a irradiar.

Eleve o olhar para a aresta Sul-Acima. A Estrela se manifesta. Contemple a figura serena vertendo a água sobre a terra e sobre o lago, equilibrando os fluxos do visível e do invisível. O gesto é simples, mas contém o sentido da esperança que não se perde. A nudez da figura não é desproteção, é transparência. O céu ao redor cintila em azul puro, e uma estrela central guia o olhar para horizontes mais amplos. Permita que essa imagem se fixe como promessa de clareza e serenidade. Respire e confirme a posição, firmando o vértice da inspiração e da fé concreta.

Desça a atenção para a aresta Sul-Abaixo. A Lua se ergue em prata profunda, entre torres e criaturas que observam o caminho sinuoso à frente. O percurso não é linear, é labirinto que convida à escuta interior. Atravessar a Lua é aprender a perceber o ritmo oculto do inconsciente, a linguagem que se move nas marés da alma. Sinta o chamado da travessia e aceite a oscilação como parte do aprendizado. A carta repousa firme no plano inferior, guardando a sabedoria das sombras que nutrem a luz. Respire e confirme a posição, assentando o vértice da intuição e do mistério.

Permaneça um instante contemplando o Sul completo. As quatro direções do quadrante respiram em uníssono, e no centro brilha o Sol. A luz que dele emana penetra cada aresta, dissolve qualquer resquício de obscuridade e revela o Cubo em sua totalidade. O Sol é a síntese do caminho, o ponto em que o espírito reconhece a própria natureza luminosa. Nele, o aprendizado se converte em presença, a estrutura torna-se consciência, e o espaço se transforma em templo vivo.

O Cubo está completo. Cada direção carrega uma função, cada carta vibra em correspondência com as demais. O Leste deu forma, o Norte consolidou, o Oeste purificou, e o Sul integrou. O centro respira como um coração de luz, pulsando em harmonia com o universo. Permaneça nesse estado de contemplação, sentindo o equilíbrio entre o que está dentro e o que se expande para fora.

Inspire profundamente, reconhecendo a totalidade do Cubo, e ao expirar, perceba que ele continua vivo em sua percepção, mesmo quando os olhos se fecham. O templo não está fora, está em você. O Cubo do Espaço permanece erguido, vibrante e silencioso, sustentando o instante eterno em que a consciência se reconhece como parte da própria criação. As arestas funcionam como veias secretas que levam de volta ao coração tudo o que foi vivido nas faces e nas arestas. O templo inteiro vibra como uma forma tridimensional em expansão e contração, e você se percebe tanto dentro dele, como sendo parte dele.

Quando todas as doze arestas brilharem ao seu redor, o Cubo se torna uma teia de luzes entrecruzadas. As correntes formam um campo vivo, pulsante, no qual cada linha carrega a memória dos signos e a energia dos ciclos zodiacais. O templo agora é um organismo completo com faces, arestas e centro unidos em um só corpo radiante. Você percebe que está no coração de uma mandala cósmica, sustentado por arquétipos que atravessam tempo e espaço.

Nesse momento, compreenda que o Cubo é o seu próprio corpo de luz, e cada aresta representa um caminho de retorno ao centro do ser, onde o silêncio absoluto se torna voz, onde a luz se transforma em consciência e onde todo limite se dissolve no infinito.

Com as arestas iluminadas e pulsando em equilíbrio no coração do Cubo, você sente que o templo está completo. Cada carta, cada cor, cada corrente de energia foi integrada em seu ser. O espaço vibra como se estivesse prestes a revelar o seu segredo final. O Cubo, lentamente, começa a se mover diante de você, girando até posicionar-se novamente com a face Leste voltada por inteiro ao seu campo de visão.

A face Leste, regida pela Imperatriz, torna-se agora um vasto portal vivo. O verde-esmeralda se expande diante de você, envolvendo todo o horizonte como um manto cósmico. Cada detalhe do Arcano aparece com clareza. O Cubo revela todas as cartas que habitam suas faces e arestas zodiacais, como se fosse uma teia cósmica bordada por Arcanos e signos.

Ao contemplar a Imperatriz, você entende que ela é o resumo de todas as experiências, a força da vida que move a existência. Todas as faces, todos os fluxos, todas as arestas conduzem a este ponto.

De repente, o Cubo inteiro começa a se abrir a partir dessa face, se desdobrando como uma grande porta do templo, e o verde se dissolve em um espaço infinito, onde não há mais limite, nem forma, nem fronteira. O horizonte diante de você é vasto, repleto de estrelas, planetas e galáxias que giram em harmonia. Você sente que o Cubo não se abriu para fora, mas para dentro de você mesmo, revelando que o universo sempre esteve em seu coração.

Nesse instante final da meditação, você caminha através da face Leste aberta. O verde se expande em todas as direções, transformando-se em pura luz. A sensação é de unidade cósmica absoluta. Você é o Cubo, é o templo, é o espaço que se abre, é a vida que circula em cada fluxo.

Permaneça nesse estado de contemplação, absorvendo o silêncio, a paz e a expansão. Quando sentir que é o momento de retornar, respire profundamente e permita que o Cubo do Espaço se recomponha lentamente ao seu redor, fechando-se em equilíbrio perfeito. Leve consigo a lembrança de que o templo não está em nenhum lugar externo. Ele habita em você, e pode ser reaberto sempre que a alma desejar mergulhar novamente na vastidão viva da criação.

Um Cubo, Infinitas Possibilidades

A meditação é uma das ferramentas mais poderosas que a tradição esotérica oferece ao buscador. Por meio dela, contemplamos símbolos intelectualmente e damos vida a eles em nossa imaginação criadora, despertando forças latentes no corpo, na mente e na alma. A verdadeira meditação não é fuga do mundo, mas mergulho profundo nas raízes da realidade. É um processo de participação consciente no ritmo cósmico.

O Cubo do Espaço, em toda sua estrutura de faces, arestas, vértices e centro, é um mapa dessa realidade. Ele não é simplesmente um diagrama geométrico, mas um templo vivo, tridimensional em que cada carta do Tarô ocupa um lugar preciso, irradiando uma qualidade espiritual específica. Quando meditamos no Cubo, entramos em contato com essas forças, não como conceitos abstratos, mas como presenças atuantes que despertam, ordenam e expandem nossa consciência.

Entre todas as práticas ligadas ao Cubo, a meditação do templo do Cubo do Espaço ocupa lugar especial. Ela é uma prática de construção interior, em que o meditante ergue, dentro de si, um templo feito inteiramente de Arcanos do Tarô, cada uma colocada no espaço exato de sua função cósmica. Este templo não é imaginado como algo externo, Ele se ergue em torno do praticante, que, ao mesmo tempo, está no centro e é parte das próprias paredes e pilares desse Cubo.

Embora a meditação do Templo do Cubo do Espaço aponte para uma direção clara de conclusão — o retorno à face Leste, o lugar onde tudo começou — a experiência interior jamais deve ser vista como algo rígido ou limitado a uma única forma. O Cubo, como organismo vivo e templo cósmico, oferece múltiplas portas de entrada e saída, e cada face, cada aresta, cada aresta é uma lição para um aspecto específico da evolução da alma. Assim, se a prática formal indica o retorno ao Leste, é também possível que o praticante, seguindo sua intuição ou necessidade interior, escolha permanecer em outra face ou até mesmo se aprofundar em determinada aresta, explorando os significados, desafios e qualidades que ali se encontram. Esta liberdade é um reflexo da própria vida espiritual. Não existe apenas um caminho fixo, mas um entrelaçamento de rotas que podem ser percorridas conforme a consciência pede.

As faces do Cubo representam as grandes missões da alma em sua jornada evolutiva. Cada uma delas é um pilar fundamental de um processo criativo e revelador:

- O Leste, sob a proteção fértil da Imperatriz, é onde a alma aprende a gestar imagens que se tornam realidade. Meditar nesta face é contemplar a fertilidade do campo interior, o jardim onde tudo pode florescer. O praticante pode visualizar sementes de ideias sendo plantadas e crescendo em harmonia, aprendendo a confiar no poder da imaginação como força criadora. Essa face ensina a importância da visão interior e da beleza como linguagem do espírito.
- O Sul, iluminado pelo Sol radiante, é a promessa do florescimento, da alegria e da regeneração. Ao meditar nela, o praticante se banha na luz que revela o propósito da existência, o centro da beleza e do equilíbrio. É a face do crescimento e da vitalidade, onde o espírito encontra força para se expandir e reconhecer sua própria radiância. Aqui, pode-se imaginar raios solares penetrando no coração, reacendendo o entusiasmo pela vida e despertando a consciência da unidade.

- O Oeste, com a Roda da Fortuna, é a porta do destino e das circunstâncias. Nela aprendemos a ler a linguagem da vida, a perceber como causas se transformam em efeitos e como cada ação se desdobra em oportunidade de expansão. Meditar nesta face é contemplar a lei da rotação, o movimento que gira incessantemente e nos leva a compreender que nada é fixo, mas que toda mudança abre espaço para novas possibilidades. Aqui, o praticante pode refletir sobre os ciclos que se repetem em sua vida e visualizar a expansão de sua consciência, como se estivesse sendo carregado pelo próprio giro da roda.
- O Norte, dominado pela energia ardente da Torre, é o lugar do impacto, da ruptura e do despertar. Nela não há suavidade: o chamado é direto, ardente, e exige coragem para destruir o que já não serve. Meditar nesta face é sentir o fogo marciano que derruba ilusões e estruturas, forçando-nos a enxergar o essencial. Aqui, o buscador pode visualizar relâmpagos internos quebrando couraças, abrindo espaço para novas formas de vida. É a face que exige desapego e entrega, mas que recompensa com clareza e liberdade.
- Acima, o Mago nos conecta à consciência desperta e ativa, à capacidade de nomear, dirigir e canalizar a energia cósmica. É a região da autoconsciência, da palavra que cria e do pensamento que organiza. Meditar aqui é erguer-se à clareza do ar, respirar o sopro vital que dá nome e direção a todas as coisas. Esta face recorda que o espírito humano tem poder de ordenar a criação e de participar ativamente do processo cósmico.
- Abaixo, a Sacerdotisa nos mergulha no subconsciente, na memória do universo e no mistério silencioso. Aqui, meditar é descer às águas da alma, escutar o que não pode ser dito em palavras, tocar a raiz de onde brotam todas as formas. O praticante pode visualizar-se envolto em um oceano azul, flutuando em silêncio, absorvendo sabedoria que não vem da razão, mas do contato íntimo com o inconsciente coletivo. Essa face ensina a confiança no invisível e na intuição.

Ao meditar em qualquer uma dessas faces, o praticante se aproxima de uma missão particular de sua alma e pode buscar clareza e expansão no Oeste, coragem transformadora no Norte, vitalidade iluminadora no Sul, criatividade fecunda no Leste, discernimento consciente no Acima ou profundidade intuitiva no Abaixo.

Cada face é, portanto, um campo de trabalho interior e uma escola de sabedoria, pois nelas circulam as correntes que conectam as faces entre si.

Se as faces revelam missões da alma, as arestas são os desafios, provas e tarefas que nos permitem alcançar e realizar tais missões. Cada aresta é como uma estrada estreita em que o praticante precisa mobilizar uma faculdade interior para prosseguir: visão, ação, fala, imaginação, discernimento, memória, desejo, movimento, alegria, trabalho, entre tantas outras[4]. Essas faculdades humanas, quando compreendidas como dádivas do espírito, tornam-se instrumentos preciosos para atravessar as exigências da vida. Assim, ao escolher contemplar uma aresta específica durante a meditação, o praticante se alinha com um exercício prático, trazendo para si a energia de uma habilidade ou de um desafio que precisa ser integrado.

Por exemplo, ao mergulhar na aresta Nordeste, pode-se sentir o impulso de novos começos, aprendendo a romper com o que limita e a dar o primeiro passo em direção à liberdade criativa. No Sudeste, revela-se a importância da sabedoria acumulada e da capacidade de extrair significado das experiências passadas. As linhas horizontais do Norte — Acima e Abaixo — convidam ao equilíbrio entre força e cautela, coragem e discernimento, ação direta e atenção aos detalhes. Já as arestas ocidentais mostram como lidar com a realidade presente, seja enfrentando as ilusões do momento ou transmutando provas em crescimento. As arestas do Sul são ligadas à revelação e integração, enquanto as do Leste se associam à imaginação e ao impulso vital. Cada uma delas é um fluxo de vida que precisa ser reconhecido, integrado e vivenciado.

Essa liberdade de escolha dentro do Cubo reflete o próprio movimento da consciência. Existem momentos em que a alma necessita se voltar à clareza solar do Sul, buscando vitalidade e confiança; em outros, o chamado é para a profundidade da Sacerdotisa, onde é preciso escutar o silêncio interior; ou ainda para a ousadia da Torre, quando estruturas precisam ser quebradas. Da mesma forma, pode haver períodos em que o trabalho mais necessário se

4 Veja página 33 para s referências de cada signo e suas arestas.

encontra em uma aresta específica: talvez seja hora de cultivar a paciência da fala consciente, de praticar a visão clara, de fortalecer o movimento ou de aprender a transmutar emoções. A meditação com o Cubo não é apenas contemplação simbólica, mas um exercício de autoconhecimento prático, pois ela coloca o praticante em contato direto com as missões e as ferramentas da alma.

Portanto, ao retornar à face Leste, o praticante pode sentir que concluiu um ciclo e que está pronto para atravessar o portal da unidade cósmica, mas também pode, com igual legitimidade, seguir para outra face ou aresta, aprofundando-se no aspecto que sua alma mais necessita naquele momento. O Cubo do Espaço é um templo, mas também é uma escola que ensina, revela e direciona conforme a necessidade do buscador. A verdadeira sabedoria dessa prática é compreender que cada carta, cada cor, cada fluxo é uma oportunidade de integração. A missão da alma está gravada nas faces, os desafios e ferramentas estão inscritos nas arestas, e a liberdade de explorá-los conforme a necessidade do momento é o que transforma a meditação em um caminho vivo de evolução.

Ao aceitar essa liberdade interior, o praticante compreende que o Cubo é uma estrutura externa para ser visualizada, mas também um reflexo da própria consciência. Dentro dele, há sempre uma face a ser iluminada, uma aresta a ser percorrida, uma faculdade humana a ser despertada. Assim, o templo do Cubo do Espaço permanece sempre aberto, permitindo que cada encontro seja único, que cada prática seja uma jornada singular, e que cada meditação se torne um ato de criação e de retorno à fonte.

Embora a meditação tradicional do Templo do Cubo do Espaço oriente o retorno à face Leste como ponto de conclusão e passagem para a unidade cósmica, o buscador que caminha por este templo pode — e deve — aprender a se mover com liberdade entre as suas direções, explorando tanto a face inicial, quanto qualquer uma das faces e arestas conforme a necessidade de sua alma. O Cubo, afinal, não é uma prisão geométrica, mas um organismo vivo, um corpo de forças pulsantes, e cada uma de suas superfícies contém lições que dialogam com missões evolutivas da consciência como grandes portais iniciáticos, onde as missões da alma se revelam em estágios fundamentais da jornada.

A meditação no Cubo do Espaço é um caminho vivo de autotransformação, onde o praticante encontra em si a liberdade, a coragem e a clareza para seguir sua jornada espiritual em unidade com o Todo.

14

MÉTODO DE TIRAGEM DO TEMPLO DAS SEIS FACES

O Tarô é, antes de tudo, uma linguagem de síntese. Ele reúne símbolos, arquétipos e forças cósmicas em uma teia viva que se comunica com a alma humana. Ao longo deste percurso investigativo, vimos como os Arcanos Maiores funcionam como alicerces do cosmos, sustentando uma arquitetura invisível da existência; como os Ases e as cartas numeradas projetam ritmos e ciclos, registrando os passos da criação na dança do tempo; e como as cartas da Corte se apresentam como personagens conscientes, figuras que traduzem em gesto humano as forças zodiacais.

Chegar até aqui abre caminho para uma etapa prática que confere corpo a esse conhecimento: um método de tiragem baseada no Cubo do Espaço. Esse método não deve ser compreendido como uma simples disposição de cartas, mas como uma figura tridimensional que se ergue sobre a mesa. A leitura acontece dentro de um templo invisível, estruturado por faces, eixos e um centro que pulsa. O consulente passa a olhar para sua vida como se ela estivesse contida em um organismo vivo, dotado de direções, cores e correntes.

A cada posição, não observamos apenas a carta em si, mas a sua função dentro de um espaço cósmico. As seis faces representam missões da alma, condições que moldam a experiência e que apontam para tarefas espirituais de amadurecimento. No centro, três eixos cruzam a totalidade do Cubo, revelando forças interiores que sustentam o movimento. É nesse encontro que a tiragem encontra sua singularidade de articular as camadas visíveis da vida com os impulsos internos da consciência, produzindo uma leitura de rara profundidade.

Perceber esse arranjo é também perceber o Tarô como um campo de experiência, em que não nos limitamos a interpretar símbolos em sequência, mas identificar uma corrente de força coerente, onde cada carta é ponto de entrada em um fluxo maior. Essa visão permite que as cartas deixem de ser fragmentos isolados e se tornem caminhos de integração, capazes de revelar acontecimentos ou tendências, mas também o lugar que esses acontecimentos ocupam na jornada maior da alma.

Ao propor esse método, colocamos o Tarô em seu papel mais antigo e, ao mesmo tempo, mais renovador como instrumento de iniciação. O Cubo do Espaço confere ao jogo um corpo geométrico, em que cada carta revela tanto a superfície do cotidiano quanto a profundidade de um destino em construção. A leitura, nesse sentido abre caminhos para a percepção de que cada gesto humano está inscrito em uma ordem cósmica, e que cada direção tomada ressoa em um mapa maior, cuja linguagem é o próprio Tarô.

Os Eixos Interiores e a Síntese do Método

No coração do Cubo do Espaço, três eixos atravessam o ser como colunas invisíveis que ligam céu e terra, o Oriente ao Ocidente, o Norte ao Sul. São os fios de consciência que conectam o ponto central, onde tudo se sustenta, com as seis direções que formam as faces. Ao integrar esses eixos à tiragem, o método revela tanto a paisagem externa da vida, como também a força que a atravessa de dentro.

O eixo vertical, que liga o Acima ao Abaixo, representa a corrente da superconsciência descendo até o inconsciente mais profundo, lembrando ao consulente que a vida é atravessada por um impulso de aprendizado que se estende da luz às sombras. A carta disposta nesse eixo fala da condição existencial do ser, da abertura que o espírito oferece para que o humano encarne experiências transformadoras.

O eixo Leste-Oeste, é o caminho do sacrifício e da visão invertida. Ele coloca em evidência o espaço-tempo da encarnação, a travessia onde é preciso aceitar a suspensão para descobrir o sentido oculto das circunstâncias. A carta nessa posição sugere o que precisa ser reconfigurado pela mudança de olhar, o ponto em que a vida pede paciência e entrega para que uma nova clareza surja.

O eixo Norte-Sul, é o campo do despertar. Nele se inscrevem as provas ardentes e as revelações luminosas, que levam a consciência a atravessar a matéria para alcançar o espírito. A carta que se revela nesse eixo indica a lição que precisa ser assimilada, a convocação interior para erguer-se em direção a uma consciência mais ampla.

No centro do Cubo está a carta que sintetiza todas as forças e sustenta o equilíbrio da estrutura. Essa posição não é interpretada como um dado qualquer, mas como a expressão da totalidade. Ela indica o grau de alinhamento do consulente com sua própria essência, o ponto em que o microcosmo encontra o macrocosmo. A leitura dessa posição exige um olhar contemplativo, pois nela se encontra o caminho de integração de todo o jogo.

Os eixos revelam as forças centrais que sustentam nossos aprendizados, oferecendo uma compreensão mais profunda da travessia humana. Essa disposição das cartas permite que o consulente reconheça os fatos que o cercam e o fluxo de consciência que percorre seu interior e dá sentido a cada circunstância.

As Seis Faces do Cubo na Tiragem

Quando dispomos as cartas segundo o Cubo do Espaço, as seis faces funcionam como pilares que sustentam a experiência do consulente. Cada face é mais do que uma direção no espaço, ela representa uma missão da alma, um campo de aprendizado e uma atmosfera que influencia o desenvolvimento da consciência. O que se manifesta em cada uma delas não é arbitrário, mas segue uma ordem que se inscreve no próprio desenho da criação.

A face Oeste fala das circunstâncias externas. Ela mostra o palco onde as experiências se desenrolam, os eventos que se apresentam como cenário inevitável. É ali que a roda da vida gira, impondo mudanças e revelando a força da lei natural. Na tiragem, a carta que ocupa essa posição ajuda a compreender como a realidade se organiza fora de nós, quais forças estão em ação e de que maneira o ambiente molda ou desafia nossa caminhada.

A face Norte é a zona da prova e da transformação. O vermelho de Marte arde nessa direção, representando os choques necessários que despertam a consciência. Toda carta colocada aqui fala de uma ação que precisa ser tomada ou de um rompimento inevitável. O Norte expõe o desconhecido, coloca em evidência aquilo que precisa ser transmutado em movimento criador. A leitura dessa posição exige coragem, pois aponta para desafios que não podem ser adiados.

A face Sul se abre para o crescimento e a iluminação. É o campo da vitalidade, onde o Sol resplandece e irradia a clareza de propósito. Quando olhamos para a carta situada nessa posição, reconhecemos a direção em que a vida busca florescer, as possibilidades de expansão e o chamado para assumir uma consciência mais ampla de si mesmo. O Sul não promete facilidade, mas oferece luz para enxergar a essência da jornada.

A face Leste é o portal da imaginação. Ela representa a matriz criadora, o lugar onde os sonhos são gestados e as imagens mentais encontram forma. O consulente que contempla a carta nesta face entra em contato com sua própria capacidade de criar e visualizar, de conceber um futuro que ainda não se realizou. A leitura desta posição exige atenção delicada, pois aqui se encontram tanto as forças que inspiram quanto aquelas que iludem.

A face Acima conecta-se à mente consciente e à atividade ordenadora da razão. É o amarelo de Mercúrio que se abre como claridade. A carta que repousa nesta face indica aquilo que precisa ser compreendido intelectualmente, aquilo que deve ser nomeado para que se torne consciente. Essa posição funciona como uma janela para o pensamento mais claro, revelando onde a consciência precisa atuar de modo lúcido e ativo.

Por fim, a face Abaixo representa o subconsciente e os registros mais profundos da memória. Azul e silenciosa, ela guarda o que está oculto, mas que sustenta o edifício da vida. Quando uma carta surge nessa posição, ela indica padrões invisíveis, conteúdos psíquicos que pedem reconhecimento. A leitura dessa face convida o consulente a mergulhar em si, a reconhecer forças que atuam sob a superfície e que, muitas vezes, condicionam suas escolhas.

As seis faces do Cubo, portanto, formam um mapa das missões da alma. Cada posição revela uma camada de experiência: o mundo exterior, a prova, a iluminação, a imaginação criadora, a clareza consciente e os registros do inconsciente. Juntas, essas direções estruturam uma visão completa, permitindo que a tiragem ilumine tanto os aspectos visíveis quanto os ocultos da vida do consulente.

A Tiragem

Até aqui, contemplamos como as seis faces expressam missões da alma, como os eixos interiores revelam forças centrais e como o centro do Cubo sustenta o equilíbrio de toda a forma cósmica. Agora, o desafio é transformar esse conhecimento em um exercício oracular vivo, em que as cartas deixam de ser imagens fixas para se tornarem vozes em diálogo com a vida do consulente. Depois de percorrer os fundamentos simbólicos do Cubo do Espaço, chega o momento de ir da teoria para o campo da prática.

Quando nos aproximamos de uma leitura, não estamos apenas extraindo significados individuais das cartas, mas construindo um mapa tridimensional da experiência. Cada carta assume seu lugar como uma pedra sagrada dentro de um templo invisível. O praticante que ergue esse templo em sua mente vê diante de si a geometria da própria existência, refletida na tiragem. Ler o Cubo é, portanto, mais do que interpretar símbolos, é ocupar um espaço interior no qual o consulente se reconhece como participante ativo de uma rede de forças cósmicas.

Esse método exige que o olhar esteja atento às relações. Uma carta na face não se explica sem considerar o que se manifesta no eixo que a sustenta. Um fluxo de aprendizado indicado no Norte ganha clareza quando se observa o que pulsa no Julgamento, assim como uma revelação no Leste adquire sentido quando é iluminada pela suspensão do Enforcado. A leitura não segue uma linha reta, mas um movimento circular, quase respiratório, em que cada carta responde à outra.

No momento em que o baralho é disposto, o consulente já está dentro do Cubo. Ele se encontra no centro, cercado pelas faces que o convidam a olhar para sua vida em todas as direções, e ao mesmo tempo atravessado pelos eixos que revelam seu fio de ligação com o espírito. Essa experiência transforma a leitura em um exercício de imersão total, em que a consciência se expande para além do imediato e percebe-se como parte de uma ordem maior.

Estrutura do Método

Esse método de leitura forma um "templo interior", no qual as cartas revelam missões, tarefas, desafios e potenciais do consulente, mostrando tanto o que já está em manifestação quanto o que se encontra em potência.

A disposição segue o modelo do Cubo:

- **Centro**: 1 carta (na parte central). Forma o coração da leitura, mostrando origem, estado atual e propósito maior da questão. O centro revela o chamado essencial.
- **Eixos**: 3 cartas (uma para cada eixo). Falam do movimento das energias e como elas se expressam. Mostra os fluxos da consciência
- **Faces**: 6 cartas (uma para cada face do Cubo). São as missões, experiências e desafios práticos da alma em seu processo de evolução. As faces expressam como os fluxos dos eixos se desdobram no mundo, em missões concretas da alma.

Preparação

Antes de iniciar, o praticante deve visualizar-se no centro de um Cubo luminoso, consciente de que cada carta que será colocada representa uma dimensão viva do seu ser e do cosmos. Embaralhe as cartas com intenção clara, pedindo que a tiragem revele o estado atual da sua alma, seus desafios e sua direção evolutiva. Então, tire primeiramente as cartas dos eixos:

1. **Centro**

   Mostra o estado da totalidade da alma neste momento, o ponto de equilíbrio ou de desarmonia que sustenta toda a leitura.
   É a síntese, o espelho da condição existencial atual.

2. **Eixo Vertical**

   Representa o sopro da consciência descendo do espírito para a matéria.
   Mostra o movimento de iluminação que liga o praticante ao Alto e também as sombras que emergem do inconsciente profundo.
   Indica oportunidades de expansão ou riscos de dispersão espiritual.

3. **Eixo Leste-Oeste**

   Indica os sacrifícios e transformações necessários para alinhar imaginação e forma.
   É o fluxo da criatividade que precisa ser invertido ou ressignificado.
   Mostra onde o praticante precisa mudar de perspectiva.

4. **Eixo Norte-Sul**

   É o chamado da alma à realização.
   Revela onde há libertação, onde o passado pede integração e onde o futuro clama por decisão.
   Mostra o impulso que conduz a consciência para a redenção ou estagnação.

Em seguida, retire seis cartas, cada uma posicionada em uma das faces externas do Cubo. Elas falam das missões da alma no processo de evolução:

5. **Face Oeste**

   A carta posicionada aqui mostra as circunstâncias externas que moldam o destino do praticante.
   Revela as forças kármicas em operação, as oportunidades de expansão ou as repetições de ciclo que precisam ser encaradas.

6. **Face Norte**

   Aqui surge a carta que indica os choques e transformações inevitáveis.
   Mostra onde a vida exige coragem, força de ruptura e ação decisiva.

7. **Face Sul**

   A carta desta posição mostra o potencial de iluminação e crescimento espiritual.
   É a revelação consciente do propósito de vida, a clareza que aquece e nutre.

8. **Face Leste**

   Aqui, a carta extraída indica a imaginação criativa, os germes que precisam ser nutridos para dar forma à vida.
   Mostra fertilidade, criação e a forma como o ser organiza suas imagens internas.

9. **Face Acima**

   Carta que indica a consciência autoconsciente, os recursos intelectuais, a clareza e o poder de nomear e organizar.
   Revela como o espírito busca se expressar no plano mental.

10. **Face Abaixo**

    Aqui está a carta que mostra o nível subconsciente da alma.
    Representa memórias profundas, karmas latentes e energias ocultas que sustentam a experiência presente.

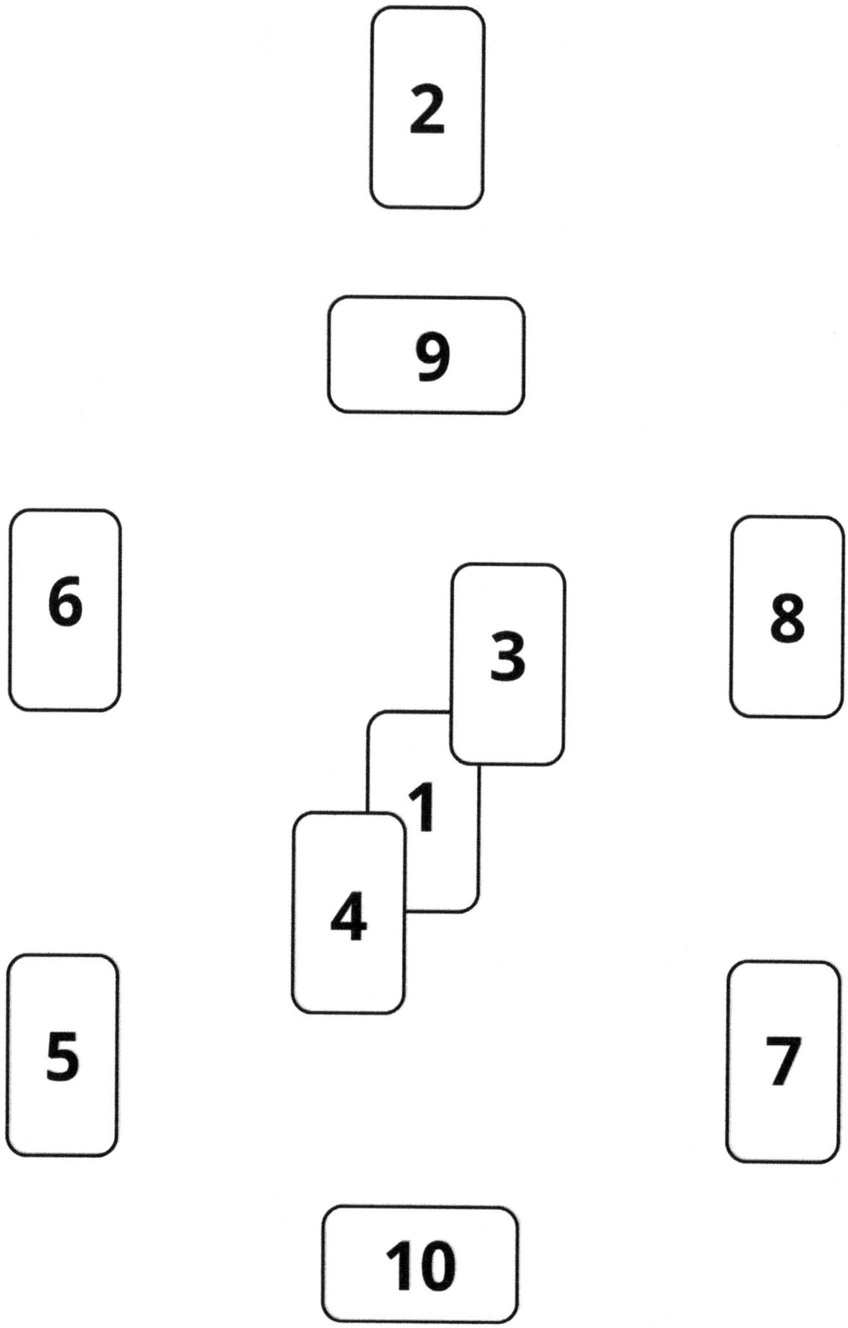

Esquema e disposição das cartas no método de tiragem do Templo das Seis Faces.

Finalizando

Ao concluir a leitura, permita-se imaginar que está dentro do Cubo erguido pelas cartas. Cada face, cada eixo e cada direção transformam-se em correntes vivas que ressoam em seu campo interior. Respire com atenção plena, sentindo que cada carta é uma porta de luz que se recolhe lentamente, formando ao seu redor um templo luminoso que o envolve em proteção, clareza e conexão com o Todo.

Praticar esse método é ingressar em um espaço sagrado construído de símbolos, onde os arcanos ocupam uma posição de poder e de revelação. As faces, como muralhas de energia, oferecem os dons e as provas de sua jornada; os eixos, como colunas invisíveis, atravessam seu ser e apontam para o núcleo profundo de cada experiência.

Nesse estado contemplativo, o Cubo do Espaço deixa de se apresentar como uma simples forma geométrica. Ele respira, pulsa e se move como um organismo vivo, onde os arcanos tornam-se células de uma mandala cósmica, refletindo a alma humana em sua peregrinação pelo mistério da unidade.

CONCLUSÃO

Ao chegarmos ao fim deste percurso, é inevitável olhar para trás e perceber a extensão do caminho trilhado. O Tarô, que tantas vezes foi compreendido apenas como um oráculo de imagens sequenciais, revelou-se aqui em uma dimensão mais profunda que uma mera sucessão de cartas. Ele é, na verdade, uma arquitetura do espírito. O Cubo do Espaço nos mostrou que os Arcanos não se dispõem em uma linha reta, como capítulos de uma narrativa, mas em um espaço vivo, em múltiplas direções, como um templo invisível que pode ser habitado pela consciência.

Quando passamos a ver o Tarô dentro do Cubo, cada lâmina ganha uma nova espessura, um novo lugar de ressonância. A carta deixa de ser um símbolo isolado e torna-se um portal que abre caminhos em diferentes direções. O que antes parecia apenas uma leitura de futuro ou de circunstâncias, transforma-se em um mapa de estados da alma e da realidade, um itinerário que não conduz apenas ao que está por vir, mas ao que já pulsa em cada dimensão da existência.

Refletir sobre isso é reconhecer que todo buscador, ao debruçar-se sobre o Tarô, está indo além da contemplação de simples imagens para encontrar a sua geografia interior.

O Cubo do Espaço nos permite ver como tudo está conectado, como nada é isolado. Cada carta é parte de uma rede maior que reflete o movimento da Criação.

Diante disso, o Cubo deixa de ser um esquema intelectual ou uma teoria geométrica e passa a ser contemplado como um organismo vivo. Ele respira, pulsa, circula, como se fosse o próprio corpo do cosmos. Em suas linhas, pontos e faces, vemos mais que símbolos: vemos correntes em movimento, presenças que habitam o espaço e um ritmo que organiza todas as manifestações da existência. O Cubo é, nesse sentido, uma verdadeira mandala tridimensional. Cada aresta corresponde a um caminho zodiacal, cada vértice é uma síntese encarnada em forma , cada eixo central é um gerador que lança no espaço o sopro criador. A geometria se transforma em liturgia cósmica: não mais uma abstração, mas uma mandala viva na qual todos os Arcanos Menores encontram lugar e sentido.

Com esse olhar integrado, cada carta passa de um fragmento isolado para tornar-se parte de uma rede coerente, pois ela pode ser situada com precisão dentro do Cubo. Sabemos sua posição espacial, seu naipe elemental, seu signo e planeta correspondentes, sua função no fluxo dos ciclos. Essa localização mais do que um dado técnico, é uma chave iniciática. Cada carta é uma porta, um portal que conduz a uma energia cósmica específica.

Por isso, o valor do Cubo transcende a adivinhação e se estabelece como ferramenta de iniciação. Para o iniciado, ele é um mapa meditativo que orienta a consciência a percorrer energias precisas. Para o buscador, é uma emblema pedagógico que revela como os significados das cartas não são arbitrários, mas resultam de uma trama viva que une elementos, signos e planetas. Para o oraculista, ele é um guia de leitura mais amplo, capaz de contextualizar qualquer carta dentro da teia de forças maiores que a sustentam.

Ao longo desta jornada, tornou-se evidente que o Cubo do Espaço não é propriedade de uma única tradição, mas um campo simbólico onde diversas correntes espirituais se encontram e dialogam. A Cabala ofereceu a matriz das letras hebraicas, o *Sepher Yetzirah* forneceu o arcabouço geométrico, a astrologia trouxe a dança dos signos e planetas, e o Tarô, com seus Arcanos, deu a tudo isso uma forma imagética capaz de falar diretamente ao coração humano.

Essa convergência é uma verdadeira síntese. No Cubo, não há hierarquia rígida entre essas tradições; há, antes, uma unidade orgânica em que cada uma contribui com sua própria voz para a sinfonia do todo. O que poderia parecer, à primeira vista, um mosaico de símbolos desconexos, revela-se como um organismo vivo, no qual cada parte se completa e se ilumina mutuamente, mostrando que o saber espiritual é universal em sua essência.

Não importa se falamos em letras, planetas, arquétipos ou imagens, pois todos apontam para os mesmos mistérios da existência. O Cubo nos mostra que o ser humano sempre buscou mapas que espelham sua própria alma, e que em diferentes épocas e culturas esses mapas foram desenhados com linguagens diversas. Quando reunidos, eles não se anulam, mas se potencializam, mostrando que o símbolo, em sua raiz, pertence à totalidade da experiência humana.

Desta forma, cada buscador sempre encontra no Cubo a linguagem que mais ressoa consigo. Uns podem se encantar com suas origens cabalística; outros, com a poesia imagética do Tarô; alguns, ainda, com a lógica celeste da astrologia ou com a alquimia de transformação interior que esta forma geométrica simbólica possibilita. Mas, no fundo, todas essas chaves abrem a mesma porta: a de um espaço sagrado que existe tanto no cosmos quanto no interior de cada ser.

O Cubo do Espaço é um testemunho da unidade subjacente a todas as tradições espirituais. Ele recorda que, por trás das diferenças culturais e simbólicas, há uma verdade comum, a de que o universo é habitado por forças vivas que podem ser contempladas, experimentadas e integradas.

E é essa unidade que dá ao Cubo sua força de ressonância. Ele não se prende ao passado, nem a uma tradição específica, mas permanece aberto, como um mapa vivo que cada geração pode revisitar e reinterpretar à sua maneira.

Se nas direções do Cubo encontramos o desdobrar da existência em suas múltiplas faces, é no centro que tudo se recolhe e encontra sua origem. O centro é o coração pulsante do mistério. Ali está Saturno, guardião do tempo, senhor dos limites, mas também do segredo da eternidade. Refletir sobre o centro é compreender que toda expansão precisa de um eixo que a sustente, e que todo caminho, por mais distante que pareça, sempre conduz de volta à unidade.

No silêncio desse ponto central, o buscador descobre que não há oposição entre forma e liberdade, entre destino e escolha, entre cosmos e interioridade. Tudo é reconciliação. Os Arcanos, os signos, as letras hebraicas, as direções, cada um desses elementos mostra-se, em última instância, como expressão do mesmo princípio. A multiplicidade é necessária para que possamos caminhar, mas o retorno ao centro é inevitável para que possamos refletir. É nesse equilíbrio entre o movimento e a quietude que a vida encontra sua plenitude.

Assim, o Cubo do Espaço se revela como uma estrutura simbólica e prática de integração. Ele nos ensina a acolher cada aspecto da realidade sem perder de vista o núcleo silencioso que a sustenta. Ao caminhar por suas arestas e faces, o reconhecemos que o verdadeiro sentido da jornada não está em acumular conhecimentos ou decifrar enigmas, mas em aprender a habitar o espaço com consciência, com presença e com reverência.

Eis, então, a última lição: não há caminho fora de si mesmo. O Cubo é um diagrama cósmico e espelho interior. Suas direções apontam tanto para o universo quanto para o íntimo do ser humano, lembrando-nos de que a verdadeira iniciação é sempre um retorno. Retorno ao centro, retorno ao silêncio, retorno à fonte de onde tudo emana e para onde tudo retorna.

Que este livro possa servir como uma ponte para essa travessia e que ao entrar em contato com o Tarô e o Cubo do Espaço, você encontre não respostas definitivas, mas a coragem de indagar o mistério em si mesmo. Pois é no mistério, e somente nele, que a vida se revela em sua totalidade.

Blessed Be,
Claudiney Prieto

BIBLIOGRAFIA

Beamen, Jacob. *The Three Principles of Divine Essence*. Chicago, IL: Yogi Publication Society, 1909.

Blavatsky, H. P. *Isis Unveiled. 2 v.* Wheaton, IL: The Theosophical Publishing House, 1972.

—. *The Secret Doctrine*. 3 v. Wheaton, IL: The Theosophical Publishing House, 1978.

Case, Paul Foster. *A Brief Analysis of the Tarot*. Buffalo, NY: Ellicott Press, 1927.

—. *An Introduction to the Study of the Tarot*. New York: Azoth Publishing Company, 1920.

—. *The Book of Tokens*. Los Angeles: Builders of the Adytum, 1934.

—. *The Tarot: A Key to the Wisdom of the Ages*. Richmond, VA: Macoy Publishing Company, 1947.

—. *The True and Invisible Rosicrucian Order.* York Beach, ME: Samuel Weiser, 1985.

Cirlot, J. E. *A Dictionary of Symbols*. New York: Philosophical Library, 1974.

Crowley, Aleister. *777*. York Beach, ME: Samuel Weiser, 1973.

—. *The Book of Thoth*. York Beach, ME: Samuel Weiser, 1969.

Fortune, Dion. *The Mystical Qabalah*. London: The Society of Inner Light, 1957.

Friedman, Irving. *The Book of Creation*. York Beach, ME: Samuel Weiser, 1977.

Godwin, David. *Godwin's Cabalistic Encyclopedia*. York Beach, ME: Samuel Weiser, 1979.

Gray, William. *The Ladder of Lights*. York Beach, ME: Samuel Weiser, 1968.

—. *Western Inner Workings*. York Beach, ME: Samuel Weiser, 1983.

Green, Liz. *Saturn*. York Beach, ME: Samuel Weiser, 1976.

Hall, Manly Palmer. *Masonic Orders of Fraternity*. Los Angeles, CA: Philosophical Research Society, Inc., 1950.

—. *The Secret Teachings of All Ages*. Los Angeles, CA: Philosophical Research Society, Inc., 1972.

Hillman, James. *Archetypal Psychology*. Dallas: Spring Publications, 1983.

Hoeller, Stephan A. *The Royal Road*. Wheaton, IL: The Theosophical Publishing House, 1975.

Hulse, David Allen. *The Key of It All, Book One: The Eastern Mysteries*. St. Paul: Llewellyn, 1993; republicado como The Eastern Mysteries, 2000.

—. *The Key of It All, Book Two: The Western Mysteries*. St. Paul: Llewellyn, 1994; republicado como The Western Mysteries, 2000.

—. *New Dimensions for the Cube of Space: The Path of Initiation Revealed by the Tarot upon the Qabalistic Cube*. York Beach, ME: Samuel Weiser, 2000 Avalon Library ThriftBooks.

Junius, Manfred M. *Practical Handbook of Plant Alchemy*. New York: Inner Traditions, 1979.

Jung, Carl. *Archetypes and the Collective Unconscious*. Princeton, NJ: Princeton University Press, 1968.

Kalisch, Isidor. *Sepher Yetzirah: A Book on Creation, or the Jewish Metaphysics of Remote Antiquity*. New York: L. H. Frank & Co., 1877.

Kaplan, Aryeh. *Sepher Yetzirah: The Book of Creation.* York Beach, ME: Samuel Weiser, 1990.

—. *Meditation and the Bible.* New York: Samuel Weiser, 1978.

—. *Meditation and the Kabbalah.* New York: Samuel Weiser, 1982.

Kaplan, Stuart R. *The Tarot, v. 1 e 2.* New York: U.S. Games Inc., 1978–1988.

Knight, Gareth. Experience of the Inner Worlds: A Course in Christian Qabalistic Magic. Samuel Weiser, 1993.

—. *A Practical Guide to Qabalistic Symbolism.* York Beach, ME: Samuel Weiser, 1978.

Lawlor, Robert. *Sacred Geometry.* New York: Crossroad, 1982.

Leadbeater, C. W. *The Hidden Life in Freemasonry.* Índia: The Theosophical Publishing House, 1926.

Levi, Eliphas. *The Book of Splendors.* New York: Samuel Weiser, 1973.

—. *The Great Secret.* Wellingborough, Northamptonshire: The Aquarian Press, 1975.

—. *The History of Magic.* New York: Samuel Weiser, 1969.

—. *Transcendental Magic.* London: Rider, 1984.

Lotterhand, Jason. *The Thursday Night Tarot: Weekly Talks on the Wisdom of the Major Arcana.* North Hollywood: Newcastle, 1989.

Magnus, Albertus. *The Book of Secrets.* London: Oxford University Press, 1973.

Mackey, Albert G. A *Lexicon of Freemasonry.* Philadelphia: Moss & Company, 1867.

—. *Encyclopaedia of Freemasonry.* New York: The Masonic History Company, 1925.

Mathews, John; Caitlin. *The Western Way, v. 1 e 2.* London, 1986.

Mordell, Phineas. *The Origin of Letters and Numerals according to the Sepher Yetzirah.* New York: Samuel Weiser, 1975.

Nag Hammadi Library, The. New York: Harper & Row, 1977.

Nichols, Sallie. *Jung and the Tarot.* York Beach, ME: Samuel Weiser, 1980.

Nur, Joy. *The Cube of Space Workbook.* [S.l.]: Inks and Bindings, 2022

ODERIC. *Tarot and the Cube of Space*, Biddles Books Limited, King's Lynn, Norfolk, 2022.

Oken, Alan. *Soul-Centered Astrology.* New York: Bantam, 1990.

Pagels, Elaine. *The Gnostic Gospels.* New York: Random House, 1979.

Ponce, Charles. *Kabbalah.* London: Quest Books, 1973.

Ragoczy, Comte de Saint-Germain. *La Très Sainte Trinosophie.* Los Angeles, CA: Philosophical Research Society, 1983.

Regardie, Israel. *The Golden Dawn.* St. Paul: Llewellyn, 1969.

—. *The Complete System of Golden Dawn Magic.* Phoenix: Falcon Press, 1984.

—. *The Tree of Life: A Study in Magic.* York Beach, ME: Samuel Weiser, 1969.

Robbins, Michael D. *Tapestry of the Gods, v. 1 e 2.* Jersey City Heights, NJ: The University of the Seven Rays Publishing House, 1990.

Rudhyar, Dane. *The Astrological Houses.* Garden City, NY: Doubleday, 1972.

Saraydarian, Torkom. *Symphony of the Zodiac.* Sedona, AZ: Aquarian Educational Group, 1988.

Scholem, Gershom. *Kabbalah.* New York: New American Library, 1974.

Sepher Yetzirah (Kaplan, Aryeh, trad.). York Beach, ME: Samuel Weiser, 1990.

Sepher Yetzirah (Westcott, W. Wynn, trad.). New York: Samuel Weiser, 1980.

Stenring, Knut. *The Book of Formation.* New York: Ktav Publishing House, 1970 (1ª ed. 1923).

Suares, Carlos. *The Sepher Yetsira: Including the Original Astrology According to the Qabalah and Its Zodiac.* Boston: Shambhala, 1976.

—. *The Cipher of Genesis.* Boulder, CO: Shambhala, 1978.

Three Initiates. *The Kybalion.* Chicago, IL: Yogi Publishing Co., 1940.

Townley, Kevin. *The Cube of Space: Container of Creation.* Boulder: Archive Press, 1993.

Waite, Arthur Edward. *The Holy Kabbalah.* New York: University Press, s.d. (1ª ed. 1929).

—. *The Illustrated Key to the Tarot.* Chicago, IL: de Laurence Company, 1918.

—. *The Brotherhood of the Rosy Cross.* New York: University Press, s.d.

—. *The Hermetic Museum.* New York: Samuel Weiser, 1973.

—. *A New Encyclopedia of Freemasonry, v. 1 e 2.* New York: Weathervane Books, 1960.

—. *The Pictorial Key to the Tarot.* York Beach, ME: Samuel Weiser, 1973 (1ª ed. Londres, 1910).

—. *The Turba Philosophorum.* New York: Samuel Weiser, 1973.

Wang, Robert. *The Qabalistic Tarot.* York Beach, ME: Samuel Weiser, 1983.

Westcott, W. Wynn. *Sepher Yetzirah: The Book of Formation and the Thirty-Two Paths of Wisdom.* New York: Samuel Weiser, 1975; revisitado em The Collectanea Hermetica, York Beach, ME: Samuel Weiser, 1998.

Wirth, Oswald. *The Tarot of the Magicians.* York Beach, ME: Samuel Weiser, 1985.

Zohar, The. New York: Rebecca Bennett Publications, s.d.

ARDANE

Esta edição foi composta pela Ardane, São Paulo, SP.

Os papéis utilizados foram o offset, gramatura 90 para o miolo e cartão triplex 300g para a capa.

O texto principal foi composto em fonte Minion Pro 13pt e os títulos em Moret 48pt.

IMPRESSO NO BRASIL.